应用型本科汽车类专业系列教材

汽车发动机电控技术与维修

第 2 版

主编：曹红兵
参编：卢国东　王利利　吴定宜　齐飞林

机 械 工 业 出 版 社

本书从汽车维修的工作实际出发，以保有量大、比较典型的大众 EA888 系列 CEA 1.8TSI 发动机、丰田 1ZR-FE 发动机为主，同时兼顾大众桑塔纳 2000GSi AJR 发动机、丰田 8A-FE 发动机等其他常见发动机型号，系统阐述了发动机电子控制系统的结构组成、工作原理、控制过程，以及故障诊断与排除方法，主要内容涉及缸内直喷燃油控制系统、废气涡轮增压控制系统、可变气门正时系统、电子节气门等当前发动机所采用的先进技术，充分体现了技术的先进性、典型性和代表性。为了便于组织理实一体化教学，突出实践能力的培养，每一单元的理论测试（填空、判断、选择、看图填空和问答等）与实操考核（任务工单）以项目的形式构成工作页，单独成册，方便学生和教师与主教材配合使用。以此为主要载体，以任务驱动引导学生在"做中学"中逐步掌握和形成参与工程实践所需的技能、知识和职业素养，学以致用。

本书内容翔实、系统、全面，图文并茂，贴近实际工作，既可作为普通高等院校应用型本科汽车类专业教材，也可供职业院校职业本科汽车类专业选用，还可供从事汽车使用、维修的技术人员阅读参考。

图书在版编目（CIP）数据

汽车发动机电控技术与维修/曹红兵主编. —2 版. —北京：机械工业出版社，2023.9

应用型本科汽车类专业系列教材

ISBN 978-7-111-73560-1

Ⅰ.①汽… Ⅱ.①曹… Ⅲ.①汽车-发动机-电子系统-控制系统-车辆修理-高等学校-教材 Ⅳ.①U472.43

中国国家版本馆 CIP 数据核字（2023）第 135586 号

机械工业出版社（北京市百万庄大街 22 号　邮政编码 100037）
策划编辑：舒　恬　　　　　　责任编辑：舒　恬　丁　锋
责任校对：梁　静　李　杉　　　责任印制：单爱军
北京虎彩文化传播有限公司印刷
2023 年 11 月第 2 版第 1 次印刷
184mm×260mm · 22.75 印张 · 541 千字
标准书号：ISBN 978-7-111-73560-1
定价：69.90 元

电话服务　　　　　　　　　网络服务
客服电话：010-88361066　　机　工　官　网：www.cmpbook.com
　　　　　010-88379833　　机　工　官　博：weibo.com/cmp1952
　　　　　010-68326294　　金　书　网：www.golden-book.com
封底无防伪标均为盗版　　　机工教育服务网：www.cmpedu.com

前　　言

《汽车发动机电控技术与维修》自 2014 年出版以来，很好地满足了应用型本科和职业本科汽车类专业的教学需要，得到了许多院校的认可，已经多次印刷。

党的二十大报告指出，积极稳妥推进碳达峰碳中和。立足我国能源资源禀赋，坚持先立后破，有计划分步骤实施碳达峰行动。深入推进能源革命，加快规划建设新型能源体系，积极参与应对气候变化全球治理。同时，党的二十大报告再次对加快建设国家战略人才力量做出重要部署，提出了"努力培养造就更多大师、战略科学家、一流科技领军人才和创新团队、青年科技人才、卓越工程师、大国工匠、高技能人才"的目标要求。目前，在能源和环保的双重推动下，发展节能汽车成为汽车产业整体转型升级的重点之一。使用汽油、柴油作为车用燃料的传统能源汽车，大量应用了缸内直喷、涡轮增压、可变气门正时、电子节气门等一系列先进技术。因此，发动机缸内直喷、涡轮增压、可变气门正时、电子节气门等先进技术及其检修技术，已成为应用型本科和职业本科汽车类专业教学的一项重要内容，是培养学生专业实践能力的核心。为此，我们对《汽车发动机电控技术与维修》一书进行了必要的修订，以期与时俱进。

本次修订，我们从汽车维修的工作实际出发，在教材内容上进行了相应的改动和更新，以保有量大、比较典型的大众 EA888 系列 CEA 1.8TSI 发动机、丰田 1ZR-FE 发动机为主，同时兼顾大众桑塔纳 2000GSi AJR 发动机、丰田 8A-FE 发动机等其他常见发动机型号，系统阐述了发动机电子控制系统的结构组成、工作原理、控制过程，以及故障诊断与排除方法，主要内容涉及缸内直喷燃油控制系统、废气涡轮增压控制系统、可变气门正时系统、电子节气门等当前发动机所采用的先进技术，充分体现了技术的先进性、典型性和代表性。

为了便于组织理实一体化教学，本次修订突出实践能力的培养，我们将理论测试与实操考核（任务工单）以项目的形式构成工作页，单独成册，方便学生和教师与主教材配合使用。其中，理论测试（填空、判断、选择、看图填空和问答等）既可用于学生自我测试、巩固所学知识，又可用于教师组合、编辑理论知识试卷。实操考核（任务工单）实操性强，注重理论与实际的有机结合，以任务驱动引导学生通过"做中学"逐步掌握和形成参与工程实践所需的技能、知识和职业素养，学以致用。另外，书中还附有大众 CEA 1.8TSI 发动机电子控制系统电路图、丰田 1ZR-FE 发动机电子控制系统电路图等技术文件，更加凸显了教材的实用性。

本书配套有多媒体教学课件和理论测试答案，授课老师可在机工教育服务网（www.cmpedu.com）免费下载。

本书由曹红兵任主编并撰写所有章节。在编写过程中，得到了卢国东、王利利、吴定宜、齐飞林等的大力支持和帮助，并提供了文字、图片等有关资料，在此向他们表示感谢。

在本书的编写过程中，编者参考了大量的书籍、论文等文献资料，在此，谨向原作者表示感谢。

由于编者水平有限，书中难免存在错误或疏漏之处，欢迎广大读者批评指正。

编　者

2022 年 6 月

目　录

前言

单元1　发动机电子控制系统的工作原理与基本组成 ……… 1
1.1　发动机电子控制系统的控制功能与原理 ……… 1
　1.1.1　发动机电子控制系统的控制功能 ……… 1
　1.1.2　发动机电子控制系统的控制原理 ……… 3
1.2　发动机电子控制系统的基本组成 ……… 5
　1.2.1　进气控制系统 ……… 6
　1.2.2　燃油控制系统 ……… 7
　1.2.3　点火控制系统 ……… 8
　1.2.4　温度控制系统 ……… 9
　1.2.5　排放控制系统 ……… 9
　1.2.6　故障自诊断系统 ……… 9
　1.2.7　电子控制单元 ……… 11

单元2　发动机故障自诊断系统与测试 ……… 18
2.1　故障自诊断系统 ……… 18
　2.1.1　故障自诊断系统的功能 ……… 18
　2.1.2　故障自诊断系统的组成与工作原理 ……… 20
　2.1.3　OBD随车故障诊断系统 ……… 22
2.2　故障自诊断测试 ……… 24
　2.2.1　故障诊断仪 ……… 24
　2.2.2　故障自诊断测试内容 ……… 26

单元3　发动机进气控制系统与检修 ……… 35
3.1　空气流量传感器 ……… 36
　3.1.1　热丝（膜）式空气流量传感器 ……… 37
　3.1.2　进气歧管压力传感器 ……… 43
3.2　温度传感器 ……… 46
　3.2.1　进气温度传感器 ……… 46
　3.2.2　冷却液温度传感器 ……… 50
3.3　节气门控制装置 ……… 52
　3.3.1　节气门位置传感器与怠速控制阀 ……… 53
　3.3.2　电子节气门控制系统 ……… 59
　3.3.3　智能电子节气门控制系统 ……… 69
3.4　进气增压控制系统 ……… 76
　3.4.1　进气惯性增压控制系统 ……… 76
　3.4.2　废气涡轮增压系统 ……… 80
3.5　可变气门控制系统 ……… 87
　3.5.1　可变气门控制及其特点 ……… 87
　3.5.2　丰田智能可变气门正时系统 ……… 89
　3.5.3　丰田智能可变气门正时和升程控制系统 ……… 93
　3.5.4　大众可变气门正时系统 ……… 96

单元4　发动机燃油控制系统与检修 ……… 102
4.1　进气管喷射燃油控制系统 ……… 103
　4.1.1　电动燃油泵及其控制电路 ……… 103
　4.1.2　喷油器及其控制电路 ……… 114
　4.1.3　进气管喷射燃油控制系统的压力调节 ……… 121
4.2　缸内直接喷射燃油控制系统 ……… 127
　4.2.1　缸内直喷基本理论 ……… 127

　　4.2.2　低压燃油系统 …………… 130
　　4.2.3　高压燃油系统 …………… 135
4.3　燃油喷射控制过程 …………… 143
　　4.3.1　喷油正时的控制 ………… 143
　　4.3.2　喷油量的控制 …………… 144
　　4.3.3　断油控制 ………………… 149

单元5　发动机点火控制系统与检修 … 152

5.1　点火控制系统的组成与工作
　　　原理 ……………………………… 152
　　5.1.1　对点火控制系统的基本
　　　　　　要求 ………………………… 152
　　5.1.2　点火控制系统的组成 …… 153
　　5.1.3　点火控制系统的工作
　　　　　　原理 ………………………… 155
5.2　曲轴转速与位置传感器 ……… 155
　　5.2.1　磁感应式曲轴转速与位置
　　　　　　传感器 ……………………… 156
　　5.2.2　霍尔式曲轴转速与位置
　　　　　　传感器 ……………………… 161
5.3　凸轮轴位置传感器 …………… 164
　　5.3.1　霍尔式凸轮轴位置传
　　　　　　感器 ………………………… 165
　　5.3.2　磁阻式凸轮轴位置传
　　　　　　感器 ………………………… 167
5.4　爆燃控制与爆燃传感器 ……… 170
　　5.4.1　爆燃控制 ………………… 171
　　5.4.2　爆燃传感器 ……………… 172
5.5　点火控制电路 ………………… 174
　　5.5.1　分组同时点火 …………… 175
　　5.5.2　各缸独立点火 …………… 179
5.6　点火提前角与闭合角控制 …… 184
　　5.6.1　点火提前角控制 ………… 184
　　5.6.2　闭合角控制 ……………… 187

单元6　发动机辅助控制系统与检修 … 189

6.1　温度控制系统 ………………… 189
　　6.1.1　冷却风扇无级控制系统 … 189
　　6.1.2　创新热能管理系统 ……… 194
6.2　排放控制系统 ………………… 196
　　6.2.1　燃油蒸发排放控制系统 … 196
　　6.2.2　三元催化转化器与空燃比
　　　　　　反馈控制系统 ……………… 202

单元7　发动机电子控制系统的故障诊断
　　　　 与排除 ………………………… 216

7.1　故障诊断的基本方法与注意
　　　事项 ……………………………… 216
　　7.1.1　故障诊断的基本步骤和
　　　　　　方法 ………………………… 216
　　7.1.2　故障诊断的注意事项 …… 220
7.2　发动机常见故障的诊断与
　　　排除 ……………………………… 221
　　7.2.1　发动机起动不良的诊断与
　　　　　　排除 ………………………… 221
　　7.2.2　发动机怠速不良的诊断与
　　　　　　排除 ………………………… 222
　　7.2.3　发动机加速无力的诊断与
　　　　　　排除 ………………………… 225
　　7.2.4　发动机油耗过高的诊断与
　　　　　　排除 ………………………… 228

**附录A　大众CEA 1.8TSI 发动机电子
　　　　控制系统电路图** ……………… 231

**附录B　丰田1ZR-FE发动机电子控制
　　　　系统电路图** …………………… 236

参考文献 …………………………………… 240

单元 1

发动机电子控制系统的工作原理与基本组成

【学习目标】
1. 知识目标
(1) 掌握发动机电子控制系统的控制功能。
(2) 掌握发动机电子控制系统的控制原理。
(3) 掌握发动机电子控制系统的基本组成。
2. 能力目标
(1) 能够识别发动机电子控制系统主要元器件，熟悉它们的安装位置及作用。
(2) 熟悉发动机电子控制单元插座主要接线端子的位置及其作用。

安全、环保和节能是当今汽车技术发展的主要方向，采用电子控制技术是解决诸多技术难题的最佳方案。汽车电控发动机增加了发动机电子控制系统 EEC（又称为发动机管理系统 EMS），利用现代电子控制技术对传统发动机的两大机构和五大系统进行改进，能最大限度地提高发动机的动力性，改善发动机运转的经济性，同时尽可能降低汽车尾气中有害物质的排放量，它是现代电子控制技术在汽车上应用的主要部分。

1.1 发动机电子控制系统的控制功能与原理

发动机电子控制系统是一个综合控制系统，具有多种控制功能。在发动机运转过程中，电子控制单元（ECU）是发动机电子控制系统的核心。

◎ 1.1.1 发动机电子控制系统的控制功能

发动机电子控制系统的控制功能包括进气控制、燃油控制、点火控制、温度控制、排放控制和故障自诊断等。其中，进气控制（检测和控制进气量）、燃油控制（控制喷油量和喷油正时）和点火控制（控制点火提前角、闭合角）是发动机电子控制系统的主要控制功能，温度控制、排放控制和故障自诊断等为辅助控制功能，如图 1-1 所示。

1. 进气控制

发动机电子控制系统的首要任务是调节发动机的输出功率和转矩。在进气门关闭后由节气门进入并保留在气缸内的空气量是发动机工作过程中做功

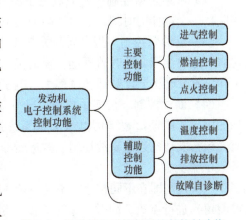

图 1-1 发动机电子控制系统的控制功能

大小的决定因素，也是发动机输出转矩大小的首要因素。进气控制即检测出进入气缸的空气量，并根据转速和负荷的变化，对发动机的进气量进行控制，为发动机可燃混合气的形成提供空气。同时，提高发动机的充气效率，从而改善动力性。进气控制包括节气门控制、换气控制和增压控制。

（1）节气门控制　通过对节气门开度的控制进而调节流经节气门的进气量，可以实现发动机输出功率控制和各种转速下所对应的转矩控制，以实现不同工况的需要。

怠速工况是发动机的重要工况之一，怠速控制是典型的节气门控制。发动机怠速时没有转矩输出，为了在尽可能低的转速下保证发动机运转稳定，发动机电子控制系统自动控制怠速工况下的空气供给量，维持发动机以稳定怠速运转，以降低燃油消耗量且达到排放要求。

（2）换气控制　气缸内新鲜混合气替换已燃烧气体的换气过程由进气门和排气门来控制。进、排气门在特定的时刻开启和关闭，控制新鲜气体和残余气体的交换。凸轮轴上凸轮的形状决定了气门开启和关闭的时刻及其开闭的速率，从而决定了换气过程能够为燃烧提供的新鲜气体量。发动机电子控制系统能够适应转速和负荷的变化，改变气门正时（进排气门开启和关闭的特定时刻）和气门升程，兼顾高低速和大小负荷各种工况，有效提高充气效率，满足发动机多种工况的进气需求。

（3）增压控制　在压缩比和发动机排量一定的条件下，提高充入气缸空气的密度是提高发动机功率的有效途径。增压可使进入气缸前的气体预先被压缩，再以高密度送入气缸，由于进气密度增大而使发动机得到更多新鲜空气，从而以较小的发动机排量获得较大的转矩和输出功率。发动机电子控制系统能够根据发动机的工况变化，有效控制动态效应增压、废气涡轮增压的增压压力，保证发动机在不同转速及工况下都得到最佳增压值，有效提高充气效率，进一步优化发动机的性能。

2. 燃油控制

燃油控制即向发动机及时供应各种工况下燃烧所需要的燃油。燃油控制主要包括喷油量控制、喷射正时控制以及燃油泵控制和断油控制。

（1）喷油量控制　发动机电子控制系统根据传感器提供的信号确定基本喷油量并进行修正，有效控制混合气空燃比，使发动机在各种运行工况下均能获得最佳浓度的混合气，从而提高功率、降低油耗、减少排气污染。

（2）喷射正时控制　发动机电子控制系统根据发动机各缸的点火顺序将燃油喷射时间控制在一个最佳的时刻，由此，喷油器适时、适量地喷射出所需要的燃油。

（3）燃油泵控制　当点火开关打开后，发动机电子控制系统控制燃油泵工作2~3s，以建立一定的油压，此时若不起动发动机，电子控制系统将切断燃油泵控制电路，燃油泵停止工作。在发动机起动和运转过程中，电子控制系统控制燃油泵保持正常运转。

（4）断油控制　在某些特殊工况下（如驾驶人快速收回加速踏板、发动机转速超过允许的极限转速等），发动机电子控制系统暂时中断燃油喷射，以满足发动机运行时的特殊需要，包括发动机超速断油控制、减速断油控制和清除溢流控制、减转矩断油控制等。

3. 点火控制

点火控制即在不同转速、不同负荷条件下，按发动机的点火顺序并以最佳时刻（点火提前角）进行点火，同时确保能够提供足够高的次级电压，使火花塞电极间产生具有足够能量的电火花以点燃可燃混合气。点火控制主要包括通电时间（闭合角）控制与恒流控制、点火提前角控制以及爆燃控制等。

（1）通电时间（闭合角）控制与恒流控制　发动机电子控制系统控制点火线圈初级电路的通电时间，以满足发动机对点火系统在击穿电压和点火能量上的要求，改善点火性能，同时避免初级线圈过热和电能的无效损耗。

（2）点火提前角控制　点火提前角控制即判断发动机的运行工况和运行条件，选择最理想的点火提前角点燃可燃混合气。

（3）爆燃控制　爆燃控制是把点火提前角控制在接近临界爆燃点或使发动机有轻微的爆燃，以最大限度地发挥发动机的潜能，提高动力性。

4. 温度控制

发动机冷却系的功用是使发动机得到适度的冷却，保持其在所有工况下都能在最适宜的温度范围内工作，从而保证发动机的正常运转。电控无级冷却风扇技术、电控节温器技术以及双循环冷却技术等，能够实现发动机温度的精准控制，应用越来越广泛。

5. 排放控制

排放控制主要对发动机排放控制装置的工作实行电子控制，从而有效减少有害污染物的排放，主要包括燃油蒸发排放控制、三元催化转化器（TWC）与空燃比反馈控制、排气再循环（EGR）控制、二次空气喷射控制等。带有三元催化转化器的空燃比反馈控制可以将实际空燃比精确控制在标准的理论空燃比附近，三元催化转化器能够将一氧化碳、碳氢化合物和氮氧化合物转化为二氧化碳、氮气和水，有效降低污染物的排放量，是目前最有效的废气排放控制方法。

6. 故障自诊断

发动机工作时，具有故障自诊断功能的发动机电子控制系统，能够在汽车运行过程中不断监测电控系统各组成部分的工作情况，如有异常则立即点亮仪表板上的故障警告灯，并将故障信息以设定的数码（故障码）形式储存在存储器中，以提醒驾驶人并帮助维修人员确定故障类型和范围。同时，启用故障运行程序，发挥失效保护功能，按设定的信号控制发动机转入强制运转状态，使发动机能在有故障的情况下可以继续运转，从而保证可以将汽车开回家或开到附近的修理厂进行维修，以防车辆停驶在路途中（被称为"跛行回家"功能）。当对发动机工作影响较大的传感器或电路发生故障时，系统将会立即采取强制措施（如切断燃油喷射等），停止发动机的工作。

随着汽车技术和电子技术的发展，发动机电子控制系统的功能必将日益增加。

◎ 1.1.2　发动机电子控制系统的控制原理

从控制原理来看，发动机电子控制系统可以简化为传感器、电子控制单元（ECU）和执行器三大组成部分。传感器是感知信息的部件，功用是监测汽车和发动机的运行状况，将相关信息转换为电信号输送给 ECU，为 ECU 提供控制依据。ECU 接收来自传感器的信息，进行存储、计算和分析处理后发出相应的控制指令给执行器。执行器即执行元件，其功用是执行 ECU 的专项指令，从而完成控制目的。传感器、ECU 和执行器三部分相互间的工作关系如图 1-2 所示。图 1-3 为大众第二代 EA888 系列 CEA 1.8TSI 发动机 MED17.5 电子控制系统控制原理。

传感器是将各种非电量（物理量、化学量、生物量等），按一定规律转换成便于传输和

图 1-2　传感器、ECU 和执行器之间的工作关系

处理的另一种物理量（一般为电量）的装置。在汽车发动机电子控制系统中，传感器相当于人的眼、耳、鼻、舌、口等五官，其功用是将汽车各部件运行的状态参数（各种非电量信号）转换成电量信号并输送到各种电子控制单元，用以监测各部件运行情况和环境条件。

执行器是电子控制系统的执行机构，执行器接收电子控制单元发来的各种指令，完成具体的执行动作。执行器可被视为控制系统的"肌肉"。

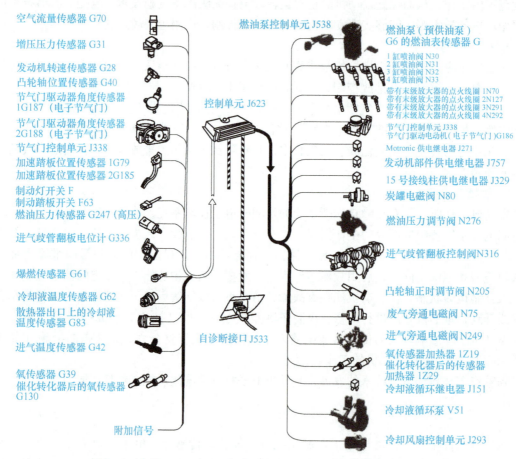

图 1-3　大众 CEA 1.8TSI 发动机 MED17.5 电子控制系统控制原理

注：
TSI 中的"T"为双增压 Twins charger（涡轮增压器 Turbocharger + 机械增压器 Supercharger），"S"为燃油分层 Fuel Stratified，"I"为喷射 Injection。

MED17.5 中的"M"为 Motronic（发动机管理系统），"E"为电子节气门，"D"为缸内直接喷射，"17."为版本号，"5"为开发等级。

在发动机运转过程中，ECU 根据发动机控制系统的各传感器送来的信号，判断发动机

单元1 发动机电子控制系统的工作原理与基本组成

当前所处的运行工况和运行条件,并从只读存储器(ROM)中查取相应的控制参数数据,经中央处理器(CPU)的计算和必要的修正后,输出相应的控制信号,控制发动机运转。

发动机电子控制系统的控制方式主要有开环控制和闭环控制。

1. 开环控制

发动机工作时,ECU根据传感器的信号对执行器进行控制,而控制的结果(如燃烧是否完全、怠速是否稳定、是否有爆燃发生等)是否达到预期目标无法做出分析,控制的结果对控制过程没有影响,这种控制方式称为开环控制,如图1-4所示。

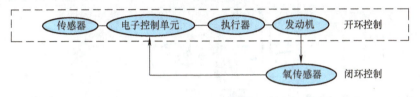

图1-4 开环控制与闭环控制

开环控制的特点是在控制器与被控对象之间只有正向控制作用而没有反馈控制作用,要实现精确控制,其控制系统ROM中必须预先存储发动机可能遇到的各种工况,及运行条件所需控制参数的精确调整数据,这样才能保证输出的控制信号能产生预期的响应。而控制数据一旦存入ECU的ROM中,就不再变动。

2. 闭环控制

对开环控制的控制过程进行分析可知,开环控制系统调整空燃比和点火提前角的准确程度受到发动机技术状况和控制程序及数据的限制。另外,开环控制系统无法将影响空燃比和点火提前角的其他控制参数一一兼顾,因此很难达到精确控制。

闭环控制实质上就是反馈控制,其特点是在控制器与被控对象之间,不仅存在着正向作用,而且存在着反馈作用,即系统的输出量对控制量有直接影响。如图1-4所示,氧传感器输出的排气中氧浓度信号用于修正喷油量,从而实现空燃比的闭环控制。类似的闭环控制还有点火时刻的闭环控制和怠速控制。

由于开环和闭环控制各有其特点,现代发动机电控系统大多同时采用开环和闭环两种控制方式。开环控制作为基本控制手段,而闭环控制作为精确控制手段,根据发动机工作需要,相互转换,协调工作。

1.2 发动机电子控制系统的基本组成

现代汽车广泛应用的集中控制系统,将多种控制功能集中到一个电子控制单元上,通过对各种传感器和执行器的不同组合,便可以组成不同的控制子系统,如进气控制系统、燃油控制系统、点火控制系统、排放控制系统、温度控制系统、故障自诊断系统等,每一个子系统都能实现不同的控制功能。利用控制功能集中化,就可以不必按功能重复设置传感器,大多数传感器各子系统共用,而且都由一个ECU集中控制。一个传感器的输入信号可以多次重复使用,作为几个控制系统的输入信号,使得电子控制系统结构和线路大大简化,成本也随之降低。由于控制功能、控制参数和控制精度的不同,不同车型的发动机电子控制系统采用的控制部件类型或数量也不尽相同。大众第二代EA888系列CEA 1.8TSI发动机MED17.5

电子控制系统的基本组成如图 1-5 所示。

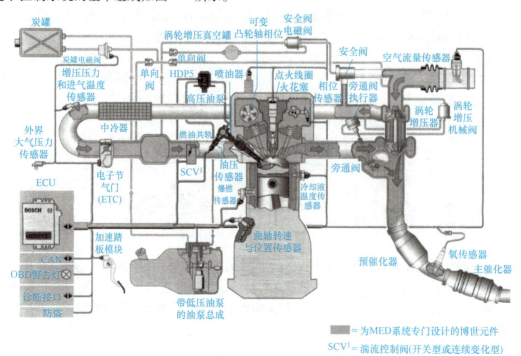

图 1-5　大众 CEA 1.8TSI 发动机 MED17.5 电子控制系统结构组成

◎ 1.2.1　进气控制系统

发动机进气控制系统检测并控制进入气缸的空气量，并把进气量信号传给 ECU，作为控制燃油喷射量的主要依据。进气控制系统主要包括空气流量传感器（或进气歧管压力传感器）、温度传感器、节气门位置传感器等传感器，以及节气门控制电动机（或怠速控制阀）、增压控制系统、可变气门控制系统等控制装置。

1. 空气流量传感器

空气流量传感器检测发动机吸入的进气量，并将其转换为电信号输入 ECU，以便确定喷油量的大小。空气流量传感器用于质量流量型的进气控制系统，空气流量是燃油喷射和点火正时的主控制信号。

在速度密度型的进气控制系统中，ECU 根据进气歧管压力传感器检测的进气歧管绝对压力（真空度）信号和发动机转速信号推算出发动机吸入的进气量，以便确定喷油量的大小。在这种间接检测进气量的进气控制系统中，进气歧管绝对压力信号是燃油喷射和点火正时的主控制信号。

2. 温度传感器

进气温度传感器向 ECU 提供供给发动机的空气温度信号，作为燃油喷射和点火控制的修正信号。

冷却液温度传感器俗称水温传感器，向 ECU 提供冷却液温度信号，用于修正喷油量和点火提前角，是燃油喷射和点火控制的修正信号。

3. 节气门位置传感器

节气门位置传感器安装在节气门体上，检测节气门的开度（发动机负荷，如节气门全闭、部分开启和全开等）及开度变化情况，并将其转换为电信号输入ECU，ECU以此判定发动机的运转工况（如怠速工况、部分负荷工况、大负荷工况等），对燃油喷射、点火等其他系统进行控制。

4. 节气门控制电动机（或怠速控制阀）

电子节气门控制系统中的节气门控制电动机安装在节气门体上，其功用是接收ECU的指令，根据发动机的负荷情况控制节气门的开度从而调节进气量，满足不同工况的进气需求。在电子节气门普及之前，有些发动机采用设有旁通节气门的怠速空气通道，由怠速控制阀根据发动机的负荷情况控制流经怠速空气通道的空气量，以此控制发动机的怠速转速。

5. 增压控制系统

（1）进气惯性增压控制系统　进气惯性增压控制系统可以改变进气管的长度，利用进气的惯性效应来提高充气效率，从而提高发动机的动力性和经济性。进气惯性增压控制系统主要由进气歧管转换阀及其控制装置组成。

（2）废气涡轮增压系统　废气涡轮增压系统利用发动机排出的具有一定能量的废气驱动涡轮增压器，对新鲜空气进行压缩后再送入气缸。由此，可以显著提高进气效率，提高发动机的输出功率。废气涡轮增压系统主要由涡轮增压器、增压压力控制装置和增压空气冷却器等组成。

6. 可变气门控制系统

可变气门控制系统能够根据发动机的工作需要改变气门正时及气门升程，不同车型的可变气门控制系统结构有所不同，但通常由凸轮轴调节装置及其控制装置组成。

◎ 1.2.2　燃油控制系统

燃油控制系统在恒定的压力下，根据ECU的控制信号，通过喷油器向发动机适时、适量地供应各种工况下燃烧所需要的燃油。

根据燃油喷射部位的不同，燃油控制系统可分为进气管喷射和缸内直接喷射两种类型。进气管喷射的燃油控制系统主要由燃油箱、燃油泵、供油管、燃油压力调节器、喷油器等组成。与进气管喷射的燃油控制系统相比较，缸内直接喷射的燃油控制系统增加了高压燃油泵至高压喷油器之间的高压燃油控制系统，以及监测燃油压力的燃油压力传感器。

1. 燃油泵

在进气管喷射的燃油控制系统中装有电动燃油泵。电动燃油泵是一种由小型直流电动机驱动的油泵，其功用是从油箱中吸出燃油，加压后建立合适的系统压力（350kPa左右），最终将燃油输送到喷油器。

汽油机的缸内直接喷射方式对燃油控制系统的要求要明显高于进气管喷射方式，其喷油压力需达到4~20MPa（不同车型有所不同）。因此，在缸内直接喷射的燃油控制系统中同时装有电动燃油泵和高压燃油泵，高压燃油泵通过柱塞的往复运动，将来自低压油路的燃油压力提高到规定值。另外，与高压燃油泵集成为一体的燃油压力调节器可进行燃油压力的调节。

2. 燃油分配管

燃油分配管用铝合金制成圆形管状或方形管状，其作用是向喷油器分配燃油。

在缸内直接喷射的燃油控制系统中,类似的装置被称为燃油共轨,其任务除了将一定压力的燃油分配到喷油器之外,还提供足够大的容积来补偿燃油压力波动,是高压储存器,也是高、低压系统的连接部分。

3. 燃油压力传感器

在缸内直接喷射的燃油控制系统中,燃油压力传感器用于检测燃油共轨中的燃油压力并控制燃油压力调节器进行燃油压力的调节。

4. 燃油压力调节器

在进气管喷射的燃油控制系统中,燃油压力调节器安装在燃油分配管或燃油箱中,其作用是在发动机整个运转范围内进行系统油压的调节。

5. 喷油器

喷油器是燃油控制系统的一个关键的执行器,它按照ECU的指令(喷油脉冲信号)将准确计量的燃油适时地喷入进气管或气缸内并雾化,使之与空气混合形成可燃混合气。

◎ 1.2.3 点火控制系统

现代汽车广泛采用的微机控制电子点火系统主要由曲轴转速与位置(转角)传感器、凸轮轴位置(活塞上止点位置)传感器、爆燃传感器以及由点火控制器、点火线圈和火花塞组成的点火电路组成。其中,曲轴转速与位置(转角)传感器、凸轮轴位置(上止点位置)传感器与空气控制系统、燃油控制系统等电子控制系统共用。

1. 曲轴转速与位置传感器

曲轴转速与位置传感器检测发动机曲轴的转速与转角,并将信号输入ECU,以便控制喷油提前角和点火提前角的大小,是燃油喷射和点火控制的主控制信号。

2. 凸轮轴位置传感器

凸轮轴位置传感器检测活塞上止点位置信号(又称为气缸识别传感器),以便控制喷油和点火时刻,是点火控制的主控制信号。

在一部分汽车上,发动机曲轴转速与位置传感器和凸轮轴位置传感器是制成一体的,统称为曲轴/凸轮轴位置传感器。

3. 爆燃传感器

爆燃传感器检测发动机是否爆燃及爆燃强度,并将信号输入ECU,以便修正点火提前角并实现点火提前角闭环控制。

4. 点火控制器

点火控制器又称为点火控制单元、点火模块,连接于ECU与点火线圈之间,它接收ECU输出的点火控制信号,控制点火线圈初级绕组接地端的通断并进行功率放大,以便驱动高压点火线圈工作。点火控制器的功能、电路与结构,不同车型有所不同,有的与ECU制作在同一块电路板上,有的为独立总成或与点火线圈集成为一体,用线束与ECU相连接。

5. 点火线圈和火花塞

点火线圈通过电磁感应将电源的12V低电压转换成15~30kV的高电压。火花塞是点火系统的终端部件,它利用点火线圈产生的高压电击穿两极间隙获得电火花,从而点燃气缸内的可燃混合气。

现代汽车越来越多采用的独立点火方式,每一个气缸都配有一个点火线圈,且直接安装在火花塞上方，无需高压导线，通常被称为火花塞总成。

◎ 1.2.4 温度控制系统

新型发动机温度控制系统通常采用电控无级冷却风扇技术、电控节温器技术，以及双循环冷却技术等，能够实现发动机温度的精准控制，保证发动机在所有工况下都保持在适当的温度范围内。

1. 冷却风扇无级控制系统

在冷却风扇无级控制系统中，冷却风扇的具体运转情况由 ECU 通过冷却风扇控制单元，利用脉冲宽度调制占空比进行精准控制，从而有效控制冷却强度。与普通的冷却系统相比，冷却风扇无级控制系统主要包括两个冷却液温度传感器、两个电子冷却风扇（一个主风扇和一个辅助风扇），以及冷却风扇控制单元，由此组成为双冷却液温度传感器、双电子风扇的冷却控制系统。

2. 创新热能管理系统

创新热能管理（ITM）系统通过对冷却液液流进行精确的目标控制，使发动机在冷起动暖机时能够迅速地预热，在达到相应温度时能够及时冷却，确保发动机在任何工况下均可获得最佳的冷却效果。创新热能管理系统两个最主要的部件是集成在气缸盖内的排气歧管，以及与冷却液泵集成为一体的旋转滑阀组件。

◎ 1.2.5 排放控制系统

排放控制系统主要包括燃油蒸发排放控制系统、三元催化转化器与空燃比反馈控制系统、排气再循环控制系统、二次空气喷射控制系统等。其中，燃油蒸发排放控制系统、三元催化转化器与空燃比反馈控制系统为大多数车型所采用。

1. 燃油蒸发排放控制系统

燃油蒸发排放控制系统能够防止燃油箱内的燃油蒸气排入大气产生污染，活性炭罐、活性炭罐电磁阀是其主要组成部分。活性炭罐是系统中储存燃油蒸气的部件，活性炭罐电磁阀根据 ECU 的控制指令对燃油蒸气进入气缸的时机和进入量进行控制。

2. 三元催化转化器与空燃比反馈控制系统

（1）氧传感器　氧传感器安装在发动机排气管上，通过检测排气管废气中氧的含量，向 ECU 输入可燃混合气空燃比反馈信号，以便修正喷油量并实现空燃比的闭环控制。

（2）三元催化转化器　三元催化转化器安装在排气管内，能将发动机排出废气中的 NO_x、HC、CO 这些有害气体转化为无害气体，从而实现对废气的净化。

◎ 1.2.6 故障自诊断系统

故障自诊断系统又称为随车故障诊断系统（OBD），主要由监测电路、故障诊断通信接口（TDCL）、故障指示灯以及相应的软件程序等组成。故障诊断通信接口通常称为故障诊断插座，主要用于与专用的故障诊断仪相连接进行车外诊断，读取故障信息和参数。

在发动机运行过程中，ECU 根据不同传感器和控制开关输入的信号，依照预先设定的控制程序进行数学计算和逻辑判断，并向各种执行器发出相应的控制指令完成不同的控制功能。如果某个传感器或控制开关发生故障，就不能向 ECU 输送正常信号，发动机性能就会变坏甚至无法运行。如果执行器发生故障，那么，其监测电路反馈给 ECU 的信号就会出现异常，发动机性能也会变坏甚至无法运行。因此，只要接通点火开关，自诊断电路就会投入工作，实时监测各种传感器、控制开关和执行器的工作状态。一旦发现某个传感器或控制开关信号异常，或执行器监测电路反馈的信号异常，就会立即采取相应措施。

图 1-6 为大众第二代 EA888 系列 CEA 1.8TSI 发动机 MED17.5 电子控制系统主要元器件布置图。丰田 1ZR – FE 发动机电子控制系统主要元器件的布置如图 1-7 所示。

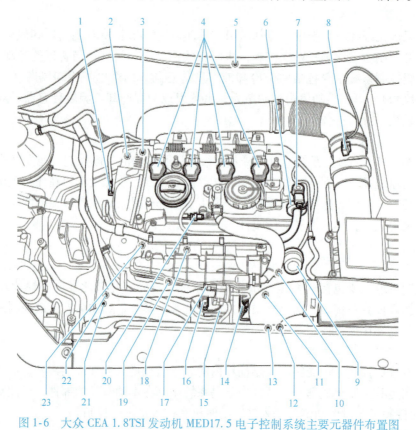

图 1-6　大众 CEA 1.8TSI 发动机 MED17.5 电子控制系统主要元器件布置图

1—凸轮轴正时调节阀（N205）　2—废气旁通电磁阀（N75）　3—进气旁通电磁阀（N249）
4—带有功率输出的点火线圈　5—发动机控制单元（J623）　6—机械式单活塞高压泵
7—燃油压力调节阀（N276）　8—空气流量传感器（G70）　9—废气旁通阀执行器
10—进气歧管翻板控制阀（N316）　11—爆燃传感器（G61）插头　12—增压压力传感器（G31）
13—曲轴转速与位置传感器（G28）　14—喷油器插头　15—节气门控制单元（J338）
16—进气温度传感器（G42）　17—活性炭罐电磁阀（N80）　18—冷却液温度传感器（G62）
19—燃油压力传感器（G247）　20—凸轮轴位置传感器（G40）
21—机油压力开关 F1　22—机油压力开关 F22　23—进气歧管翻板位置传感器（G336）

在上述系统中，除以上传感器向 ECU 输入控制信号之外，还有点火开关信号、发电机负荷信号、空调开关信号（A/C）、档位开关信号和空档位置开关信号、蓄电池电压信号、离合器开关信号、制动开关信号、动力转向开关信号、巡航（定速）控制开关信号等输入 ECU，以更好地对喷油量、点火提前角等进行控制，适应汽车的不同运行工况。而执行器也不止以上这些，还有各种继电器和电磁阀等。随着发动机电子控制功能的扩展，输入 ECU 的信号也将不断增加，汽车上的各种传感器、控制开关和执行器也将不断增多。

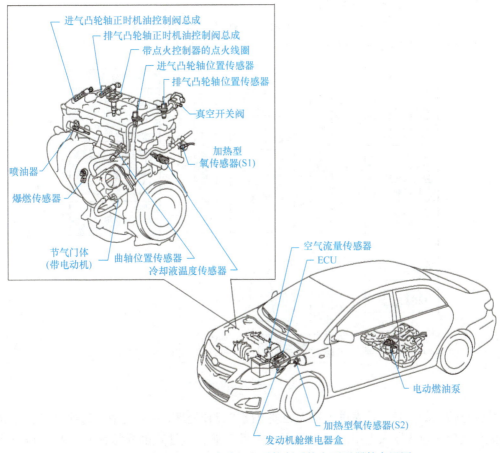

图1-7 丰田1ZR-FE发动机电子控制系统主要元器件布置图

注：1ZR-FE发动机是丰田公司ZR系列发动机中的第一款，"F"代表窄气门夹角、双顶置凸轮轴布置，"E"代表燃油喷射。

◎ 1.2.7 电子控制单元

电子控制单元（ECU）（图1-8）是发动机电子控制系统的核心，可被视为电子控制系统的大脑。它具有强大的数学运算、逻辑判断、数据处理与数据管理等功能，其作用主要体现在以下几个方面：给传感器提供参考（基准）电压（2V、5V、9V、12V）；存储分析计算所用的程序、车型的特点参数、运算中的数据及故障信息；运算分析，即根据信息参数求出执行命令并输出给执行器；将输出的信息与标准值对比，查出故障并输出故障信息；自我修正（自适应功能）。

图1-8 电子控制单元（ECU）

1. 结构组成

电子控制单元是以微型计算机为核心所组成的电子控制装置，并在内存中存储着设计者事先编制的程序或控制软件，即电子控制单元由硬件和软件两部分组成。

（1）电子控制单元的硬件　从功能上说，电子控制单元（ECU）的硬件分成输入级、微型计算机和输出级三个部分，如图1-9所示。随着芯片集成度的提高，现代汽车电子控制单元中组成微型计算机的中央处理器（CPU）、存储器、时钟发生器、定时器、输入输出（I/O）接口和输入级中的模/数（A/D）转换器等均已集成于一块大规模集成电路芯片中，称为单片机,具有计算机的全部功能。

在发动机电子控制系统中,由于使用微型计算机,与以往的模拟控制电路相比,信号处理的速度和容量大大提高,可以实现多功能的高精度集中控制。

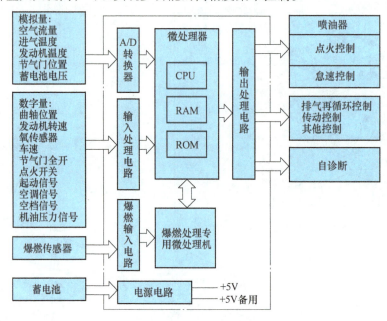

图 1-9　电子控制单元的硬件组成

从传感器来的信号,首先进入输入处理电路进行预处理,一般是在去除杂波和把正弦波变为矩形波后转换成输入电平。对于中央处理器不能直接处理的模拟信号,A/D 转换器将其转换为数字信号后再输入。输出处理电路将中央处理器发出的指令转变成控制信号来驱动执行器工作,具有控制信号的生成和放大等功能。

(2)电子控制单元的软件　电子控制单元的软件包括控制程序和数据两部分,最主要的是主控程序。主控程序的主要任务是实现整个系统初始化、控制系统的工作时序、控制模式的设定,常用工况及其他各工况模式下喷油信号和点火信号输出程序。软件中还有转速和负荷的处理程序、中断处理程序、查表及插值程序等。为实现发动机各种工况及运行条件下最佳的综合性能,电子控制单元必须以最佳的相应控制参数(如最佳喷油脉宽和最佳点火提前角),控制发动机在最佳运行状况下运转。这些控制参数的最佳数据是设计人员经过精确计算和大量实验取得的,全部以离散数据的形式预先存储在只读存储器(ROM)中,作为电子控制单元控制的依据。

(3)工作过程　发动机起动时,ECU 进入工作状态,根据预定程序从 ROM 中取出相应控制程序进入 CPU。这些程序可以用来控制燃油喷射、点火时刻、怠速等。通过 CPU 的控制,一个个指令逐个地进行循环执行。执行程序中所需要的发动机信息来自各个传感器。从传感器来的信号,首先进入输入回路进行处理。如果是数字信号,直接经 I/O 接口进入微处理器;如果是模拟信号,经 A/D 转换器转换成数字信号后才经 I/O 接口进入微处理器。大多数信息暂时存储在随机存储器(RAM)内,根据指令再从 RAM 送到 CPU。有时需将存储在 ROM 中的参考数据引入 CPU,使输入传感器的信息与之进行对比。对来自有关传感器的每一个信号依次取样,并与参考数据进行比较。CPU 对这些数据进行比较运算后,做出决定并发出输出指令信号,经 I/O 接口,特定的信号还要经 D/A 转换器变成模拟信号,最后经输出回路去控制执行器动作。

2. 接线端子

电子控制单元(ECU)通常安装在驾驶座前方仪表板的后面,防水的 ECU 可安装在发动机机舱内。ECU 的外壳上设有专门的多引脚(接线端子)插座,用相应的线束插头可将 ECU 同蓄电池、传感器和执行器相连接,插座上引脚的数量根据 ECU 所含功能项的数目不同而不同。通常将 ECU 同传感器和执行器等连接起来的带插头的各种导线捆绑在一起,称为线束。

大众第二代 EA888 系列 CEA 1.8TSI 发动机电子控制单元 J623 的多引脚插座,由 60 个端子的插座 T60a 和 94 个端子的插座 T94a 两部分连接组成,共有 154 个端子(其中有效端子 79 个,其余为备用端子),一个 60 端子的线束插头和一个 94 端子的线束插头通过导线与蓄电池、传感器和执行器相连接。电子控制单元 J623 的外形与插座接线端子排列情况如图 1-10 所示,插座上一部分接线端子的作用见表 1-1。

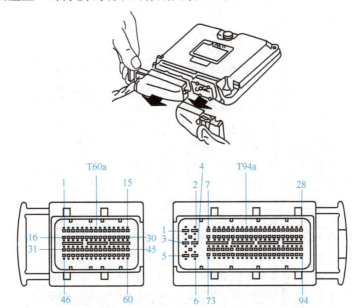

图 1-10 大众 CEA 1.8TSI 发动机电子控制单元 J623 的外形与插座接线端子

表 1-1 大众 CEA 1.8TSI 发动机电子控制单元 J623 插座接线端子的作用(部分)

序号	端子		作用
1	插座 T60a	1	连接机油压力调节阀(N428)端子 T2dm/1,控制信号
2		3	连接增压压力限制电磁阀(N75)端子 T2ck/2,控制信号
3		5	连接凸轮轴调节阀(N205)端子 T2cj/2,控制信号
4		6	连接点火线圈 4(N292)端子 T4w/3,控制信号
5		7	连接点火线圈 1(N70)端子 T4t/3,控制信号
6		8	连接凸轮轴位置传感器(G40)端子 T3m/3,电源负极
7		10	连接爆燃传感器(G61)端子 T3af/2,信号负极
8		12	连接节气门位置传感器 1(G187)、节气门位置传感器 2(G188)端子 T6ad/2,电源负极

（续）

序号	端子		作用
9		13	连接进气歧管翻板位置传感器（G336）端子T3ad/3，电源负极 连接增压压力传感器（G31）端子T4o/1，电源负极 连接燃油压力传感器（G247）端子T3z/1，电源负极
10		14	连接进气温度传感器（G42）端子T2ce/2，信号负极 连接冷却液温度传感器（G62）端子T2cf/2，信号负极
11		16	连接节气门驱动装置（G186）端子T6ad/5，电源正极
12		17	连接节气门驱动装置（G186）端子T6ad/3，电源负极
13		18	连接机油压力防降开关（F378）端子T1a，电源正极
14		19	连接燃油压力调节阀（N276）端子T2cg/2，控制信号
15		20	连接进气歧管翻板控制阀（N316）端子T2ch/2，控制信号
16		21	连接点火线圈2（N127）端子T4u/3，控制信号
17		22	连接点火线圈3（N291）端子T4v/3，控制信号
18		24	连接节气门位置传感器1（G187）端子T6ad/4，信号正极
19		25	连接爆燃传感器（G61）端子T3af/1，信号正极
20		27	连接进气歧管翻板位置传感器（G336）端子T3ad/1，电源正极 连接增压压力传感器（G31）端子T4o/3，电源正极
21		29	连接凸轮轴位置传感器（G40）端子T3m/1，电源正极 连接燃油压力传感器（G247）端子T3z/3，电源正极
22		31	连接1缸喷油器（N30）端子T2cl/1，电源正极
23	插座T60a	32	连接3缸喷油器（N32）端子T2cn/1，电源正极
24		33	连接1缸喷油器（N30）端子T2cl/2，电源负极
25		34	连接3缸喷油器（N32）端子T2cn/2，电源负极
26		35	连接活性炭罐电磁阀（N80）端子T2bv/2，控制信号
27		36	连接曲轴转速与位置传感器（G28）端子T2cd/2，信号负极
28		39	连接增压压力传感器（G31）端子T4o/4，信号正极
29		40	连接燃油压力传感器（G247）端子T3z/2，信号正极
30		41	连接节气门位置传感器2（G188）端子T6ad/1，信号正极
31		42	连接进气温度传感器（G42）端子T2ce/1，信号正极
32		44	连接节气门位置传感器1（G187）、节气门位置传感器2（G188）端子T6ad/6，电源正极
33		46	连接4缸喷油器（N33）端子T2co/1，电源正极
34		47	连接2缸喷油器（N31）端子T2cm/1，电源正极
35		48	连接4缸喷油器（N33）端子T2co/2，电源负极
36		49	连接2缸喷油器（N31）端子T2cm/2，电源负极
37		50	连接涡轮增压循环空气阀（N249）端子T2ci/2，控制信号
38		51	连接曲轴转速与位置传感器（G28）端子T2cd/1，信号正极
39		53	连接凸轮轴位置传感器（G40）端子T3m/2，信号正极
40		56	连接爆燃传感器（G61）端子T3af/3，屏蔽线
41		57	连接冷却液温度传感器（G62）端子T2cf/1，信号正极
42		59	连接进气歧管翻板位置传感器（G336）端子T3ad/2，信号正极

（续）

序号	端子		作用
43	插座 T94a	11	连接加速踏板位置传感器2（G185）端子T6L/5，电源负极
44		12	连接散热器出水口冷却液温度传感器（G83）端子T2bm/2，信号正极
45		23	连接空气流量传感器（G70）端子T5r/1，信号负极
46		29	连接后氧传感器（G130）端子T4ar/2，加热器Z29电源负极
47		30	连接燃油泵控制单元（J538）端子T10o/2，控制信号
48		34	连接后氧传感器（G130）端子T4ar/3，信号正极
49		35	连接加速踏板位置传感器（G79）端子T6L/3，电源负极
50		36	连接散热器出水口冷却液温度传感器（G83）端子T2bm/1，信号负极
51		50	连接冷却风扇控制单元（J293）端子T4p/3，控制信号
52		56	连接前氧传感器（G39）端子T6a/5，参考电压
53		57	连接前氧传感器（G39）端子T6a/6，参考电压
54		61	连接加速踏板位置传感器2（G185）端子T6L/6，信号正极
55		62	连接后氧传感器（G130）端子T4ar/4，信号负极
56		65	连接空气流量传感器（G70）端子T5r/2，信号正极
57		67	连接数据总线诊断接口（J533）端子T20c/6 CAN–L
58		68	连接数据总线诊断接口（J533）端子T20c/16 CAN–H
59		73	连接前氧传感器（G39）端子T6a/3，加热器Z19电源负极
60		78	连接前氧传感器（G39）端子T6a/1，信号输出
61		79	连接前氧传感器（G39）端子T6a/2，泵电流输入
62		81	连接加速踏板位置传感器2（G185）端子T6L/1，电源正极
63		82	连接加速踏板位置传感器（G79）端子T6L/2，电源正极
64		83	连接加速踏板位置传感器（G79）端子T6L/4，信号正极

丰田1ZR–FE发动机电子控制单元的多引脚插座接线端子排列情况如图1-11所示，由60个端子的插座A50、126个端子的插座B31两部分连接组成，共有186个端子（其中有效端子88个，其余为备用端子），一个60端子的线束插头和一个126端子的线束插头通过导线与蓄电池、传感器和执行器相连接。电子控制单元插座上一部分接线端子的作用见表1-2。

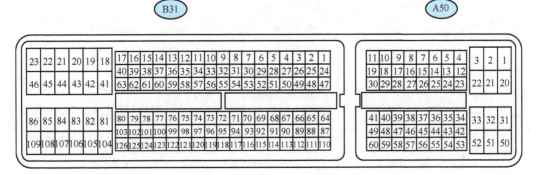

图1-11 丰田1ZR–FE发动机电子控制单元插座接线端子

表1-2 丰田1ZR-FE发动机电子控制单元插座接线端子的作用（部分）

序号	端子		作用
1	插座A50	1（+B2）	连接ECU电源
2		2（+B）	连接ECU电源
3		3（+BM）	连接ETCS电源
4		7（FC）	连接燃油泵继电器C/OPN，控制信号
5		8（SPD）	连接组合仪表，车速信号
6		20（BATT）	连接蓄电池，蓄电池电压
7		24（W）	连接组合仪表MIL
8		27（TC）	连接DLC3端子TC
9		28（IGSW）	连接点火开关
10		41（CANH）	连接CAN通信线路
11		43（RFC）	连接冷却风扇控制单元
12		44（MREL）	连接EFI MAIN继电器
13		48（STA）	连接起动机继电器
14		49（CANL）	连接CAN通信线路
15		55（VPA）	连接加速踏板位置传感器端子6（VPA），信号正极
16		56（VPA2）	连接加速踏板位置传感器端子3（VPA2），信号正极
17		57（VCP）	连接加速踏板位置传感器端子4（VCP），电源正极
18		58（VCP2）	连接加速踏板位置传感器端子1（VCP2），电源正极
19		59（EPA）	连接加速踏板位置传感器端子5（EPA），信号负极
20		60（EPA2）	连接加速踏板位置传感器端子2（EPA2），信号负极
21	插座B31	41（M-）	连接节气门驱动电动机端子1（M-），电源负极
22		42（M+）	连接节气门驱动电动机端子2（M+），电源正极
23		43（ME01）	接地（搭铁）
24		44（E02）	接地（搭铁）
25		45（E01）	接地（搭铁）
26		47（HT1B）	连接后氧传感器加热器端子1，电源负极
27		49（PRG）	连接活性炭罐电磁阀端子1，电源正极
28		52（STAR）	连接点火开关
29		60（OE1+）	连接排气侧凸轮轴正时机油控制阀端子1，电源正极
30		61（OE1-）	连接排气侧凸轮轴正时机油控制阀端子2，电源负极
31		63（GE01）	节气门驱动电动机电源屏蔽线
32		64（OX1B）	连接后氧传感器端子3，信号正极
33		65（THA）	连接进气温度传感器端子1（THA），电源正极
34		67（VCTA）	连接节气门位置传感器端子5（VC），电源正极
35		70（VCV1）	连接进气凸轮轴位置传感器端子3（VC），电源正极
36		75（EV1-）	连接进气凸轮轴位置传感器端子2（VVE-），电源负极

单元1　发动机电子控制系统的工作原理与基本组成

（续）

序号	端子		作用
37	插座 B31	76（EV1+）	连接进气凸轮轴位置传感器端子1（VVE+），电源正极
38		81（IGF1）	连接1号、2号、3号、4号点火线圈端子2（IGF），点火确认信号
39		82（IGT4）	连接4号点火线圈端子3（IGT4），点火信号
40		83（IGT3）	连接3号点火线圈端子3（IGT3），点火信号
41		84（IGT2）	连接2号点火线圈端子3（IGT2），点火信号
42		85（IGT1）	连接1号点火线圈端子3（IGT1），点火信号
43		86（E03）	接地（搭铁）
44		87（EX1B）	连接后氧传感器端子4，信号负极
45		88（ETHA）	连接进气温度传感器端子2（E2），电源负极
46		90（EX1A）	连接前氧传感器端子4，信号负极
47		91（ETA）	连接节气门位置传感器端子3（E2），电源负极
48		96（ETHW）	连接冷却液温度传感器端子1（E2），电源负极
49		97（THW）	连接冷却液温度传感器端子2（THW），电源正极
50		98（G2-）	连接进气凸轮轴位置传感器端子2（VVI-），电源负极
51		99（G2+）	连接进气凸轮轴位置传感器端子1（VVI+），电源正极
52		100（OC1+）	连接进气侧凸轮轴正时机油控制阀端子1，电源正极
53		104（E1）	接地（搭铁）
54		105（#40）	连接4号喷油器端子2，电源负极
55		106（#30）	连接3号喷油器端子2，电源负极
56		107（#20）	连接2号喷油器端子2，电源负极
57		108（#10）	连接1号喷油器端子2，电源负极
58		109（HT1A）	连接前氧传感器加热器端子1，电源负极
59		110（KNK1）	连接爆燃传感器端子2，信号正极
60		111（EKNK）	连接爆燃传感器端子1，信号负极
61		112（OX1A）	连接前氧传感器端子3，信号正极
62		114（VTA2）	连接节气门位置传感器端子4（VTA2），信号正极
63		115（VTA1）	连接节气门位置传感器端子6（VTA），信号正极
64		116（E2G）	连接空气流量传感器端子4（E2G），信号负极
65		117（VC）	连接排气凸轮轴位置传感器端子3（VC2），电源正极
66		118（VG）	连接空气流量传感器端子5（VG），信号正极
67		121（NE-）	连接曲轴转速与位置传感器端子2，信号负极
68		122（NE+）	连接曲轴转速与位置传感器端子1，信号正极
69		123（OC1-）	连接进气侧凸轮轴正时机油控制阀端子2，电源负极

单元 2

发动机故障自诊断系统与测试

【学习目标】
1. 知识目标
(1) 掌握故障自诊断系统的功能、组成与工作原理。
(2) 了解第二代故障自诊断系统（OBD-Ⅱ）的特点。
(3) 掌握故障自诊断测试内容及故障诊断仪的使用方法。
2. 能力目标
(1) 能够利用通用和专用型故障诊断仪读取故障码。
(2) 能够利用通用和专用型故障诊断仪读取数据流。

发动机工作时，故障自诊断系统利用电子控制单元（ECU）监视电子控制系统各组成部分的工作情况，发现故障后，自动启用故障运行程序，不仅保证发动机在有故障的情况下可以继续运转，立即点亮仪表板上的故障指示灯，同时还将故障信息以设定的数码（故障码）形式储存在存储器中，以便于驾驶人和维修人员发现和排除故障。因此，充分利用故障自诊断系统进行故障分析，是一种简便快捷的故障诊断方法，十分重要。

2.1 故障自诊断系统

顾名思义，故障自诊断就是电子控制系统监测自身的运行情况，自行及时地找出系统故障，并采取相应的控制措施。

◎ 2.1.1 故障自诊断系统的功能

自诊断系统的功能包括几个方面：一是监测控制系统工作情况，一旦发现某个传感器或执行器参数异常，就立即发出警告信号；二是将故障内容编成代码（称为故障码）存储在随机存储器（RAM）中，以便维修时调用或供设计参考；三是启用故障运行程序，发挥失效保护功能，使发动机能在有故障的情况下可以继续运转，或采取切断燃油喷射等强制措施，停止发动机的工作；四是在 ECU 发生故障时启用备用集成电路，按设定的信号控制发动机转入强制运转状态，实现"跛行回家"。

1. 发出警告信号

在电子控制系统运转过程中，当某个传感器、控制开关或执行器发生故障时，ECU 将立即接通仪表板上的故障指示灯电路，使指示灯发亮或闪亮。目的是提醒驾驶人控制系统出现故障，应立即处理。

各种电子控制系统的故障指示灯均用不同的图形符号或英文字母缩写设置在组合仪表板上，如发动机电子控制系统的故障指示灯用发动机图形符号或字母"CHECK ENGINE（检查发动机）""SERVICE ENGINE SOON（立即维修发动机）"表示（图2-1），防抱死制动系统用字母"ABS"表示，安全气囊系统用字母"SRS"或"AIR BAG"表示等。

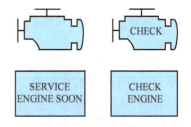

图2-1　4种常见的发动机故障指示灯

2. 存储故障码

当自诊断系统发现某个传感器、控制开关或执行器发生故障时，ECU 会将监测到的故障内容以故障码的形式存储在随机存储器（RAM）中。只要存储器电源不被切断，故障码就会一直保存在 RAM 中。自诊断系统电路中都设置有一个专用的 16 端子故障诊断插座，维修人员可以使用故障诊断仪，通过故障诊断插座将存储器中的故障码和有关参数读出，为查找故障部位、了解系统运行情况和改进控制系统的设计提供依据。

3. 启用失效保护程序

当自诊断系统发现某个传感器、控制开关或执行器发生故障时，ECU 将启用失效保护程序，以存储器预先设定的程序和参数取代故障传感器、控制开关或执行器的工作，汽车将进入故障应急状态运行，并维持基本的行驶能力。

如桑塔纳 2000GSi 型轿车的冷却液温度传感器或其电路发生断路故障时，ECU 将按冷却液温度为 80℃ 的工作状态控制喷油器喷油；当冷却液温度传感器或其电路发生短路故障时，ECU 将按冷却液温度为 19.5℃ 的工作状态控制喷油器喷油；当进气温度传感器或其电路断路或短路时，ECU 将按进气温度为 20℃ 的工作状态控制喷油器喷油。

当执行器（如喷油器、点火控制器、怠速控制阀等）出现故障时，有的故障能被 ECU 检测出来，有的则不能检测，具体情况依车型的控制软件和硬件设计而异。

失效保护功能启用时的代替值只能维持发动机运转，不可能完全代替传感器的功能，此时的发动机性能可能会大大降低，某些车型的发动机自诊断系统还装有自动切断空调、音响等辅助电气系统的电路，以便减小发动机的工作负荷。所以，出现此类情况时，应该尽快修复。

4. 启用备用集成电路

为了防止因 ECU 出现故障时，汽车被迫停驶，在多数的 ECU 内部设有备用集成电路（应急回路）。当备用集成电路收到监控回路的异常信号后，即刻启用备用电路，以简单的控制程序，使发动机各种工况下的喷油量与点火定时均按原设定的程序进行控制，从而保持汽车仍能维持一定的运行能力，以保证可以将汽车开回家或开到附近的修理厂进行维修。因而，备用集成电路的这项功能又被称为"跛行回家"功能。

由于 ECU 启用备用集成电路是按固定的参数值来维持发动机的运转，一些重要的参数，如喷油量和点火提前角基本上均是固定的，只具备维持发动机运转的基本功能而不能代替电子控制单元的全部工作。所以，备用集成电路不能使发动机工作在最佳状态，大多数车型会产生发动机冷车起动基本正常，而热车不易起动的故障。

◎ 2.1.2 故障自诊断系统的组成与工作原理

1. 故障自诊断系统的组成

故障自诊断系统主要由传感器监测电路、执行器监测电路、故障诊断通信接口（TDCL）、故障指示灯以及软件程序等组成，如图 2-2 所示。传感器与执行器监测电路一般都与电子控制单元设置在同一块印制电路板上，软件程序存储在各种电子控制单元内部的专用存储器中。

故障诊断通信接口通常称为故障诊断插座（简称诊断插座），一般安装在仪表板下方，主要用于与故障诊断仪相连接进行随车诊断。为了便于检修人员在发动机舱盖开启状态下测试发动

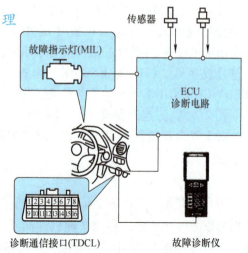

图 2-2 故障自诊断系统的组成

机电子控制系统有无故障，一般在发动机舱内还设有一个故障检查插座，它的功用与故障诊断插座相同。如果没有故障检查插座，检修人员就必须进入驾驶室利用故障诊断插座进行诊断测试。

2. 故障自诊断系统的工作原理

在发动机电子控制系统的工作过程中，ECU 不断收到各种传感器输入的信号，也不断向执行器输出信号指令，故障自诊断系统根据这些信号随时监测各种传感器和执行器的工作状况，判断是否发生故障。图 2-3 所示为典型的发动机冷却液温度传感器自诊断电路示意图。

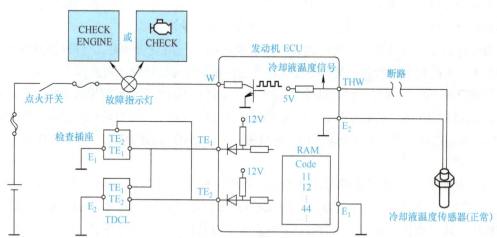

图 2-3 冷却液温度传感器自诊断电路

（1）传感器的故障自诊断　传感器是正确、实时地检测反映发动机工作状态的各种物理量信号的重要元件，其输出信号的好坏是 ECU 能否实施准确控制的关键。作为向 ECU 输送信号的元件，传感器不需专门的线路，只需要在软件中编制传感器输入信号识别程序，自诊断系统即可对各种传感器进行故障自诊断。

1）在发动机电子控制系统中，有许多传感器向 ECU 输入的是模拟信号，如冷却液温度传感器、进气温度传感器、节气门位置传感器等。在发动机正常运转的情况下，它们向 ECU 的模/数（A/D）转换器输入的信号电压值都有一定的变化范围（V_{min}，V_{max}）。对这些传感器，通常采用监测其输入的信号电压值是否在规定的范围内来确定是否有故障，若传感器输出的信号电压数值多次偏离正常工作范围（小于 V_{min} 或大于 V_{max}）且持续一定时间，ECU 便认为该传感器或电路发生了故障。ECU 把这一故障以故障码的形式存入内部随机存储器，并同时点亮仪表板上的故障指示灯，警告驾驶人汽车有故障。

2）发动机电子控制系统中的有些控制是通过渐进的方式进行的，如氧传感器与空燃比反馈控制系统、爆燃控制系统等。这些系统控制所依据的参数（直接从传感器测得或根据传感器的输入计算得到）是在不断变化的，因此这些信号变化的快慢也反映了传感器是否存在故障。当某传感器的输出信号变化过慢、在一段时间内不发生变化（或保持高于或低于某一值超过了一定时间）时，ECU 将判定该传感器有故障。氧传感器在正常工作时，其输入电压应在 0.1~0.9V 内波动不少于 8 次/10s。如果 ECU 在 1min 以上检测不到氧传感器的输出信号或氧传感器信号在 0.1~0.9V 间 1min 以上没有变化，即判断为氧传感器电路有故障，并设定相应的故障码。

对偶尔出现的一两次或几次（视具体的传感器和执行器）信号数值的偏离和丢失，ECU 则不认为是故障，也不存入存储器内。例如，发动机以 1000r/min 的转速运转时，当曲轴转速与位置传感器丢失了 3~4 个信号脉冲时，ECU 不会判定是曲轴转速与位置传感器发生了故障，故障指示灯不会点亮，相应的故障码也不会存入存储器内。只有信号脉冲丢失持续一定的时间，ECU 才认为是故障。

3）除传感器自身故障的原因外，传感器电路接触不良、断路或短路也会导致故障信号的产生。在一般情况下，故障自诊断系统能够识别出故障类型，如无信号（断路）、接地短路、对正极短路等。但是，由于控制部件的结构、线路连接以及故障原因各有不同，某些类型的故障，自诊断系统难以区分。

在发动机电子控制系统中，各种传感器的故障自诊断监测点一般位于传感器的正极。在监测点位于被监测部件正极的情况下，当控制部件的信号线、插接器插头或部件本身接地或对负极短路时，ECU 记录的故障为"接地短路"。当出现断路和对正极短路两种故障之一时，由于自诊断监测点输入 ECU 的监测值始终相同，ECU 难以区分故障类型，ECU 自诊断记录的结论将是"断路或对正极短路"。

（2）执行器的故障自诊断　在对各种执行器进行故障自诊断时，多数执行器需在 ECU 的驱动电路中增设一些专用监测回路，监测执行器的工作情况。在发动机工作时，各执行器的监测回路不断地向 ECU 输送信息，以反馈其执行情况。如果某执行器工作不正常，其监测回路就会得到不正常的信号，或者根本没有信号出现。此信息反馈给 ECU 后，ECU 就会判定执行器有故障。

对执行器进行故障诊断的典型部件是点火系统中的点火控制器。发动机正常工作时，ECU 向点火控制器输出点火正时信号，点火控制器向 ECU 反馈一个点火反馈信号。若 ECU 连续 3~5 次得不到点火反馈信号，即认为点火控制器出现故障，将采取相应的保护措施。

与传感器相类似，故障信号的产生除执行器自身故障的原因外，执行器电路接触不良、断路或短路也会导致故障信号的产生。在发动机电子控制系统中，各种执行器的故障自诊断监测点一般都设在执行器的负极,以便驱动回路驱动执行器动作。当执行器负极导线、插接器插头或部件本身对电源线短路或对部件正极导线短路时,自诊断监测点反馈输入到 ECU 的监测值将始终等于电源电压,ECU 自诊断记录的结论将是"对正极短路"。当出现断路和接地故障之一时,由于自诊断监测点反馈输入 ECU 的监测值始终相同(0V),ECU 难以区分故障类型,自诊断记录的结论将是"断路或对接地短路"。

(3) ECU 的故障自诊断 在 ECU 内部,为了实现对自身的监测,也设有相应的监控回路,用以监视自身是否按正常的控制程序工作。在监控回路内设有监控时钟,按时对 ECU 进行复位。当 ECU 内部发生故障时,程序就不能使 ECU 复位,ECU 据此判定自身有故障。

◎ 2.1.3　OBD 随车故障诊断系统

OBD 是 On Board Diagnostic 的英文缩写,即随车故障诊断系统。自 1979 年在美国通用汽车公司正式使用以来,随着电子控制技术的发展,随车故障诊断系统日益完善。

1. 第一代随车故障诊断系统(OBD–Ⅰ)

1980 年,美国各汽车制造厂开始在其生产的车辆上配备 OBD 系统。到了 1985 年,美国加利福尼亚州大气资源局(CARB)开始制定法规,要求在加利福尼亚州销售的车辆必须装置 OBD 系统,这些车辆配备的 OBD 系统,称为第一代随车故障诊断系统(OBD–Ⅰ)。

2. 第二代随车故障诊断系统(OBD–Ⅱ)

20 世纪 90 年代初期,美国汽车工程师学会(SAE)提出了在全球的汽车制造厂生产的汽车上采用统一的故障自诊断系统的倡议,并在第一代随车诊断标准(主要是当时的通用汽车公司和福特汽车公司的随车故障自诊断系统标准)基础上,制定了故障自诊断系统的工作方式、诊断插座、故障码、数据流等软硬件的统一标准,如 SAE J1962、SAE J2012、SAE J1930 和 SAE J1978 等。采用这一标准的故障自诊断系统采用相同标准的诊断接口、相同的故障码以及共同的资料传输标准,被称为第二代随车故障自诊断系统(OBD–Ⅱ)。

美国加利福尼亚州大气资源局规定,所有 1996 年在加利福尼亚州销售的小型车辆必须配备 OBD–Ⅱ系统,从 1997 年起,所有的小型载货汽车也要配备 OBD–Ⅱ系统。OBD–Ⅱ系统规格在 1997 年也被美国环保局采纳为联邦标准,并在 1998 年正式生效。由于美国汽车市场的重要地位,OBD–Ⅱ标准相对具有权威性,到目前为止,世界上各大汽车生产厂基本上全部采用了此标准。

与 OBD–Ⅰ相比,OBD–Ⅱ在保持以前诊断系统的基础上对电控装置的监测范围更广,并具有以下主要特点:采用统一形状和尺寸的 16 端子诊断插座,并安装在驾驶室仪表板下方;采用统一的故障代号及含义;具有数据传输与分析功能;具有行车记录功能;具有由仪器直接清除故障码功能。

(1) 具有统一的 16 端子诊断插座 OBD–Ⅱ标准规定,各种车型的 OBD–Ⅱ应具有统一形状尺寸和 16 端子的诊断插座,如图 2-4 所示。OBD–Ⅱ标准对诊断插座的各个端子也作了相应的规定,各端子的用途见表 2-1。该诊断插座应位于汽车的乘客舱内,并置于驾驶座上的人伸手可及之处。

图 2-4　OBD–Ⅱ诊断插座端子排列

表 2-1　OBD-Ⅱ故障诊断插座的端子代号与用途

代号	用途	代号	用途
1	供制造厂使用	9	供制造厂使用
2	SAE J1850 数据传输，BUS+	10	SAE J1850 数据传输，BUS-
3	供制造厂使用	11	供制造厂使用
4	车身接地	12	供制造厂使用
5	信号回路接地	13	供制造厂使用
6	供制造厂使用	14	供制造厂使用
7	ISO 9141 数据传输 K	15	ISO 9141 数据传输 L
8	供制造厂使用	16	接蓄电池正极

虽然世界各汽车制造厂生产的汽车电控装置的型号、功能各不相同，对 OBD-Ⅱ 诊断插座中各端子的选用也各不相同，但关键性的重要端子，如电源、接地等全都相同。所以，尽管它们的检测端子可能不同，但都可利用通用故障诊断仪来实现检测。

（2）具有统一的故障代号及含义　用故障诊断仪读取的 OBD-Ⅱ 故障码由 4 部分组成，共 5 个字母和数字，如图 2-5 所示。

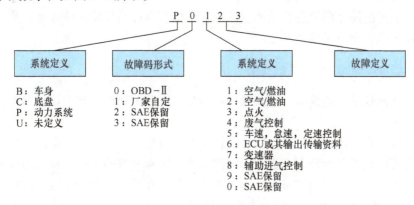

图 2-5　故障码组成部分

第一部分为一个英文字母，是检测系统的代码。P 代表动力系统（发动机、自动变速器）；B 代表车身；C 代表底盘；U 未定义，待 SAE 另行发布。

第二部分为一个数字，表示诊断代码类型，4 个数字代表了 4 个类型，0 表示美国汽车工程师学会（SAE）定义的（通用）诊断代码；1 表示汽车生产厂家自定义的（扩展）诊断代码；2、3 这两个数字 SAE 未定义。

在此需要指出的是，扩展故障码较通用故障码提供的故障信息更为具体些，诊断的针对性更强些。用于表示通用型故障码未涵盖的故障及 ABS、ASR 等发动机电子控制系统之外的故障，数据流也是如此。通用型故障码及数据流用符合 OBD-Ⅱ 的通用型故障诊断仪即可读取，而扩展型要用厂家专用的故障诊断仪才能读出。

第三部分为一个数字，是 SAE 定义的故障码。

第四部分为两个数字的组合，是制造厂的原故障码。

例如：P0341，P 为测试系统类别中的动力系统；0 为 SAE 定义的通用诊断代码；3 为故障的系统识别中的点火系统故障；41为企业具体故障码。

（3）具有数据资料传输与分析功能（DLC） OBD-Ⅱ数据资料传输有两个标准，ISO-Ⅱ为欧洲统一标准，用7、15号端子。SAE是美国统一标准，主要是一些故障自诊断系统使用通信的标准、故障测试模式标准及故障码标准，用2、10号端子。利用OBD-Ⅱ的DLC功能，能够了解该车型各控制系统的有关资料。

3. 第三代随车故障诊断系统（OBD-Ⅲ）

2005年，美国开始实施OBD-Ⅲ（又称MOBD）。在第二代随车故障诊断系统OBD-Ⅱ中，由于每一个电子控制单元都是相对独立的，维修时，维修人员要操作诊断仪器分别进入到发动机、变速器、ABS、防盗等不同的电子控制单元读取故障码和有关数据。而在OBD-Ⅲ系统中，所有的电子控制单元都通过CAN-BUS线路连接。因此，OBD-Ⅲ系统能利用CAN-BUS线路同时监控不同的电子控制单元，能够将汽车行驶的有关状况参数全部记录下来，相当于汽车控制部分的一个"黑匣子"。

2.2 故障自诊断测试

汽车故障诊断仪（俗称解码器）是用来与汽车电子控制系统的控制中心进行数据交流的专用仪器，利用故障诊断仪进行故障自诊断测试能有效提高故障诊断效率，是一种简便快捷的故障诊断方法，十分重要。

◎ 2.2.1 故障诊断仪

汽车故障诊断仪的种类繁多，按其数据流的形式可分为通用型和专用型两种。

1. 通用型故障诊断仪

通用型故障诊断仪由专门生产检测仪器设备的公司生产制造，不是由汽车生产厂家提供或指定的，它可以检测几十乃至上百种不同汽车生产厂家制造的车型。典型的通用型故障诊断仪包括美国生产的红盒子（Scanner）MT2500、德国博世（BOSCH）公司生产的KT600/700，国产品牌金德、电眼睛、车博士、X-431等。

图2-6 X-431 PRO3汽车故障诊断仪及DBScar诊断插头

对于具体车型，从故障诊断的深度和广度方面讲，通用型故障诊断仪不如专用型故障诊断仪，因为通用型故障诊断仪毕竟不是专门为检测某一种车型而生产的，因此有些车型的某些电控系统它是检测不出来的。但对于综合性汽车维修企业来说，由于车源品种繁多，而又不可能配齐所有车型的专用故障诊断仪，一般都配用通用型故障诊断仪。

X-431 PRO 系列汽车故障诊断仪（包括 X-431 PRO 和 X-431 PRO3），是元征科技针对互联网应用而开发的，基于 Android 操作系统的新型汽车故障诊断设备，完全替代了 X-431 Ⅳ 及 Diagun Ⅲ 等。X-431 PRO 系列产品不仅继承了原 X-431 所有的汽车诊断功能（诊断软件增至 280 个车系、2800 个年款，并且还在持续开发中），传承了元征科技在汽车故障诊断技术方面车型覆盖广、测试功能强大、特殊功能多及测试数据准确等诸多优点，而且还结合移动互联网的应用优势，通过汽车诊断插头与移动智能终端的蓝牙通信，融入了实时远程诊断、车辆异常提醒、车云诊断专家、车云诊断社区等四大功能特点，有助于提升企业价值、提升服务质量。

X-431 PRO3 整机由 X-431 PRO3 平板电脑、保护胶套和左下方红黑色的 DBScar 诊断插头（与 X-431 PRO3 捆绑使用），另外还有一个 GOLO 诊断插头（适用于个人车主）组成，如图 2-6 所示。将诊断插头插入汽车诊断插座位置上时，电源指示灯会点亮。当诊断插头与手机蓝牙连接成功或诊断插头复位时，通信指示灯会闪烁。Micro USB 接口用于通过 USB 线连接电脑或元征公司的诊断设备。

2. 专用型故障诊断仪

专用型故障诊断仪是汽车制造公司为检测本厂生产的汽车而专门设计制造或指定的，只能检测某一品牌或某一车型，而不能检测其他公司生产的汽车。世界上一些大的汽车制造公司都有自己专用的故障诊断仪，如德国大众车系专用的 VAS 505X 系列，日本丰田车系专用的 IT-Ⅱ，日本本田车系专用的 PGM，美国福特车系专用的 STAR-Ⅱ，美国通用车系专用的 TECH-Ⅱ 等。

（1）大众 VAS 5051B　大众 VAS 505X 系列汽车故障诊断仪，包括 VAS 5051、VAS 5051B、VAS 5052、VAS 5053 和 VAS 5054 等，是专门用来检测德国大众汽车电子控制系统的汽车故障诊断设备，可用于大众迈腾、高尔夫、帕萨特、斯柯达、奥迪等车型。

如图 2-7 所示，大众 VAS 5051B 主要由主机、诊断导线和测量导线、键盘、鼠标、打印机、机修小车等组成，测量导线包括 U/R/D/I 测量导线、DSO 测量导线、100A/1800A 电流钳、高压钳等，可提供车辆自诊断、电信号测量、引导型故障查寻和引导型功能等不同的运行模式，由此构成了一个完整的故障诊断系统。

大众 VAS 5051B 的核心部件是故障诊断仪主机，操作系统和应用程序均储存在主机中。如图 2-8 所示，在主机的正面有接通/关闭按键、LED 指示区、触摸屏。在故障诊断仪主机上端且标注有"DIAG"字样的插口可连接诊断导线，导线套管的颜色同插口颜色相符。诊断导线（图 2-8）两头分别为 18 针圆形插头、16 针诊断插头，用于连接故障诊断仪主机和汽车故障诊断插座，并辅助监控接线端子电池电压、识别点火装置的状态，以及实现控制器之间的通信。故障诊断仪主机可以由内部蓄电池、置于机修小车内的电源适配器或汽车蓄电池供电。诊断导线同故障诊断插座连接后，也可为主机供电。在故障诊断仪主机的背面有蓝牙天线（位于可旋下的防护角下），可与后续产品诊断适配器（无线诊断插头）VAS 5054 无线连接。故障诊断仪主机既可装在机修小车内，也可单独在车辆中使用。

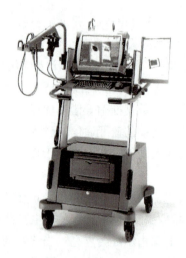

图 2-7 大众 VAS 5051B 故障诊断仪

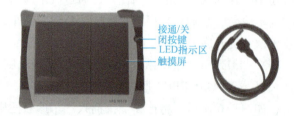

图 2-8 大众 VAS 5051B 故障诊断仪主机及诊断导线

（2）丰田 IT – Ⅱ　Intelligent Tester Ⅱ（IT – Ⅱ）是丰田公司最新推出的第二代故障诊断仪，采用手持触摸屏操作（图 2-9），可以诊断丰田公司 OBD – Ⅱ 的所有车型。IT – Ⅱ 有两种配置，一种有示波器卡盒，而另一种没有。

故障诊断仪大都随机带有使用手册，按照说明极易操作。一般来说有以下几个步骤：在车上找到诊断插座；选用相应的诊断接口；根据车型，进入相应诊断系统；读取故障码，查看数据流；清除故障码；退出诊断界面，关机。

图 2-9 丰田 IT – Ⅱ 故障诊断仪

◎ 2.2.2　故障自诊断测试内容

故障诊断仪是目前检测汽车电子控制系统最有效的仪器，故障自诊断测试的内容主要包括读取与清除故障码、数据流分析、监控执行器和编程匹配等。另外，故障诊断仪一般还具有打印功能、英汉辞典、计算器及其他辅助功能等。

1. 读取与清除故障码

读取与清除故障码是指利用故障诊断仪或专用工具，将电子控制单元中存储的故障码读出或清除的测试过程。

汽车在使用过程中，只要蓄电池正极柱和负极柱上的电缆端子未曾拆下，ECU 中存储的故障码就能长期保存。将故障码从 ECU 中读出，即可知道故障部位或故障原因，为诊断排除故障提供依据。因此，读取故障码是对包括发动机电子控制系统在内的各种电子控制系统进行自诊断测试的主要内容。

读取与清除故障码的方法有两种：一种是利用故障诊断仪读取，另一种是利用特定的操作方法和操作顺序进行人工读取。故障诊断仪对故障码有比较详细的说明，比如是历史性故障码还是当前的故障码，故障码出现几次。历史性故障码表示故障曾经出现过（如线路接触不良），现在已不存在，但在 ECU 中已经存储记忆。当前故障码表示最近出现的故障，并且通过出现的次数来确定此故障码是否经常出现。

清除故障码必须在确认故障已经排除之后才能进行。确认故障是否排除时，非常关键的一步是根据使用手册或相关资料，查明出现故障码的运行条件。如果运行条件不满足要求，故障就可能仍然存在。

2. 数据流分析

数据流是 ECU 与传感器和执行器交流的数据参数，是通过诊断接口由故障诊断仪读取的数据，且随时间和工况而变化。数据的传输就像队列一样，一个一个地通过数据线流向故障诊断仪，因此称作数据流。

根据各参数在故障诊断仪上显示方式的不同，数据参数可分为数值参数和状态参数。数值参数是有单位、在一定范围变化的参数，通常反映电控元器件的工作电压、压力、温度、时间和速度等，主要包括发动机转速、喷油脉宽、空气流量、节气门开度、蓄电池电压、点火提前角、冷却液温度、进气温度等。状态参数是只有两种工作状态的参数，如开或关、闭合或断开、高或低、是或否等，通常表示电控元器件中的开关和电磁阀的工作状态。根据电子控制系统的控制原理，数据参数又分为输入参数和输出参数。输入参数是指各传感器输入给 ECU 的各个信息参数，以及发电机负荷、蓄电池电压和各种控制开关信号参数等。输入参数可以是数值参数，也可以是状态参数。输出参数是 ECU 给各执行器、各种继电器和电磁阀的输出指令。输出参数大多是状态参数，也有少部分是数值参数。

当发动机运转时，利用故障诊断仪将 ECU 内部的控制参数和计算结果等数值，以数据表和串行输出方式在检测仪屏幕上一一显示出来的过程，称为数据传输、读取数据流（块）。根据发动机特定工况下（有故障）各种数据的变化，与正常工作时的数据或标准数据流对比，查找电子控制系统故障原因的过程，称为数据流分析。发动机电控系统传感器和执行器的工作参数具有一定的标准和范围，通过数据流分析，即根据发动机运转状态和传输数据的变化情况，将特定工况下的传输数据与标准数据进行比较，检修人员即可判断控制系统工作是否正常，并且能准确判断故障类型和故障部位。

大众第二代 EA888 系列 CEA 1.8TSI 发动机数据流（ECU 各输入信号与输出信号）的一部分数值变化范围见表 2-2。

表 2-2　大众 CEA 1.8TSI 发动机数据流数值变化范围（部分）

显示组号		参数说明	规定值
基本功能（一）	001	1 - 发动机转速	660 ~ 860r/min
		2 - 冷却液温度	80 ~ 115℃
		3 - TWC 前氧修正值	-15% ~ 15%
		4 - 基本设定所需的工况	11111111
	002	1 - 发动机转速	660 ~ 860r/min
		2 - 发动机负荷	16% ~ 23%
		3 - 喷油脉宽	0.51 ~ 4ms
		4 - 进气质量	2 ~ 5g/s
	003	1 - 发动机转速	660 ~ 860r/min
		2 - 进气质量	2 ~ 5g/s
		3 - 节气门开度（G187）	0 ~ 4%
		4 - 点火提前角	-15° ~ 50°（上止点前）

(续)

显示组号		参数说明	规定值
基本功能（二）	005	1 - 发动机转速	640 ~ 6800r/min
		2 - 发动机负荷	13.5% ~ 150%
		3 - 车速	0 ~ 255km/h
		4 - 行车工况	LL - 怠速 TL - 部分负荷 VL - 全负荷 SA - 倒拖/断油滑行 BA - 急加速增浓
	006	1 - 发动机转速	640 ~ 6800r/min
		2 - 发动机负荷	13.5% ~ 150%
		3 - 进气温度	-48 ~ 105°C
		4 - 海拔修正	-50% ~ 20%
点火控制	010	1 - 发动机转速	660 ~ 860r/min
		2 - 发动机负荷	16% ~ 23%
		3 - 节气门开度（G187）	0.2% ~ 4%
		4 - 点火提前角	0° ~ 6°（上止点前）
	011	1 - 发动机转速	660 ~ 860r/min
		2 - 冷却液温度	80 ~ 115°C
		3 - 进气温度	-48 ~ 105°C
		4 - 点火提前角	0° ~ 6°（上止点前）
	012	1 - 发动机转速	660 ~ 860r/min
		2 - 发动机负荷	16% ~ 23%
		3 - G28 距 G40 上升沿的齿数	26 ~ 30
		4 - G28 距 G40 上升沿的齿数	86 ~ 90
	014	1 - 发动机转速	640 ~ 6800r/min
		2 - 发动机负荷	13.5% ~ 150%
		3 - 总失火量	0 ~ 5
		4 - 失火识别	active/blocked
电子节气门控制	060	1 - 节气门角度 1 - G187	3% ~ 97%
		2 - 节气门角度 2 - G188	97% ~ 3%
		3 - 节气门匹配过程	3 ~ 8
		4 - 节气门匹配状态	ADP 运行中/正常/错误
	061	1 - 发动机转速	660 ~ 860r/min
		2 - 节气门驱动电机电压	11.5 ~ 15V
		3 - 节气门电机控制	-30% ~ 60%
		4 - 节气门控制工况	111111

（续）

显示组号		参数说明	规定值
电子节气门控制	062	1 - 节气门角度 1 - G187	3% ~ 97%
		2 - 节气门角度 2 - G188	97% ~ 3%
		3 - 加速踏板 1 - G79	12% ~ 97%
		4 - 加速踏板 2 - G185	6% ~ 50%
	064	1 - G187 下电气停止位	0.24 ~ 0.81V
		2 - G188 下电气停止位	4.195 ~ 4.761V
		3 - G187 紧急运行停止位	0.235 ~ 1.367V
		4 - G188 紧急运行停止位	3.653 ~ 4.785V
可变正时机构	090	1 - 发动机转速	660 ~ 860r/min
		2 - 凸轮轴正时调节阀 N205 状态	ON/OFF
		3 - 进气凸轮轴 B1 调整规定值	-5° ~ 57°曲轴转角
	091	1 - 发动机转速	640 ~ 6800r/min（行车）
		2 - 凸轮轴正时调节阀 N205 调整	0 ~ 100%
		3 - 进气凸轮轴 B1 调整目标值	-5° ~ 57°曲轴转角
		4 - 进气凸轮轴 B1 调整实际值	-5° ~ 57°曲轴转角
	092	1 - 发动机转速	640 ~ 6800r/min（行车）
		2 - 凸轮轴正时调节阀 N208 调整	0 ~ 100%
		3 - 进气凸轮轴 B2 调整目标值	-5° ~ 57°曲轴转角
		4 - 进气凸轮轴 B2 调整实际值	-5° ~ 57°曲轴转角
	093	1 - 发动机转速	640 ~ 6800r/min（行车）
		2 - 发动机负荷	13.5% ~ 150%
		3 - 进气凸轮轴 B1 相位差值	-1° ~ 1°曲轴转角
	094	1 - 发动机转速	2200r/min（行车）
		2 - 进气凸轮轴 B1 调整实际值	-5° ~ 57°曲轴转角
		3 - 进气凸轮轴 B1 诊断结果	正在测试/测试关闭 系统正常/系统错误
		4 - 进气凸轮轴 B2 诊断结果	正在测试/测试关闭 系统正常/系统错误
可变进气管长度	095	1 - 发动机转速	640 ~ 6800r/min（行车）
		2 - 发动机负荷	13.5% ~ 150%
		3 - 冷却液温度	80 ~ 115°C
		4 - 进气歧管翻板控制阀 N316	ON/OFF
燃油喷射	101	1 - 发动机转速	660 ~ 860r/min
		2 - 发动机负荷	16% ~ 23%
		3 - 喷油脉宽	0.51 ~ 4ms
		4 - 进气质量	3.7g/s

（续）

显示组号		参数说明	规定值
燃油喷射	102	1 - 发动机转速	660 ~ 860r/min
		2 - 冷却液温度	80 ~ 115°C
		3 - 进气温度	-48 ~ 105°C
		4 - 喷油脉宽	0.51 ~ 4ms
	105	1 - 发动机转速	640 ~ 6800r/min（行车）
		2 - 发动机负荷	13.5% ~ 150%
		3 - 冷却液温度	80 ~ 115°C
		4 - 断缸控制	ON/OFF
	106	1 - 燃油分配管目标压力	40 ~ 150bar
		2 - 燃油分配管实际压力	40 ~ 150bar
		3 - 高压油泵占空比	0 ~ 100%
		4 - 燃油温度	
	107	1 - 发动机转速	660 ~ 860r/min
		2 - B1 空燃比修正（平均值）	-10% ~ 10%
		3 - B2 空燃比修正（平均值）	-10% ~ 10%
		4 - 空燃比控制测试	测试关闭/开启 系统正常/异常
涡轮增压	110	1 - 发动机转速	640 ~ 6800r/min（行车）
		2 - 冷却液温度	80 ~ 115°C
		3 - 喷油脉宽	0.51 ~ 1.78ms
		4 - 节气门开度（G187）	0.2% ~ 4%
	112	1 - B1 排气温度	0 ~ 1000°C
		2 - B1 氧传感器增浓系数	0 ~ 100%
		3 - 预设的排气温度	0 ~ 1000°C
		4 - 特性曲线排气温度	0 ~ 1000°C
	113	1 - 发动机转速	640 ~ 6800r/min（行车）
		2 - 发动机负荷	13.5% ~ 150%
		3 - 节气门开度（G187）	3% ~ 93%
		4 - 大气压力	500 ~ 1200mbar
	114	1 - 修正前的目标负荷	18% ~ 150%
		2 - 修正后的目标负荷	18% ~ 150%
		3 - 发动机负荷	18% ~ 150%
		4 - 涡轮增压器空气循环阀 N249	0 ~ 100%
	115	1 - 发动机转速	640 ~ 6800r/min（行车）
		2 - 发动机负荷	13.5% ~ 150%
		3 - 目标增压压力	300 ~ 2000mbar
		4 - 实际增压压力	990 ~ 2000mbar

（续）

显示组号		参数说明	规定值
涡轮增压	116	1 - 发动机转速	640 ~ 6800r/min（行车）
		2 - 修正系数 - 燃油	0 ~ 20%（MT） 0 ~ 27%（AT）
		3 - 修正系数 - 冷却液温度	0 ~ 20%
		4 - 修正系数 - 进气温度	0 ~ 20%（MT） 0 ~ 25%（AT）
	117	1 - 发动机转速	640 ~ 6800r/min（行车）
		2 - 加速踏板位置	12% ~ 97%
		3 - 节气门开度（G187）	3% ~ 93%
		4 - 目标增压压力	300 ~ 2000mbar
	118	1 - 发动机转速	640 ~ 6800r/min（行车）
		2 - 进气温度	-48 ~ 105℃
		3 - 排气旁通阀 N75	0 ~ 100%
		4 - 实际增压压力	990 ~ 2000mbar
	119	1 - 发动机转速	640 ~ 6800r/min（行车）
		2 - 排气旁通修正系数	0mbar
		3 - 排气旁通阀 N75	0 ~ 100%
		4 - 实际增压压力	990 ~ 2000mbar

丰田 1ZR - FE 发动机数据流（ECU 各输入信号与输出信号）在急速时的一部分数值变化范围见表 2-3。

表 2-3 丰田 1ZR - FE 发动机数据流数值变化范围（部分）

IT - II 显示	测量项目	范围	正常状态
Injector	1 缸的喷油时间	0 ~ 32.64ms	1.0 ~ 2.5ms；急速
IGN Advance	1 缸点火正时提前	-64° ~ 63.5°	BTDC3° ~ 13°；急速（N 位置）
Calculate Load	ECU 计算的负载	0 ~ 100%	10% ~ 40%；急速 10% ~ 40%；转速为 2500r/min 时无负载运转
MAF	质量空气流量	0 ~ 655.35g/s	0.54 ~ 4.33g/s；急速 3.33 ~ 9.17g/s；转速为 2500r/min 时无负载运转
Engine Speed	发动机转速	0 ~ 16383.75r/min	600 ~ 700r/min；急速
Coolant Temp	发动机冷却液温度	-40 ~ 140℃，暖机后	80 ~ 95℃
Intake Air	进气温度	-40 ~ 140℃	环境温度
Air - Fuel Ratio	空燃比	0 ~ 1.999	0.8 ~ 1.2；急速

（续）

IT-II 显示	测量项目	范围	正常状态
EVAP（Purge）VSV	燃油蒸发排放电磁阀占空比控制	0~100%	0~50%：急速
Accelerator Position No.1	1号加速踏板绝对位置	0~100%	10%~22%：加速踏板松开 52%~90%：加速踏板完全踩下
Accelerator Position No.2	2号加速踏板绝对位置	0~100%	24%~40%：加速踏板松开 68%~100%：加速踏板完全踩下
Accelerator Position No.1	1号加速踏板位置传感器电压	0~5V	0.5~1.1V：加速踏板松开 2.6~4.5V：加速踏板完全踩下
Accelerator Position No.2	2号加速踏板位置传感器电压	0~5V	1.2~2.0V：加速踏板松开 3.4~5V：加速踏板完全踩下
Accelerator Idle Position	加速踏板位置传感器是否检测到急速	ON 或 OFF	ON：急速运转
Throttle Fully Close Learn	节气门全关（学习值）	0~5V	0.4~0.8V
Accel Fully Close #1（AD）	1号加速踏板位置传感器电压（AD）	0~4.9804V	
Accel Fully Close Learn #1	1号加速踏板全关（学习值）	0~125°	
Accel Fully Close Learn #2	2号加速踏板全关（学习值）	0~125°	
Throttle Position	节气门位置传感器	0~100%	8%~20%：节气门全关 64%~96%：节气门全开
Throttle Idle Position	节气门位置传感器是否检测到急速	ON 或 OFF	ON：急速运转
Throttle Require Position	要求的节气门位置	0~5V	0.5~1V：急速
Throttle Sensor Position	节气门位置	0~100%	0：节气门全关 50%~80%：节气门全开
Throttle Sensor Positioning #2	2号节气门位置传感器	0~100%	42%~62%：节气门全关 92%~100%：节气门全开
Throttle Position No.1	1号节气门位置传感器输出电压	0~5V	0.5~1.1V：节气门全关 3.2~4.9V：节气门全开
Throttle Position No.2	2号节气门位置传感器输出电压	0~5V	2.1~3.1V：节气门全关 4.5~5.0V：节气门全开
Throttle Position Command	节气门位置指令值	0~4.98V	0.5~4.9V
Throttle Sens Open Pos #1	1号节气门位置传感器开启位置	0~4.9804V	

（续）

IT－II 显示	测量项目	范围	正常状态
Throttle Sens Open Pos #2	2号节气门位置传感器开启位置	0~4.9804V	
Throttle Sens Open #1 (AD)	1号节气门位置传感器输出电压（AD）	0.5~4.9V	
Throttle Motor	是否允许节气门执行器控制	ON 或 OFF	ON：急速运转
Throttle Motor Current	节气门执行器电流	0~80A	0~3.0A：急速运转
Throttle Motor	节气门执行器	0~100%	发动机暖机后急速：30%~50%
Throttle Motor Duty (Open)	节气门执行器占空比（开启）	0~100%	0~40%：急速
Throttle Motor Duty (Close)	节气门执行器占空比（关闭）	0~100%	0~40%：急速
O2S B1 S1	B1 S1 的加热型氧传感器输出电压	0~1.275V	0.1~0.9V：以70km/h的速度行驶
O2S B1 S2	B1 S2 的加热型氧传感器输出电压	0~1.275V	0.1~0.9V：以70km/h的速度行驶
Short FT #1	短期燃油修正	-100%~99.2%	-0.2%~0.2%
Long FT #1	长期燃油修正	-100%~99.2%	-20%~20%
Fuel System Status (Bank 1)	燃油系统状态	OL（开环）、CL（闭环）	CL（闭环）：暖机后急速
O2FT B1 S1	与 B1 S1 相关的短期燃油修正	-100%~99.2%	-20%~20%
Initial Engine Coolant Temp	起动时发动机冷却液温度	-40~120℃	接近环境温度
Initial Intake Air Temp	起动时进气温度	-40~120℃	接近环境温度
Injection Volume (Cylinder 1)	喷油量（气缸1）	0~2.048mL（10次的燃油喷射总量）	0~0.15mL：急速
ETCS Actuator Power	节气门电控系统电源	ON 或 OFF	ON：点火开关置于ON位置且系统正常
+BM Voltage	+BM 电压	0~19.9V	9~14V：点火开关置于ON位置且系统正常
Battery Voltage	蓄电池电压	0~65.535V	9~14V：点火开关置于ON位置
Actuator Power Supply	执行器电源	ON 或 OFF	ON：急速运转
Atmosphere Pressure	大气压力	0~255kPa	100kPa：点火开关置于ON位置
EVAP Purge VSV	燃油蒸发排放电磁阀状态	ON 或 OFF	
Fuel Pump/Speed Status	燃油泵状态	ON 或 OFF	
VVT Control Status (Bank 1)	VVT 控制（B1）状态	ON 或 OFF	

（续）

IT-II 显示	测量项目	范围	正常状态
Electric Fan Motor	冷却风扇电动机	ON 或 OFF	
VVT Aim Angle （Bank 1）*2	VVT 目标角度（B1）	0~100%	0~100%
VVT Change Angle （Bank 1）*2	VVT 变化角度（B1）	0~56°FR	0~56°FR
VVT OCV Duty （Bank 1）*2	VVT 机油控制阀工作占空比	0~100%	0~100%
VVT Ex Hold Lrn Val （Bank 1）	VVT 排气保持占空比学习值（B1）	0~100%	0~100%；急速
VVT Ex Chg Angle （Bank 1）	VVT 排气变动角（B1）	0°FR	
VVT Ex OCV Duty （Bank 1）	VVT 排气机油控制阀占空比（B1）	0~100%	0~100%；急速

3. 监控执行器

利用故障诊断仪对执行器（如喷油器、怠速电动机、继电器、电磁阀、冷却风扇电动机等）进行人工控制，向其发出强制驱动或强制停止指令来监测其动作情况，用以判定执行器及其控制电路的工作状况是否良好。例如，在发动机怠速状态下对怠速电动机进行动作测试时，可以控制其开度的大小，随着怠速电动机控制节气门（或旁通空气道）开度大小的变化，发动机怠速转速亦应相应地升高或降低，通过测试就可判定怠速电动机及其控制线路是否正常。同理，可在发动机运转时对燃油泵继电器进行监控，当发出断开燃油泵继电器控制指令时，发动机应很快就停止运转。

不同故障诊断仪所能支持的执行器动作测试项目不尽相同，有的支持测试项目多，有的支持测试项目少，主要取决于检测仪和汽车电子控制单元的软件程序与匹配关系。

4. 编程匹配

编程匹配又称为初始设定，是指电控系统工作参数发生变化或更换新的控制部件之后，利用故障诊断仪与 ECU 进行数据通信，通过设定工作参数使系统或新换部件与控制系统匹配工作，编程匹配主要用于怠速设定、电子节气门设定、更换各种电子控制单元后的编码设定、防盗功能设定、自动灯光设定、自动变速器维修后的设定等。随着汽车电控技术的发展和控制精度的提高，编程匹配工作越来越多，特别是大众系列轿车在更换新的控制部件之后，大都需要进行编程匹配。

单元3

发动机进气控制系统与检修

【学习目标】

1. 知识目标

（1）掌握空气流量传感器的结构原理与检测技术要求。
（2）掌握进气歧管压力传感器的结构原理与检测技术要求。
（3）掌握温度传感器的结构原理与检测技术要求。
（4）掌握节气门位置传感器与怠速控制阀的结构原理与检测技术要求。
（5）掌握电子节气门控制系统的结构原理与检修技术要求。
（6）掌握进气惯性增压控制系统的结构原理与检修技术要求。
（7）掌握废气涡轮增压系统的结构原理与检修技术要求。
（8）掌握可变气门控制系统的结构原理与检修技术要求。

2. 能力目标

（1）掌握空气流量传感器的检测方法和工作步骤。
（2）掌握进气歧管压力传感器的检测方法和工作步骤。
（3）掌握温度传感器的检测方法和工作步骤。
（4）掌握节气门位置传感器与怠速控制阀的检测方法和工作步骤。
（5）掌握大众电子节气门控制系统的检修方法和工作步骤。
（6）掌握丰田智能电子节气门控制系统的检修方法和工作步骤。
（7）掌握进气惯性增压控制系统的检修方法和工作步骤。
（8）掌握废气涡轮增压系统的检修方法和工作步骤。
（9）掌握丰田智能可变气门正时系统的检修方法和工作步骤。
（10）掌握大众可变气门正时系统的检修方法和工作步骤。

　　进气控制系统检测进入气缸的空气量，以此作为控制燃油喷射量的主要依据。同时，进气控制系统根据转速和负荷的变化对发动机的进气量进行控制，为发动机可燃混合气的形成提供空气，并提高发动机的充气效率，从而改善动力性。进气控制系统能够实现混合气空燃比的高精度控制，使发动机在各种运行工况下均能获得最佳浓度的混合气。

　　进气控制系统主要包括空气流量传感器（或进气歧管压力传感器）、温度传感器（进气温度传感器和冷却液温度传感器）、节气门位置传感器等传感器，以及节气门控制电动机（或怠速控制阀）、增压控制系统（进气惯性增压控制系统和废气涡轮增压系统）、可变气门控制系统等控制装置。其中，空气流量传感器（或进气歧管压力传感器）、节气门位置传感器和冷却液温度传感器是电子控制系统重要的传感器，对发动机的工作性能影响较大。另外，进气惯性增压控制系统、废气涡轮增压系统、可变气门控制系统能够有效控制发动机的进气量，提高发动机的充气效率，从而改善动力性。

3.1　空气流量传感器

空气流量传感器的功用是检测发动机进气量大小，并将进气量信息转换成电信号输入发动机电子控制单元（ECU），以供发动机 ECU 计算确定喷油时间（即喷油量）和点火时间。进气量信号是发动机 ECU 计算喷油时间和点火时间的主要依据。当进气量增加时，发动机负荷较大，为保证一定浓度的混合气，喷油量增加。同时，为防止发动机大负荷时发生爆燃，推迟点火（点火提前角减小）。当空气量减小时，喷油量减小，提前点火（点火提前角增加）。

检测进入气缸的空气流量有直接检测法和间接检测法两种。

直接检测法利用安装在节气门前方的空气流量传感器直接检测进入进气歧管的空气量，"L"是德文单词 Luft（空气）的第一个字母，因此配置空气流量传感器的进气控制系统又被称为 L 型进气控制系统，如图 3-1 所示。空气流量传感器类型多样，有叶片式、卡门涡旋式、热丝（膜）式。其中，叶片式、卡门涡旋式空气流量传感器检测空气的体积流量，由于进气温度的变化会引起

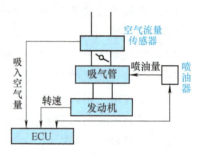

图 3-1　L 型进气控制系统

空气密度的变化，需要进气温度信号对体积流量信号进行修正，检测精度不高，现在已很少采用。热丝（膜）式空气流量传感器能够直接检测单位时间内进入的空气质量流量，避免了海拔变化引起的检测误差，不需要进气温度信号进行修正，检测精度高，可更精确地控制喷油量和空燃比。此外，由于传感器内部没有运动部件，气流流动阻力很小，工作性能稳定，响应速度快。所以，热丝（膜）式空气流量传感器被广泛应用于各种类型的发动机电子控制系统中。

间接检测法不是直接检测吸入发动机的空气量，而是通过安装在节气门后方进气管上的进气歧管压力传感器来检测进气歧管绝对压力（真空度），发动机 ECU 根据进气歧管压力和发动机转速推算出吸入的空气量。"D"是德文单词 Druck（压力）的第一个字母，因此配置进气歧管压力传感器的进气控制系统又被称为 D 型进气控制系统，如图 3-2 所示。由于空气在进气歧管内流动时会产生压力波动，发动机怠速（节气门关闭）时

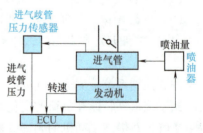

图 3-2　D 型进气控制系统

的进气量与汽车加速（节气门全开）时的进气量之差可达 40 倍以上，进气气流的最大流速可达 80m/s，进气歧管压力传感器进气量的检测精度不高，但其进气阻力小，充气效率高，成本较低。现代汽车采用的进气控制系统有了较大的改进，整体性能有了较大的提升。

热丝（膜）式空气流量传感器与进气歧管压力传感器的性能比较见表 3-1。

表 3-1　空气流量传感器性能比较

性能参数	类型	
	热丝式与热膜式	进气歧管压力式
输出方式	模拟输出/数字输出	模拟输出
检测精度	高	低
响应特性	优	良
通道阻力	很小	很小
怠速稳定性	好	好
进气温度/大气压力修正	不需要	需要
成本	中等	低
综合评价	优	良

◎ 3.1.1　热丝（膜）式空气流量传感器

置于空气通道中的电热体，由于与空气之间的热传递，其温度会有所下降。空气流量大，带走的热量多，维持电热体温度所需的电流大，反之，空气流量小，所需的电流则小。热丝（膜）式空气流量传感器就是利用这种对应关系来检测进入发动机气缸的空气流量的。

1. 热丝式空气流量传感器

（1）结构与工作原理　热丝式空气流量传感器安装在空气滤清器和进气软管之间，壳体两端设置有与进气道相连接的圆形连接接头，空气入口和出口都设有防止传感器受机械损伤的金属防护网。如图 3-3a 所示，热丝式空气流量传感器基本结构主要由壳体、取样管、感知空气流量的铂金属丝（热丝）、根据进气温度进行修正的温度补偿电阻（冷丝）以及控制热丝电流并产生输出信号的控制电路板等元件组成。

如图 3-3b 所示，热丝式空气流量传感器内部套装有一个由两个塑料护套和一个热丝支承环构成的取样管，取样管中设有一根直径很小（约 70μm）的铂金属丝 R_H 作为发热元件，并制作成"Π"形张紧在取样管内。传感器工作时，铂金属丝将被由控制电路提供的电流加热到高于进气温度 100~120℃，因此称之为"热丝"。不同进气温度的冷却效果不同，进气温度变化会使热丝的温度发生变化而影响进气量的检测精度，因此，在热丝附近的气流上游热丝支承环前端的塑料护套内设有一只温度补偿电阻 R_K。该温度补偿电阻相当于一只进气温度传感器，其电阻值随进气温度的变化而变化，用以进行温度补偿。早期制作的流量传感器采用铂金属丝制作温度补偿电阻，该电阻丝靠近进气口一侧，称之为"冷丝"。由于电阻丝在使用中容易折断而导致传感器报废，目前普遍采用在氧化铝陶瓷基片上制作铂膜电阻。热丝支承环后端的塑料护套上粘结着一只精密电阻 R_A（为避免自热，采用温度系数很低的金属薄膜电阻），该电阻上的电压降即为热丝式空气流量传感器的输出信号电压。另外，在控制电路板上还安装有高阻值的平衡电阻 R_1、R_2，该电阻器在最后调试试验中用激光修整，以便在预定的空气流下调定空气流量传感器的输出特性。

在热丝式空气流量传感器中，采用了恒温差控制电路来实现流量检测。恒温差控制电路如图 3-4 所示，热丝 R_H 和冷丝 R_K 分别连接在惠斯通电桥的两个臂上。当热丝的温度高于进气温度时，电桥电压才能达到平衡，并由具有电流放大作用的控制电路控制加热电流 I_H 使热丝温度 T_H 与冷丝温度 T_K 之差保持恒定（即 T_H 比 T_K 高 100~120℃，这样温度补偿电阻的温度起到一个参照标准的作用，使进气温度的变化不至于影响热丝的检测精度）。当空气气

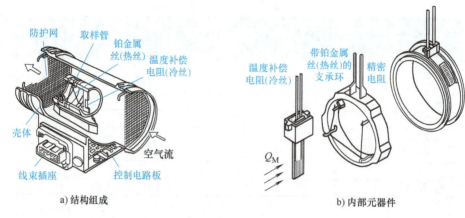

图 3-3 热丝式空气流量传感器

Q_M—流入的空气质量

流流经热丝使其受到冷却时,热丝温度降低,电阻值减小,电桥电压失去平衡,控制电路立即增大供给热丝的加热电流 I_H 予以修正,使其温度高于冷丝的温度。电流增量的大小,取决于热丝受到冷却的程度,即取决于流过传感器的空气量,随空气质量流量增大而增大,随其减小而减小(一般在 50~120mA 的范围内变化)。因此,通过热丝 R_H 的电流是空气质量流量的单一函数,加热电流 I_H 就是空气质量流量的衡量尺度,并以精密电阻 R_A 的端电压 U_M 作为输出信号输入 ECU,ECU 便可根据信号电压 U_M 的高低计算出空气质量流量 Q_M 的大小。

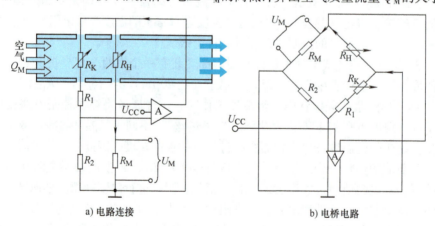

图 3-4 热丝式空气流量传感器工作电路

空气质量流量 Q_M 与输出电压 U_M 有如下的关系,信号电压 U_M 的曲线如图 3-5 所示。

$$Q_M = K_1(U_M - K_2)^2$$

式中,K_1、K_2 为常数。

热丝式空气流量传感器在使用一段时间后,热丝表面会有一些沉积物,由于这种传感器是基于热丝表面与空气的热传导而制成的,热丝上的任何沉积物都会降低其热辐射能力而对传感器的检测精度有很大的影响。因此,热丝

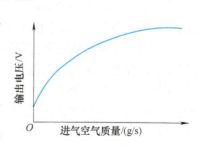

图 3-5 信号电压 U_M 曲线

式空气流量传感器必须在控制电路中设计有自洁电路来实现自洁功能。当发动机熄火时（一般在每次熄火后约5s），ECU会控制自洁电路接通并产生较大的控制电流，将热丝迅速加热到1000℃左右的高温并保持1s左右，以烧掉热丝上的沉积物。另一种防止热丝脏污的方法是提高热丝的保持温度，一般将保持温度设定在200℃以上，以便烧掉黏附的沉积物。图3-6所示，是一种与惠斯通电桥分开而单独设置具有自洁功能加热电阻的热丝式空气流量传感器电路。检修该种传感器时，应增加测试加热电阻的内容。

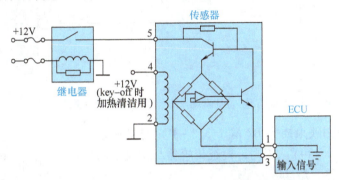

图3-6　单独设置自洁加热电阻的热丝式空气流量传感器电路

美国通用汽车公司的热丝式空气流量传感器的工作原理与上述内容基本一致，但通用公司的热丝式空气流量传感器将输出信号转换为频率方波信号，并且频率变化趋势也是随着进气量的增加而变大（怠速时的平均频率为32Hz，节气门全开时的频率为150Hz）。

热丝式空气流量传感器可直接测得进气空气的质量流量，无须温度和大气压力补偿、无运动部件、无磨损、进气阻力小、反应灵敏、响应特性好，自20世纪80年代初研制成功后，得到了广泛的应用。

（2）检测方法　一般来说，传感器出现故障有三种情况，即外部电路故障、传感器自身故障和ECU故障。外部电路故障是指传感器外部电路出现断路、短路和虚接等，传感器自身故障是指传感器控制电路故障、物理性损伤等，ECU故障主要是ECU内部电源电路或者内部搭铁电路出现故障，不能为传感器提供电源或不能正常接收传感器的输入信号。

当热丝式空气流量传感器外部电路断路、短路或者虚接时，传感器完全失效，此时ECU内部的自诊断电路，会将故障信息以故障码的形式存储在ECU的存储器中，并使仪表板上的故障指示灯点亮。当热丝式空气流量传感器出现自身故障，如热丝烧断、热线脏污、控制电路故障、外壳破裂、防护网堵塞等，传感器计量失准，不能提供正确的空气进气流量信号，故障自诊断系统检测不出故障信息，无故障码存储。空气流量传感器一旦出现以上故障，由于传感器提供给ECU的进气流量信号与实际进气量不符，ECU不能正确控制基本喷油量，使喷油量过大或过小，混合气过浓或过稀，发动机常出现怠速发抖、喘振、加速无力、加速回火、熄火、排放超标等故障现象。

丰田1ZR-FE发动机采用的热丝式空气流量传感器其连接电路如图3-7所示。从电路图中可以看出，空气流量传感器的线束插头B2端子3（+B）通过EFI主继电器连接电源，端子4（E2G）连接ECU线束插头B31端子116（E2G）在ECU内部构成搭铁（负极），空气流量信号由端子5（VG）进入ECU线束插头B31的端子118（VG）。

① 检测电源电压。如图3-8所示，关闭点火开关，拔下传感器线束插头B2。接通点火

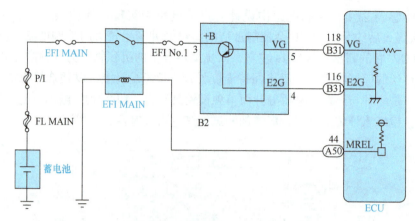

图 3-7　丰田 1ZR－FE 发动机热丝式空气流量传感器连接电路

开关，用万用表检测线束插头 B2 端子 3（+B）与搭铁之间的电压，正常值应为 9~14V。否则，检查传感器与蓄电池的连接电路，如 EFI 继电器、熔丝等。

② 检测电路导通性。关闭点火开关，拔下传感器线束插头 B2，用万用表检测线束插头 B2 端子 4（E2G）与搭铁之间的电阻，正常值应小于 1Ω。

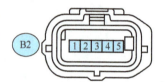

图 3-8　空气流量传感器线束插头 B2

若电阻值不正常，则拔下 ECU 线束插头 B31（图 3-9），用万用表检测传感器线束插头 B2 端子 4（E2G）与 ECU 线束插头 B31 端子 116（E2G）之间的导线电阻，检测传感器线束插头 B2 端子 5（VG）与 ECU 线束插头 B31 端子 118（VG）之间的导线电阻，正常值均应小于 1Ω。若电阻值较大，说明该段导线存在虚接或断路。然后检查导线相互之间是否短路（不连接的导线间电阻应为无穷大）。如果导线有断路、短路故障，则应修复或更换。

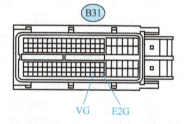

图 3-9　ECU 线束插头 B31

③ 检测信号电压。关闭点火开关，将传感器线束插头 B2 端子 5（VG）的线束刺破，接好万用表表笔。插上传感器线束插头 B2 和 ECU 线束插头 B31，起动发动机，用万用表检测传感器线束插头 B2 端子 5（VG）与搭铁之间的电压，电压值应随着节气门开度的增大而增大，正常值为 0.2~4.9V。否则，应更换空气流量传感器。

④ 读取数据流。将故障诊断仪连接到诊断插座上，起动发动机并怠速运转到正常温度。用故障诊断仪进行数据流读取，怠速时空气流量正常值应为 0.54~4.33g/s，空载转速为 2000r/min 时空气流量正常值应为 3.33~9.17g/s。

如果显示流量值为 0g/s，说明空气流量传感器电源电路或信号电路故障。如果显示流量值为 271.0g/s，说明空气流量传感器搭铁电路故障。出现这两种情况时，均应更换空气流量传感器。

2. 热膜式空气流量传感器

（1）结构与工作原理　热膜式空气流量传感器是热丝式的改进产品，其结构和工作原理与热丝式基本相同，只是其发热元件采用的是由铂金属薄膜制成的膜片电阻，故称为热膜电阻。在传感器内部的进气通道上设有一个矩形护套（相当于取样管），热膜电阻设在护套中。为了防止污物沉积到热膜电阻上影响检测精度，在护套的空气入口一侧设有空气过滤层，用以过滤空气中的污物，如图3-10所示。

热膜电阻与电桥电路中的其他元件在一起置于一块陶瓷基片上，如图3-11所示。为了防止进气温度变化使检测精度受到影响，在热膜电阻附近的气流上游设有铂金属膜式温度补偿电阻 R_K。温度补偿电阻和热膜电阻与传感器内部控制电路连接，控制电路与线束插座连接，线束插座设在传感器壳体中部。

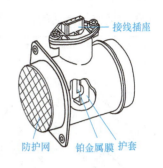

图 3-10　热膜式空气流量传感器

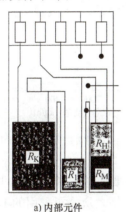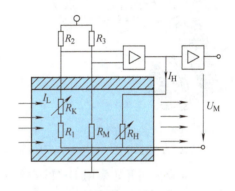

a) 内部元件　　　　　　　　　　　　b) 内部电路

图 3-11　热膜式空气流量传感器内部元件及电路

与热丝式空气流量传感器相比，热膜电阻不直接承受空气流动所产生的作用力，增加了发热体的强度，提高了其可靠性。另外，热膜电阻的电阻值较大，电流较小，使用寿命较长。但是，由于其发热元件表面制作有一层绝缘保护膜，存在辐射热传导作用，所以响应特性稍差。因为大多数的沉积污染物主要沉积于传感器的边缘，主要的传热部件安装在位于气流下游的陶瓷基片上，又因为铂金属膜的面积比热丝的表面积大得多，且覆盖有一层绝缘保护膜，所以不会因沾污污物而影响其检测精度，也就没有必要在控制电路中设计自洁电路。

空气流量传感器必须精确检测发动机吸入的空气质量，尤其是在发动机高负荷率时，活塞引发的逆向气流会在空气流量传感器后产生波动，逆向气流产生的波动会降低传感器的计量精度。1996年大众公司推出的 HFM5 热膜式空气流量传感器是一个微型机械装备，它有一个加热到特定温度的热区，在这个区域的各边温度都会下降。如果没有空气流动，则热区各边的温度下降梯度都相等。吸入空气对传感器元件产生冷却效应，于是空气流在进气端产生更急剧的温度变化。尽管空气流经另一端（靠发动机一侧）也有冷却效应，但加热元件加热了空气，最终提高了这一端的相对温度。加热过程模式结构如图3-12所示，T_1、T_2 分别为计量点 M_1、M_2 的温度，吸入空气的质量决定了实际温差。温差 ΔT 随后转变成一个电压，是吸入空气质量的直接标识。这种监测原理也能记录逆向流，这种状况可由 T_2 低于 T_1 反映出来。空气质量流量与工作电路产生的电压之间的关系由传感器特性曲线确定（图3-13），它有顺流和逆流两部分。通过使用 ECU 提供的传感器信号参考电压，监测精确度可进一步提高。一个独立的进气温度传感器也集成在系统中。可变传感器管直径的设计，可反映发动机空气流动的特殊要求。

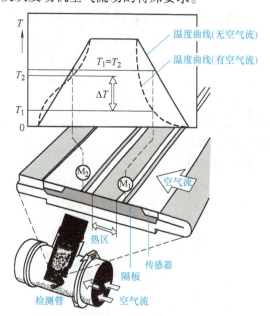

图 3-12　HFM5 热膜式空气流量传感器加热过程模式结构
M_1、M_2—计量点　T_1、T_2 温度值　ΔT—产生信号的温度差

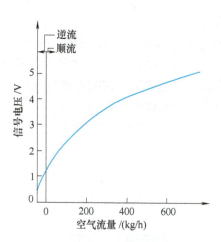

图 3-13　HFM5 信号电压特性曲线

2002 年，大众公司开始采用 HFM6 空气流量传感器，其主要改进是输出的不再是 0～5V 的模拟信号，而是频率数字信号，提高了抗干扰能力。2007 年大众公司采用的 HFM7 传感器主要变化是增加了湿度传感器，检测更精确，稳定性也更好。

（2）检测方法　与热丝式空气流量传感器一样，当热膜式空气流量传感器外部电路断路、短路或者虚接时，传感器完全失效，此时 ECU 内部的自诊断电路会将故障信息以故障码的形式存储在 ECU 的存储器中，并使仪表板上的故障指示灯点亮。当热膜式空气流量传感器出现自身故障，如热膜破裂、热膜脏污、控制电路故障、外壳破裂、防护网堵塞等时，传感器计量失准，不能提供正确的空气进气流量信号，故障自诊断系统检测不出故障信息，无故障码存储。此时，由于传感器提供给 ECU 的进气流量信号与实际进气量不符，ECU 不能正确控制基本喷油量，使喷油量过大或过小，混合气过浓或过稀，发动机常出现怠速发抖、喘震、加速无力、加速回火、熄火、排放超标等故障现象。

大众 CEA 1.8TSI 发动机采用的热膜式空气流量传感器 G70 安装在发动机舱左侧、空气滤清器后方，其连接电路如图 3-14 所示。从电路图中可以看出，空气流量传感器 G70 的线束插头 T5r 端子 3 通过 5 号熔丝 SC5（10A）连接电源，空气流量信号从传感器线束插头 T5r 端子 2 进入 ECU 线束插头 T94a 端子 65，传感器线束插头 T5r 端子 1 连接 ECU 线束插头 T94a 端子 23 在其内部构成搭铁（负极）。

① 检测电源电压。关闭点火开关，拔下空气流量传感器线束插头 T5r。接通点火开关，起动发动机，用万用表检测传感器线束插头 T5r 端子 3 与接地间的电压，应接近 12V 蓄电池电压。如电压为 0，应检查熔丝 SC5 与传感器线束插头 T5r 端子 3 之间的电路有无断路。

② 检测电路导通性。关闭点火开关，拔下空气流量传感器线束插头 T5r 和 ECU 线束插头 T94a，用万用表检测传感器线束插头 T5r 端子 1 与 ECU 线束插头 T94a 端子 23 之间的导

线电阻,再检测传感器线束插头 T5r 端子 2 与 ECU 线束插头 T94a 端子 65 之间的导线电阻,正常值均应小于 1Ω。若电阻值较大,说明该段导线存在虚接或断路。然后检查导线相互之间是否短路(不连接的导线间电阻应为无穷大)。如果导线有断路、短路故障,则应修复或更换。

③ 检测信号电压。关闭点火开关,将传感器线束插头 T5r 端子 1、端子 2 的线束刺破,接好万用表表笔。插上空气流量传感器线束插头 T5r 和 ECU 线束插头 T94a,起动发动机,用万用表检测传感器线束插头 T5r 端子 1 与端子 2 之间的电压,怠速时信号电压应为 1.5V 左右。急加速时,应上升至 2.8V 左右。若电压不变化,说明空气流量传感器失效,应更换。

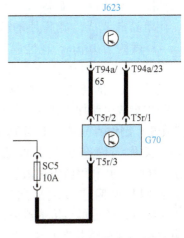

图 3-14 空气流量传感器连接电路

④ 读取数据流。将故障诊断仪连接到诊断插座上,起动发动机并怠速运转到正常温度。用故障诊断仪进行数据流读取,怠速时空气流量正常值应为 2.0~5.0g/s。当转速提高到 2500r/min 时,空气流量应为 7.0g/s 左右。

◎ 3.1.2 进气歧管压力传感器

如前所述,进气歧管压力传感器是一种间接检测发动机进气量的传感器。与直接检测进气量的空气流量传感器相比,虽然进气歧管压力传感器检测精度不高,但其进气阻力小,充气效率高,成本较低,传感器可安装在汽车上的任何部位,只需用导压管将节气门至进气歧管之间的进气压力引入传感器即可。由于具有以上优点,大众(迈腾、速腾)、丰田佳美、本田雅阁、北京现代等部分车型装配了进气歧管压力传感器。

1. 结构与工作原理

压力传感器大多数都是测定压差,检测原理都是将压力的变化转换为电阻值的变化。压力传感器按结构不同,可分为电阻应变计式、半导体压阻效应式和电感式(即波纹管与差动变压器组合式)三种类型。检测压力较低的进气歧管压力和大气压力时,一般采用半导体压阻效应式或电感式传感器(在压阻效应式压力传感器发明之后,电感式传感器即被淘汰),检测压力较高的制动油液或变速传动油液压力时,一般采用电阻应变计式传感器。在这里主要介绍半导体压阻效应式进气歧管压力传感器。

(1) 压阻效应 单晶硅材料受到应力作用后,其电阻率发生明显变化的现象,称为压阻效应。利用半导体硅的压阻效应和微电子技术制成的压阻效应式传感器,具有灵敏度高、动态响应好、易于微型化和集成化等优点,因此目前应用广泛。早期的压阻效应式传感器是用半导体应变片制成的粘贴型传感器。20 世纪 70 年代以后,研制开发出了圆周边缘固定与扩散力敏感电阻一体化的扩散型压阻效应式传感器。这种传感器易于批量生产,能够方便地实现微型化、集成化和智能化,目前在发动机上采用的就是扩散型压阻效应式传感器。

(2) 结构组成 压阻效应式进气歧管压力传感器的结构如图 3-15 所示,主要由硅膜片、真空室、混合集成电路、真空管接头、线束插头和壳体组成。进气歧管压力传感器的安装位置比较灵活,只要将节气门至进气歧管之间的进气压力引入传感器的真空室内,传感器就可安放在任何位置。

如图 3-16 所示，硅膜片是压力转换元件，用单晶硅制成。硅膜片的长和宽约为 3mm、厚度约为 16μm，在硅膜片的中央部位采用腐蚀方法制作有一个直径为 2mm、厚度约为 5μm 的薄膜片。在薄硅膜片表面上，采用集成电路加工技术与台面扩散技术（扩散硼）制作 4 只梳状电阻值相等的应变电阻，又称为固态压阻器件或固态电阻（图 3-16b），并利用低阻扩散层（P 型扩散层）将四只电阻连接成惠斯通电桥电路（图 3-16c），然后再与传感器内部的信号放大电路和温度补偿电路等混合集成电路连接。

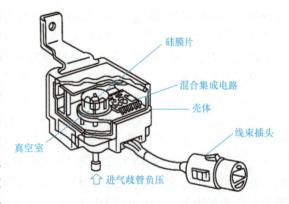

图 3-15　压阻效应式进气歧管压力传感器

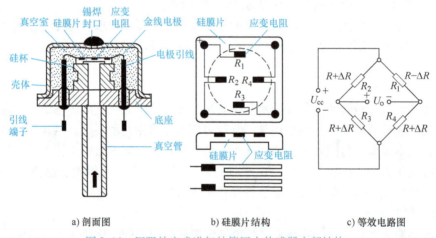

图 3-16　压阻效应式进气歧管压力传感器内部结构

硅杯一般用线性膨胀系数接近于单晶硅的铁镍铬合金制成，设置在硅膜片与传感器底座之间，用于吸收因底座材质与硅膜片热膨胀系数不同而加到硅膜片上的热应力，从而提高传感器的检测精度。硅杯与壳体以及底座之间形成的腔室为真空室（壳体顶部设有排气孔，利用排气孔将该腔室抽真空后，再用锡焊密封），真空室为基准压力室，基准压力为零。硅膜片一面通真空室，另一面导入进气歧管压力。

在真空管入口设有滤清器，用于过滤导入空气中的尘埃或杂质，以免硅膜片受到腐蚀和脏污而导致传感器失效。

（3）工作原理　发动机工作时，从进气歧管进入的进气压力作用在压阻效应式进气歧管压力传感器的硅膜片上，硅膜片就会产生应力变形。在应力作用下，应变电阻的电阻率就会发生变化而引起电阻值变化，惠斯通电桥上电阻值的平衡就被打破。当电桥输入端输入一定的电压或电流时，在电桥的输出端就可得到变化的信号电压或信号电流。根据信号电压或信号电流的大小，就可计算出进气歧管压力的高低。当传感器结构和输入的电源电压 U_{cc} 一定时，信号电压 U_o 与作用在圆形硅膜片上的压力成正比，即压力越高，则信号电压越高。

发动机工作时，进气歧管内部的压力随进气流量的变化而变化。当节气门开度增大

（即进气流量增大）时，空气流通截面增大，气流速度降低，进气歧管压力升高，膜片应力增大，应变电阻阻值的变化量增大，电桥输出的电压升高，经集成电路进行比例放大后，传感器输入 ECU 的信号电压升高；反之，当节气门开度由大变小（即进气流量减小）时，进气流通截面减小，气流速度升高，进气歧管压力降低，膜片应力减小，应变电阻阻值的变化量减小，电桥输出电压降低，经过比例放大后，传感器输入 ECU 的信号电压降低。压阻效应式进气歧管压力传感器输出信号曲线如图 3-17 所示。

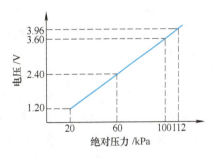

图 3-17 进气歧管压力传感器输出信号电压曲线

2. 检测方法

当进气歧管压力传感器出现故障时，会导致发动机无法起动、加速不良、怠速不稳、间歇性熄火。进气歧管压力传感器在结构上可靠性很高，一般不会损坏，因此，传感器出现故障通常是外部电路故障和 ECU 故障。外部电路故障是指传感器外部电路出现断路、短路和虚接等，ECU 故障主要是 ECU 内部电源电路或者内部搭铁电路出现故障，不能为传感器提供电源或不能正常接收传感器的输入信号。另外，在检修中还要特别注意进气歧管压力传感器和真空软管的连接状态是否良好。

丰田 8A-FE 发动机进气歧管压力传感器与 ECU 的连接电路如图 3-18 所示。

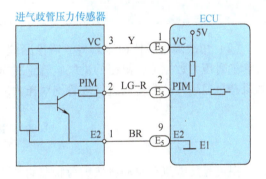

图 3-18 丰田 8A-FE 发动机进气歧管压力传感器与 ECU 的连接电路

（1）用万用表检测

1）检测电源电压。关闭点火开关，拔下进气歧管压力传感器线束插头。接通点火开关，如图 3-19 所示，检测线束插头端子 3（电源端 VC）和端子 1（接地端 E2）之间的电压，正常值应为 4.5～5.5V。否则，检查传感器与蓄电池的连接电路，如 EFI 继电器、熔丝等。

2）检测电路导通性。关闭点火开关，拔下 ECU 线束插头 E5，检测 ECU 线束插头 E5 端子 1（VC）与传感器线束插头端子 3（VC）、ECU 线束插头 E5 端子 2（PIM）与传感器线束插头端子 2（PIM）、ECU 线束插头 E5 端子 9（E2）

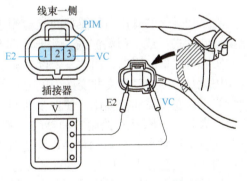

图 3-19 进气歧管压力传感器电源电压的检测

与传感器线束插头端子 1（E2）之间的电阻，阻值应不大于 1Ω。若电阻值较大，说明该段导线存在虚接或断路。然后，检查导线相互之间是否短路（不相接的导线间电阻应为无穷大）。如果导线有断路、短路故障，则应修复或更换。

3）检测信号电压。关闭点火开关,将传感器线束插头端子2（PIM）、端子1（E2）的线束刺破,接好万用表表笔。插上传感器线束插头和ECU线束插头E5,接通点火开关（不起动发动机）,用万用表检测传感器线束插头端子2（PIM）与端子1（E2）之间在大气压力状态下的输出信号电压,应在3.5~3.8V的范围内。

拆下进气歧管压力传感器上与进气歧管相连接的真空软管,用真空泵向进气歧管压力传感器内施加真空,从13.3kPa（100mmHg）起,每次递增13.3kPa（100mmHg）,一直增加到66.7kPa（500mmHg）为止,检测在不同真空度下进气歧管压力传感器线束插头端子2（PIM）与端子1（E2）之间的输出信号电压,应能随真空度的增大而不断下降。将不同真空度下的输出信号电压下降值与标准值相比较,如不符,应更换进气歧管压力传感器。进气歧管压力传感器的标准输出信号电压值见表3-2。

表3-2　进气歧管压力传感器的真空度与输出信号电压的关系

真空度/kPa（mmHg）	13.3（100）	26.7（200）	40.0（300）	53.5（400）	66.7（500）
与1个大气压下电压值相比的下降值/V	0.3~0.5	0.7~0.9	1.1~1.3	1.5~1.7	1.9~2.1

（2）用故障诊断仪检测　将故障诊断仪连接到诊断插座上,接通点火开关。选择进气歧管绝对压力数据流,测得的进气歧管绝对压力应与大气压力相同（101kPa左右）。起动发动机并怠速运转,测得的进气歧管绝对压力应为20~48kPa。

3.2　温度传感器

温度是反映汽车发动机热负荷状态的重要参数,为了保证控制系统能够对发动机进行精确控制,必须随时监测发动机冷却液温度、进气温度和排气温度等。温度传感器的功用就是将被测对象的温度信号转变为电信号输入ECU,以便ECU修正控制参数或判断被测对象的热负荷状态。检测对象不同,温度传感器的功用也不相同。

◎ 3.2.1　进气温度传感器

在采用进气歧管压力传感器间接检测进气流量的D型进气控制系统,和早期采用体积流量型叶片式（或卡门涡流式）空气流量传感器的L型进气控制系统中,都要考虑空气密度对实际进气量的影响,而空气密度是随进气温度和压力的变化而变化的。进气温度传感器的作用就是检测进气温度并变换为电信号传送给ECU,以便ECU根据进气温度变化进行喷油量修正,获得最佳空燃比,使发动机自动适应外部环境温度的变化。当进气温度低（空气密度大）时,ECU将控制喷油器增加喷油量；反之,当进气温度高（空气密度小）时,ECU将控制喷油器减少喷油量。D型进气控制系统中的进气温度传感器安装在空气滤清器壳体内或进气总管上,也有一些安装在进气歧管压力传感器内。L型进气控制系统的进气温度传感器安装在空气流量传感器内或空气滤清器之后的进气管上。

1. 结构原理

温度传感器按结构与物理性能分类,可分为物性型（热敏电阻式、热敏铁氧体式）和结构型（双金属片式、石蜡式）这两种。现代汽车广泛采用物性型温度传感器,特别是热敏电阻式温度传感器,具有灵敏度高、响应特性好、结构简单、成本低廉等优点。

（1）结构组成　热敏电阻式温度传感器的结构形式如图3-20所示,主要由热敏电阻、金属引线、接线插座和壳体等组成。热敏电阻是温度传感器的主要部件，汽车用热敏电阻是在陶瓷半导体材料中掺入适量金属氧化物，并在1000℃以上的高温条件下烧结而成。控制掺入氧化物的比例和烧结温度，即可得到不同特性的热敏电阻，从而满足使用要求。例如，如果检测发动机冷却液温度，则热敏电阻的工作温度为 -30~130℃；如果检测发动机的排气温度，热敏电阻的工作温度则为 600~1000℃。

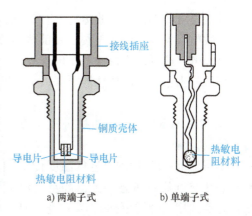

图 3-20 热敏电阻式温度传感器的结构

热敏电阻的外形制作成珍珠形、圆盘形（药片形）、垫圈形、梳状芯片形、厚膜形等，放置在传感器的金属管壳内，在热敏电阻的两个端面各引出一个电极并连接到传感器插座上。传感器壳体上制作有螺纹，以便安装与拆卸。

温度传感器根据接线插座端子的数量分为单端子式和两端子式，单端子式温度传感器插座上只有一个接线端子，壳体为传感器的一个电极。目前，大多数汽车采用的温度传感器为两端子式，工作电路如图 3-21 所示。两端子式温度传感器的两个电极用导线与 ECU 插座连接，其中一根为接地线，另一根是信号输出线。ECU 内部串联一只分压电阻，ECU 向热敏电阻和分压电阻组成的分压电路提供一个稳定的电压（一般为 5V），传感器输入 ECU 的信号电压等于热敏电阻上的分压值，电压会随热敏电阻阻值的变化而变化。

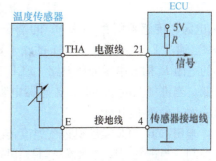

图 3-21 温度传感器工作电路

（2）信号输出特性　汽车发动机普遍采用负温度系数型热敏电阻式（NTC）温度传感器，如冷却液温度传感器、进气温度传感器、排气温度传感器和燃油温度传感器等。

负温度系数型热敏电阻（NTC）具有温度升高阻值减小、温度降低阻值增大的特性，而且呈明显的非线性关系。当被测对象的温度升高时，传感器电阻值减小，热敏电阻上的分压值降低；反之，当被测对象的温度降低时，传感器阻值增大，热敏电阻上的分压值升高。ECU 根据接收到的信号电压值，便可计算求得对应的温度值，从而进行实时控制。冷却液温度一般设定在 -30~120℃ 范围内（车型不同略有差异），输出信号电压值在 0.3~4.7V 范围内变化。当冷却液温度传感器向 ECU 输入电压为 0.3V 时，相当于冷却液温度为 120℃；当输入电压为 4.7V 时，相当于冷却液温度为 -30℃。对于结构一定的负温度系数型热敏电阻式温度传感器，其电阻值与温度的关系曲线如图 3-22 所示。

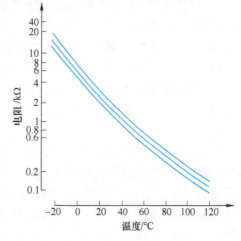

图 3-22 NTC 型温度传感器信号输出特性

进气温度传感器出现故障有三种情况，自身损坏、外部电路故障和 ECU 故障。自身故障如热敏电阻失效、外壳破裂，外部线路故障有断路、短路和虚接，ECU 故障主要是 ECU 内部电源电路或者内部搭铁电路出现故障，不能为传感器提供电源或不能正常接收传感器的输入信号。当进气温度传感器出现以上问题时，将导致发动机起动困难、怠速不稳、排放超标等。

2. 丰田 1ZR – FE 发动机进气温度传感器的检测

丰田 1ZR – FE 发动机进气温度传感器安装在空气流量传感器上，和空气流量传感器共用一个线束插头 B2。进气温度传感器连接电路如图 3-23 所示，发动机 ECU 通过其内部的电阻 R_1 经线束插头 B31 的端子 65（THA）向进气温度传感器线束插头 B2 的端子 1（THA）提供 5V 电源，传感器线束插头 B2 的端子 2

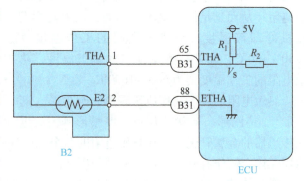

图 3-23 丰田 1ZR – FE 发动机进气温度传感器连接电路

（E2）通过 ECU 线束插头 B31 的端子 88（ETHA）经 ECU 内部搭铁。传感器电阻与 ECU 内部的电阻 R_1 构成串联分压电路。ECU 通过检测传感器电阻两端的分压 V_S 来感知进气温度的高低。当进气温度上升时，传感器电阻减小，分压 V_S 降低；当进气温度下降时，传感器电阻增大，分压 V_S 升高。

丰田 1ZR – FE 发动机进气温度传感器失效后，发动机 ECU 按照一个固定温度值 20℃ 进行控制。当进气温度传感器故障被排除后，ECU 退出失效保护模式。

（1）用故障诊断仪检测　将故障诊断仪连接到诊断插座上，起动发动机并怠速运转。用故障诊断仪进行数据流读取，显示的进气温度值应接近周围环境温度。如果与环境温度相差太大，说明进气温度传感器有故障（进气温度显示为 -40℃，表示电路中有断路故障；进气温度显示为 140℃，表示电路中有短路故障），则应利用万用表进行检测。

（2）用万用表检测

1）检测电源电压。丰田 1ZR – FE 发动机进气温度传感器和空气流量传感器共用一个线束插头 B2，如图 3-8 所示。关闭点火开关，拔下传感器线束插头 B2。接通点火开关，检测线束插头 B2 端子 1（THA）与搭铁之间的电压，正常值应为 5V。否则，检查传感器线束是否断路、短路和虚接，检查 ECU 是否损坏。

2）检测电路导通性。关闭点火开关，拔下传感器线束插头 B2，检测线束插头 B2 端子 2（E2）与搭铁之间的电阻，正常值应小于 1Ω。

若电阻值不正常，则拔下 ECU 线束插头 B31（图 3-24），检测传感器线束插头 B2 端子 2（E2）与 ECU 线束插头 B31 端子 88（ETHA）之间的导线电阻，检测传感器线束插头 B2 端子 1（THA）与 ECU 线束插头 B31 端子 65（THA）之间的导线电阻，正常值均应小于 1Ω。若电阻值较大，说明该段导线存在虚接或断路。然后，检查导线相互之间是否短路（不相接的导线间电阻应为无穷大）。如果导线有

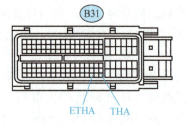

图 3-24 ECU 线束插头 B31

断路、短路故障，则应修复或更换。

3）检测传感器电阻。关闭点火开关，拔下进气温度传感器线束插头 B2，并将传感器拆下。用电热吹风器等加热进气温度传感器，检测在不同温度下传感器两端子之间的电阻值，电阻标准值见表 3-3。如果与标准值不符，说明进气温度传感器热敏电阻失效，则应更换。

表 3-3　丰田 1ZR–FE 发动机温度传感器的电阻标准值

温度/℃	电阻值/Ω
20	2500
40	1100
60	600
80	300
100	200

3. 大众 CEA 1.8TSI 发动机进气温度传感器 G42 的检测

大众 CEA 1.8TSI 发动机进气温度传感器 G42 安装在进气管前部、节气门上方，进气温度传感器 G42 连接电路如图 3-25 所示。进气温度传感器 G42 的线束插头 T2ce 端子 2 通过导线与 ECU 线束插头 T60a 端子 14 相连，是接地端。传感器 G42 线束插头 T2ce 端子 1 与 ECU 线束插头 T60a 端子 42 相连，为参考电压输入端，同时也是信号电压输出端。

（1）用故障诊断仪检测　将故障诊断仪连接到诊断插座上，起动发动机并怠速运转。用故障诊断仪进行数据流读取，显示的进气温度值应接近周围环境温度。如果与环境温度相差太大，说明进气温度传感器有故障（进气温度显示为 -48℃，表示电路中有断路故障；进气温度显示为 105℃，表示电路中有短路故障），则应利用万用表进行检测。

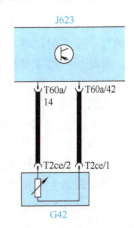

图 3-25　大众 CEA 1.8TSI 发动机进气温度传感器连接电路

（2）用万用表检测

1）检测电源电压。关闭点火开关，拔下进气温度传感器线束插头 T2ce。接通点火开关，检测线束插头 T2ce 端子 1 与搭铁之间的电压，正常值应为 5V。否则，检查传感器线束是否断路、短路和虚接，检查 ECU 是否损坏。

2）检测电路导通性。如图 3-25 所示，关闭点火开关，拔下进气温度传感器线束插头 T2ce，检测线束插头端子 2 与搭铁之间的电阻，正常值应小于 1Ω。

若电阻值不正常，则拔下 ECU 线束插头 T60a，检测传感器线束插头 T2ce 端子 2 与 ECU 线束插头 T60a 端子 14 之间的导线电阻，检测传感器线束插头 T2ce 端子 1 与 ECU 线束插头 T60a 端子 42 之间的导线电阻，正常值均应小于 1Ω。若电阻值较大，说明该段导线存在虚接或断路。然后检查导线相互之间是否短路（不相接的导线间电阻应为无穷大）。如果导线有断路、短路故障，则应修复或更换。

3）检测传感器电阻。关闭点火开关，拔下进气温度传感器线束插头 T2ce，并将传感器拆下。用电热吹风器等加热进气温度传感器，检测在不同温度下传感器两端子之间的电阻值，电阻标准值见表 3-4。如果与标准值不符，则应更换。

表3-4　大众 CEA 1.8TSI 发动机温度传感器的电阻标准值

温度/℃	电阻值/Ω
20	2200~2700
40	1000~1400
60	530~650
80	280~350
100	170~200

◎ 3.2.2　冷却液温度传感器

安装在发动机缸体上或冷却液出水管道上的冷却液温度传感器（俗称水温传感器），与冷却液接触（图3-26），用来检测发动机的冷却液温度，并将温度信号变换为电信号传送给ECU，以便ECU修正喷油脉宽、点火时刻等，从而使发动机工况处于最佳运行状态。当冷却液温度低时，燃油蒸发性差，必须增大喷油脉宽，供给浓混合气，以改善发动机的冷机运转性能。随着冷却液温度的上升，应逐步减小喷油脉宽、降低混合气浓度。ECU由此根据检测到的冷却液温度的高低对喷油量给出进一步的修正，从而使发动机处于最佳的工作状态。冷却液温度对发动机性能的影响比进气温度的影响大，对应喷油脉宽的最大修正系数可达30%。

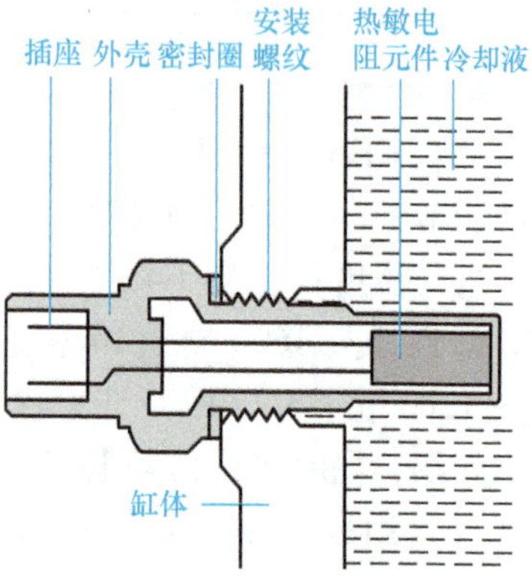

冷却液温度传感器的结构、工作原理以及信号输出特性与进气温度传感器的完全相同，不再赘述。

图3-26　安装在缸体上的冷却液温度传感器

冷却液温度传感器出现故障有三种情况，自身损坏、外部电路故障和ECU故障。冷却液温度传感器工作环境比较恶劣，很容易损坏，出现热敏电阻失效、外壳破裂等自身故障。外部线路故障有断路、短路和虚接，ECU故障主要是ECU内部电源电路或者内部搭铁电路出现故障，不能为传感器提供电源或不能正常接收传感器的输入信号。冷却液温度传感器对喷油量有很大影响，当发动机冷起动困难、暖机工作不良、油耗升高、排放超标时，应对其进行检测。

1. 丰田1ZR-FE发动机冷却液温度传感器的检测

丰田1ZR-FE发动机冷却液温度传感器与ECU的连接电路如图3-27所示，发动机ECU通过其内部的电阻R_1经ECU线束插头B31端子97（TWH）向冷却液温度传感器线束插头B3端子2（TWH）提供5V电源，传感器线束插头B3端子1（E2）通过ECU线束插头B31端子96（ETWH）经ECU内部搭铁。传感器电阻与ECU内部的电阻R_1构成串联分压

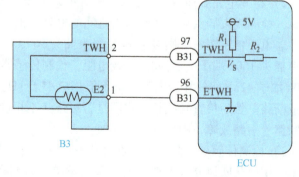

图3-27　丰田1ZR-FE发动机冷却液温度传感器连接电路

电路。ECU 通过检测传感器电阻两端的分压 V_S 来感知冷却液温度的高低。当冷却液温度上升时，传感器电阻减小，V_S 电压降低；当冷却液温度下降时，传感器电阻增大，V_S 电压升高。

丰田 1ZR-FE 发动机冷却液温度传感器失效后，发动机 ECU 按照固定温度值 80℃ 进行控制。当冷却液温度传感器故障被排除后，ECU 退出失效保护模式。

(1) 用故障诊断仪检测　将故障诊断仪连接到诊断插座上，起动发动机。用故障诊断仪进行数据流读取，显示的冷却液温度值应随发动机工况的变化而变化，刚起动时显示温度值应较低，暖机后冷却液温度正常值应为 80~95℃。如果显示的冷却液温度值与发动机工况不相符合，说明冷却液温度传感器有故障（冷却液温度显示为 -40℃，表示电路中有断路故障；冷却液温度显示为 140℃，表示电路中有短路故障），则应利用万用表进行检测。

(2) 用万用表检测

1) 检测电源电压。如图 3-28 所示，关闭点火开关，拔下冷却液温度传感器线束插头 B3。接通点火开关，检测线束插头 B3 端子 2 (TWH) 与搭铁之间的电压，正常值应为 5V。否则，检查传感器线束是否断路、短路和虚接，检查 ECU 是否损坏。

图 3-28　冷却液温度传感器线束插头 B3

2) 检测电路导通性。关闭点火开关，拔下冷却液温度传感器线束插头 B3 与 ECU 线束插头 B31（图 3-29），检测传感器线束插头 B3 端子 1 (E2) 与 ECU 线束插头 B31 端子 96 (ETWH) 之间的导线电阻，检测传感器线束插头 B3 端子 2 (TWH) 与 ECU 线束插头 B31 端子 97 (TWH) 之间的导线电阻，正常值均应小于 1Ω。若电阻值较大，说明该段导线存在虚接或断路。然后检查导线相互之间是否短路（不相接的导线间电阻应为无穷大）。如果导线有断路、短路故障，则应修复或更换。

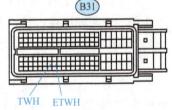

图 3-29　ECU 线束插头 B31

3) 检测传感器电阻。关闭点火开关，拔下冷却液温度传感器线束插头 B3，并将传感器拆下。用电热吹风器等加热传感器，检测在不同温度下传感器两端子之间的电阻值，电阻标准值参见表 3-3。如果与标准值不符，则应更换传感器。

(3) 简易极值检测　起动发动机，拔下冷却液温度传感器线束插头，如发动机转速突然上升，表明传感器及其电路正常；如转速无变化，这时用一根导线短接从 ECU 到传感器线束插头的两端子，转速下降表明传感器存在高电阻问题，转速仍然无变化表明到 ECU 的线束可能有断路。

这种方法就是拔下线束插头，模拟出冷却液温度传感器电阻值为无穷大的状况，再用导线短接模拟出冷却液温度传感器电阻值为 0 的状况，观察发动机转速的变化，以初步确定是否重点检查冷却液温度传感器。

2. 大众 CEA 1.8TSI 发动机冷却液温度传感器的检测

大众 CEA 1.8TSI 发动机有两个冷却液温度传感器，分别是发动机缸套出水口冷却液温度传感器 G62 和散热器出水口冷却液温度传感器 G83。其中，冷却液温度传感器 G62 安装在发动机前部气缸体中间，用于检测发动机缸套出水口处的冷却液温度，ECU 利用其输入的电信号修正喷油脉宽、点火时刻等。在此，仅介绍冷却液温度传感器 G62 的检修方法，散热器出水口冷却液温度传感器 G83 的检修方法与之完全相同。

冷却液温度传感器 G62 电路如图 3-30 所示，传感器的线束插头 T2cf 端子 2 通过导线与 ECU 线束插头 T60a 端子 14 相连，是接地端；传感器线束插头 T2cf 端子 1 与 ECU 线束插头 T60a 端子 57 相连，为参考电压输出端，同时也是信号输入端。

（1）用故障诊断仪检测　将故障诊断仪连接到诊断插座上，起动发动机。用故障诊断仪进行数据流读取，显示的冷却液温度值应随发动机工况的变化而变化，刚起动时显示温度值应较低，暖机后冷却液温度正常值应为 80 ~ 115℃。如果显示的冷却液温度值与发动机工况不相符合，说

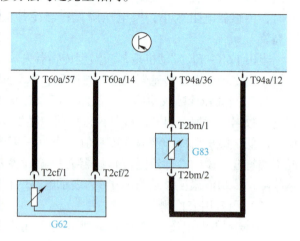

图 3-30　冷却液温度传感器 G62、G83 的连接电路

明冷却液温度传感器有故障（冷却液温度显示为 - 48℃，表示电路中有断路故障；冷却液温度显示为 105℃，表示电路中有短路故障），则应利用万用表进行检测。

（2）用万用表检测

1）检测电源电压。关闭点火开关，拔下冷却液温度传感器线束插头 T2cf。接通点火开关，检测线束插头 T2cf 端子 1 与搭铁之间的电压，正常值应为 5V。否则，检查传感器线束是否断路、短路和虚接，检查 ECU 是否损坏。

2）检测电路导通性。关闭点火开关，如图 3-30 所示，拔下冷却液温度传感器线束插头 T2cf，检测线束插头 T2cf 端子 2 与搭铁之间的电阻，正常值应小于 1Ω。

若电阻值不正常，则拔下 ECU 线束插头 T60a，检查传感器线束插头 T2cf 端子 2 与 ECU 线束插头 T60a 端子 14 之间的导线电阻，检测传感器线束插头 T2cf 端子 1 与 ECU 线束插头 T60a 端子 57 之间的导线电阻，正常值均应小于 1Ω。若电阻值较大，说明该段导线存在虚接或断路。然后，检查导线相互之间是否短路（不相接的导线间电阻应为无穷大）。如果导线有断路、短路故障，则应修复或更换。

3）检测传感器电阻。关闭点火开关，拔下冷却液温度传感器线束插头 T2cf，并将传感器拆下。用电热吹风器等加热冷却液温度传感器，检测在不同温度下传感器两端子之间的电阻值，电阻标准值见表 3-4。如果与标准值不符，则应更换。

（3）简易极值检测　检测方法同丰田 1ZR - FE 发动机冷却液温度传感器，不再赘述。

3.3　节气门控制装置

节气门是控制空气进入发动机的一道可控阀门，它上接空气滤清器、下接发动机缸体，被称为是汽车发动机的"咽喉"。通过对节气门开度的检测，电子控制单元（ECU）能够判定发动机的运转工况，并根据发动机不同工况控制喷油时间和点火正时。通过对节气门开度的控制改变进气通道面积，进而调节流经节气门的进气量，可以实现发动机输出功率控制和各种转速下所对应的转矩控制，以满足不同工况的需要。

对节气门的控制有传统拉索式和电子节气门两种。对于传统拉索式节气门，在节气门与加速踏板之间有机械连接，一般是软钢丝拉索或拉杆。而对于电子节气门，在节气门与加速踏板之间没有机械连接，二者之间通过控制线路进行连接。

◎ 3.3.1　节气门位置传感器与怠速控制阀

传统的拉索式节气门主要由节气门体和旁通节气门的怠速空气道组成，在节气门体上还安装有节气门位置传感器和怠速控制阀，如图 3-31 所示。

1. 节气门位置传感器

节气门位置传感器（TPS）安装在节气门体节气门轴的一端，传统控制方式是由驾驶人操纵加速踏板上的软钢丝拉索或拉杆，通过控制节气门开度对进气量进行控制。节气门位置传感器可以将节气门的开度（发动机负荷）转换成电信号输送给 ECU，ECU 以此判定发动机的运转工况（如怠速工况、部分负荷工况、大负荷工况等），并根据发动机不同工况下对混合气浓度的需求，来控制喷油时间和点火正时。

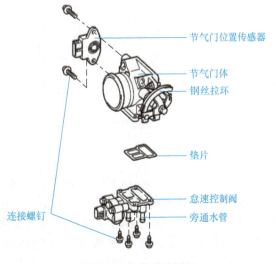

图 3-31　拉索式节气门

节气门位置传感器一方面用来确定节气门的开度，反映发动机所处工况，另一方面也可反映节气门开闭的速度。在急加速或急减速时，由于惯性或灵敏度的影响，空气流量传感器的反应略有滞后，这样会影响汽车的动力性和燃油经济性。因此，以节气门位置传感器的输出信号作为喷油量控制的另一个重要信号，可以弥补空气流量传感器反应滞后的缺陷。另外，节气门位置传感器还可与空气流量传感器的输出信号对照互检，当空气流量传感器发生故障时，节气门位置传感器代替空气流量传感器与发动机转速传感器相配合，提供 ECU 控制喷油量的信号参数。在装备有电子控制自动变速器的汽车上，节气门开度信号除输入发动机 ECU 之外，还要输入变速器电子控制单元（ECT ECU），作为确定变速器换档时机和变矩器锁止时机的主要信号之一。

目前，在传统拉索式节气门上较多采用的是可变电阻式节气门位置传感器。

（1）结构原理　可变电阻式节气门位置传感器又称为滑动电阻式节气门位置传感器、电位计式节气门位置传感器，主要由可变电阻、滑动触点和壳体组成。如图 3-32a 所示，可变电阻式节气门位置传感器为三线式传感器，制作在传感器底板上的可变电阻为镀膜电阻，可变电阻的滑臂随节气门轴一同转动，滑臂与输出端子连接，其他两个端子处于电阻的两端，作为电源端子和搭铁端子由发动机 ECU 提供 5V 电压。滑动触点与节气门轴同轴，节气门转动时，滑动触点可在可变电阻器上滑动，由于电阻的变化引起滑动触点电位的变化，从而将节气门开度转变为电压信号输送给 ECU，ECU 由此可以获得表示节气门由全闭到全开的所有开启角度的、连续变化的电压信号，以及节气门开度的变化速率，从而更精确地判定发动机的运行工况。早期的可变电阻式节气门位置传感器还设有怠速触点，专门用于确定节气门完全关闭时的位置,提供准确的怠速信号。目前,随着电子技术的进步,可变电阻式节气门位置传感器已无怠速触点,而用节气门开度信号检测怠速运行工况,使传感器的结构得以简化。如图3-32b所示,可变电阻式节气门位置传感器输出的信号电压呈线性变化,所以也称为线性输出型节气门位置传感器。

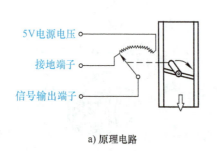
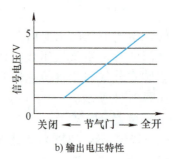

a) 原理电路　　　　　　　　　　b) 输出电压特性

图3-32　可变电阻式节气门位置传感器原理电路和输出电压特性

（2）检修方法　节气门位置传感器出现故障有三种情况,即外部电路故障、传感器自身故障和ECU故障。可变电阻式节气门位置传感器有机械传动（移动）部件和相互之间的接触,长期使用就会出现磨损,特别是传感器的镀膜电阻容易磨损或断裂。磨损或断裂的镀膜电阻使得传感器不能向ECU提供正确的节气门位置信息,ECU无法正确判断发动机的运转工况,不能为发动机计算正确的混合气参数,从而引起发动机性能不良。外部电路故障是指传感器外部电路出现断路、短路和虚接等,ECU故障主要是ECU内部电源电路或者内部搭铁电路出现故障,不能为传感器提供电源或不能正常接收传感器的输入信号。

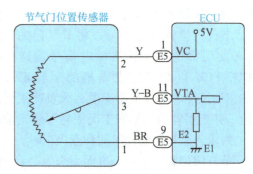

图3-33　丰田8A-FE发动机节气门位置传感器连接电路

丰田8A-FE发动机可变电阻式节气门位置传感器与ECU的连接电路如图3-33所示,传感器线束插头端子如图3-34所示,检修方法如下。

1）检测电源电压。关闭点火开关,拔下节气门位置传感器线束插头。接通点火开关,用万用表检测传感器线束插头端子1与搭铁之间的电压,正常值应为5V。否则,检查传感器线束是否断路、短路和虚接,检查ECU是否损坏。

图3-34　线束插头端子

2）检测线束导通性。关闭点火开关,拔下ECU线束插头E5和节气门位置传感器线束插头,用万用表检测ECU线束插头E5端子1（VC）与传感器线束插头端子2之间的导线电阻,检测ECU线束插头E5端子11（VTA）与传感器线束插头端子3之间的导线电阻,检测ECU线束插头E5端子9（E2）与传感器线束插头端子1之间的导线电阻,正常值均应小于1Ω。若电阻值较大,说明该段导线存在虚接或断路。然后检查导线相互之间是否短路（不相接的导线间电阻应为无穷大）。如果导线有断路、短路故障,则应修复或更换。

3)检查传感器电阻。关闭点火开关,拔下节气门位置传感器线束插头,检测传感器线束插座端子1和2、1和3之间的电阻,应符合表3-5所示要求,否则更换节气门位置传感器。

表3-5 节气门位置传感器电阻检测标准

端子	节气门位置	电阻/kΩ
1-2（VC-E2）	—	1.5~3.0
1-3（VTA-E2）	全关	0.2~6.0
	全开	1.0~10

4)检查输出信号电压。关闭点火开关,将节气门位置传感器线束插头端子3、端子1的线束刺破,接好万用表表笔。插上传感器线束插头和ECU线束插头E5,接通点火开关,用万用表检测传感器线束插头端子3、端子1之间的VTA-E2电压。节气门完全关闭时,VTA-E2电压约为0.7V,当节气门完全打开时,VTA电压升至3.5~5.0V。VTA-E2电压与节气门开度成正比,并平滑地连续变化。

5)用示波器检测信号波形。示波器显示的波形是对所测电压信号的实时显示,能够显示信号的每一个重要细节。检测时,关闭点火开关,将节气门位置传感器线束插头端子3、端子1的线束刺破,连接好示波器,接通点火开关,发动机不运转,慢慢地踩下加速踏板将节气门从关闭位置打开至全开位置,再重新返回至节气门关闭位置,反复这个过程几次。VTA-E2间的信号电压波形应如图3-35a所示。准确的节气门位置传感器电压范围通常传感器的电压应从怠速时的低于1V到节气门全开时的低于5V。波形上不应有任何断裂、对地尖峰或大跌落（图3-35b）。应特别注意在前1/4节气门开度中的波形,这是在驾驶中最常用到的传感器碳膜电位计上的部分。传感器的前1/8至1/3的碳膜通常首先磨损,使得波形出现异常。

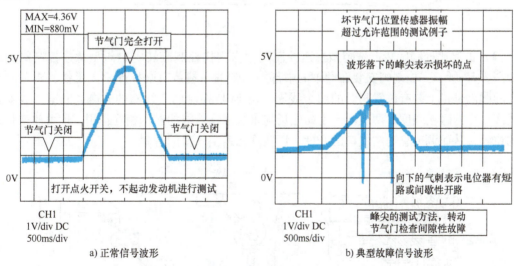

图3-35 线性可变电阻式节气门位置传感器信号波形

2. 怠速控制阀

怠速是指节气门关闭,加速踏板完全松开,且发动机对外无功率输出并保持最低转速稳定运转的工况。怠速转速的高低直接影响燃油消耗和排放污染。怠速转速过高，燃油消耗增加。怠速转速过低，当电器负荷增大（如打开空调或车载音响）、自动变速器挂入档位、动力转向开启时，由于负载增加，容易导致发动机运转不稳甚至熄火，另外，也会增加排放污染。发动机怠速控制的目的就是在保证发动机排放要求且运转稳定的前提下，由 ECU 自动控制怠速工况下的空气供给量，维持发动机以稳定怠速运转，以降低燃油消耗量，即实现对热机怠速工况进气量和空燃比的闭环反馈控制。

（1）怠速控制过程　怠速控制的实质是对怠速工况下的进气量进行控制，而怠速进气量实际上就是最小进气量。如图 3-36 所示，在怠速控制过程中，ECU 需要根据节气门位置信号和车速信号确认怠速工况，只有在节气门全关、车速为零时，才进行怠速控制。在进行怠速控制时，ECU 根据多个传感器的输入信号和各种开关信号确定一个怠速运转的目标转速，并与实际转速进行比较，根据比较结果控制执行元件工作，以调节进气量，使发动机的怠速转速达到所确定的目标转速（一般为 800r/min 左右，当打开空调或开启动力转向等增大发动机负荷时，怠速转速升高 200r/min 左右，在 950~1050r/min 的范围内）。此时，空气通过节气门缝隙或旁通节气门的怠速空气道进入发动机，并由空气流量传感器（或进气歧管压力传感器）对进气量进行检测，ECU 根据各传感器信号控制喷油器，保证发动机的怠速运转。

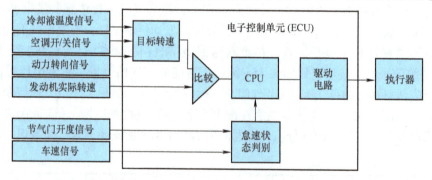

图 3-36　怠速控制过程

（2）占空比控制旋转电磁阀型怠速控制阀　占空比控制旋转电磁阀型怠速控制阀的结构如图 3-37 所示。控制阀安装在阀轴的中部，阀轴的一端装有圆柱形永久磁铁，永久磁铁对应的圆周位置上装有位置相对的两个线圈。由 ECU 控制两个线圈的通电或断电，改变两个线圈产生的磁场强度，两线圈产生的磁场与永久磁铁形成的磁场相互作用，即可改变控制阀的位置，从而调节怠速空气口的开度，以实现怠速空气量的控制。

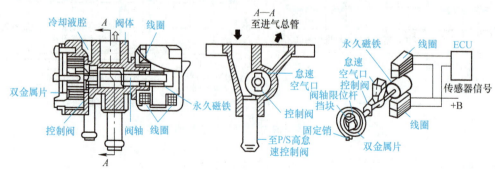

图 3-37　旋转电磁阀型怠速控制阀

双金属片制成卷簧形，外端用固定销固定在阀体上，内端与阀轴端部的挡块相连接。阀轴上的限位杆穿过挡块的凹槽，使阀轴只能在挡块凹槽限定的范围内摆动。流过阀体冷却液腔的冷却液温度变化时，双金属片变形，带动挡块转动，从而改变阀轴转动的两个极限位置，以控制怠速控制阀的最大开度和最小开度。此装置主要起保护作用，可防止怠速控制系统电路出现故障时，发动机转速过高或过低，只要怠速控制系统工作正常，阀轴上的限位杆不与挡块的凹槽两侧接触。

旋转电磁阀型怠速控制阀控制原理如图 3-38 所示。在发动机怠速运转过程中，ECU 根据各种传感器信号计算并输出相应的占空比控制信号，控制两个线圈的平均通电时间，从而改变怠速控制阀开度，控制流过怠速空气道的空气量。占空比是指脉冲信号的通电时间与通电周期之比，通电周期一般是固定的，所以占空比越大，通电时间越长。

由于占空比控制信号和晶体管 VT_1 的基极之间接有反相器，故晶体管 VT_1 和 VT_2 集电极输出相位相反，因而线圈 L_1 和 L_2 总是交替地通过电流。又因线圈 L_1 和 L_2 绕向相反，故两者产生的电磁力相反。当占空比为 50% 时，线圈 L_1 和 L_2 的平均通电时间相等，两者产生的磁场强度相同，电磁力相互抵消，阀轴不发生偏转（图 3-38c）。当占空比小于 50% 时，线圈 L_1 的平均通电时间增大，线圈 L_2 的平均通电时间减小，两者合成的电磁转矩使阀轴带动阀芯顺时针转动，使控制阀开度减小（图 3-38d）。当占空比大于 50% 时，线圈 L_1 的平均通

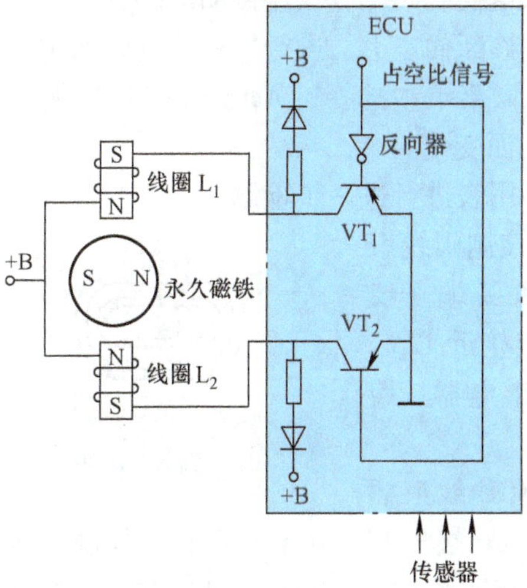

a) 控制电路

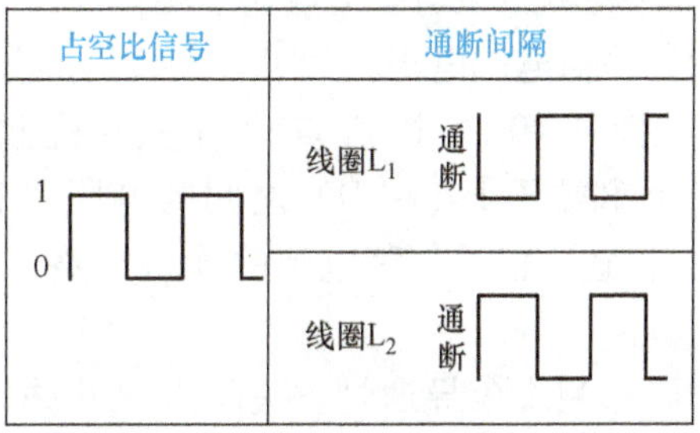

b) 占空比信号

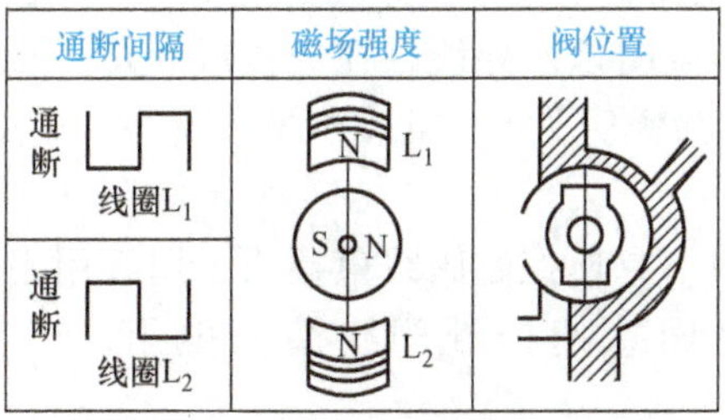

c) 占空比为50%时阀轴不发生偏转

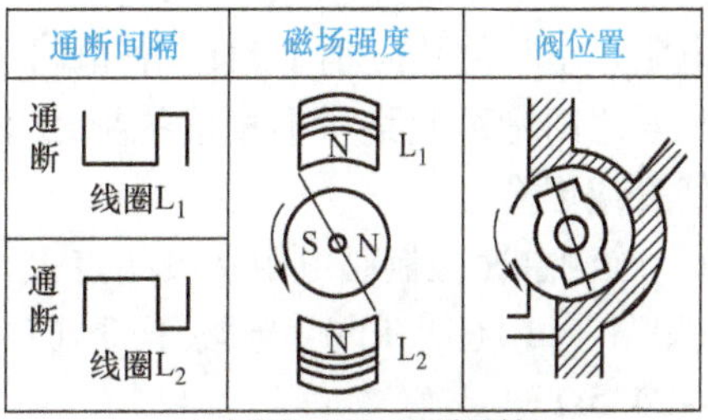

d) 占空比小于50%时阀轴顺时针偏转，控制阀开度减小

图 3-38　旋转电磁阀型怠速控制阀工作原理

电时间减小，线圈 L_2 的平均通电时间增大，两者合成的电磁转矩使阀轴带动阀芯逆时针转动，使控制阀开度增大。占空比越大，两个线圈产生的磁场强度相差越大，控制阀开度越大。因此，ECU 通过控制脉冲信号的占空比即可改变控制阀开度，从而控制急速时的空气量。控制阀从全闭位置到全开位置之间，旋转角度限定在 90°以内，ECU 控制的占空比调整范围为 18%～82%。

丰田 8A-FE 发动机采用的是传统拉索式节气门，节气门上安装有控制急速空气道的占空比控制电磁阀型急速控制阀。当急速控制阀出现外部电路故障、控制阀自身故障和 ECU 故障时，ECU 无法对急速工况下的进气量进行控制，发动机将出现急速转速过高或过低、急速不稳、燃油消耗增加、排放超标等现象。丰田 8A-FE 发动机急速控制阀的控制电路如图 3-39 所示，检修步骤如下：

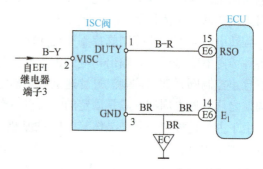

图 3-39　丰田 8A-FE 发动机急速控制阀控制电路

1）检测急速控制阀性能。将点火开关打开再关闭，在关闭点火开关的瞬间，急速控制阀有从全开到全闭再回到半开的动作，用手触摸急速控制阀应有快速振动的感觉。

起动发动机并急速运转，将故障诊断仪连接到诊断插座上，进行急速控制阀的主动测试（用丰田专用故障诊断仪 IT-Ⅱ时，在［Function］菜单中选择［Active List］功能，执行［Duty Ratio］），发动机的转速应随着占空比的变化而变化。

如果检测结果与以上情况不相符合，则应用万用表进行进一步检测。

2）检测电源电压。关闭点火开关，拔下急速控制阀线束插头（图 3-40）。接通点火开关，检测线束插头端子 2（VISC）和端子 3（GND）之间的电压，正常值应接近 12V。否则，检查传感器与蓄电池的连接电路，如 EFI 继电器、熔丝等。

图 3-40　急速控制阀线束插头

3）检测线束导通性。关闭点火开关，拔下 ECU 线束插头 E6 和急速控制阀线束插头，检测 ECU 线束插头 E6 端子 15（RSO）和急速控制阀线束插头端子 1（DUTY）之间的导线电阻，检测 ECU 线束插头 E6 端子 14（E1）和急速控制阀线束插头端子 3（GND）之间的导线电阻，检测急速控制阀线束插头端子 3（GND）和接地之间的电阻，正常值均应小于 1Ω。若电阻值较大，说明该段导线存在虚接或断路。然后检查导线相互之间是否短路（不相接的导线间电阻应为无穷大）。如果导线有断路、短路故障，则应修复或更换。

4）检测急速控制阀电阻。关闭点火开关，拔下急速控制阀线束插头，用万用表检测线束插头端子 1（DUTY）与端子 3（GND）之间急速控制阀线圈的电阻，正常值为 17.0～24.5Ω。

5）检测占空比信号。接上急速控制阀线束插头，将万用表置于占空比信号检测档，将红表笔接急速控制阀线束插头端子 1（DUTY）、黑表笔接急速控制阀线束插头端子 3（GND），或将红表笔接 ECU 线束插头 E6 端子 15（RSO）、黑表笔接 ECU 线束插头 E6 端子

14（E1），在接通点火开关的瞬间（0.5s之内），占空比信号应从0逐渐上升至26%。

◎ 3.3.2 电子节气门控制系统

传统的节气门控制方式使发动机电子控制系统完全根据驾驶人对加速踏板的操作来控制发动机的工作，不能确保发动机的工作状态与汽车的运行情况形成最佳的匹配。

电子节气门（ETC）是一种柔性控制系统（x-by-wire），它取消了传统节气门与加速踏板之间采用拉索（软钢丝）或拉杆的直接机械连接，通过增加相应的传感器、电子控制单元和节气门驱动机构实现了两者之间的电气连接，可以独立于加速踏板的位置而调节节气门的位置，使节气门的开度不完全取决于驾驶人对加速踏板的操纵（节气门的实际开度并不完全与驾驶人的操作意图一致）。控制系统可根据驾驶人对加速踏板的操纵情况、发动机的工况和汽车的行驶状态等，通过节气门体上的节气门驱动机构驱动节气门，在整个转速及负荷范围内可实现节气门开度的快速精确控制，使发动机在最适当的状态下工作，从而提高了汽车的燃油经济性、动力性、安全性、舒适性以及降低排放污染。因此，电子节气门被广泛地运用于汽车的怠速控制（ISC）、自动变速器（AT）换档优化控制、巡航控制（CCS）、驱动防滑控制（ASR）和车辆稳定性控制（ESP）等汽车动力控制系统中，为集中控制和简化结构提供了基础，并逐渐成为标准配置，被越来越多的汽车所采用。

1. 结构原理

（1）结构组成　电子节气门控制系统包括用于确定、调整及监控节气门位置的所有部件。如图3-41所示，电子节气门控制系统主要由加速踏板、加速踏板位置传感器、节气门、节气门位置传感器、节气门驱动机构（驱动电动机和机械传动机构）、节气门回位弹簧（包括主回位弹簧、副回位弹簧）、ECU（具有ETC系统驱动功能，与发动机ECU集成为一体）以及故障指示灯等组成。节气门、节气门位置传感器、节气门驱动机构（驱动电动机和机械传动机构）、节气门回位弹簧集中安装在节气门体上，如图3-42所示。

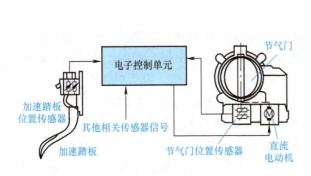

图3-41　电子节气门控制系统

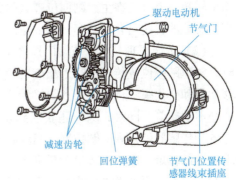

图3-42　电子节气门体

1）加速踏板位置传感器和节气门位置传感器。加速踏板位置传感器是反映驾驶人操作意愿的外部检测元件，它产生反映加速踏板下踏量大小和变化速率的电压信号并输入ECU，用于检测加速踏板的位置变化情况。节气门位置传感器是节气门开启状态的检测元件，用来检测节气门的实际位置，将节气门的开度大小和变化速率反馈给ECU，实时控制节气门驱动电机，从而将节气门打开在适当的位置。

电子节气门控制系统通常采用双加速踏板位置传感器和双节气门位置传感器实现双信号输出。采用冗余设计的这两个传感器具有不同的输出特性、可相互检测,当一个传感器发生故障时能及时被识别,以增加系统的可靠性程度,保证行车安全性。

2)节气门驱动机构。节气门驱动机构由驱动电动机和机械传动机构组成(图3-42),其作用是按照ECU的指令动作,及时将节气门调整到适当开度。

驱动电动机一般选用步进电动机或直流电动机,经过两级齿轮减速来调节节气门开度。早期以使用步进电动机为主,步进电动机精度较高、能耗低、位置保持特性较好,但其高速性能较差,控制精度不高,不能满足节气门较高的动态响应性能的要求。因此,步进电动机式电子节气门现在已经很少采用。

永磁直流电动机精度高、反应灵敏、便于伺服控制,堵转力矩大、空载转速低、长期堵转时能产生足够大的转矩而不过载损坏。所以,现在电子节气门比较多地采用永磁直流电动机。工作时,ECU通过调节脉宽调制(PWM)信号的占空比来控制直流电动机的输出转矩,进而调节节气门转角的大小。电动机输出转矩和脉宽调制信号的占空比成正比,当脉宽调制信号占空比增加时,电动机的驱动转矩将大于回位弹簧阻力矩,使节气门开度增加;当占空比减小时,电动机驱动转矩小于回位弹簧阻力矩,节气门开度就减小,信号中占空比越小节气门开度就越小。节气门体上的回位弹簧可使节气门回转到一个微小的开度,以保证在系统失去作用后发动机仍有一个高于怠速的转速。这种动态调节在发动机的整个转速及负荷范围内均起作用。在发动机带负荷运转时,ECU也可以不依靠加速踏板位置传感器而打开或关小节气门,例如在自动巡航工况下。

节气门回位弹簧包括主回位弹簧和副回位弹簧,主回位弹簧力图使节气门回到全关位置,副回位弹簧使节气门保持一个较小开度。发动机熄火时,节气门在主回位弹簧和副回位弹簧的共同作用下保持在一个初始开度。当节气门控制电动机发生故障时,节气门电动机不输出转矩,节气门在主、副回位弹簧的共同作用下回到节气门的初始位置,此时发动机以略高于怠速的转速运转,汽车具备一定的行驶功能。

(2)工作原理 电子节气门控制系统工作原理如图3-43所示。当驾驶人操纵加速踏板时,加速踏板位置传感器产生相应的电压信号输入ECU,ECU根据当前的工作模式、踏板移动量和变化率解析驾驶人意图,计算出对发动机转矩的基本需求,得到相应的节气门转角的基本期望值。同时,ECU还获取到发动机转速、自动变速器档位、空调压缩机负载等其他各种传感器信号和巡航控制、驱动防滑控制等其他控制系统的控制信号,由此计算出所需求的全部转矩,通过对节气门转角基本期望值进行修正,得到节气门的最佳开度参数,即"目标开度",并把相应的电压信号发送到驱动电路模块,驱动控制电动机使节气门处于最佳的开度位置。节气门位置传感器随时监测节气门的位置并把节气门的实际开度信号反馈给ECU,根据二者的偏差计算相应的控制量,形成闭环反馈控制。由此可见,电子节气门控制不但要考虑驾驶人对发动机转矩的需求,还要考虑发动机及汽车的运行工况,对发动机输出转矩进行综合控制。

电子节气门取消了传统节气门的怠速旁通气道和怠速控制阀,怠速时的空气通过由节气门驱动机构控制的节气门小开度进入气缸(节气门直动式),如图3-44所示。

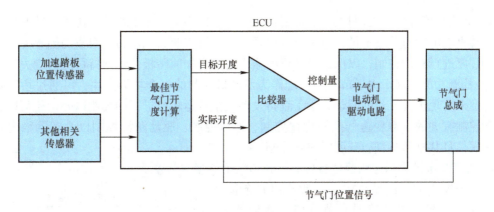

图 3-43　电子节气门控制系统工作原理

（3）控制策略

1）发动机转矩控制。进行转矩控制时，首先根据发动机转速、负荷、点火提前角和其他系统的信号等综合测算出实际转矩需求值，然后将实际转矩与理论转矩进行对比，如果两者有偏差，电子节气门控制系统将进行适当的调节，使实际控制转矩值和理论转矩值达到一致。

2）自适应控制。为保证系统良好运行，电子节气门必须执行初始化程序，目的在于读取节气门的最大开启、关闭、无命令位置和运行时的变化位置，并在只读存储器中记下节气门初始化参数，以完成自适应控制记忆，以便在再次工作时能准确控制节气门的实际开度。电子节气门在更换 ECU、断电、清洗或更换节气门总成、计算机远程升级编码等情况下，都需要进行初始化。

3）工作模式选择控制。电子节气门系统可根据不同行车需要，进行不同工作模式的选择控制，使节气门对加速踏板有不同的响应速度。工作模式通常有正常模式、动力模式和雪地模式，如图 3-45 所示。正常模式适用于大多数车辆行驶工况，节气门对加速踏板的响应速度适中，车辆行驶平稳、燃油经济性较好。在动力模式下，节气门加快对加速踏板的响应速度，此时在加速踏板的踩压角度相同的情况下，节气门开度比普通模式要大得多，发动机能提供额外的动力，适用于需要发动机输出大功率的工况。在雪地、雨天等地面附着条件较差的工况下，可选择雪地模式驾驶车辆，此时节气门对加速踏板的响应速度降低，发动机输出的功率比正常情况下小，使车轮不易打滑，保持车辆稳定行驶。

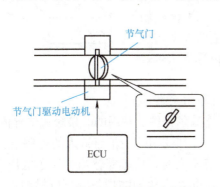

图 3-44　节气门直动式怠速控制

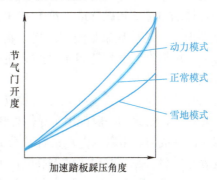

图 3-45　电子节气门系统的工作模式

4）海拔高度补偿。在海拔较高的地区，因大气压下降、空气稀薄、氧气含量下降，会导致发动机输出动力严重不足。电子节气门系统会自行按照大气压力和海拔的函数关系，对节气门开度进行补偿控制，以保证发动机的输出动力和加速踏板位置保持稳定对应关系。

5）控制功能扩展。电子节气门系统作为发动机控制的一个功能模块，可通过增、减节气门开度来实现进气流量的调整，除了维持发动机正常运转所进行的控制以外，还可以完成与进气控制有关的自动变速器换档优化控制、巡航控制、驱动防滑控制以及车辆稳定控制等，实现信息共享和节气门开度的综合控制。

2. 双可变电阻式加速踏板位置传感器和节气门位置传感器

在电子控制节气门系统中，一般使用冗余设计的两个加速踏板位置传感器和节气门位置传感器。从两个传感器输出信号的变化关系来看，有反相式、同相式两种。反相式传感器两两反接，以实现电阻值的反向变化，即两个传感器电阻值变化量之和为零。对两个传感器施加相同的电压，两者输出的信号电压也相应反向变化，且两个信号电压之和始终等于供电电压，如图3-46所示。同相式又可分为同斜率线性变化和不同斜率线性变化两种。两个传感器一般都是组合安装，当一个传感器发生故障时能及时被识别，增加了系统的可靠性，保证了行车安全。

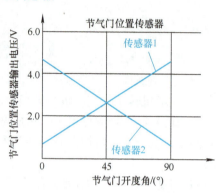

图3-46 两路传感器的反相输出电压

3. 霍尔式加速踏板位置传感器和节气门位置传感器

可变电阻式加速踏板位置传感器和节气门位置传感器采用可变电阻分压原理，属于接触式传感器，有机械传动（移动）部件和相互之间的接触，长期使用就会出现磨损，从而影响传感器以及控制系统的工作性能。根据霍尔效应制作而成的霍尔式加速踏板位置传感器和节气门位置传感器是非接触式的位置传感器，无接触磨损，工作可靠，其寿命可大大提高，使用越来越广泛。

（1）霍尔效应 如图3-47所示，通有电流I的导体垂直于磁力线放入磁感应强度为B的磁场中时，在导体横向侧面上就会产生一个垂直于电流方向和磁场方向的电压U_H，U_H与通过半导体的电流I和磁感应强度B成正比，当取消磁场时电压立即消失。这种现象是美国约翰·霍普金斯大学物理学家爱德华·霍尔博士于1879年首先发现的，被称为霍尔效应，U_H被称为霍尔电压。

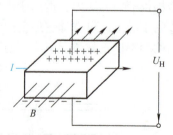

图3-47 霍尔效应

实验证明，半导体材料也存在霍尔效应，且霍尔系数远远大于金属材料，因此，一般都用半导体材料制作霍尔元件。常用的非接触式位置传感器是利用霍尔元件制成的。由霍尔电压的计算公式可知，霍尔电压U_H与输入的控制电流I、磁感应强度B呈线性关系。当输入的控制电流I保持不变时，传感器输出的霍尔电压U_H就正比于磁感应强度B。因此，凡是能转化成磁感应强度B变化的物理量都可以检测，如位移、角度和转速等。一般而言，霍尔元件本身输出电压与磁场的线性关系是良好的，只要放大器有很好的线性，就能获得良好的线性集成霍尔传感器。

（2）工作原理　霍尔式加速踏板位置传感器和节气门位置传感器由一个固定在加速踏板或节气门转动轴上的永久磁铁以及一个能够有效地将永久磁铁的磁通量转入霍尔集成电路的定子组成，如图3-48所示。

当转动轴旋转时，由于霍尔集成电路固定不动，与转动轴联动的永久磁铁改变了它与霍尔集成电路之间的相对位置，从而改变了作用在霍尔元件上的磁场强度，结果使霍尔元件的输出电压也发生变化，霍尔电压经过霍尔集成电路处理后传送给发动机ECU，ECU根据此电压信号便可以确定加速踏板或节气门踏下的角度。霍尔集成电路包含两个分电路，一个用于产生主信号，另一个用于产生次信号，信号输出特性曲线如图3-49所示。

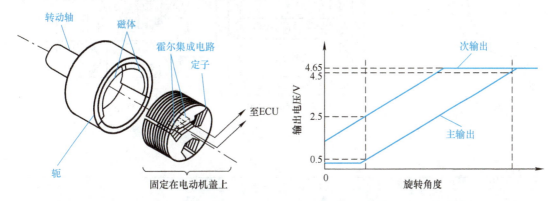

图3-48　霍尔式位置传感器内部结构　　图3-49　霍尔式位置传感器信号输出特性曲线

4. 大众 CEA 1.8TSI 发动机电子节气门控制系统的检修

电子节气门控制系统出现故障所涉及的因素比较多，主要有以下三个方面：一是因加速踏板位置传感器的故障无法精确地检测加速踏板的位置变化情况而导致发动机加速不良或无法加速。二是因节气门位置传感器的故障不能对节气门开度进行精确检测，导致发动机ECU无法判定发动机运转工况（如怠速、中小负荷、大负荷），无法识别驾驶人的意图（如加速或减速），最终导致无法准确控制喷油量。三是由于驱动电机、减速机构等机械元件损坏导致节气门不能正常开启或闭合，因为发动机ECU无法控制进气量而影响对喷油量的控制。对于使用自动变速器的汽车还可能导致变速器ECU不再执行换档程序，不能正常地自动换档。

就具体的故障原因而言，电子节气门控制系统可能的故障原因有控制系统外部线路故障、控制系统自身故障和ECU故障。控制系统外部线路故障有断路、短路和虚接。控制系统自身故障如节气门位置传感器或加速踏板位置传感器的可变电阻损坏、霍尔元件失效、磁铁损坏等，或节气门驱动电动机损坏、减速机构损坏及回位弹簧失效等。ECU故障主要是ECU内部电源电路或者内部搭铁电路出现故障，不能为传感器、驱动电动机提供电源，或不能正常接收传感器的输入信号。

如图3-50所示，大众CEA 1.8TSI发动机电子节气门控制系统由加速踏板、加速踏板位置传感器G79和G185、节气门控制单元J338（含节气门驱动电动机G186、节气门位置传感器G187和G188）、发动机电子控制单元J623、EPC警告灯等组成，电子节气门控制系统的连接电路如图3-51所示。

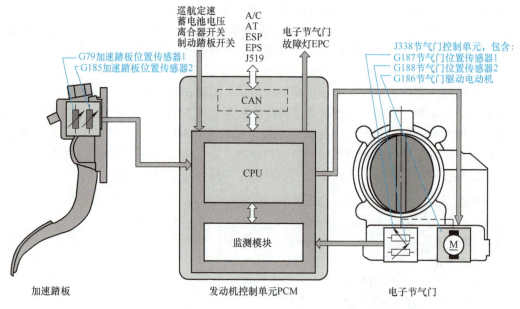

图 3-50　大众 CEA 1.8TSI 发动机电子节气门控制系统组成

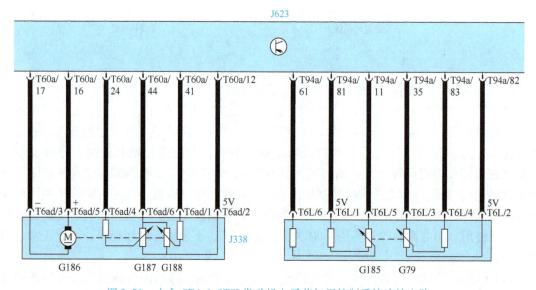

图 3-51　大众 CEA 1.8TSI 发动机电子节气门控制系统连接电路

（1）加速踏板位置传感器的检测　大众 CEA 1.8TSI 发动机电子节气门控制系统的加速踏板位置传感器 G79 和 G185 装在加速踏板总成之中，与加速踏板是一体的，装在一个壳体内，如图 3-52 所示。加速踏板位置传感器 G79 和 G185 都是可变电阻式，由 ECU 提供 5V 的基准电压，其中传感器 G79 的输出信号电压是传感器 G185 输出信号电压的两倍，如图 3-53 所示。

1）检测电源电压。关闭点火开关，拔下加速踏板位置传感器 G79 和 G185 线束插头 T6L（图 3-54）。接通点火开关，用万用表检测线束插头 T6L 端子 1 与接地之间、端子 1 与端子 5

之间、端子 2 与接地之间、端子 2 与端子 3 之间的电压，其值均应接近于 5V。如果显示值没有达到此要求，则继续进行下一步检查。

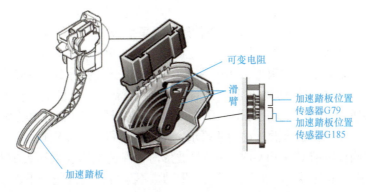

图 3-52　加速踏板位置传感器安装位置及结构

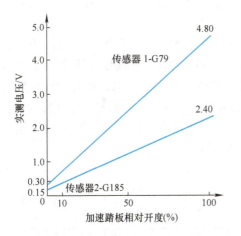

图 3-53　加速踏板位置传感器输出信号电压

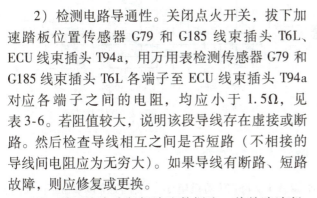

图 3-54　加速踏板位置传感器线束插头

2）检测电路导通性。关闭点火开关，拔下加速踏板位置传感器 G79 和 G185 线束插头 T6L、ECU 线束插头 T94a，用万用表检测传感器 G79 和 G185 线束插头 T6L 各端子至 ECU 线束插头 T94a 对应各端子之间的电阻，均应小于 1.5Ω，见表 3-6。若阻值较大，说明该段导线存在虚接或断路。然后检查导线相互之间是否短路（不相接的导线间电阻应为无穷大）。如果导线有断路、短路故障，则应修复或更换。

表 3-6　加速踏板位置传感器与 ECU 连接电路线束电阻值

检测端子	标准值
T6L/1－T94a/81	<1.5Ω
T6L/2－T94a/82	<1.5Ω
T6L/3－T94a/35	<1.5Ω
T6L/4－T94a/83	<1.5Ω
T6L/5－T94a/11	<1.5Ω
T6L/6－T94a/61	<1.5Ω

3）利用故障诊断仪读取数据流。将故障诊断仪连接到诊断插座上，起动发动机，读取显示组 062 的数据流。急速时，062 显示组显示区 3（G79 信号电压）的百分比值为 8%～18%，显示区 4（G185 信号电压）的百分比值为 3%～13%。慢慢将加速踏板踩到底，注意 062 显示组显示区 3 和显示区 4 的百分比值应均匀升高（控制单元 ECU 将节气门位置传感器电压值以 5V 为基数换算成百分比值，5V 相当

于 100%），并且显示区 3 中的值应总是显示区 4 的两倍（显示区 3 与显示区 4 的百分比值变化范围分别为 12%～97%、6%～49%）。如果显示值没有达到此要求，则继续进行下一步检查。

4）检测信号电压。关闭点火开关，将传感器线束插头 T6L 端子 4、端子 6 的线束刺破，接好万用表表笔。接通点火开关，用万用表检测传感器线束插头 T6L 端子 4 与接地之间的传感器 G79 信号电压、传感器线束插头 T6L 端子 6 与接地之间的传感器 G185 信号电压，随着加速踏板从初始静止位置移动到安全行程位置，传感器 G79 信号电压变化范围是 0.7～4.5V，传感器 G185 信号电压变化范围是 0.3～2.2V，传感器 G79 信号电压约为传感器 G185 信号电压的 2 倍。如果显示值没有达到此要求，则继续进行下一步检查。

用示波器检测传感器 G79 和 G185 的信号波形时，在传感器线束插头 T6L 端子 4、端子 6 与接地之间连接好示波器，接通点火开关，发动机不运转，慢慢地踩下加速踏板至安全行程位置，再重新返回至初始静止位置，反复这个过程几次。仔细观察信号波形的连续性，应该是一条光滑上升（踩下加速踏板时）或下降（松开加速踏板时）的曲线，不应有任何断裂、对地尖峰或大跌落。

需要说明的是，大众汽车公司后期装备 EA888 系列发动机的车型其加速踏板位置传感器都是霍尔式的，是非接触式的位置传感器。如图 3-55a 所示，加速踏板位置传感器 G79 和 G185 与加速踏板一体，装在一个壳体内，由同一电源（ECU）供电，通过与转动轴联动的金属薄片的移动，改变作用在霍尔元件上的磁场强度而使霍尔元件的输出电压发生变化。移动位置越大，经过霍尔集成电路处理后的输出信号电压越高，传感器 G79 的输出信号电压是传感器 G185 输出信号电压的两倍，如图 3-55b 所示。

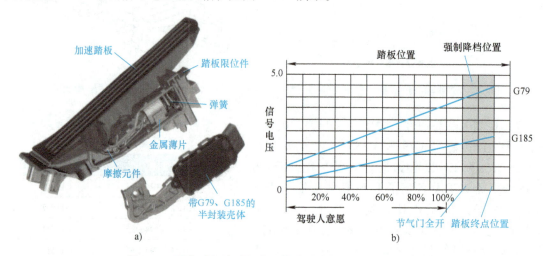

图 3-55　霍尔式加速踏板位置传感器结构组成与特性曲线

（2）节气门位置传感器的检测　大众 CEA 1.8TSI 发动机电子节气门控制系统的节气门位置传感器 G187 和 G188 装在节气门控制单元 J338 内部（壳体不能打开），都是可变电阻式，设计成电阻值反向变化、输出电压成互补的方式，由电子控制单元（ECU）提供 5V 的基准电压，工作时一个电阻（电压）值增大时另一个减小，它们各自独立互不依靠，两个传感器输出信号电压之和始终等于供电电压（5V），如图 3-56 所示。这样可以保证其中一个传感器出现故障或电源电压低于规定值时能及时识别。

1）检测电源电压。关闭点火开关，拔下节气门控制单元 J338 线束插头 T6ad（图 3-57）。接通点火开关，用万用表检测 J338 线束插头 T6ad 端子 2 与接地之间、端子 2 与端子 6 之间的电压，其值均应接近于 5V。如电压为 0，则继续进行下一步检查。

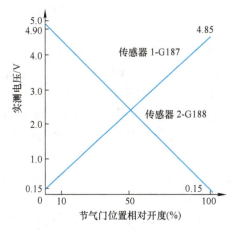

图 3-56　节气门位置传感器输出信号电压

图 3-57　节气门控制单元线束插头

2）检测电路导通性。关闭点火开关，拔下节气门控制单元 J338 线束插头 T6ad 和 ECU 线束插头 T60a，用万用表检测 J338 线束插头 T6ad 各端子至 ECU 线束插头 T60a 对应各端子之间的电阻，均应小于 1.5Ω，见表 3-7。若阻值较大，说明该段导线存在虚接或断路。然后检查导线相互之间是否短路（不相接的导线间电阻应为无穷大）。如果导线有断路、短路故障，则应修复或更换。

表 3-7　节气门位置传感器与 ECU 连接电路线束电阻值

检测端子	标准值
T6ad/1 – T60a/41	<1.5Ω
T6ad/2 – T60a/12	<1.5Ω
T6ad/4 – T60a/24	<1.5Ω
T6ad/6 – T60a/44	<1.5Ω

3）利用故障诊断仪读取数据流。将故障诊断仪连接到诊断插座上，起动发动机，读取显示组 062 的数据流。怠速时，062 显示组显示区 1（G187 信号电压）、显示区 2（G188 信号电压）的百分比值为 8%~18%。慢慢将加速踏板踩到底，注意 062 显示组显示区 1 的百分比值应均匀升高，而显示区 2 的百分比值应均匀下降（控制单元 ECU 将节气门位置传感器电压值以 5V 为基数换算成百分比值，5V 相当于 100%），显示区 1 的百分比值变化范围为 3%~93%、显示区 2 的百分比值变化范围 97%~3%。如果显示值没有达到此要求，则继续进行下一步检查。

4）检测信号电压。关闭点火开关，将节气门控制单元 J338 线束插头 T6ad 端子 1、端子 4 的线束刺破，接好万用表表笔。接通点火开关，用万用表检测端子 1 与接地之间的传感器 G188 信号电压、端子 4 与接地之间的传感器 G187 信号电压，随着节气门开度的逐渐增大，传感器 G187 信号电压从 0.15V 逐渐增大至 4.85V，传感器 G188 信号电压从 4.85V 逐渐减小至 0.15V。如果显示值没有达到此要求，则继续进行下一步检查。

用示波器观察传感器 G187 和 G188 的信号波形时，在节气门控制单元 J338 线束插头 T6ad 端子 1、端子 4 与接地之间连接好示波器，接通点火开关，发动机不运转，慢慢地踩下加速踏板将节气门从关闭位置打开至全开位置，再重新返回至节气门关闭位置，反复这个过程几次。仔细观察信号波形的连续性，随着节气门开度的逐渐增大，信号波形应该是一条光滑上升（传感器 G187）或下降（传感器 G188）的曲线，不应有任何断裂、对地尖峰或大跌落。

(3) 节气门驱动电动机的检测　节气门驱动电动机 G186 安装在节气门控制单元 J338 中，经过两级齿轮减速调节节气门开度。

1) 检测驱动电动机电阻。关闭点火开关，拔下节气门控制单元 J338 线束插头 T6ad，用万用表检测 J338 线束插座端子 3 和端子 5 之间的电阻（驱动电动机线圈电阻），正常值约为 10～13Ω（随着发动机的运行，驱动电动机会发热，电动机电阻会有所增大）。

2) 检测驱动电压。大众 CEA 1.8TSI 发动机电子节气门控制系统的节气门驱动电动机为永磁直流电动机，ECU 通过调节脉宽调制信号的占空比来控制直流电动机的输出转矩，进而调节节气门转角的大小。

关闭点火开关，将节气门控制单元 J338 线束插头 T6ad 端子 5、端子 3 的线束刺破，接好万用表表笔。插上节气门控制单元 J338 线束插头 T6ad，起动发动机并怠速运转，用万用表交流电压档检测 J338 线束插头 T6ad 端子 5 与端子 3（或接地）之间的驱动电压，应为高电平接近 15V 的脉冲信号电压。

当用示波器进行检测时，在节气门控制单元 J338 线束插头 T6ad 端子 5、端子 3（或接地）之间连接好示波器，起动发动机并怠速运转，正常的信号波形如图 3-58 所示。否则，继续进行下一步检查。

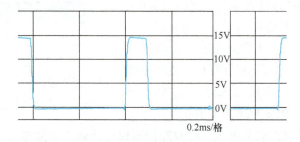

图 3-58　节气门驱动电动机驱动电压波形

3) 检测电路导通性。关闭点火开关，拔下节气门控制单元 J338 线束插头 T6ad 和 ECU 线束插头 T60a，用万用表检测 J338 线束插头 T6ad 端子 3 与 ECU 线束插头 T60a 端子 17 之间的导线电阻，检测 J338 线束插头 T6ad 端子 5 与 ECU 线束插头 T60a 端子 16 之间的导线电阻，均应小于 1.5Ω。若阻值较大，说明该段导线存在虚接或断路。然后检查导线相互之间是否短路（不相接的导线间电阻应为无穷大）。如果导线有断路、短路故障，则应修复或更换。

电子节气门在发生驱动电动机断电或控制系统不能驱动的故障时，能够在回位弹簧作用下返回到一个小开度位置，并使发动机工作在"快怠速"工况（相当于 1/2 额定转速），从而使发动机不熄火。

(4) 节气门的匹配　装备有电子节气门的大众轿车，在拆装或更换节气门控制单元 J338、更换发动机 ECU 或其供电中断后，发动机 ECU 必须与节气门控制单元 J338 进行基本设定，即完成发动机 ECU 与节气门控制单元 J338 的匹配工作。在清洗了节气门体之后，一般也需要进行匹配。通过匹配，发动机 ECU 学习了节气门在不同位置时的特性参数，并将这些参数存入发动机 ECU。

节气门的匹配要通过大众公司的专用故障诊断仪来完成。进行匹配时，连接专用故障诊断仪，接通点火开关。选择功能"006"（基本设置），输入匹配通道号"60"，点击"激活"键，基本设定过程自动完成（此时能听到节气门体发出"咔哒、咔哒"的响声，同时能看到节气门体在抖动）。显示区 4 显示基本设定状态，可能显示"ADP Laufi"（正在匹配）、"ADP I.O"（匹配正确）、"ADP ERROR"（匹配错误）。当"ADP I.O"（匹配正确）出现在显示区 4 中时，匹配过程结束。

节气门的匹配应具备以下条件：存储器中没有故障记忆，点火开关打开但发动机不运转，不踩加速踏板，冷却液温度在 10~95℃ 的范围内，进气温度在 10~90℃ 的范围内，蓄电池电压高于 11V。

◎ 3.3.3 智能电子节气门控制系统

丰田 1ZR - FE 发动机的智能电子节气门控制系统（ETCS - i）由加速踏板、加速踏板位置传感器、节气门位置传感器、节气门、驱动电动机、传动齿轮和回位弹簧等组成，集成有节气门位置传感器、节气门、驱动电动机、传动齿轮和回位弹簧的节气门体如图 3-59 所示。其中，两个加速踏板位置传感器和两个节气门位置传感器都是霍尔式，是非接触式的位置传感器。在此重点介绍传感器的工作情况、失效保护和电子节气门控制系统的检修方法。

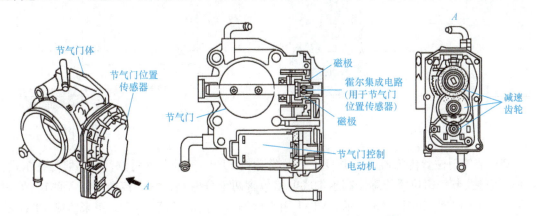

图 3-59 丰田 1ZR - FE 发动机 ETCS - i 节气门体

1. 传感器的工作情况

（1）加速踏板位置传感器 丰田 1ZR - FE 发动机 ETCS - i 所采用的加速踏板位置传感器为非接触霍尔式，安装位置及内部结构如图 3-60 所示。霍尔集成电路包含两个分电路，一个是 VPA 用于产生主信号，另一个是 VPA2 用于产生次信号，VCP、VCP2 向两个传感器提供 5V 电源，EPA、EPA2 为接地端，如图 3-61 所示。VPA 信号用于表示加速踏板的实际位置，VPA2 信号用于表示 VPA 电路的工作状态，ECU 利用它监测加速踏板位置传感器。随着加速踏板踩压角度的增大，主信号与次信号都线性增大，但电压输出特性不同，两者之间始终保持一定的电压差。图 3-62 所示为加速踏板位置传感器输出信号特性。

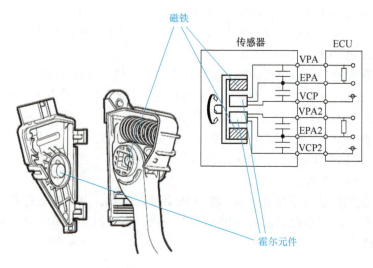

图 3-60 加速踏板位置传感器的安装位置及内部结构

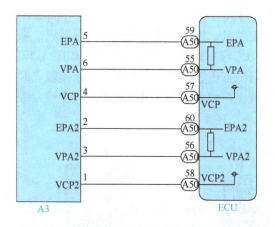

图 3-61 加速踏板位置传感器与 ECU 连接电路

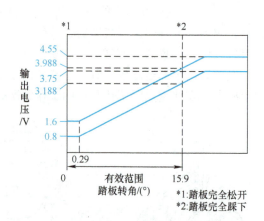

图 3-62 加速踏板位置传感器输出信号特性

（2）节气门位置传感器 丰田 1ZR – FE 发动机 ETCS – i 的节气门位置传感器为霍尔式，这种非接触式节气门位置传感器霍尔集成电路包含两个分电路，一个传送信号 VTA1，另一个传送信号 VTA2，如图 3-63 所示。VTA1 用来检测节气门的开度，VTA2 用来监测 VTA1 的功能失误状况。随着节气门开度的增大，传感器的信号电压都线性增大，但电压输出特性不同。图 3-64 为节气门位置传感器输出信号特性。

2. 传感器的失效保护

（1）加速踏板位置传感器的失效保护 加速踏板位置传感器有两个传感器电路（主电路及次电路），如果任何一个传感器电路发生故障，ECU 会检测到这两个传感器电路存在非正常信号电压，并进入应急状态运行。图 3-65 所示为任一加速踏板位置传感器电路发生故障时的状态。如果两个电路都有故障，ECU 会将加速踏板的开度处理为完全松开状态。此时，节气门将保持全关闭，以使发动机处于怠速状态。图 3-66 所示为两个加速踏板位置传感器电路发生故障时的状态。

单元3 发动机进气控制系统与检修

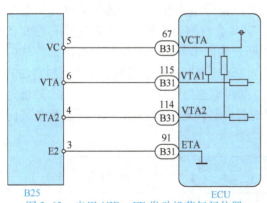

图3-63 丰田1ZR-FE发动机节气门位置传感器与ECU连接电路

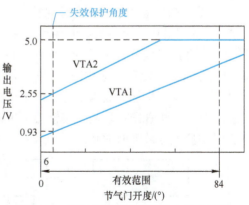

图3-64 节气门位置传感器输出信号特性

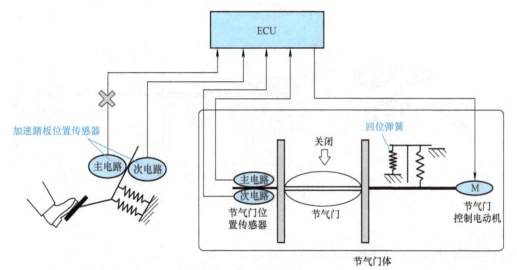

图3-65 任一加速踏板位置传感器电路发生故障时的状态

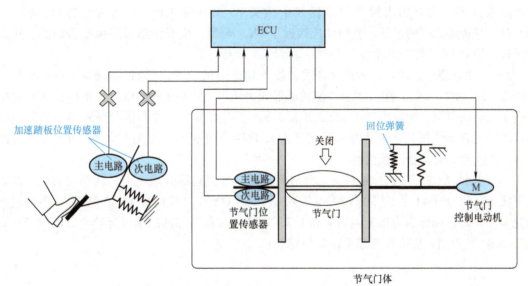

图3-66 两个加速踏板位置传感器电路发生故障时的状态

(2) 节气门位置传感器的失效保护　节气门位置传感器有两个传感器电路（主电路及次电路），如果其中一个传感器电路发生故障，ECU 会检测到这两个传感器电路存在非正常信号电压，并进入应急状态运行。此时，ECU 断开通向节气门控制电机的电路，节气门在回位弹簧的作用下会返回到预定的开度（约6°），ECU 根据加速踏板的信号来控制燃油喷射和点火正时，使车辆能继续以最低的速度行驶。如果加速踏板踩踏得较慢，车辆会较慢地行驶。如果加速踏板踩踏得较快，车辆会不规律地忽快忽慢地行驶。图 3-67 所示为节气门位置传感器电路发生故障时的状态。

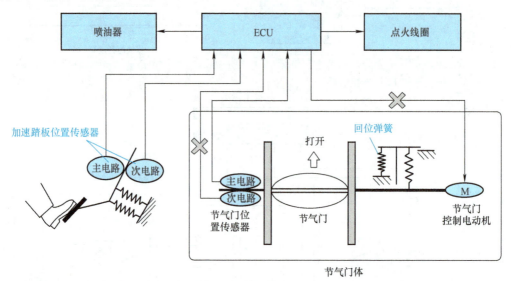

图 3-67　节气门位置传感器电路发生故障时的状态

3. 检修方法

(1) 加速踏板位置传感器的检测

1) 检测电源电压。关闭点火开关，拔下加速踏板位置传感器线束插头 A3（图 3-68）。接通点火开关，用万用表检测传感器线束插头 A3 端子 4（VCP）与接地之间、端子 1（VCP2）与接地之间的电压，其值均应接近于 5V。否则，检查传感器线束是否断路、短路和虚接，检查 ECU 是否损坏。

2) 检测电路导通性。关闭点火开关，拔下加速踏板位置传感器线束插头 A3、ECU 线束插头 A50（图 3-69），用万用表检测传感器线束插头 A3 各端子至 ECU 线束插头 A50 对应各端子之间的电阻，均应小于 1.5Ω，见表 3-8。若阻值较大，说明该段导线存在虚接或断路。然后检查导线相互之间是否短路（不相接的导线间电阻应为无穷大）。如果导线有断路、短路故障，则应修复或更换。

3) 利用故障诊断仪读取数据流。将故障诊断仪连接到诊断插座上，起动发动机，读取数据流 ACCEL POS#1（主信号 VPA 电压）、ACCEL POS#2（次信号 VPA2 电压）。当加速踏板完全松开时，应分别为 0.5~1.1V 和 1.2~2.0V。在踩下加速踏板时分别为 2.6~4.5V 和 3.4~5.0V。否则，更换加速踏板位置传感器。

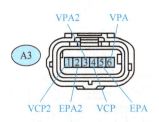

图 3-68　加速踏板位置传感器线束插头 A3

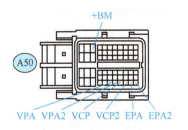

图 3-69　ECU 线束插头 A50

表 3-8　加速踏板位置传感器与 ECU 连接电路线束电阻值

检测端子	标准值
VPA（A3/6）- VPA（A50/55）	<1Ω
EPA（A3/5）- EPA（A50/59）	<1Ω
VCP（A3/4）- VCP（A50/57）	<1Ω
VPA2（A3/3）- VPA2（A50/56）	<1Ω
EPA2（A3/2）- EPA2（A50/60）	<1Ω
VCP2（A3/1）- VCP2（A50/58）	<1Ω

4）检测信号电压。关闭点火开关，将传感器线束插头 A3 端子 6（VPA）、端子 3（VPA2）的线束刺破，接好万用表表笔。接通点火开关，用万用表分别检测加速踏板位置传感器线束插头 A3 端子 6（VPA）与接地之间的主信号 VPA 电压、端子 3（VPA2）与搭铁之间的次信号 VPA2 电压。当加速踏板完全松开时，应分别为 0.5~1.1V 和 1.2~2.0V。在踩下加速踏板时分别为 2.6~4.5V 和 3.4~5.0V。否则，更换加速踏板位置传感器。

用示波器检测传感器的信号波形时，在传感器线束插头 A3 端子 6（VPA）、端子 3（VPA2）与接地之间连接好示波器，起动发动机，慢慢地踩下加速踏板至安全行程位置，再重新返回至初始静止位置，反复这个过程几次，仔细观察信号波形的变化情况。怠速时，VPA 和 VPA2 两路信号电压值分别为 0.65V 左右和 1.4V 左右。加速时，两路信号电压都应上升。当加速踏板完全踩下时，VPA 和 VPA2 两路信号电压值分别为 4.5V 左右和 5V 左右。急加速时信号波形应迅速上升，而急减速时信号波形应迅速下降，无论上升还是下降，信号波形都应该连续、光滑，不应有任何断裂、对地尖峰或大跌落。怠速或踏板保持一定开度时，电压值应保持稳定，波动要小。若怠速或踏板保持一定开度时电压波动很大，加速或减速时信号波形反应缓慢则说明加速踏板位置传感器存在故障。

（2）节气门位置传感器的检测

1）检测电源电压。关闭点火开关，拔下节气门体线束插头 B25（图 3-70）。接通点火开关，用万用表检测传感器线束插头 B25 端子 5（VC）与接地之间、端子 5（VC）与端子 3（E2）之间的电压，其值均应接近于 5V。否则，检查传感器线束是否断路、短路和虚接，检查 ECU 是否损坏。

2）检测电路导通性。关闭点火开关，拔下节气门体线束插头 B25、ECU 线束插头 B31（图 3-71），用万用表检测传感器线束插头 B25 各端子至 ECU 线束插头 B31 对应各端子之间的电阻，均应小于 1Ω，见表 3-9。若阻值较大，说明该段导线存在虚接或断路。然后检查导线相互之间是否短路（不相接的导线间电阻应为无穷大）。如果导线有断路、短路故障，则应修复或更换。

图 3-70　节气门体线束插头 B25

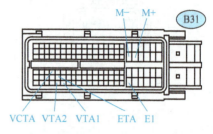

图 3-71　ECU 线束插头 B31

3）利用故障诊断仪读取数据流。将故障诊断仪连接到诊断插座上，起动发动机，读取数据流 THROTTLE POS、THROTTLE POS#2。THROTTLE POS 会显示 VTA1 信号（以百分数表示），THROTTLE POS#2 会显示 VTA2 信号（以电压表示）。当加速踏板完全松开时，THROTTLE POS 显示 VTA1 信号为 10%～24%，THROTTLE POS#2 显示 VTA2 信号电压为 2.1～3.1V。当加速踏板完全踩下时，THROTTLE POS 显示 VTA1 信号为 64%～96%，THROTTLE POS#2 显示 VTA2 信号电压为 4.6～5.0V。

表 3-9　节气门位置传感器与 ECU 连接电路线束电阻值

检测端子	标准值
VC（B25/5）- VTA（B31/67）	<1Ω
VTA1（B25/6）- VTA1（B31/115）	<1Ω
VTA2（B25/4）- VTA2（B31/114）	<1Ω
E2（B25/3）- ETA（B31/91）	<1Ω

4）检测信号电压。关闭点火开关，将传感器线束插头 B25 端子 6（VTA1）、端子 4（VTA2）的线束刺破，接好万用表表笔。接通点火开关，用万用表分别检测节气门体线束插头 B25 端子 6（VTA1）与搭铁之间的 VTA1 电压、端子 4（VTA2）与搭铁之间的 VTA2 电压。当加速踏板完全松开时，应分别为 0.5～1.1V 和 2.1～3.1V。在踩下加速踏板时分别为 3.3～4.9V 和 4.6～5.0V。否则，更换加速踏板位置传感器。

用示波器检测传感器的信号波形时，连接好示波器，起动发动机，慢慢地踩下加速踏板打开节气门至最大开度，再重新返回至初始位置，反复这个过程几次，仔细观察信号波形的变化情况。随节气门开度的变化，传感器的信号电压在 0～5V 之间变化。当节气门关闭时，传感器的输出电压逐渐减小，当节气门打开时，传感器的输出电压逐渐增大。急加速时信号波形应迅速上升，而急减速时信号波形应迅速下降，无论上升还是下降，信号波形都应该连续、光滑，不应有任何断裂、对地尖峰或大跌落。

（3）节气门驱动电动机的检测　节气门驱动电动机控制电路如图 3-72 所示。

1）检测驱动电动机电阻。关闭点火开关，拔下节气门体线束插头 B25。如图 3-73 所示，检测节气门体线束插座端子 2（M+）与端子 1（M-）之间的电机电阻值，正常范围为 0.3～100Ω。如不符合以上要求，说明节气门驱动电动机损坏，应更换。

2）检测电路导通性。关闭点火开关，拔下发动机 ECU 线束插头 B31 和节气门体线束插

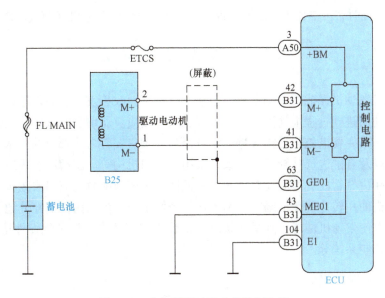

图 3-72 节气门驱动电动机控制电路

头 B25，检测线束插头 B31 端子 42（M+）与线束插头 B25 端子 2（M+）之间的电阻，检测线束插头 B31 端子 41（M-）与线束插头 B25 端子 1（M-）之间的电阻，正常值均应小于 1Ω。若阻值较大，说明该段导线存在虚接或断路。然后检查导线相互之间是否短路（不相接的导线间电阻应为无穷大）。如果导线有断路、短路故障，则应修复或更换。

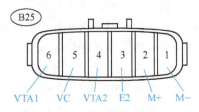

图 3-73 节气门体线束插头 B25 插座

3）检测电源电压。关闭点火开关，拔下 ECU 线束插头 A50（图 3-69），接通点火开关，用万用表检测 ECU 线束插头 A50 端子 3（BM+）与接地之间的电压，其值应接近于 12V。否则，检查蓄电池以及驱动电动机与蓄电池之间的连接电路，如 MAIN 熔丝、ETCS 熔丝等。

4）检测驱动电压。关闭点火开关，将节气门体线束插头 B25 端子 2（M+）、端子 1（M-）的线束刺破，接好万用表表笔。插上节气门体线束插头 B25、ECU 线束插头 A50，起动发动机并怠速运转，用万用表交流电压档检测节气门体线束插头 B25 端子 2（M+）、端子 1（M-）之

图 3-74 节气门驱动电动机驱动电压信号波形

间的驱动电压，应在 0~12V 范围内变化。当用示波器进行检测时，正常的信号波形如图 3-74 所示。否则，继续进行下一步检查。

5）利用故障诊断仪读取数据流。将故障诊断仪连接到诊断插座上，接通点火开关，适时踩下加速踏板，读取数据流。节气门驱动电机占空比正常值应小于 80%，有时瞬间超过 80% 但持续时间不超过 2s，在这过程中随着加速踏板的不断踩下，占空比也不断地增大。在加速踏

板固定在某一位置时，占空比为一定值。否则，更换节气门驱动电机（节气门体）。

3.4 进气增压控制系统

　　进气系统对发动机性能的影响主要体现在充气效率，改善发动机高低速充气效率的主要途径就是充分利用进气过程中气流的静态效应和动态效应。所谓静态效应，就是减小进气系统的流动阻力。其主要措施包括扩大进气管直径、增大进气管弯曲部分的曲率半径、使进气管内表面光滑以及各缸进气歧管长度一致、采用多气门机构等。所谓动态效应，主要是指利用进气过程中在进气管内气体流动时所产生的惯性及其压力的脉动效果来改善充气效率的过程。由于发动机使用转速变化范围宽，为了在整个使用转速范围内都能充分地利用进气过程的动态效应，以使发动机性能达到最佳状态，常采用增压技术，如进气惯性增压控制系统、废气涡轮增压控制系统等。

◎ 3.4.1 进气惯性增压控制系统

　　进气惯性增压控制系统利用进气的惯性效应来提高充气效率，从而提高发动机的动力性和经济性。进气惯性效应与进气压力波传播路线的长度有关，不同的转速要求不同的长度。现在，可以通过改变进气管的长度或改变压力波的波长来改变进气压力波传播路线的长度，以适应不同转速惯性增压的需要。

1. 压力波的形成及利用方法

　　当气体高速流向进气门时，进气门突然关闭，进气门附近的气体流动突然停止，由于惯性，进气管仍在进气，进气门附近的气体被压缩，压力上升。当气体的惯性过后，被压缩的气体开始膨胀，向着进气气流相反的方向流动，此时压力下降。当反流的膨胀气体的波传到进气管口时又被反射回来，如此反复进行就形成了压力波，如图3-75所示。

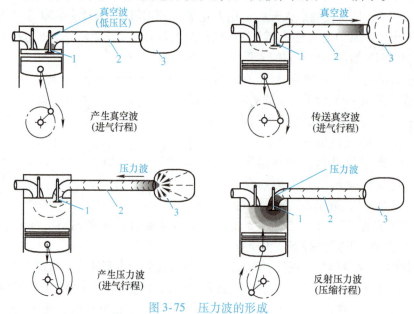

图3-75 压力波的形成

1—进气门（打开）　2—进气歧管（谐振管）　3—进气总管（谐振腔）

如果使上述进气脉动压力波与进气门开闭相配合，使反射的压力波集中于要打开的进气门附近，即使进气管内的空气产生谐振，那么在进气门打开时就会形成增压进气的效果。就压力波的传递而言，通常受进气管的长度影响。当进气管长时，形成的压力波波长就长，这种情况适应发动机在中低速区域，因为此时进气频率小，波长长的波频率小与之相互吻合，所以可提高充气效率从而提高功率。细长的进气歧管提高了进气速度，增强了气流的惯性，使进气量增多。当进气管短时，压力波波长就短，适应高转速情况，此时发动机进气门开闭频率高，波长较短的压力波与之适应亦能提高充气效率，从而有利于发动机高速范围内输出功率的增加。粗短的进气歧管进气阻力小，也使进气量增多。

进气管长度对发动机功率和转矩的影响如图3-76所示。可以看出，可变长度进气歧管发动机在中低转速区时的功率和转矩都有明显的提高。显然，如果进气歧管长度可以变化，那么就可兼顾增大功率和增大转矩。可变长度进气歧管不仅可以提高发动机的动力性，还由于它提高了发动机在中、低速运转时的进气速度而增强了气缸内的气流强度，从而改善了燃烧过程，使发动机中低速的燃油经济性也有所提高。因此，大部分搭载了自然吸气式（非涡轮增压或机械增压）发动机的轿车都装配有可变进气歧管长度增压系统。

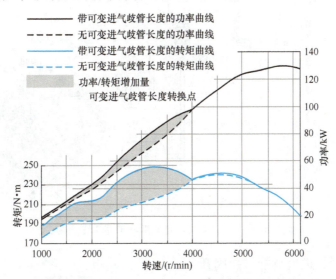

图3-76 进气管长度对发动机功率和转矩的影响

还有一部分轿车，虽然进气歧管长度是不能改变的，但是在发动机的进气管中部加设了一个大容量的真空气室（谐振室）和相应的控制装置，实现压力波传播路线长度的改变，从而兼顾低速和高速的进气增压效果，此为谐波进气增压系统（图3-77）。研究表明，通过一次谐波增压的发动机，其容积效率可达100%甚至更高。

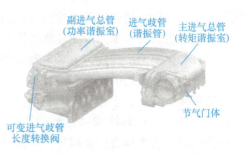

图3-77 谐波进气增压系统

2. 可变进气歧管长度增压系统

（1）结构原理　图3-78为一种能根据发动机转速和负荷的变化通过开闭阀门自动改变进气歧管有效长度的方法。当发动机低速运转时，发动机 ECU 控制转换阀控制机构关闭转换阀，这时空气沿着弯曲而又细长的进气歧管流进气缸（如图 3-78 中实线箭头所示）。当发动机高速运转时，转换阀开启，空气经空气滤清器和节气门直接进入粗短的进气歧管（如图 3-78 中虚线箭头所示）。

图 3-78　用转换阀改变进气歧管长度

如图 3-79 所示，大众 APS/ATX 2.4L V6 发动机就是利用以上原理进行可变进气歧管长度调节的。发动机中安装有一个具有双进气道的进气歧管，每一个气缸的进气歧管都有一个进气歧管转换电磁阀 N156。

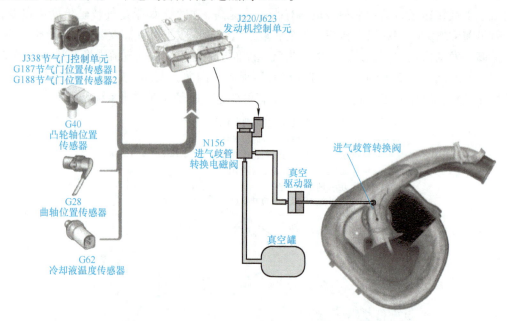

图 3-79　大众 APS/ATX 2.4L V6 发动机可变进气歧管长度调节原理

如图 3-80 所示，进气歧管转换阀开启时，空气通过阀门以较短的路径进入气缸，如黑色箭头所示。进气歧管转换阀关闭时，空气不得不绕道以较长的路径进入气缸，如白色箭头所示。进气歧管转换阀只有全开和全闭两个位置，由真空驱动器控制。真空驱动器内的膜片通过拉杆与进气歧管转换阀相连，膜片将真空驱动器分成两个空腔，靠近转换阀的空腔通大气，另一个空腔内装有弹簧顶着膜片，并通过进气歧管转换电磁阀 N156 与真空相连

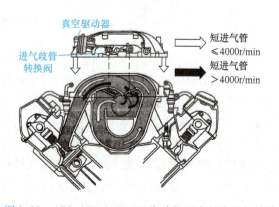

图 3-80　APS/ATX 2.4L V6 发动机可变长度进气歧管

（图 3-80 中未标出）。发动机转速超过设定的门槛值（4000r/min）时，ECU 发出控制信号给进气歧管转换电磁阀 N156，将真空与真空驱动器的一个空腔连通，该空腔内的弹簧不抵

另一个空腔内大气压力的作用,在大气压力作用下膜片得以通过拉杆开启阀门,使进气管长度缩短。发动机转速低于这个门槛值时,进气歧管转换电磁阀 N156 切断从真空到真空驱动器的通路,膜片分隔开的两个空腔内都是大气压力,膜片在弹簧压力作用下通过拉杆关闭阀门,使进气管长度加长。

(2) 检修方法 大众 APS/ATX 2.4L V6 可变进气歧管控制系统进气歧管转换电磁阀 N156 控制电路如图 3-81 所示,电磁阀由燃油泵继电器 J17 供电,另一端由 ECU 控制。

可变进气歧管控制系统的检修内容包括进气歧管转换系统功能的检查、真空系统密封性的检查、进气歧管转换电磁阀的检测等。

进行系统功能检查时,将故障诊断仪连接到诊断插座上,起动发动机,选择显示组 95(怠速时进气歧管切换)读取数据流。怠速及小负荷时,显示区 4 的规定值应为 SU – V ASU(进气歧管转换阀关)。将转速提高到约 4000r/min 时,注意观察显示区 4 的显示,进气歧管转换功能应开始工作。

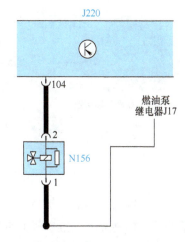

图 3-81 进气歧管转换电磁阀控制电路

检查真空系统密封性时,拔下真空驱动器上的真空管,将手动真空泵接到真空驱动器上,操纵手动真空泵并注意转换过程。只要手动真空泵在起作用,真空驱动器就不应回到原位。否则,更换真空驱动器。如果真空驱动器未拉紧,则检查真空管有无破损、泄漏。

进气歧管转换电磁阀 N156 的检测包括工作情况的检查、电源电压的检测、电磁阀线圈电阻的检测等。

1) 检查工作情况。起动发动机并怠速运转 2~3min(以便产生真空),关闭点火开关。拔下进气歧管转换电磁阀线束插头,用导线将线束插座上的端子 1 接到蓄电池正极上,将端子 2 与蓄电池负极相连接。此时,拔下真空管,向真空驱动器内吹气,进气歧管转换电磁阀应导通。插好真空管,真空驱动器中的膜片应处于拉紧状态。

2) 检测线圈电阻。拔下进气歧管转换电磁阀线束插头,用万用表检测进气歧管转换电磁阀插座上的端子 1 与端子 2 之间的电阻,其电阻值应为 25~35Ω。如果没有达到规定值,更换进气歧管转换电磁阀。

3) 检测电源电压。拔下进气歧管转换电磁阀线束插头,起动发动机,检测进气歧管转换电磁阀线束插头端子 1 与接地之间的电压,其值均应接近于 12V 的蓄电池电压。否则,检查进气歧管转换电磁阀与燃油泵继电器 J17 之间的电路及燃油泵继电器 J17。

4) 检查触发状况。关闭点火开关,将进气歧管转换电磁阀线束插头端子 2 的线束刺破,将发光二极管试灯接到电磁阀线束插头端子 2 和接地之间,插上进气歧管转换电磁阀线束插头。用故障诊断仪进行执行元件诊断(或短时起动发动机)触发进气歧管转换电磁阀时,发光二极管试灯应闪烁。如果二极管电笔一直亮着,则检测从进气歧管转换电磁阀线束插头端子 2 到 ECU 线束插头端子 104 之间的导线是否接地。如果二极管电笔不闪烁,则检查从进气歧管转换电磁阀线束插头端子 2 到 ECU 线束插头端子 104 间的导线是否断路或对正极短路。如导线既无断路也无短路,则更换发动机 ECU。

需要指出的是，大众汽车公司后期的自然吸气式发动机可变进气歧管控制系统，除了进气歧管转换电磁阀 N156，还加装了进气歧管转换阀翻板位置传感器 G336，将转换阀翻板的位置变化转换成电压信号反馈给发动机 ECU，以实现进气歧管长度变化的反馈闭环控制。另外，有的发动机还安装有多级可变进气歧管长度增压系统，如图 3-82 所示。

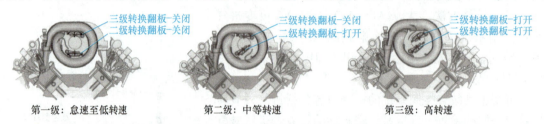

图 3-82　大众 AQF 发动机三级可变长度进气歧管

◎ 3.4.2　废气涡轮增压系统

发动机输出功率的大小与充入气缸的空气质量有直接关系。在压缩比和发动机排量一定的条件下，提高充入气缸空气的密度是提高发动机功率的有效途径。增压可使进入气缸前的气体预先被压缩，再以高密度送入气缸，由于进气密度增大而使发动机得到更多的新鲜空气，从而以较小的发动机排量获得较大的转矩和输出功率。有研究表明，增压使发动机功率比非增压提高了 40%～60%，甚至更多。

废气涡轮增压和机械增压是提高充入气缸的空气密度常用的两种方法，现代汽车以废气涡轮增压为主，这是因为废气涡轮增压不仅能够充分利用废气能量、提高发动机热效率，同时废气涡轮能使排气背压提高，有利于降低排气噪声，比机械增压具有更多的优点。废气涡轮增压是利用发动机排出的具有一定能量（高压、高温）的废气驱动涡轮增压器中的动力涡轮高速转动，再带动同轴的增压涡轮（一般位于空气流量传感器与进气门之间的进气管道中）一起转动，对从空气滤清器进入的新鲜空气进行压缩，然后再送入气缸，汽油发动机废气涡轮增压的原理如图 3-83 所示。由此，可以吸入大量的空气，显著提高进气效率，达到提高发动机输出功率之目的。由于废气涡轮增压系统中增压器所消耗的功率是由

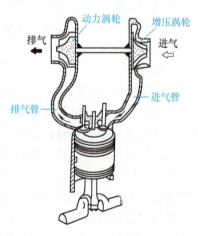

图 3-83　废气涡轮增压原理图

排出的废气提供，并不消耗发动机输出的有效功率，经济性好，所以是一种低廉而有效的方法，被大多数轿车用汽油发动机所采用。

废气涡轮增压技术早期应用在大功率柴油发动机上。近些年来，由于电子控制技术的飞速发展，可以很方便地对汽油机增压系统进行爆燃控制、增压压力控制等，摆脱了涡轮增压器与发动机匹配困难的问题。研究表明，带有增压压力电子控制的涡轮增压汽油机，能够达到同预燃室柴油机一样的燃油经济性。

1. 结构组成

废气涡轮增压系统的结构组成如图 3-84 所示，主要由废气涡轮增压器、增压压力控制装置和中冷器等组成。

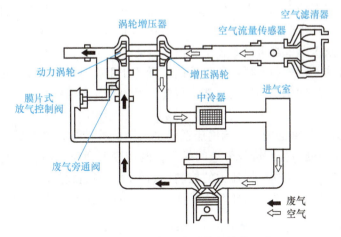

图 3-84　废气涡轮增压系统的结构组成

（1）涡轮增压器　废气涡轮增压器是废气涡轮增压系统最重要的部件，由动力涡轮、增压涡轮及中间体三部分组成，动力涡轮和增压涡轮安装在同一根轴上，如图 3-85 所示。

发动机的排气经过特定形状的喷管进入径流式动力涡轮。排气流过喷管时降压、降温、增速、膨胀，其压能转变为动能，推动

图 3-85　涡轮增压器外形与内部结构

动力涡轮旋转，并带动增压器轴和增压涡轮一起旋转。空气经进气道进入增压涡轮。离心式增压涡轮旋转时，空气在离心力的作用下，沿着增压涡轮叶片流向叶轮周边。其流速、压力和温度均有较大的增高，然后进入扩压管（有叶片式和无叶片式两种）。扩压管采用渐扩形流道，空气流经扩压管时减速增压，大部分动能转变为压力能，温度也有所升高。

涡轮增压器工作时的最高转速可达 200000r/min，因此，它的平衡和润滑非常重要。涡轮增压器一般都采用浮动轴承，它与轴以及轴承座之间都有间隙，形成双层油膜。增压器工作时，轴承在轴与轴承座中转动，来自发动机润滑系统主油道的机油，润滑和冷却增压器轴和轴承。在增压器轴上装有油封，用来防止机油窜入增压涡轮或动力涡轮外壳内。增压器工作时产生的轴向推力，由设置在增压涡轮一侧的整体式推力轴承承受。

汽油机增压器的热负荷大，因此在增压器中间体的动力涡轮侧设置水套，并用水管与发动机的冷却系相连。有些涡轮增压器在中间体内不设置冷却水套，只靠机油及空气对其冷却。

（2）中冷器　当空气经过涡轮增压器压缩后，温度会大幅升高，从而影响发动机的有效充气效率。另外，温度过高的空气还很容易导致发动机燃烧温度过高，引起爆燃。为此，在涡轮增压系统中安装有用于冷却进气的中冷器，用以降低进气的温度。中冷器运用横向的

众多小扁铝管分割压缩空气,利用外界的冷风吹过与细管相连的散热片,达到冷却压缩空气的目的,有效降低发动机的进气温度。

(3) 增压压力控制装置 采用涡轮增压技术后,一方面,被压缩的空气温度随之增高,气缸内过高的空气温度使发动机爆燃倾向增大。另一方面,由于平均有效压力增加,发动机也较容易产生爆燃,热负荷偏高,从而使发动机功率下降,甚至造成机件的损坏。为了保证发动机在不同转速及工况下都得到最佳增压值,以防止发动机爆燃和限制热负荷,对涡轮增压系统增压压力必须进行控制。增压压力控制装置的作用就是根据发动机的工况变化,通过调节增压压力,进一步优化发动机的性能。目前,设置废气旁通阀是调节增压压力最简单而又十分有效的方法。

1) 机械控制式。早期的废气涡轮增压系统多采用机械控制方式对涡轮增压压力进行控制,如图3-86所示。通过控制废气旁通阀阀门,改变废气通路走向,使废气进入动力涡轮室或者旁路排出,就可以实现增压压力的控制。如果废气旁通阀阀门打开,通过动力涡轮的废气数量和气压就会减小,动力涡轮转速降低,增压涡轮的进气增压压力就会减小。

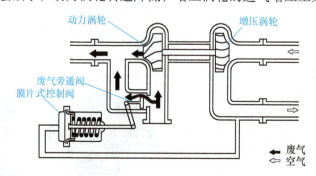

图3-86 机械控制式废气涡轮增压系统

废气旁通阀由膜片式控制阀控制,膜片式控制阀中的膜片将控制阀分为左、右两室,左室为空气室经连通管与增压涡轮出口相通,右室为膜片弹簧室,膜片弹簧作用在膜片上,膜片通过连动杆与废气旁通阀连接。当增压涡轮出口压力,也就是增压压力低于限定值时,膜片在膜片弹簧的作用下左移,并带动连动杆将废气旁通阀关闭;当增压压力超过限定值时,增压压力克服膜片弹簧力,推动膜片右移,并带动连动杆将废气旁通阀打开,使部分废气不经过动力涡轮直接排放到大气中,从而达到控制增压压力及动力涡轮转速的目的。

2) 电子控制式。电子控制式废气涡轮增压系统如图3-87所示。电子控制单元(ECU)可以通过使废气旁通电磁阀(又称为增压压力控制电磁阀)通断电来控制膜片式废气旁通阀执行器,使废气旁通阀执行器的膜片室接通或切断与进气歧管的连接,相应地得到低或高的控制压力,从而控制废气旁通阀的开关。

在ECU的存储器中,存储着发动机增压压力特性图的有关数据。增压压力理论值随发动机转速变化。在发动机工作时,ECU根据增压压力传感器输入的信息,可以确定当时的实际进气增压压力,然后将实际进气压力与存储的理论值进行比较。若实际值与理论值不相符合,ECU则输出控制信号,对废气旁通电磁阀进行控制,改变废气旁通阀执行器上的压力,使废气旁通阀动作。当实际进气压力低于理论值时,废气旁通阀阀门关闭;当进气压力高于理论值时,废气旁通阀阀门打开。

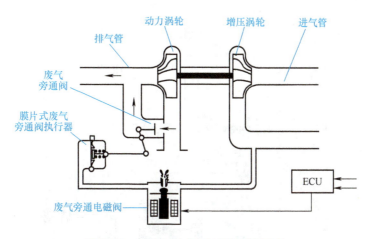

图 3-87　电子控制式废气涡轮增压系统

在实际控制中，为了获得较好的控制效果，基本上都是采用调节点火正时和调节增压压力相结合的办法。通常是当 ECU 根据传感器输入的信号，判断出发动机爆燃时，即刻使点火提前角推迟，同时又平行地降低增压压力。在这两方面调节生效（爆燃消失）时，再将增压压力慢慢降低，通过点火正时调节装置，又将点火提前角调节至最佳值，以便能保持发动机的更大转矩。当点火提前角到达最佳值时，再慢慢地增加充气增压压力。有的系统还能按照预先编制好的程序，在急加速时，允许增压压力在短时间内超出限定值，以提高发动机的加速性。

2. 废气涡轮增压系统的检修

废气涡轮增压系统出现故障将导致发动机动力不足，加速无力。主要的故障原因涉及因素较多，既有可能是电磁阀损坏、线路断路、短路和虚接等电子控制系统各元器件及其外部线路方面的原因，也有可能是涡轮增压器（如轴承磨损、密封不良）、旁通阀执行器（如弹簧失效、膜片破裂）以及连接管路（如阻塞、漏气）等机械方面的原因。在此，仅就废气涡轮增压电子控制系统的检修方法进行分析。

如图 3-88 所示，大众 CEA 1.8TSI 发动机安装的废气涡轮增压系统主要由发动机电子控制单元 J623、增压压力传感器 G31、废气旁通电磁阀（增压压力限制电磁阀）N75、废气旁通阀执行器、废气旁通阀、进气旁通电磁阀 N249、进气旁通阀执行器、真空罐以及连接管路等组成（图 3-89 显示了涡轮增压器、废气旁通电磁阀 N75、进气旁通电磁阀 N249 的安装位置）。其中，进气旁通电磁阀 N249 能在发动机转速较高而驾驶人突然松开加速踏板时（俗称"倒拖"工况）防止产生压力波动、增压过度和涡轮转速下降的现象，与以前的机械式进气旁通阀相比，结构得以简化，控制更快速、更精准。另外，大众第三代 EA888 系列发动机采用电机控制的废气旁通阀，速度更快、精度更高。

大众 CEA 1.8TSI 发动机增压压力传感器 G31、废气旁通电磁阀 N75、进气旁通电磁阀 N249 与 ECU 的连接电路如图 3-90 所示。

（1）基本检查　检查废气涡轮增压器的外壳，应无因过热、咬合、变形或其他损伤而产生的裂纹。检查废气涡轮增压装置的进油管和回油管，应无堵塞、压瘪、变形或其他损坏。检查所有的管路，应连接牢固，无泄漏、老化等。

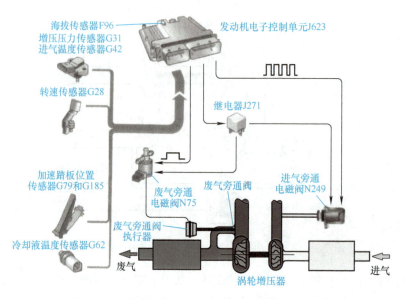

图3-88 大众CEA 1.8TSI发动机废气涡轮增压系统

起动发动机并怠速运转5min，急踩加速踏板使发动机转速迅速升高到5000r/min，废气旁通阀执行器的推杆应能正常移动，无卡滞现象。

（2）用故障诊断仪检测增压压力 将故障诊断仪连接到诊断插座上，起动发动机，读取显示组115的数据流。怠速时，显示区3的目标增压压力为300～390mbar（30～39kPa），显示区4的实际增压压力为990mbar（99kPa）。当发动机转速为3000r/min时，显示区3的目标增压压力为600～700mbar（60～70kPa），显示区4的实际增压压力为1.600～1.700bar（160～170kPa）。

（3）增压压力传感器的检测 增压压力传感器G31安装在涡轮增压器之后、节气门之前

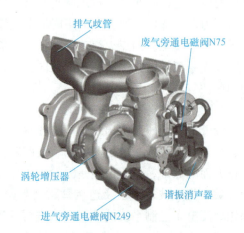

图3-89 涡轮增压器、废气旁通电磁阀、进气旁通电磁阀的安装位置

的进气管路上，用于检测涡轮增压器的增压压力，以便涡轮增压系统对增压压力进行闭环控制。目前，应用较多的是压阻效应式增压压力传感器，其结构原理与压阻效应式进气歧管压力传感器相似。

当增压压力传感器损坏时，由于不能准确地检测增压压力，一方面，发动机ECU无法正确地计算出每个工作循环气缸吸入的空气流量，从而导致喷油量、喷油时刻和点火提前角错误，引发发动机怠速发抖、喘振、加速无力、排放超标等故障现象。另一方面，在发动机的增压工况，发动机ECU无法将增压压力调节到与发动机工况相适应的目标值，增压压力过高有可能损坏发动机。

1）检查电源电压。关闭点火开关，拔下增压压力传感器G31线束插头T4o。接通点火开关，用万用表检测传感器线束插头T4o端子3（电源端）和端子1（接地端）之间的电

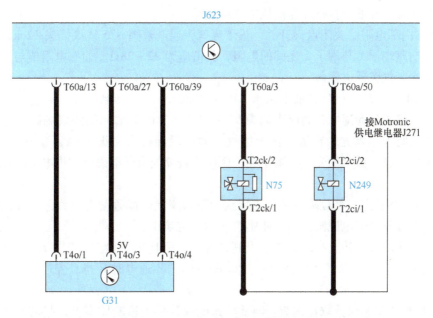

图3-90 大众CEA 1.8TSI发动机废气涡轮增压系统连接电路

压,电压值应约为5V。否则,检查传感器线束是否断路、短路和虚接,检查ECU是否损坏。

2)检测电路导通性。关闭点火开关,拔下增压压力传感器G31线束插头T4o、ECU线束插头T60a,用万用表检测传感器线束插头T4o端子1与ECU线束插头T60a端子13之间的导线电阻,检测传感器线束插头T4o端子3与ECU线束插头T60a端子27之间的导线电阻,检测传感器线束插头T4o端子4与ECU线束插头T60a端子39之间的导线电阻,正常值均应小于1.5Ω。若阻值较大,说明该段导线存在虚接或断路。然后检查导线相互之间是否短路(不相接的导线间电阻应为无穷大)。如果导线有断路、短路故障,则应修复或更换。

3)检测信号电压。关闭点火开关,将增压压力传感器G31线束插头T4o端子4(信号端)、端子1(接地端)的线束刺破,接好万用表表笔。插上传感器G31线束插头T4o和ECU线束插头T60a,起动发动机,用万用表检测线束插头T4o端子4与端子1之间的传感器信号电压。当发动机怠速运转时,电压值应约为1.9V,发动机急加速时电压值应在2.0~3.0V的范围内变化。如果信号电压不符合上述要求,说明增压压力传感器G31失效,应更换。

(4)废气旁通电磁阀的检测 增压压力的调节由废气旁通电磁阀N75来完成,由发动机ECU根据各传感器的信号通过通断电进行控制。如图3-91所示,废气旁通电磁阀N75是一种两位三通电磁阀,其三个管状接口分别通高压空气端(增压器下游)、低压空气端(增压器上游,相当于大气压力)和膜片式废气旁通阀执行器。当废气旁通电磁阀不通电时,电磁阀关闭,膜片式废气旁通阀执行器与低压空气端连通。当废气旁通电磁阀通

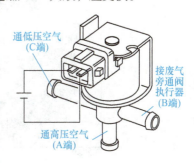

图3-91 废气旁通电磁阀N75的检测

电时，膜片式废气旁通阀执行器与高压空气端连通。

1）检测内部电阻。关闭点火开关，拔下废气旁通电磁阀 N75 线束插头 T2ck，用万用表检测电磁阀插座端子 1 与端子 2 之间的电阻，其值应为 22~28Ω。如果电阻值与上述要求不符，则应更换废气旁通电磁阀。

2）检测电源电压。废气旁通电磁阀 N75 由 Motronic 供电继电器 J271 供电。检测时，关闭点火开关，将废气旁通电磁阀线束插头 T2ck 端子 1（供电端）的线束刺破，在端子 1 和发动机接地之间连接发光二极管。插上废气旁通电磁阀线束插头 T2ck，短时起动发动机，发光二极管应点亮。如果发光二极管不亮，则应检查废气旁通电磁阀的供电电路是否短路或断路。

3）检测工作状态。将故障诊断仪连接到诊断插座上，接通点火开关，进行执行元件检测，应能听到废气旁通电磁阀 N75 "咔哒、咔哒"的响声。

向软管接头吹气，检查废气旁通电磁阀打开和关闭情况。如图 3-91 所示，直接给废气旁通电磁阀供给 12V 电源（注意极性要与实车相同），不通电时 B 与 C 互通，通电时 A 与 B 应导通。

4）利用故障诊断仪读取数据流。将故障诊断仪连接到诊断插座上，起动发动机，读取显示组 118 的数据流。怠速时，显示区 3 的读数为 2%。踩下加速踏板至节气门全开，显示区 3 的读数上升到 90%~100%，达到最大增压。当增压压力增大到目标压力时，显示区 3 的读数将下降至 65%~85%。当突然松开加速踏板将节气门完全关闭时，显示区 3 的读数又回到 2%。

（5）进气旁通电磁阀的检测　进气旁通电磁阀 N249 能在发动机转速较高而驾驶人突然松开加速踏板时防止产生压力波动、增压过度和涡轮转速下降的现象。当汽车大负荷行驶时，如果突然松开加速踏板，节气门开度迅速减小，而涡轮转速仍然较高，若不加以控制，增压空气继续在进气道内流动，由此产生气流噪声，并有可能造成节气门和增压涡轮的损坏。当发生这种情况时，发动机 ECU 使安装在涡轮增压器上的进气旁通电磁阀 N249 通电而打开，阀体内的真空回路被接通，增压空气在管路中形成局部循环（图 3-92），从而可有效

图 3-92　进气旁通电磁阀 N249 的工作情况

避免增压空气对节气门和增压涡轮的冲击，避免产生气流噪声。当进气旁通电磁阀 N249 由于电气故障或机械故障而常开时，会造成增压压力和发动机动力的损失，而无法打开时则可能导致产生气流噪声，并有可能造成节气门和增压涡轮的损坏。

1）检测内部电阻。关闭点火开关，拔下进气旁通电磁阀 N249 线束插头 T2ci，用万用表检测电磁阀插座端子 1 与端子 2 之间的电阻，其值应为 27～30Ω。如果电阻值与上述要求不符，则应更换进气旁通电磁阀。

2）检测电源电压。与废气旁通电磁阀 N75 一样，进气旁通电磁阀 N249 也由 Motronic 供电继电器 J271 供电。检测时，关闭点火开关，将进气旁通电磁阀线束插头 T2ci 端子 1（供电端）的线束刺破，在端子 1 和发动机接地之间连接发光二极管。插上进气旁通电磁阀 N249 线束插头 T2ci，短时起动发动机，发光二极管应点亮。如果发光二极管不亮，则应检查进气旁通电磁阀的供电电路是否短路或断路。

3）工作状态检测。将故障诊断仪连接到诊断插座上，接通点火开关，进行执行元件检测，应能听到进气旁通电磁阀 N249 "咔哒、咔哒"的响声。

4）利用故障诊断仪读取数据流。将故障诊断仪连接到诊断插座上，起动发动机，读取显示组 114 的数据流。怠速时，显示区 4 的读数为 2%（进气旁通电磁阀 N249 断电关闭）。踩下加速踏板至发动机高速运转后再突然松开加速踏板至节气门完全关闭时，显示区 4 的读数升高至 100%（进气旁通电磁阀 N249 通电打开），然后又回落到 2%。

3.5　可变气门控制系统

配气相位对发动机充气效率的影响很大。在传统的汽车发动机运行过程中，其配气机构的气门正时和气门升程都是固定不变的，不能兼顾高低速的充气效率特性。当配气相位按低速设定时，只能满足设定的低转速下充气效率达到最佳值。但随着转速的提高进气流动惯性增大，而配气相位不变，因此从气流角度考虑，即使是能实现惯性进气，却由于进气门提早关闭而使充气效率降低。反之，为了提高高速性，将配气相位按高速设定时，虽然满足高速时的充气效率，但是低速时，由于进气门关闭时刻与高速时一样滞后，而此时因转速低、气流没有足够的惯性，所以不能良好地实现惯性充气，反而产生倒流现象，因此充气效率也降低。同时由于进气系统的容积增大，进气流速降低，不利于燃料的汽化和混合气的形成，造成燃烧不稳定等现象，直接影响发动机的动力性。

随着汽油机的高速化和排放法规的日趋严格，为了兼顾高、低速和大、小负荷各种工况，气门开启相位、气门开启持续角度和气门升程这三个特性参数应相应改变，为此，可变气门控制技术迅速发展起来。

3.5.1　可变气门控制及其特点

在现代汽车发动机中，较多地采用了可变气门控制技术，在发动机运行过程中，气门正时（指气门开始开启和关闭终了的时刻所对应的曲轴转角位置）及气门升程规律并不是始终固定的，而是根据发动机的工作需要可以进行改变的。目前，各汽车生产厂家对可变气门的控制参数、方式、方法不一，因此名称也不一致。如本田公司称该装置为可变气门电子控制系统，或直接称为可变气门正时与气门升程电子控制系统，用 VTEC 表示。有的汽车发动机，因仅改变气门正时，一般称为可变气门正时控制系统，常用 VVTC 表示。近来，有的资料常在其名称前面或后面加注一个英文字母"i"，如 i - VTEC，其中的 i（intelligent），是表示具有智能的意思。常见可变气门技术的名称及英文缩写见表 3-10。

表 3-10 常见可变气门技术的名称及英文缩写

序号	生产厂家	名称	英文缩写
1	丰田公司	智能可变气门正时控制系统	VVT - i
2	丰田公司	智能可变气门正时和升程控制系统	VVTL - i
3	本田公司	可变气门正时和升程电子控制系统	VTEC
4	本田公司	智能可变气门正时和升程电子控制系统	i - VTEC
5	日产公司	可变气门升程控制系统	VVEL
6	日产公司	连续可变气门正时控制系统	C - VTC
7	三菱公司	智能可变气门正时电子控制系统	MIVEC
8	现代公司	连续可变气门正时控制系统	CVVT
9	大众公司	可变气门升程控制系统	AVS
10	宝马公司	可变凸轮轴位置控制系统	VANOS
11	宝马公司	可变气门控制系统（由全可变气门行程控制装置和可变凸轮轴控制装置构成）	VALVETRONIC

发动机工况不同，对气门正时和气门升程的要求也不同。当采用可变气门控制技术后，根据发动机的工作需要（主要指转速和负荷），可以对气门正时和气门升程适时地进行改变，有效提高发动机的动力性、降低油耗和排放。主要表现有以下几个方面：

首先，在发动机转速较高时，希望进气门提早开启（增大开启相位角）、推迟关闭（增大关闭延迟角）。一方面它能在进气过程中提供较多的时间，较好地解决高转速时进气时间不足的问题，同时也因高速气体流动惯性得到充分利用，能使新鲜气体继续流入气缸，从而有利于提高体积效率，增大充气量，提高发动机的功率；另一方面由于进排气叠开角增大，特别是在中等负荷时，有更多的废气可以进入进气管，随同新鲜气体一起进入气缸，可提高排气再循环，有利于降低 NO_x 的排放和降低油耗。

其次，在发动机转速较低时，如果仍像高转速那样使进气门提早开启、推迟关闭，则会造成进气门开启相位提前角和气门关闭相位推迟角过大，不仅可能使大量废气冲入进气管，还可能将已经吸入气缸的新鲜气体又重新推回到进气管中，必然导致发动机工作粗暴、怠速不稳和发动机起动困难等，因此在转速较低时，希望进气门相对推迟开启、提早关闭。此时，不仅有利发动机低速时的转矩、降低油耗和改善起动性能，同时由于气门叠开角减小，能减少进气和排气过程中的互相干扰，它不但能提高怠速的稳定性，同时也能减少新鲜混合气窜入排气管的数量，有利于减小 HC 的排放。

最后，气门升程的大小，也希望能够随发动机的转速和负荷而变化。一般是高转速、大负荷时气门升程增大，减少气门节流损失，以利于提高充气效率和燃油经济性；而在转速低、负荷小时，则希望气门升程减小，因为此时不必减少节气门开度便能减小进气量，从而减少进气管泵气损失，同时还有利于增强进气涡流强度、加速燃烧、改善冷起动和降低油耗。

由上可知，采用可变气门控制技术后，现代汽车发动机能够根据发动机性能优化的要求，在发动机中、低转速与高速运转状态下，适时地改变气门正时和气门升程，有利于更好地发挥发动机的性能。一般情况下，为了兼顾发动机性能和成本，可变气门控制技术只应用在进气系统，构成智能可变气门正时进气系统。随着对发动机燃油经济性和排放要求的不断提高，越来越多的发动机在进、排气系统同时应用可变气门控制技术，就是所谓的智能可变气门正时进/排气系统。

◎ 3.5.2 丰田智能可变气门正时系统

丰田智能可变气门正时（VVT-i）系统是一种控制进（排）气凸轮轴气门正时的机构，在进（排）气凸轮轴与传动链轮之间具有油压离合装置，让进（排）气门凸轮轴与链轮之间转动的相位差在40°范围内可以改变，通过调整凸轮轴转角对气门正时进行优化，从而提高发动机在所有转速范围内的动力性、燃油经济性，降低排放。丰田1ZR-FE发动机在进、排气凸轮轴上都采用了VVT-i技术，从而构成进/排气双智能可变气门正时系统。

1. 结构组成

丰田智能可变气门正时系统的主要部件是调整凸轮轴转角的VVT-i控制器和对传送的机油压力进行控制的凸轮轴正时机油控制电磁阀（与发动机润滑系统共用机油），主要部件的安装位置如图3-93所示。

VVT-i控制器结构如图3-94所示，由一个固定在进气凸轮轴上的叶片、一个与从动正时链轮一体的壳体、一个锁销组成。控制器有气门正时提前室和气门正时滞后室这两个液压室，通过凸轮轴正时机油控制电磁阀的控制，它可在进气凸轮轴上的提前或滞后油路中传送机油压力，使控制器叶片沿圆周方向旋转，连续调整改变进气门正时，以获得最佳的配气相位。当发动机停止工作时，进气凸轮轴被调整（移动）到最大延迟状态以维持起动性能。在发动机起动后，油压并未立即传到VVT-i控制器时，锁销便锁定VVT-i控制器的机械部分以防撞击产生噪声。

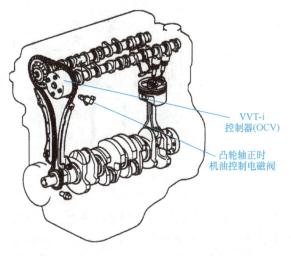

图3-93 智能可变气门正时系统主要部件的安装位置

凸轮轴正时机油控制电磁阀由一个用来转换机油通道的滑阀、一个用来控制移动滑阀的线圈、一个柱塞及一个回位弹簧组成，其结构如图3-95所示。工作时，发动机ECU接收各传感器传来的信号，经分析、计算后发出控制指令（占空比信号）给凸轮轴正时机油控制电磁阀，凸轮轴正时机油控制电磁阀以此控制滑阀的位置，从而控制机油液压使VVT-i控制器处于提前、滞后或保持位置。当发动机停止工作时，凸轮轴正时机油控制电磁阀多处在滞后状态，以确保起动性能。

2. 工作原理

发动机ECU根据发动机转速、进气量、节气门位置和冷却液温度计算出一个最优气门

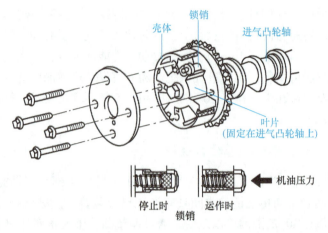

图 3-94 VVT-i 控制器（OCV）

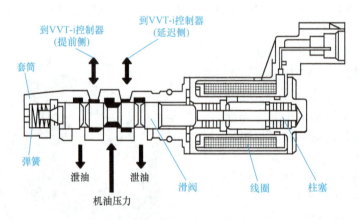

图 3-95 凸轮轴正时机油控制电磁阀

正时，向凸轮轴正时机油控制电磁阀发出控制指令，凸轮轴正时机油控制电磁阀根据发动机 ECU 的控制指令，选择至 VVT-i 控制器的不同油路以处于提前、滞后和保持这三个不同的工作状态。此外，发动机 ECU 根据来自凸轮轴位置传感器和曲轴转速与位置传感器的信号检测实际的气门正时（改进后的发动机还另外安装有 VVT 传感器以更精确地检测凸轮轴位置），从而尽可能地进行反馈控制，以获得预定的气门正时。控制原理如图 3-96 所示，提前、滞后和保持这三种工作状态的具体情况见表 3-11。

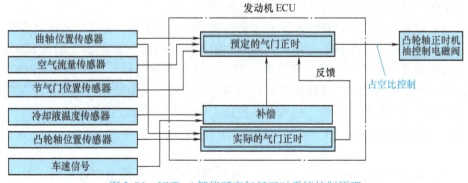

图 3-96 VVT-i 智能可变气门正时系统控制原理

表 3-11　VVT-i 的三种工作状态

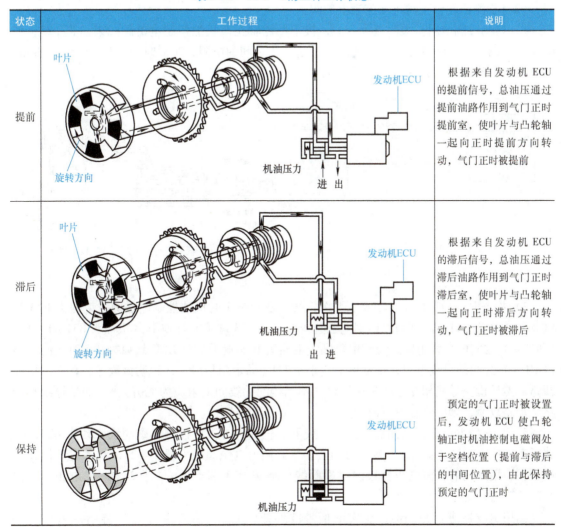

状态	工作过程	说明
提前		根据来自发动机 ECU 的提前信号，总油压通过提前油路作用到气门正时提前室，使叶片与凸轮轴一起向正时提前方向转动，气门正时被提前
滞后		根据来自发动机 ECU 的滞后信号，总油压通过滞后油路作用到气门正时滞后室，使叶片与凸轮轴一起向正时滞后方向转动，气门正时被滞后
保持		预定的气门正时被设置后，发动机 ECU 使凸轮轴正时机油控制电磁阀处于空档位置（提前与滞后的中间位置），由此保持预定的气门正时

3. 检修方法

丰田 1ZR-FE 发动机在进、排气凸轮轴上都采用了 VVT-i 技术，是进/排气双智能可变气门正时系统。当智能可变气门正时系统发生故障时，将导致发动机不能起动或起动困难、怠速不稳、加速无力、油耗增加、排放超标等，主要的故障原因涉及润滑系统的机油压力和可变气门正时系统两个方面，而可变气门正时系统的故障原因既有可能是凸轮轴正时机油控制电磁阀损坏、线路断路、短路和虚接等，也有可能是 VVT-i 控制器（OCV）损坏，凸轮轴正时机油控制电磁阀、VVT-i 控制器是检修的重点。进气侧凸轮轴正时机油控制电磁阀的控制电路如图 3-97 所示，电磁阀线束插头 B23 端子 1 为 12V 电源端，端子 2 由 ECU 通过占空比控制电磁阀的通电时间。

（1）检查系统工作状态　将故障诊断仪连接到诊断插座上，起动发动机，在冷却液温度为 50℃ 或者更低并开启空调时，用故障诊断仪进行凸轮轴正时机油控制电磁阀动态测试。机油控制阀关闭时，发动机应处于正常怠速状态。机油控制阀打开时，发动机应出现怠速不稳或者失速现象。

（2）检测凸轮轴正时机油控制电磁阀

1）检测线圈电阻。关闭点火开关，拔下凸轮轴正时机油控制电磁阀线束插头 B23，如图 3-98 所示。用万用表检测插座端子 1、端子 2 之间的电阻，20℃时为 6.9~7.9Ω。否则，应更换凸轮轴正时机油控制电磁阀。

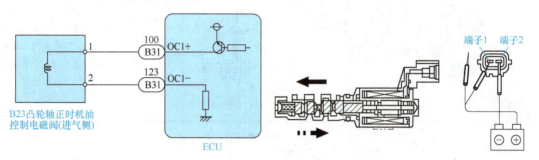

图 3-97　丰田 1ZR–FE 发动机进气侧凸轮轴正时机油控制电磁阀控制电路　　图 3-98　检查凸轮轴正时机油控制电磁阀

2）检查电路导通性。关闭点火开关，拔下凸轮轴正时机油控制电磁阀线束插头 B23 和 ECU 线束插头 B31，用万用表检测电磁阀线束插头 B23 端子 1 与 ECU 线束插头 B31 端子 100（OC1+）之间的导线电阻，检测电磁阀线束插头 B23 端子 2 与 ECU 线束插头 B31 端子 123（OC1–）之间的导线电阻，正常值均应小于 1Ω。若电阻值较大，说明该段导线存在虚接或断路。然后检查导线相互之间是否短路（不相接的导线间电阻应为无穷大）。如果导线有断路、短路故障，则应修复或更换。

3）检测信号电压。关闭点火开关，拔下凸轮轴正时机油控制电磁阀线束插头 B23，将端子 1、端子 2 的线束刺破，接好万用表表笔。插上电磁阀线束插头 B23，起动发动机并怠速运转，用万用表交流电压档检测电磁阀线束插头 B23 端子 1、端子 2 之间的电压，应在 0.5~5V 之间变化。

当用示波器进行检测时，正常的信号波形如图 3-99 所示，并且随着发动机转速的逐渐提高，信号电压的占空比逐渐增大。

4）检查工作状况。关闭点火开关，拔下凸轮轴正时机油控制电磁阀线束插头 B23，将蓄电池正极接电磁阀插座端子 1，负极接电磁阀插座端子 2，控制阀阀门应能自由移动且在所有位置不卡滞。如卡滞，则更换凸轮轴正时机油控制电磁阀。

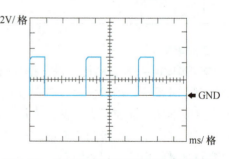

图 3-99　凸轮轴正时机油控制电磁阀波形

（3）检修 VVT–i 控制器（OCV）

关闭点火开关，将凸轮轴包上厚布夹紧在台虎钳上，转动控制器壳，锁销应能锁紧正时齿轮和凸轮轴。如图 3-100a 所示，用尼龙胶带包住凸轮轴颈的 2 个提前油路和 2 个滞后油路，用橡胶块塞住 2 个提前油路和滞后油路中的 1 个，向另 1 个提前油路和滞后油路内施加约 150kPa 的气压（图 3-100b）。先给正时滞后油路减压，凸轮轴正时齿轮总成应能向正时提前的反方向平滑转动，且无卡滞现象。再给正时滞后油路增压，给正时提前油路减压

（应缓慢减压，以防转动冲击导致锁销损坏），凸轮轴正时齿轮总成应能向正时滞后的反方向平滑转动，且无卡滞现象。

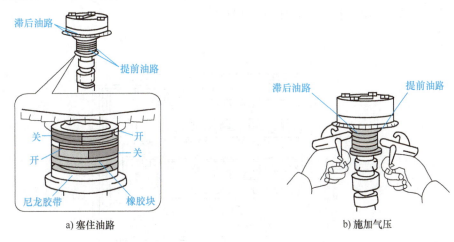

图 3-100　VVT-i 控制器（OCV）的动作测试

◎ 3.5.3　丰田智能可变气门正时和升程控制系统

VVT-i 智能可变气门正时系统在丰田多个车型上都有所应用，但 VVT-i 并非目前丰田公司最先进的可变气门控制技术，其缺点是由于采用单一凸轮，不能调节气门升程。为此，丰田公司在此基础上增加了气门升程调整装置，开发出了更先进的 VVTL-i 智能可变气门正时和气门升程控制系统。VVTL-i 智能可变气门正时和气门升程控制系统不但可以在计算机的控制下进行气门正时控制，还可以根据转速和负荷的变化通过凸轮转换机构进行进气门和排气门升程的调整，在不影响燃油经济性和排放性能的前提下，能更加显著地提高发动机的动力性，应用于对动力性要求更高的车型上。

1. 结构组成

VVTL-i 系统与 VVT-i 系统的构造组成比较相似，不同之处是 VVTL-i 系统为改变气门的升程量，采用了低、中速用凸轮和高速用凸轮这两种类型的凸轮，以及能实现两个不同升程量转换的凸轮转换机构。如图 3-101 所示，来自 VVTL 机油控制阀的油压传送到摇臂的

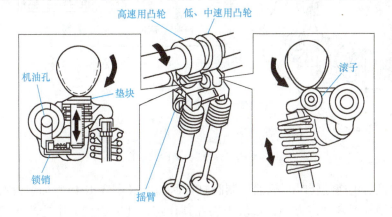

图 3-101　VVTL-i 系统低速凸轮与高速凸轮

油孔并使锁销推到垫块的下方,这样垫块被固定并和高速凸轮衔接。当失去油压作用时,锁销被弹簧送回,使垫块处于自由状态,这使得垫块能在垂直方向自由移动,从而使高速凸轮失效。VVTL-i系统的液压控制回路如图3-102所示。

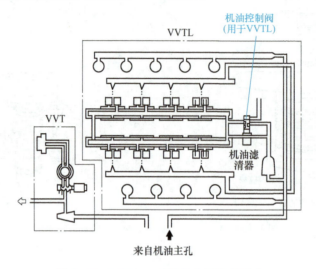

图3-102　VVTL-i系统的液压控制回路

2. 工作原理

发动机电子控制单元(ECU)在对曲轴转速与位置传感器和冷却液温度传感器信号进行分析计算后,发出控制指令给VVTL机油控制阀,机油控制阀在ECU的控制下,利用不同的滑阀位置来实施对凸轮转换机构高速凸轮侧的油压进行控制,从而实现在低、中速凸轮与高速凸轮之间进行转换控制,如图3-103所示。

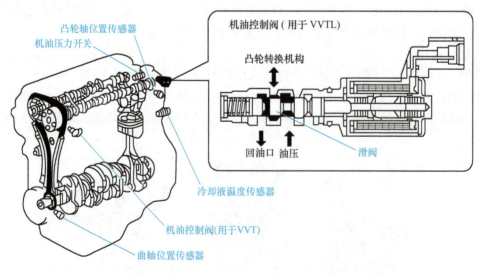

图3-103　机油控制阀的控制

在发动机低、中速运转时,机油控制阀打开回油口(图3-104),油压没有作用在锁销上,弹簧将锁销推到未锁定方向,垫块失去互顶作用,此时由低、中速凸轮提升气门,如

图3-105所示。

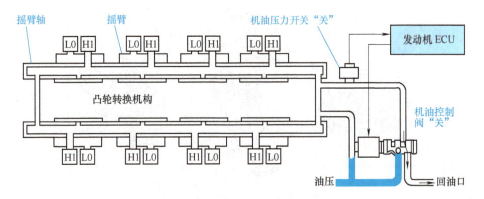

图3-104　低、中速时机油控制阀打开回油口

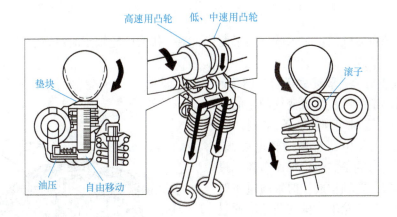

图3-105　低、中速凸轮提升气门

当发动机高速运转且冷却液温度高于60℃时，在摇臂内部，油压将锁销推到垫块的下方，使垫块作用于摇臂（图3-106）。在低、中速凸轮推下滚子之前高速凸轮已先推下摇臂，这时由高速凸轮提升气门，如图3-107所示。

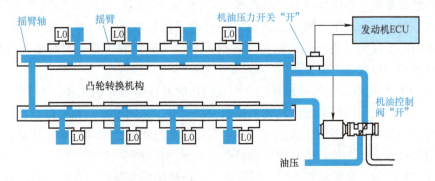

图3-106　高速时机油控制阀关闭回油口

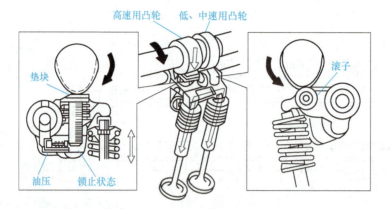

图 3-107　高速凸轮提升气门

◎ 3.5.4　大众可变气门正时系统

大众车系的可变气门正时系统发展了两代，第一代为凸轮轴正时链条驱动式，第二代为凸轮轴叶片调节器式。

1. 凸轮轴正时链条驱动式可变气门正时系统

大众车系早期的第一代可变气门正时系统大多采用凸轮轴正时链条控制，如图 3-108 所示，主要由凸轮轴调整电磁阀、可移动活塞、正时链条、凸轮轴调节器、进气凸轮轴、排气凸轮轴构成。曲轴通过正时链条首先驱动排气凸轮轴，排气凸轮轴通过链条驱动进气凸轮轴。在两轴之间设置一个凸轮轴调整器，在内部液压缸的作用下，调整器可以上升和下降，以调整发动机进气凸轮轴的位置。内部液压缸的液压油路与气缸盖上的液压油道相通，其工作压力由凸轮轴

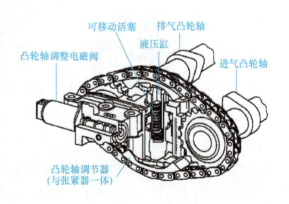

图 3-108　凸轮轴正时链条驱动式可变气门正时系统

调整电磁阀控制，而凸轮轴调整电磁阀由发动机电子控制单元（ECU）进行控制。第一代可变气门正时系统仅能对进气凸轮轴正时进行调整，一般只有正常位置和提前位置两个状态，排气凸轮轴的位置是不可调的。

发动机 ECU 根据发动机的转速判定可变气门正时系统是否开始工作。当 ECU 判定系统开始工作时，可变气门正时系统凸轮轴调整电磁阀通电，从而改变凸轮轴调整器内润滑油的流向，使可移动活塞上、下的润滑油压力发生变化，从而改变活塞的位置。活塞的上、下移动导致链条调整器上、下移动，从而推动链条上、下的长度发生变化。

如图 3-109 所示，当发动机在中、低转速时，凸轮轴调整器向下推动活塞，链条上部变短、下部变长。因为排气凸轮轴被正时同步带固定不能转动，链条带动进气凸轮轴逆时针旋转一定角度，进气门打开和关闭时间推迟，此时可获得大转矩输出（也称为转矩调整）。

如图 3-110 所示，当发动机在高转速时，凸轮轴调整器向上推动活塞，链条下部短、上

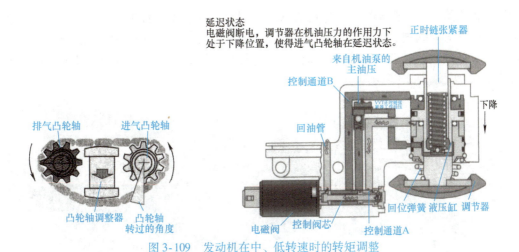

图 3-109　发动机在中、低转速时的转矩调整

部长。因为排气凸轮轴被正时链条固定不能转动,正时链条仅带动进气凸轮轴顺时针旋转一定角度,从而使进气门打开时间提前,使发动机提前进气,提高了进气效率和发动机功率(也称为功率调整)。

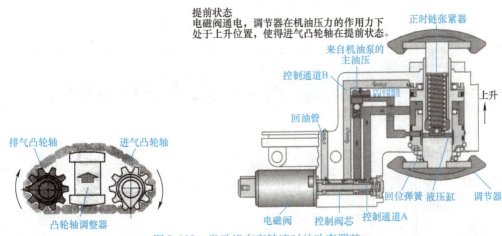

图 3-110　发动机在高转速时的功率调整

2. 凸轮轴叶片调节器式可变气门正时系统

凸轮轴叶片调节器式可变气门正时系统包括进/排气凸轮轴叶片调节器、控制阀体、进/排气凸轮轴电磁阀、进/排气凸轮轴调节器回位及锁止机构等,与丰田 VVT-i 智能可变气门正时系统的结构相似。根据发动机的性能要求,分为仅调节进气凸轮轴的进气可变气门正时系统和同时调节进排气凸轮轴的进排气可变气门正时系统,如图 3-111 所示为同时调节进排气凸轮轴的进排气可变气门正时系统的结构组成。

如图 3-112 所示,发动机工作时,发动机 ECU 根据各传感器的数据计算出最优的目标气门正时,然后通过脉宽调制信号控制进/排气凸轮轴电磁阀,使得压力机油进入相应的油道,然后调节叶片调节器的位置,进而调节凸轮轴的位置,实现气门正时的调整。

大众 CEA 1.8TSI 发动机采用的是仅调节进气凸轮轴的进气可变气门正时系统,内部装有三位四通分配阀的进气凸轮轴调节器安装在进气凸轮轴轴端,通过外壳与发动机润滑系统机油油道相连接，进气凸轮轴调节电磁阀 N205 根据发动机 ECU 的脉宽调制信号指令，通过控制三位四通分配阀阀芯的移动控制压力机油进入进气凸轮轴调节器不同的油道，驱动进气凸轮轴调节器顺时针或逆时针旋转，以此调节进气凸轮轴的位置（最大可产生 60°曲轴转角的相位差），如图 3-113 所示。

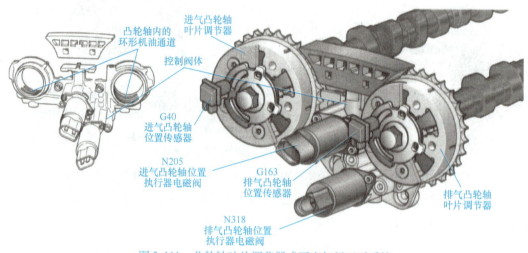

图 3-111　凸轮轴叶片调节器式可变气门正时系统

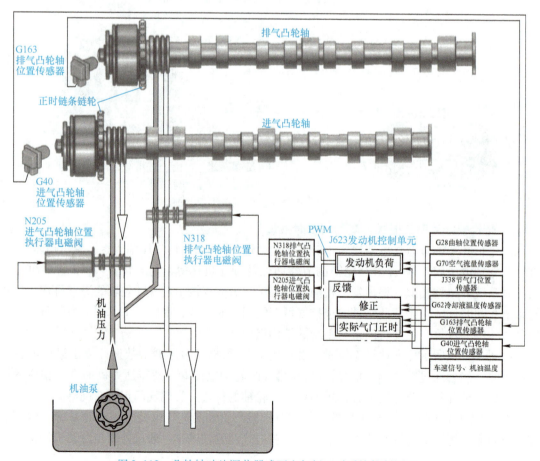

图 3-112　凸轮轴叶片调节器式可变气门正时系统控制原理

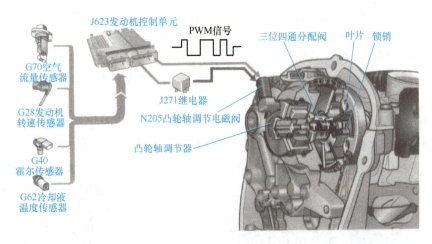

图 3-113　大众 CEA 1.8TSI 发动机凸轮轴叶片调节器式进气可变气门正时系统控制原理

进气凸轮轴调节电磁阀 N205 的控制电路如图 3-114 所示，其检测方法如下：

1) 检测线圈电阻。关闭点火开关，拔下进气凸轮轴调节电磁阀线束插头 T2cj，用万用表检测电磁阀插座端子 1 与端子 2 之间的电阻，其值应为 6~8Ω。否则，应更换进气凸轮轴调节电磁阀。

2) 检测电源电压。进气凸轮轴调节电磁阀由 Motronic 供电继电器 J271 供电。关闭点火开关，拔下电磁阀线束插头 T2cj，将线束插头 T2cj 端子 1（电源端）的线束刺破，接好万用表表笔。插上电磁阀线束插头 T2cj，起动发动机，用万用表检测线束插头 T2cj 端子 1 与接地之间的电压，其值应为 12V 左右。如果显示值没有达到此要求，则说明凸轮轴调节电磁阀供电电路出现了故障，应检查供电继电器 J271 及其连接线束。

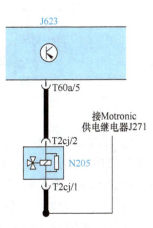

图 3-114　进气凸轮轴调节电磁阀 N205 控制电路

3) 检测脉冲宽度调制信号。关闭点火开关，拔下凸轮轴调节电磁阀线束插头 T2cj，将线束插头 T2cj 端子 2（控制端）的线束刺破，在端子 2 与接地之间接好万用表表笔。插上线束插头 T2cj，起动发动机，用万用表交流电压档检测插头端子 2 与接地之间的信号电压，应为高电平接近 12V 的脉冲信号电压。当用发光二极管试灯进行检测时，试灯应不断闪烁。如果没有 12V 的脉冲信号电压或发光二极管不闪烁，则应检查进气凸轮轴调节电磁阀与发动机 ECU 的连接电路是否短路或断路。

4) 利用故障诊断仪读取数据流。将故障诊断仪连接到诊断插座上，起动发动机。急速时，读取显示组 91 的数据流，显示区 2 的读数（进气凸轮轴调节电磁阀 N205 控制脉冲占空比）为 43%~46%，显示区 3 的读数（进气凸轮轴调节目标值）和显示区 4 的读数（进气凸轮轴调节实际值）应一致，均为 34°曲轴转角。读取显示组 94 的数据流，显示区 3（当前凸轮轴调整状态）、显示区 4（当前凸轮轴调整测试状态）应显示"系统正常"。显示组 94 同时也是可变气门正时系统基本设定的通道号，选择"基本设定"菜单后，在该选项下拖动滚动条选择对应的栏目，即可实现系统的基本设定，并获取系统的当前工作状态。

5）检测工作状态。将故障诊断仪连接到诊断插座上，接通点火开关，进行执行元件检测，应能听到进气凸轮轴调节电磁阀"咔哒、咔哒"的响声。

3. 奥迪可变气门升程系统

为了提高驾驶舒适性、降低油耗，大众汽车公司于2006年开始在奥迪A6发动机进气侧装备奥迪可变气门升程系统（AVS），不仅能够调整发动机进气门的开启时间，而且能够进一步调整进气门的开启升程，实现气门升程的二级控制。2008年，奥迪配置的4缸TFSI EA888系列发动机，由于配备了涡轮增压系统，所以可变气门升程系统安装在排气侧。

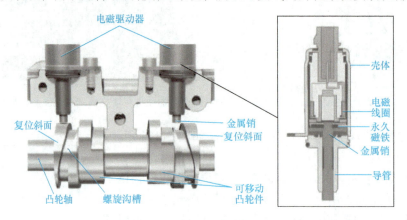

图3-115 奥迪可变气门升程系统凸轮轴螺旋沟槽及电磁驱动器

1）结构组成。如图3-115所示，奥迪可变气门升程系统在控制进气门的凸轮轴上具备两组不同角度且可移动的凸轮件（带有内花键），凸轮轴中的锁定装置将凸轮件锁定在其端部位置（图3-116），凸轮件上设计有螺旋沟槽，螺旋沟槽由两个电磁驱动器分时加以控制，以切换使用两组不同轮廓的凸轮，改变进气门的开启升程。

电磁驱动器由发动机ECU控制，金属销可以在18～22mm范围内做伸缩移动。金属销上固定有一块永久磁铁，它用于将金属

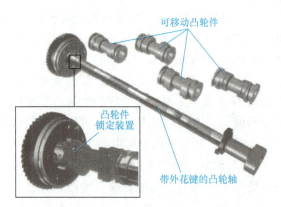

图3-116 可移动凸轮件及其锁定装置

销保持在伸出或者缩回的位置上。当电流通过电磁驱动器电磁线圈时，金属销伸出，伸展的金属销在复位斜面的作用下插入凸轮轴上可移动凸轮的螺旋沟槽中，并通过凸轮轴的旋转由螺旋沟槽推动可移动凸轮轴向移动到相应的切换位置。当电磁驱动器电磁线圈断电时，金属销缩回电磁驱动器导管，由此产生一个重置信号，发动机ECU可根据这个信号确定两个电磁驱动器金属销的不同位置。

2）工作原理。如图3-117a所示，当发动机处于低负荷工况时，为了追求发动机节油性能，此时发动机ECU控制右侧电磁驱动器工作，金属销伸出插入凸轮轴上可移动凸轮的螺旋沟槽中，将可移动凸轮左推至小凸轮轮廓，以较小的凸轮推动气门顶杆，此时气门升程可在2～5.7mm的范围内进行调整。

如图3-117b所示,在发动机高负荷的情况下,发动机ECU控制左侧电磁驱动器工作,金属销伸出插入凸轮轴上可移动凸轮的螺旋沟槽中,将可移动凸轮向右推动7mm,推至大凸轮轮廓,使角度较大的凸轮得以推动气门顶杆。在此情况下,气门升程可达到11mm,以提供燃烧室最佳的进气流量和进气流速,实现更加强劲的动力输出。

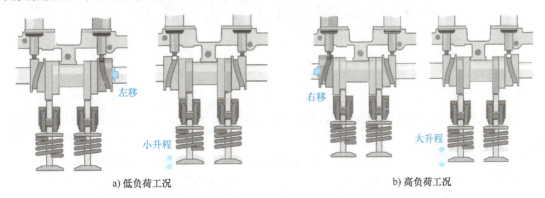

图3-117 电磁驱动器金属销的位置与凸轮的切换

奥迪可变气门升程系统的凸轮升程特性如图3-118所示。

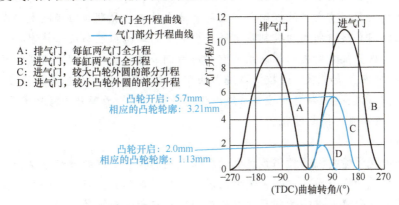

图3-118 可变气门升程系统凸轮升程特性

由于采用不对称的进气升程设计,空气以螺旋方式进入燃烧室。再搭配特殊外廓的燃烧室和活塞顶部设计,可让气缸内的油气混合状态进一步优化。奥迪可变气门升程系统可以在700~4000r/min转速范围内工作,可降低7%的油耗。特别是以中转速域进行定速巡航时,奥迪可变气门升程的节油效果最为明显。

单元 4

发动机燃油控制系统与检修

【学习目标】

1. 知识目标

(1) 掌握进气管喷射燃油控制系统电动燃油泵及其控制电路的结构原理与检修技术要求。

(2) 掌握进气管喷射燃油控制系统喷油器及其控制电路的结构原理与检修技术要求。

(3) 掌握进气管喷射燃油控制系统压力调节的不同方法与工作原理。

(4) 掌握进气管喷射燃油控制系统燃油压力的检测技术要求。

(5) 了解缸内直接喷射的基本理论。

(6) 掌握缸内直接喷射燃油控制系统电动燃油泵控制单元的工作原理与检修技术要求。

(7) 掌握缸内直接喷射燃油控制系统电动燃油泵的工作原理与检修技术要求。

(8) 掌握缸内直接喷射燃油控制系统高压燃油泵的结构原理与检修技术要求。

(9) 掌握缸内直接喷射燃油控制系统燃油压力调节阀的结构原理与检修技术要求。

(10) 掌握缸内直接喷射燃油控制系统燃油压力传感器的结构原理与检修技术要求。

(11) 掌握缸内直接喷射燃油控制系统高压喷油器的结构原理与检修技术要求。

(12) 了解燃油喷射控制过程。

2. 能力目标

(1) 掌握进气管喷射燃油控制系统电动燃油泵及其控制电路的检修方法和工作步骤。

(2) 掌握进气管喷射燃油控制系统喷油器及其控制电路的检修方法和工作步骤。

(3) 掌握进气管喷射燃油控制系统燃油压力的检修方法和工作步骤。

(4) 掌握缸内直接喷射燃油控制系统电动燃油泵控制单元的检修方法和工作步骤。

(5) 掌握缸内直接喷射燃油控制系统电动燃油泵的检修方法和工作步骤。

(6) 掌握缸内直接喷射燃油控制系统高压燃油泵的检修方法和工作步骤。

(7) 掌握缸内直接喷射燃油控制系统燃油压力调节阀的检修方法和工作步骤。

(8) 掌握缸内直接喷射燃油控制系统燃油压力传感器的检修方法和工作步骤。

(9) 掌握缸内直接喷射燃油控制系统高压喷油器的检修方法和工作步骤。

燃油控制系统的作用是将一定压力的燃油传送到喷油器,再由喷油器将燃油喷射到进气管或气缸内。燃油控制系统在恒定的压力下,根据电子控制单元(ECU)的控制信号,通过喷油器向发动机适时、适量地供应各种工况下燃烧所需要的燃油,从而实现混合气空燃比的高精度控制,使发动机在各种工况下空燃比达到最佳值、在各种运行工况下均能获得最佳浓度的混合气,有效提高功率、降低油耗、减少排气污染。

根据燃油喷射部位的不同,燃油控制系统可分为进气管喷射和缸内直接喷射两种类型。

进气管喷射的燃油控制系统主要由燃油箱、燃油泵、供油管、油压调节器、喷油器等组成。与进气管喷射的燃油控制系统相比较，缸内直接喷射的燃油控制系统增加了由高压燃油泵、高压喷油器等组成的高压燃油控制系统，以及监测燃油压力的燃油压力传感器。

4.1 进气管喷射燃油控制系统

进气管喷射是将燃油喷射在气缸外面节气门或进气门附近进气管内，然后再与空气混合形成可燃混合气进入气缸，如图4-1所示。进气管喷射系统的喷油器不受缸内的高温、高压的直接影响，喷油压力不高（300～400kPa），结构简单，成本较低，是一种比较传统的喷射方式，目前仍被一些车型所采用。

如图4-2所示，进气管喷射燃油控制系统主要由燃油箱、燃油滤清器、电动燃油泵、供油管、回油管、燃油分配管、燃油压力调节器、喷油器等组成。

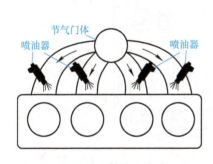

图4-1 进气管喷射喷油器喷油位置

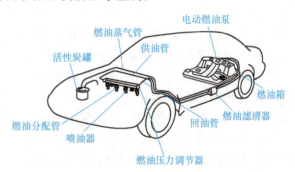

图4-2 进气管喷射燃油控制系统在整车上的布置

燃油被油泵从油箱中泵出，由燃油滤清器滤去杂质，经供油管送至燃油压力调节器。在燃油压力调节器的作用下，使油压与进气歧管内气压的差值保持恒定（燃油压力比进气管压力高出约250～300kPa，剩余的燃油通过回油管流回到燃油箱），然后由燃油分配管配送给各个喷油器。喷油器根据ECU的指令（喷油开始时刻和喷油持续时间），适时地喷射出所需的燃油。由活性炭罐、燃油蒸气管等组成的燃油蒸发排放控制系统可尽量减少排入大气中的燃油蒸气。为了消除油泵泵油时或喷油器喷油时管路中的油压产生的微小扰动，早期的发动机还装有油压脉动阻尼器，用于吸收管路中油压波动时的能量，以此拟制油压的脉动。目前，只安装燃油压力调节器的较多。为了改善发动机的冷起动性能，早期的发动机在进气总管处安装一个由热敏定时开关或者ECU控制的冷起动喷油器，随着电子技术的发展，现代汽车发动机通常采用增加喷油器喷油脉冲宽度的方法进行补偿。

为了防止流动的燃油将发动机机舱内的热量带回油箱而导致燃油升温，造成燃油蒸发过多，目前一般将燃油压力调节器安装在油箱内，或者将燃油压力调节器取消，在燃油泵总成上加装有油压控制功能的压力控制阀，由此构成不易产生气阻的无回油管式进气管喷射燃油控制系统。

◎ 4.1.1 电动燃油泵及其控制电路

电动燃油泵是电控燃油喷射发动机的基本部件之一，其功用是从油箱中吸出燃油，加压后输送到管路中，和燃油压力调节器配合建立合适的系统压力，最终将燃油输送到喷油器。为防止发动机供油不足及由高温而产生的气阻，燃油泵的最高输出油压需要 470kPa 左右，其供油量比发动机最大耗油量大得多，多余的燃油从回油管返回油箱。

按安装位置的不同，电动燃油泵可分为内置式和外置式两种。外置式电动燃油泵串接在油箱外部的输油管路中，容易布置，但噪声大，且易产生气泡形成气阻。因此，大多数汽车采用内置式电动燃油泵。内置式电动燃油泵安装在油箱内部，浸泡在燃油里。工作时，燃油从燃油泵驱动电动机内部流过，这样可防止产生气阻和泄漏，有利于燃油输送和电动机冷却，且工作噪声小，安装位置如图 4-3 所示。此外，内置式燃油泵还在油箱中设一个小油箱，将燃油泵放在小油箱中，这样可以防止在燃油不足时燃油泵吸入空气而产生气阻。

1. 结构组成与工作原理

电动燃油泵的结构基本上是相同的，主要由电动机、泵体和外壳等组成，如图 4-4 所示。根据泵体的工作原理和结构的不同，电动燃油泵可分为容积式和叶片式两大类。容积式是利用工作容积的变化来传递能量，如滚柱泵和齿轮泵。叶片式是利用回转叶片与液体之间的相互作用来传递能量，如涡轮泵。

电动燃油泵一般由小型永磁式直流电动机驱动。当点火开关接通时，直流电动机电路接通，固定在电动机电枢轴上的泵的转动部分（滚柱、齿轮、涡轮等）随电动机一同转动，将

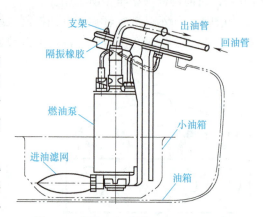

图 4-3　内置式电动燃油泵的安装位置

燃油从油箱经输油管和进油口泵入燃油泵。当燃油泵内油压超过出油口处单向阀的弹簧压力时，燃油便从出油口经输油管泵入供油总管，再分配给每只喷油器。

为了防止发动机停止运转时供油压力突然下降而引起燃油倒流，在燃油泵出油口安装了止回阀。当发动机熄火时，燃油泵停止转动，止回阀关闭，可防止燃油流回燃油箱，这样在供油系统中仍保持有一定的残余压力，有利于发动机再一次起动，同时也防止了被发动机预热过的燃油流回燃油箱，使燃油箱中产生大量蒸气，避免气阻现象的发生。

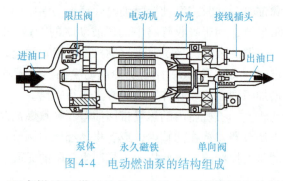

图 4-4　电动燃油泵的结构组成

燃油喷射系统中，要求燃油泵供给比发动机最大喷油量要多的燃油，因而燃油泵的最大工作压力比实际需求值大得多，但系统油压不能过高，故在燃油泵中设有一限压阀。当燃油泵中的燃油压力超过规定值（一般为 400kPa）时，油压克服泵体上限压阀弹簧的压力将限

压阀顶开，燃油泵出油口与吸油口相通，部分燃油返回到进油口一侧，使油压不致过高而损坏燃油泵。

(1) 滚柱式电动燃油泵　滚柱式电动燃油泵的泵体为滚柱泵，主要由转子、滚柱和壳体组成，如图4-5所示。转子由电动机驱动，电动机的电枢轴较长，转子偏心地压装在电枢轴上（转子的几何中心与驱动轴不同轴）。转子外缘上切有若干凹槽，圆柱形滚柱安放在凹槽与壳体之间的空腔内，壳体侧面制作有进油口和出油口。转子与壳体的径向和轴向都制作有很小的间隙，以便转子能够灵活转动。

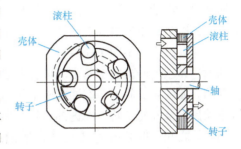

图4-5　滚柱泵的结构组成

滚柱式电动燃油泵的工作原理是利用容积变化来输送燃油。如图4-5所示，当电动机通电时，电枢旋转带动转子随之一同旋转，由于离心力的作用，转子凹槽中的滚柱向外甩出紧压在壳体内表面上并随转子旋转而产生滑转，在两个相邻滚柱以及转子和壳体之间便形成一个密封的腔室。由于转子偏心安装的原因，当转子旋转时，密封腔室的容积就会发生变化（图中左侧腔室的容积增大，右侧腔室的容积减小）。在靠近进油口附近，容积不断增大，形成低压油腔，产生吸油作用。在靠近出油口附近，容积不断减小，形成高压油腔，产生压油作用。当高压油腔的油压高于燃油泵出油口单向阀弹簧的压力时，燃油便从出油口经输油管输送到喷油器。

滚柱式电动燃油泵泵油压力高，但输出压力波动大，一般在燃油泵出口处安装脉动衰减器，它可以吸收燃油压力波的能量，降低压力波动以便提高喷油控制精度。

(2) 齿轮式电动燃油泵　齿轮式电动燃油泵的泵体为齿轮泵，由带外齿的主动齿轮、带内齿的从动齿轮和壳体组成，如图4-6所示。主动齿轮偏心安装，从动齿轮的内齿数比主动齿轮的外齿数多一个。主动齿轮被燃油泵电动机带动旋转，由于主、从动齿轮相互啮合，主动齿轮带动从动齿轮一起旋转。在从动齿轮和主动齿轮的啮合的过程中，由内外齿所围合的腔室将发生容积大小的变化。在进油口附近，腔室容积逐渐增大，产生吸油作用。在出油口附近，腔室容积逐渐变小，产生压油作用。图中A为进油通道，B为出油通道。

与滚柱泵相比较，在相同的外形尺寸下，齿轮泵泵油腔室数目较多，因此，齿轮泵输出流量和压力波动比较均匀。

(3) 涡轮式电动燃油泵　涡轮式电动燃油泵的泵体为涡轮泵，由叶轮、叶片、泵体等组成，如图4-7所示。

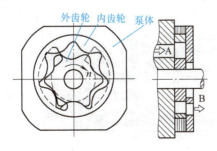

图4-6　齿轮泵的结构组成

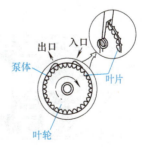

图4-7　涡轮泵的结构组成

叶轮安装在燃油泵电动机的转子轴上，叶轮是一个圆形平板，在平板的圆周上加工有齿槽，未被加工的部分形成泵油叶片。相邻叶片间形成齿槽油道，叶轮和泵壳之间的间隙形成环形油道。进油口与出油口之间有隔板，隔板与叶轮之间的缝隙很小，以此将进油口和出油口隔开，以防止出油口的高压油漏回进油口。

涡轮泵以完全不同于前两种泵的方式工作，泵的燃油输送和压力升高完全是由液体分子之间动量转换实现的。如图4-8所示，燃油泵电动机通电后，电动机驱动涡轮泵叶轮旋转。在进油口处，燃油进入叶轮上的叶片之间。叶轮叶片之间（齿槽油道）的燃油在离心力的作用下被抛向环形油道，直到遇到壳体的阻碍作用，燃油又被反推回叶片间油道，这一过程就形成了一个燃油环形流动。同时齿槽叶片随着叶轮运动带动燃油顺时针前进，由于叶轮是这一个系统中的主动件，任意燃油质点相对于叶轮是逆时针运动的，

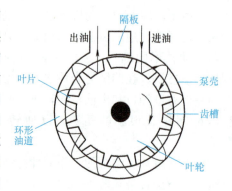

图4-8 涡轮泵工作原理

但总体而言，任意燃油质点相对于静止的泵壳是顺时针运动的，这样两种运动的合成结果使得泵内产生了顺时针的涡流。吸入燃油的不断增多和涡流的作用使得燃油压力上升，当燃油压力达到一定值时，会顶开单向阀，经燃油泵出油口输出燃油。在整个过程中，液体质点多次进入叶轮叶片间，通过叶轮叶片把能量传递给环形油道内的液体质点。液体质点每经过一次叶片，就获得一次能量。这也是相同叶轮外径情况下，涡轮泵比其他形式的叶片泵扬程高的原因。

涡轮泵由于使用薄型叶轮，所以所需驱动转矩小，可靠性高。薄型叶轮还可以产生涡流运动，燃油输出波动小，一般不需要在输出端加油压脉动衰减器，从而使泵体较小，便于直接安装于燃油箱中。目前，涡轮式电动燃油泵应用较广泛。

（4）双级电动燃油泵　由于燃油极易挥发，加上燃油泵工作时温度升高和吸油时产生局部真空，更助长了燃油的汽化，特别是燃油泵吸油腔内存在的气泡，将使泵油量明显减少，从而导致输油压力的波动。为此，在现代汽车上，电动燃油泵采用双级泵的结构形式，并将其安装在油箱内的趋势日益明显。双级泵有初级泵和主输油泵，两者合成一个组件，相互独立并轴向串联，由一个电动机驱动，如图4-9所示。初级泵一般采用叶片泵，它能分离吸油端产生的蒸气，并以较低的压力将燃油送到主输油泵内。主输油泵一般采用齿轮泵或涡轮泵，用以提高泵油压力。这种双极电动燃油泵具有良好的热起动能力，其主输油泵起着主导作用，初级泵起改善热燃油输送性能的作用。

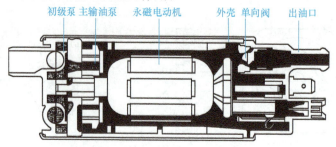

图4-9 双级电动燃油泵基本结构

2. 燃油泵的控制

不同的车型采用的电动燃油泵控制电路不同,但控制内容主要有两个:燃油泵的转动控制和转速控制。转动控制是指燃油泵什么时候开始转动,进入工作状态。转速控制是根据发动机的运行工况调整燃油泵的转速,以实现供油量的控制。

(1) 电动燃油泵的转动控制 按照控制电路的不同,燃油泵转动控制有燃油泵开关控制和发动机 ECU 控制两种方式,通常是对燃油泵电路开路继电器的控制。燃油泵开关控制应用在早期采用叶片式空气流量传感器的电控系统中,目前,大多数汽车发动机采用 ECU 控制方式。

如图 4-10 所示,发动机 ECU 通过控制开路继电器线圈搭铁回路间接控制电动燃油泵运转,丰田 1ZR – FE 发动机就是使用此种控制方式来进行电动燃油泵控制。当关闭点火开关时,主继电器及开路继电器电磁线圈均未通电,继电器触点断开,电动燃油泵不工作。

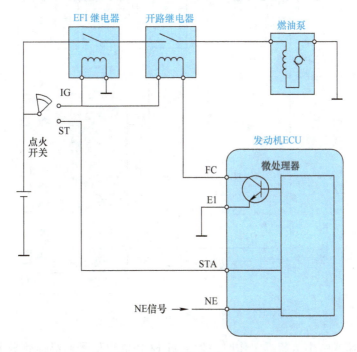

图 4-10 发动机 ECU 控制式电动燃油泵转速控制电路

当接通点火开关(置于 IG 位置)但没有起动发动机时,主继电器通电工作,触点闭合。但开路继电器电磁线圈搭铁回路还受发动机 ECU 控制,在发动机 ECU 没有接收到起动信号 STA 或曲轴转动信号 NE 时,搭铁回路未导通,开路继电器线圈无电流,开路继电器触点断开,燃油泵电动机不工作。

当点火开关置于 ST 位置起动发动机时,发动机 ECU 接收到 STA 信号(起动信号),通过控制晶体管的导通来控制开路继电器的 FC 端子搭铁,则开路继电器线圈通电,触点闭合,燃油泵开始工作。起动发动机后,点火开关回到 IG 位置,虽然没有了 STA 信号,但发动机 ECU 收到曲轴位置传感器传来的 NE 信号,晶体管继续保持导通,使燃油泵继续运作。

(2) 电动燃油泵的转速控制 电动燃油泵转速控制的目的是根据发动机的工况控制油

泵供油量。当发动机在低速或中小负荷下工作时，燃油消耗量小，使燃油泵低速运转，这样可以减少燃油泵的磨损和不必要的电能消耗。当发动机处于高转速、大负荷下工作时，燃油消耗量大，使燃油泵高速运转以增加泵油量。燃油泵的转速由外加电压决定，目前常见的燃油泵转速控制方式有两种：串联电阻控制和专用燃油泵 ECU 控制。

1）利用串联电阻控制燃油泵的转速。图 4-11 所示为串联电阻式燃油泵转速控制电路，它在燃油泵控制电路中增设一个电阻器（降压电阻）和燃油泵控制继电器（或叫电阻器旁路继电器）对燃油泵转速进行二级控制（高速、低速）。发动机工作时，ECU 根据发动机转速和负荷，对燃油泵控制继电器进行控制，燃油泵控制继电器则控制电阻器是否串入燃油泵电路中，以此控制电源加到燃油泵电动机上的不同电压，从而实现燃油泵转速变化。

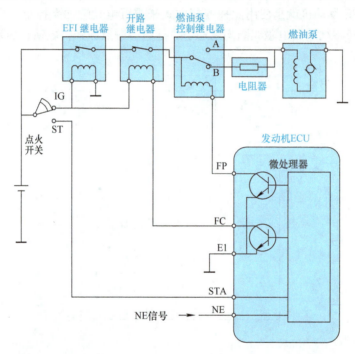

图 4-11　串联电阻式燃油泵转速控制电路

发动机在低速或中小负荷下工作时，发动机 ECU 输出信号使晶体管导通，燃油泵控制继电器线圈通电，燃油泵控制继电器触点 B 闭合，电阻器串入燃油泵电路中，燃油泵以低速运转。当发动机处于高转速、大负荷下工作时，发动机 ECU 输出信号控制晶体管截止，燃油泵控制继电器线圈不通电，燃油泵控制继电器触点 A 闭合，此时电阻器被旁路，燃油泵电动机直接与电源相通，燃油泵高速运转。

2）利用燃油泵 ECU 控制燃油泵的转速。该种方式专设一个燃油泵 ECU 对燃油泵转速进行二级控制（高速、低速），如图 4-12 所示。燃油泵 ECU 对燃油泵转速（泵油量）的控制，也是通过控制加到燃油泵电动机上的电压来实现的。

当发动机在起动阶段或高转速、大负荷下工作时，发动机 ECU 向燃油泵 ECU 的 FPC（燃油泵控制）端输入一个高电平信号，此时燃油泵 ECU 的 F_p 端向燃油泵电动机供应较高的电压（相当于蓄电池的电压），使燃油泵高速运转。发动机起动后，在怠速或小负荷下工

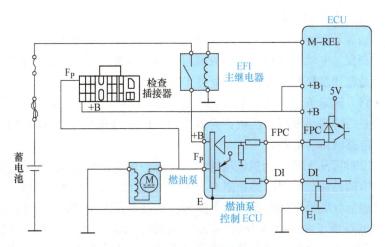

图 4-12　燃油泵 ECU 式燃油泵转速控制电路

作时,发动机 ECU 向燃油泵 ECU 的 FPC 端输入一较低电平信号,此时 ECU 的 F_P 端,向燃油泵电动机供应低于蓄电池的电压(约9V),使燃油泵低速运转。

当发动机的转速低于最低转速(如 120r/min,不同车型有所不同)时,燃油泵 ECU 断开燃油泵电路,使燃油泵停止工作,尽管此时点火开关处于接通状态,燃油泵也不工作。图 4-12 中发动机 ECU 与燃油泵 ECU 间的连接线 DI,为燃油泵 ECU 的故障诊断信号电路。

3)利用发动机 ECU 直接控制燃油泵的转速。如图 4-13 所示,发动机工作时,发动机 ECU 原则上根据燃油消耗量、需要的回油量和供油装置的温度等,通过内部的控制回路 IC,控制功率晶体管 VT 进行高频率(约 20kHz)的导通和截止,控制 A 点的平均降压值(分压值),使燃油泵保持在所需的工作电压。燃油泵工作电压与发动机负荷成正比变化。发动机 ECU 在进行实际控制时,燃油泵的工作电压主要随发动机转速和喷油脉宽变化而变化(图 4-14)。图中的二极管 VD 为反馈二极管,在功率晶体管 VT 工作中截止的瞬间,反馈电流经过二极管构成回路,此时不仅可以平缓工作电流,也可节省电功率。

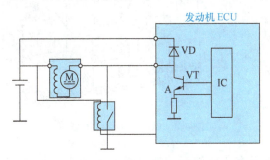

图 4-13　ECU 直接控制式燃油泵转速控制电路

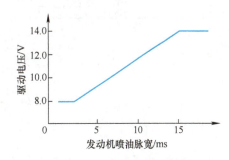

图 4-14　燃油泵工作电压特性

随着发动机功率的增大,燃油泵的泵油量也必然增大,因而导致燃油泵消耗的电功率和燃油泵的噪声都比较大。利用发动机 ECU 直接控制燃油泵的工作电压(驱动电压)进而控制燃油泵的转速,可以减少电能消耗 40%,燃油泵运转噪声也降低很多。

3. 检修方法

作为电控燃油喷射系统的关键部件之一,电动燃油泵对发动机的性能有重要影响。如果燃油泵或控制电路出现故障，将会造成不供油、供油不足或供油过量，即使喷油器正常工作，也会导致喷油器不能按需喷油，造成发动机不能起动、起动困难、怠速不稳、易熄火、加速无力等故障现象。电动燃油泵的主要故障原因涉及因素较多，既有可能是燃油泵外部电路故障，还可能是燃油泵自身故障，还可能是ECU故障。外部电路故障主要有燃油泵继电器故障及电路断路、短路或虚接等，燃油泵自身故障既有如电磁线圈短路或断路等电气故障，也有燃油泵脏污堵塞、卡滞等机械方面的原因。ECU故障主要是ECU内部控制模块失效或者内部搭铁电路断路、短路。

（1）桑塔纳2000GSi AJR发动机电动燃油泵及其控制电路的检测　桑塔纳2000GSi AJR发动机所采用的电动燃油泵控制电路如图4-15所示，电动燃油泵G6由发动机ECU J220控制，点火开关接通后，燃油泵继电器线圈电路为：继电器盒内15号线→继电器端子86→继电器内线圈→继电器端子85→0.5导线→ECU（J220）T80/4端子→ECU（J220）内部电路→接地。继电器线圈通电后，继电器内常开触点闭合，继电器盒内30号线→继电器端子30→继电器内触点→继电器端子87→继电器盒N接柱，向电动燃油泵及其他电子器件供电。电动燃油泵电路为：电源正极→继电器盒内30号线→继电器触点→熔丝S5（10A）→继电器盒E14接柱→1.5导线→电动燃油泵→接地。

如图4-16所示，燃油泵继电器（J17）在中央电器继电器板2号位，燃油泵继电器熔丝在熔断器盒5号位，S5=10A。燃油泵继电器控制着燃油泵、喷油器（N30～N33）、空气流量传感器（G70）、活性炭罐电磁阀（N80）和氧传感器加热器（Z19）的电源电压。

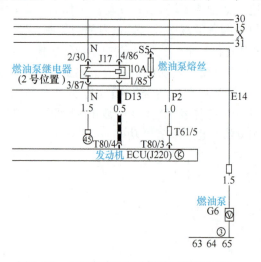

图4-15　AJR发动机电动燃油泵控制电路

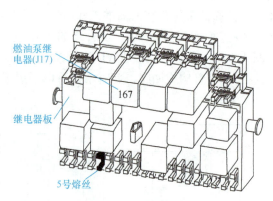

图4-16　燃油泵继电器安装位置

1）检测燃油泵电阻。关闭点火开关，拔下有3个端子的燃油泵线束插头（图4-17），用万用表检测燃油泵插座端子1（燃油泵接地线，负极）和端子3（接燃油泵继电器，正极）之间的电阻，即为燃油泵直流电动机线圈的电阻，其阻值应为2～3Ω（20℃时）。如电阻值不符，则须更换电动燃油泵。

2）检测燃油泵控制电路。关闭点火开关，拔下中央继电器盒2号位的燃油泵继电器。接通点火开关，如图4-18所示，检测继电器供电情况时，继电器插座端子2、端子4与接地之间的电压应为12V左右。

在燃油泵继电器插座端子 3 和蓄电池之间接入一个跳线开关，当接通跳线开关时，燃油泵应连续运转。如果燃油泵不运转，则检查中央继电器盒 5 号位熔丝。如熔丝未烧断，则拔下燃油泵线束插头，检测插头上端子 1 和端子 3 之间的电压，应为 12V 的蓄电池电压。

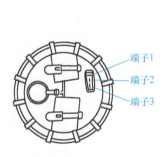

图 4-17　燃油泵线束插头

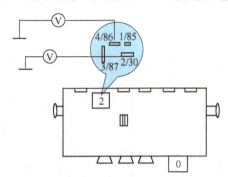

图 4-18　燃油泵继电器

拆下中央继电器盒 5 号熔丝，用发光二极管试灯将 5 号熔丝的一端搭铁，短时起动发动机（不得多于 4s），燃油泵继电器必须吸合（可听到声音），发光二极管试灯应闪亮，否则在 5 号熔丝的另一端重试。如发光二极管试灯仍不亮，检查燃油泵继电器插座端子 3 与 5 号熔丝之间有无断路故障。若无断路故障则应修复或更换燃油泵继电器。

如燃油泵继电器能吸合而燃油泵不运转，则应检查燃油泵继电器插座端子 3 与燃油泵插头端子之间有无断路故障。若无断路故障而燃油泵仍然不运转，说明燃油泵有故障，则应更换。

3）检测燃油泵的泵油量。关闭点火开关，拔下中央继电器盒 5 号熔丝或电动燃油泵插头。起动发动机，待发动机自行熄火后，再起动发动机 2~3 次，以释放燃油压力。将带开关的油压表接到供油管接头上，另一端接一根出油管，下面放一只量杯。关闭油压表开关，接通燃油泵继电器（可使用大众专用的接头导线 V. A. G1348/3-2 和遥控器 V. A. G1348/3A，用接头导线将遥控器接到燃油泵继电器的触点和蓄电池正极端子上），使燃油泵运转，直至系统油压达到 300kPa。打开油压表开关使燃油流入量杯，检测燃油泵运转 30s 的泵油量。桑塔纳 2000GSi AJR 发动机泵油量一般应大于 580mL。如果泵油量达不到标准，其原因可能是燃油泵磨损、燃油滤清器堵塞、进油管弯曲或阻塞。再将燃油滤清器进油口拆开，接入油压表，重新测量泵油量，若泵油量仍然达不到标准，说明电动燃油泵严重磨损或者零件损坏。若泵油量达到标准，则应当检查燃油滤清器、进油管。

（2）丰田 1ZR-FE 发动机电动燃油泵及其控制电路的检测　丰田 1ZR-FE 发动机电动燃油泵的控制电路如图 4-19 所示。起动时，发动机 ECU 接收到起动信号 STA 和曲轴转速信号 NE 控制晶体管 Tr 导通，燃油泵继电器（C/OPN）线圈通电，触点闭合，燃油泵开始工作。起动后，ECU 接收到 NE 信号，继续控制晶体管 Tr 导通，燃油泵继电器因线圈持续通电而触点闭合，燃油泵持续工作。

1）检查燃油泵的基本工作情况。连接故障诊断仪，接通点火开关但不起动发动机。启用故障诊断仪，选择主动测试模式，检查是否能听到燃油泵运转和燃油在燃油箱中流动的声音。如果听不到声音，说明燃油泵不工作或工作不正常，应进行燃油泵电阻检测、燃油泵继电器电源检测、燃油泵继电器工作情况检测和燃油泵电源线束导通性检测。

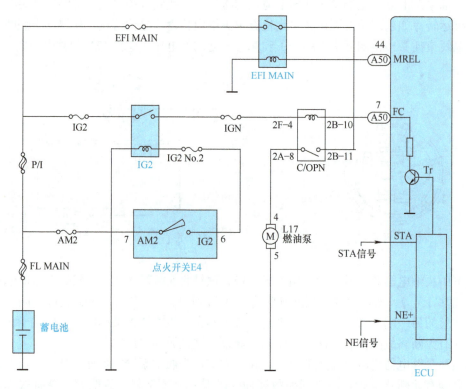

图4-19 丰田1ZR-FE发动机电动燃油泵的控制电路

2）检测燃油泵电阻。关闭点火开关，拔下燃油泵线束插头L17，用万用表检测燃油泵插座上端子4和端子5之间的燃油泵电动机线圈电阻，在20℃时，正常值在0.2~3Ω范围内。否则，更换电动燃油泵。

3）检测燃油泵继电器电源。1ZR-FE发动机仪表板接线盒如图4-20所示，拔下各线束插头后的端子如图4-21所示。关闭点火开关，拔下仪表板接线盒上的线束插头2B和2F。接通点火开关，用万用表检测线束插头2B端子11和搭铁之间的电压，检测线束插头2F端子4和搭铁之间的电压，正常值均应为9~14V。否则检查供电部分，如蓄电池、熔丝、EFI继电器及IG2继电器等。

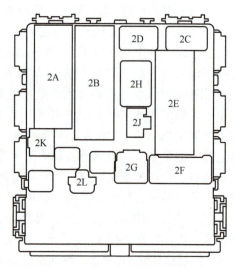

图4-20 仪表板接线盒

4）检测燃油泵继电器工作情况。关闭点火开关，拔下仪表板接线盒上的线束插头2A和2B，用万用表检测仪表板接线盒插座2A（即拔掉插头后仪表板接线盒部分）端子8和插座2B端子11之间的电阻，正常值应为10kΩ以上。拔下仪表板接线盒上的线束插头2F，在插座2B端子10与插座2F端子4上施加蓄电池电压，再次检测插座2A端子8和插座2B端子11之

单元4　发动机燃油控制系统与检修

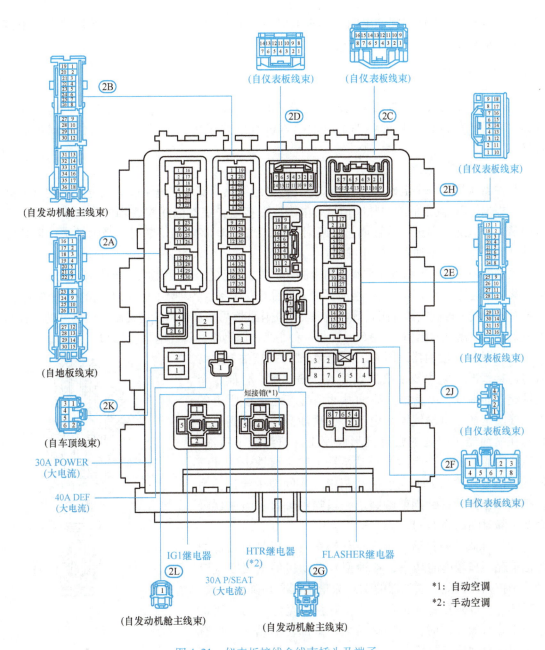

图 4-21　仪表板接线盒线束插头及端子

间的电阻值，正常值应小于 1Ω，否则更换燃油泵继电器。

5）检测燃油泵电源线束导通性。拔下仪表板接线盒上的线束插头 2B 及发动机 ECU 线束插头 A50，用万用表检测线束插头 2B 端子 10 与线束插头 A50 端子 7 之间的导线电阻，正常值应小于 1Ω。否则，更换线束。

拔下仪表板接线盒上的线束插头 2A 与燃油泵线束插头 L17（图 4-22），用万用表检测线束插头 2A 端子 8 与线束插头 L17 端子 4 之间的导线电阻，检测

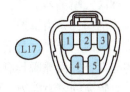

图 4-22　燃油泵线束插头

113

L17 插头端子 5 与搭铁之间的电阻，正常值应小于 1Ω。若电阻值较大，说明线路存在虚接或断路，应更换。

◎ 4.1.2 喷油器及其控制电路

喷油器是发动机燃油控制系统的一个关键的执行器，它的作用是按照 ECU 的指令（喷油脉冲信号）将准确计量的燃油适时地喷入进气管并雾化，使之与空气混合形成可燃混合气。

1. 结构与工作原理

喷油器实质是一个电磁阀（图 4-23），通过绝缘热圈安装在进气歧管或进气管附近的缸盖上，根据 ECU 发出的喷油脉冲信号将电磁线圈接通，在电磁线圈磁场的作用下，针阀克服弹簧力而升起，向进气歧管或总管喷射燃油。当 ECU 将电路切断时，吸力消失，回位弹簧使针阀复位关闭喷油器，停止喷射。

喷油器是一种加工精度非常高的精密器件，要求其动态流量范围大、抗堵塞与抗污染能力强、雾化性能好。为了满足这些性能要求，先后开发研制了各种不同结构形式的电磁喷油器，主要有轴针式、球阀式和片阀式等。喷油器的磁化线圈可按任何特性值绕制，但典型的一种是低电阻型喷油器（电阻值为 2~5Ω）；另一种是高电阻型喷油器（电阻值为 12~17Ω）。

（1）轴针式喷油器 图 4-23 所示为轴针式喷油器的结构与连接情况。它主要由喷油器外壳、喷油嘴、针阀、套在针阀上的衔铁，以及根据喷油脉冲信号产生电磁吸力的电磁线圈组成。电磁线圈无电流时，喷油器内的针阀被弹簧压在喷油器出口处的密封锥形阀座上，喷油器不喷油。电磁线圈通电时，产生磁场吸动衔铁上移，衔铁带动针阀从其座面上升约 0.1mm，燃油从精密环形间隙中流出。为使燃油充分雾化，针阀前端磨出一段喷油轴针。喷油器吸动及下降时间约为 1~1.5ms。

（2）球阀式喷油器 由于现代轿车发动机具有较低的燃油消耗率和较高的功率，各种型号发动机的进气空气流量范围扩大，因此，喷油器的动态流量范围必须随之增大。减轻阀针质量并提高弹簧预紧力，对获得宽广的动态流量范围十分有效。同时，用球阀简化计量部位的结构，也有助于提高喷油量控制精度。

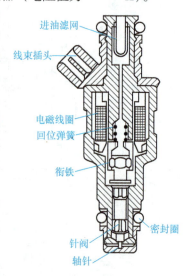

图 4-23 喷油器（轴针式）

球阀式喷油器的结构如图 4-24 所示。它与轴针式喷油器的主要区别在于阀针的结构。球阀式的阀针是由钢球、导杆和衔铁用激光束焊接成整体制成的，其质量减轻到只有普通轴针式阀针的一半，这是通过采用短的空心导杆实现的。为了保证密封，轴针式阀针必须有较长的导向杆，而球阀具有自动定心作用，无须较长的导向杆，因此，球阀式的阀针质量轻，且具有较高的密封能力，明显优于轴针式针阀。图 4-25 所示为同等级的球阀式阀针与轴针式阀针的比较。

（3）片阀式喷油器 图 4-26 所示是片阀式喷油器的结构。与轴针式喷油器相比，片阀式喷油器内部结构的主要特点是质量轻的阀片和孔式阀座，它们与磁性优化的喷油器总成结合起来，使喷油器不仅具有较大的动态流量范围，而且抗堵塞能力较强。

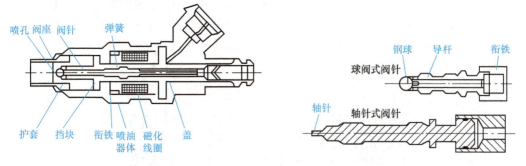

图4-24 球阀式喷油器　　　　图4-25 同等级的球阀式与轴针式阀针的比较

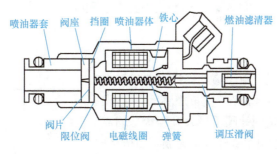

图4-26 片阀式喷油器

片阀式喷油器的阀片工作状态如图4-27所示。当喷油器处于未激励状态（阀关闭）时，阀片被弹簧力和液压力压紧在阀座上。当来自发动机ECU的喷油脉冲通过电磁线圈时，即产生磁场，在电磁力足以克服弹簧力和液压力的合力之前，阀片仍将压紧在阀座上。一旦电磁力超过两者的合力，阀片即开始脱离阀座上的密封环，被铁心吸住，于是具有压力的燃油进入阀座密封环中的计量孔。反之，一旦来自发动机ECU的喷油脉冲结束，电磁力开始衰减，但是阀片仍瞬时保持阀开启状态，直到喷油器弹簧力克服衰减的电磁力为止。当弹簧力大于衰减的电磁力时，阀片将脱离挡圈返回到阀座上，切断燃油喷射。

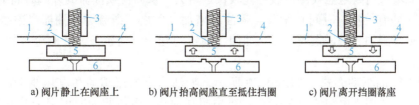

图4-27 片阀式喷油器的阀片工作状态
1、4—挡圈 2—弹簧 3—铁心 5—阀片 6—阀座

2. 控制和驱动方式

（1）喷油器的控制　喷油器的通电和断电由发动机ECU控制。如图4-28所示，发动机ECU通常通过控制喷油器的电源负极（接地端）来实现对喷油器的控制。在发动机工作时，ECU根据各种传感器输入的信号，确定合适的喷油时刻和喷油脉冲宽度，并向喷油器提供接地信号使喷油器开始喷油，切断接地信号使喷油器停止喷油。

从理论上说，在蓄电池电压、燃油控制系统压力和进气歧管压力之间的压差、喷油器的几何尺寸（阀的升程、喷孔的截面积）等因素确定后，喷油器喷油量的大小则由喷油器电磁线圈的通电时间即喷油脉冲宽度来决定。但是，理论与实际是有差距的，在实际控制电路中，喷油器实际喷油量的大小并不完全取决于喷油脉冲宽度（电磁线圈的通电时间），而是取决于喷油器针阀实际开启的时间。

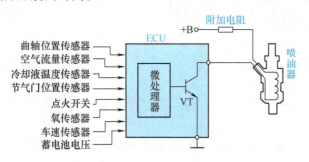

图 4-28 喷油器的控制电路

对于任何喷油器来说，由于喷油器针阀的机械惯性、电磁线圈的迟滞性以及磁路效率的影响，从触发脉冲加到电磁线圈上开始到针阀呈最大升程状态均需要一定的时间，称之为开阀时间 T_o。从脉冲消失到针阀落座关闭也需要一定时间，称之为关阀时间 T_C。开阀时间比关阀时间长，两者之差（$T_o - T_C$）是不喷射燃油的时间，称为迟滞时间（无效喷射时间），如图 4-29 所示（T_i 为通电时间、即喷油脉宽，a、b 分别为针阀全开位置和全关位置）。喷油器针阀的升

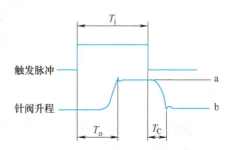

图 4-29 喷油器针阀工作特性

起和落座与喷油脉宽并不完全吻合，针阀并不是随着电脉冲同步升起并上升到最大值，而是有一段滞后时间。喷油器的实际喷油量与流经喷油器电磁线圈的电流的大小有关，流经喷油器电磁线圈的电流对开阀时间的大小影响较大，而对关阀时间的影响较小。当流经喷油器电磁线圈的电流增大时，电磁线圈的吸力能较快地增大，从而使喷油器的开阀时间缩短，针阀全开的时间（即有效喷射时间）增长，喷油量增加。反之，当流经喷油器电磁线圈的电流减小时，电磁线圈的吸力增大缓慢，从而使喷油器的开阀时间延长，针阀全开的时间缩短，喷油量减少。

(2) 喷油器的驱动方式　如图 4-30 所示，喷油器有电流驱动和电压驱动两种驱动方式。电流驱动只适用于电阻值为 2~5Ω 的低电阻喷油器，电压驱动既可用于低电阻喷油器，又可用于电阻值为 12~17Ω 的高电阻喷油器。

1) 电流驱动。电流驱动是指发动机 ECU 开始用一个较大的电流（8A）使电磁线圈产生较大的吸力，保证喷油器具有良好的响应性，然后再用较小的电流（2A）使针阀保持在开启状态，以防止喷油器线圈发热，减少功率消耗。如图 4-31 所示，在电流驱动回路中无附加电阻，低电阻喷油器直接与蓄电池连接。由于无附加电阻，回路阻抗小，ECU 向喷油器发出指令时，流过喷油器线圈的电流增加迅速，大电流使针阀迅速打开，喷油迟滞时间缩短，响应性更好。

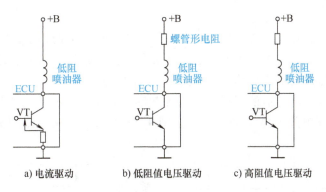

图 4-30 喷油器驱动方式

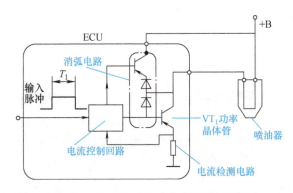

图 4-31 电流驱动型喷油器的控制电路

如果喷油器长时间大电流通电,就有可能烧坏喷油器的电磁线圈,因而在电流驱动方式的回路中,增加了电流控制回路。当 ECU 以一个较大的电流使电磁线圈打开后,它能控制回路中的工作电流,用一个较小的电流使喷油器针阀保持在完全打开的位置,或用脉冲电流保持喷油器针阀的有效开度。

2)电压驱动。电压驱动是指通过控制喷油器的工作电压来控制喷油器工作,控制电路如图 4-32 所示。在电压驱动回路中,使用高电阻喷油器时可将蓄电池电压直接加在喷油器上。而使用低电阻喷油器时,必须在回路中加入 6Ω 左右的附加电阻,将蓄电池电压分压后加在喷油器上,防止电磁线圈电流过大、发热而烧坏。

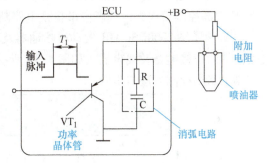

图 4-32 电压驱动型喷油器的控制电路

无论是电流驱动还是电压驱动,在驱动电路中,当切断驱动脉冲信号时,在喷油器线圈中产生的感应电动势将直接施加在功率晶体管上,使喷油器针阀及时关闭。为了保护功率晶体管,同时缩短针阀的关闭时间,一般在驱动电路中设有消弧电路。电流驱动方式中,为了改善电路本身的响应特性,采用了既节省空间又降低成本的齐纳稳压二极管式消弧电路(图 4-31)。对电压驱动方式,为了保证喷油器的响应特性,通常采用如图 4-32 所示的 CR

型消弧电路。

电流驱动电路的特点是电流的变化速度快，所以针阀开启速度也较快，这样有利于扩大喷油器的动态喷射量范围。电压驱动较电流驱动构成电路要简单，但加入附加电阻使电路阻抗加大，导致流过线圈的电流减小，喷油器上产生的电磁力降低，针阀开启迟滞时间延长。一般来说，电流驱动型喷油器的迟滞时间（无效喷射）最短，其次为电压驱动低电阻值型喷油器，电压驱动高电阻值型喷油器最长。图4-33为两种驱动电路的驱动电流波形比较情况。

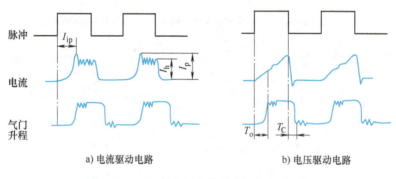

图4-33　两种驱动电路的驱动电流波形比较

I_p—电流峰值　I_h—保持电流　I_{ip}—到达I_p的时间

3. 检修方法

喷油器是发动机燃油控制系统的一个关键的执行器，喷油器及其控制电路出现故障后，会引起喷油器不能喷油、喷油量不足或漏油，从而导致发动机不能起动或起动困难、怠速抖动、加速无力、排放超标等故障现象。喷油器及其控制电路的主要故障原因涉及因素较多，既有可能是喷油器外部电路故障，也可能是喷油器自身故障，还可能是ECU故障。外部电路故障主要有继电器故障及电路断路、短路或虚接等，喷油器自身故障既有如电磁线圈短路或断路等电气故障，也有喷油器脏污堵塞、卡滞、滴漏等机械方面的原因。ECU故障主要是ECU内部控制模块失效或者内部搭铁电路断路、短路。

（1）桑塔纳2000GSi AJR发动机喷油器及其控制电路的检测　桑塔纳2000GSi AJR发动机喷油器的连接电路及线束插头如图4-34所示，下面以一缸喷油器N30为例介绍喷油器及其控制电路的检测方法与步骤。

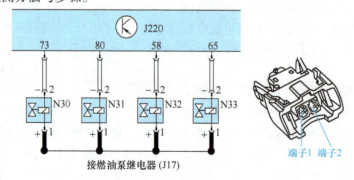

图4-34　桑塔纳2000GSi AJR发动机喷油器连接电路及线束插头

1) 检查喷油器工作状态。起动发动机并怠速运转,用螺钉旋具接触喷油器,耳听时应有"嗒嗒"的响声。拆下喷油器,在喷油器线束插座上端子1与端子2之间接通12V电压时,可听到接通和断开的声音(注意:通电时间应不大于4s,再次试验应间隔30s,以防喷油器过热损坏)。

2) 检测喷油器电阻。关闭点火开关,拔下喷油器线束插头,用万用表检测喷油器线束插座上端子1与端子2之间的电阻值,室温条件下为13~18Ω,当发动机热机后会有4~6Ω的增量。如果电阻值与上述要求不符,则应更换喷油器。

3) 检测喷油器供电电压。关闭点火开关,拔下喷油器线束插头,将喷油器线束插头端子1的线束刺破,接好万用表表笔,插上喷油器线束插头。起动发动机,用万用表检测线束插头端子1与接地之间的电压,正常值应接近12V蓄电池电压。如果电压值不符合要求,则应检查喷油器线束插头端子1至熔丝S(30 A)之间的电路有无断路或虚接,如有则应修复或更换。

4) 检测喷油器控制信号。关闭点火开关,拔下喷油器线束插头,将喷油器线束插头端子1、端子2的线束刺破,在端子1与端子2之间接上发光二极管试灯。起动发动机,二极管试灯应闪烁。如果二极管试灯不闪烁,则需要检测喷油器与ECU之间线束的导通性。

5) 检测电路导通性。关闭点火开关,拔下喷油器线束插头和ECU线束插头,用万用表检测喷油器线束插头端子1与ECU线束插头端子73之间的电阻,应小于1.5Ω。若阻值较大,说明该段导线存在虚接或断路。然后检查导线相互之间是否短路(不相接的导线间电阻应为无穷大)。如果导线有断路、短路故障,则应修复或更换。

6) 读取喷油脉宽数据流。将故障诊断仪连接到诊断插座上,起动发动机并怠速运转到正常温度。用故障诊断仪读取喷油器喷油脉宽,怠速时,喷油脉宽正常值为2~5ms。

7) 检测喷油器工作波形。关闭点火开关,拔下喷油器线束插头,将喷油器线束插头端子1、端子2的线束刺破,在端子1与端子2之间接上示波器。起动发动机,以2500r/min的转速保持节气门开度2~3min直至发动机完全热机,缓慢加速并观察在加速时喷油驱动器喷油脉宽的相应增加。

桑塔纳2000GSi AJR发动机饱和开关型喷油器波形如图4-35所示,显示了喷油脉宽、最低电压和峰值电压这3个重要数据。观察冷起动、热起动、怠速、缓慢加速和急加速的喷油脉宽变化。在转速800r/min时,喷油脉宽应为2~5ms,冷起动或节气门全开时大约为6~35ms。当喷油器电源被切断时,喷油器线圈产生自感电动势,此时的最大电压也称作峰值电压,其正常的范围大约是30~100V。有些喷油器的峰值电压被钳位二极管限制在30~60V,此时在尖峰上的平顶代替尖顶。最小电压即为驱动器导通电压,约为0~2V。

(2) 丰田1ZR-FE发动机喷油器及其控制电路的检测 丰田1ZR-FE发动机喷油器控制电

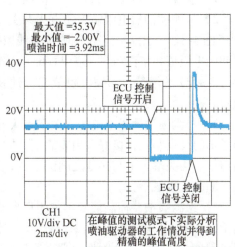

图4-35 饱和开关型喷油器波形

路如图 4-36 所示，下面以一缸喷油器为例介绍喷油器及其控制电路的检测方法与步骤。

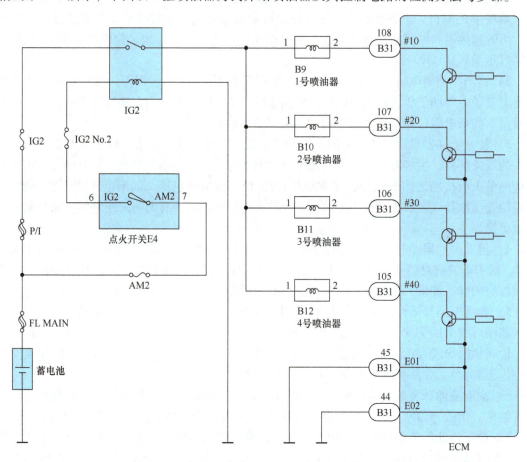

图 4-36　丰田 1ZR-FE 发动机喷油器控制电路

1）检查喷油器工作状态。方法同上，不再赘述。

2）检测喷油器电阻。关闭点火开关，拔下喷油器线束插头 B9（图 4-37），用万用表检测喷油器线束插座上端子 1 与端子 2 之间的电阻值，室温条件下为 11.6~12.4Ω，当发动机热机后，会有 3~5Ω 的增量。如果电阻值与上述要求不符，则应更换喷油器。

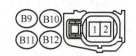

图 4-37　喷油器线束插头

3）检测喷油器供电电压。关闭点火开关，拔下喷油器线束插头 B9，将喷油器线束插头端子 1 的线束刺破，接好万用表表笔。插上喷油器线束插头，起动发动机，用万用表检测喷油器线束插头端子 1 与接地之间的电压，正常值应为 9~14V。否则，检查喷油器供电电路有无断路或接触不良。

4）检测喷油器控制信号。关闭点火开关，拔下喷油器线束插头 B9，将喷油器线束插头端子 1、端子 2 的线束刺破，在端子 1 与端子 2 之间接上发光二极管试灯。起动发动机，试灯应闪烁。如果试灯不闪烁，则需要检测喷油器与 ECU 之间线束的导通性。

5）检测电路导通性。关闭点火开关，拔下喷油器线束插头 B9 和 ECU 线束插头 B31（图 4-38），用万用表检测喷油器线束插头 B9 端子 2 与 ECU 线束插头 B31 端子 108（#10）

之间的电阻,应小于1.5Ω。若电阻值较大,说明该段导线存在虚接或断路。然后检查导线相互之间是否短路(不相接的导线间电阻应为无穷大)。如果导线有断路、短路故障,则应修复或更换。

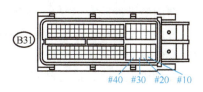

图4-38 ECU线束插头

6)读取喷油脉宽数据流。将故障诊断仪连接到诊断插座上,起动发动机并怠速运转到正常温度。用故障诊断仪读取喷油器喷油脉宽,怠速时约为2~5ms,节气门全开时为12ms。

7)检测喷油器工作波形。丰田1ZR-FE发动机与桑塔纳2000GSi AJR发动机的喷油器工作波形(图4-35)相似,怠速时喷油脉宽约为2~5ms,节气门全开时喷油脉宽为12ms。

(3)喷油器的清洗与测试 喷油器清洗检测仪是采用超声波清洗技术与微处理器油压控制清洗检测技术相结合的一种机电一体化产品,除了可对喷油器进行超声波清洗外,还可模拟发动机的各种工况,进行喷油器的均匀性/雾化性检测、密封性测试、喷油量检测等,操作简单、使用方便、安全可靠,适用于多种车型。

1)超声波清洗。超声波清洗是利用超声波在介质中传播时产生的穿透性和空化冲击波,将带有复杂外形、内腔和细孔的物体进行强力清洗来彻底清除喷油器上的顽固积炭。

2)均匀性/雾化性检测。均匀性检测是检测同一辆车上的喷油器在相同的工况下,各喷油器喷射量之间的差值是否达到要求或在规定的误差范围内。该项检查可反映喷油器的电特性、孔径变化,以及堵塞等因素对喷油器的综合影响。雾化性检测是喷油器在一定的工况下工作时,通过观测喷油器的喷射状况和雾化情况来检测喷油器的雾化性能的好坏。要求所有喷油器的喷射形状应相同,都是小于35°的圆锥雾状。

3)密封性测试。密封性测试是在系统压力下检测喷油器的针阀密封情况,测试喷油器是否有滴漏现象。桑塔纳2000GSi AJR和丰田1ZR-FE发动机的喷油器,都是在1min内滴油少于1~2滴视为合格。

4)喷油量检测。喷油量检测是检测喷油器在15s常喷情况下的喷油量,然后参照喷油器的相关技术手册判断是否与标准喷油器的喷油量一致(或在其误差范围内)。该值的变化或偏差反映了喷油器的孔径变化(磨损)或阻塞情况,因此可以排除因喷油器电气参数变化而带来的干扰。

桑塔纳2000GSi AJR发动机喷油器30s喷油量应为78~85mL,丰田1ZR-FE发动机喷油器15s喷油量应为60~73mL。

◎ 4.1.3 进气管喷射燃油控制系统的压力调节

如上所述,发动机所需要的喷油量是根据ECU施加给喷油器电磁线圈的通电时间即喷油脉冲宽度来决定的。对于进气管喷射燃油控制系统而言,喷油器安装在进气歧管上、进气门前方,喷油器通电时将燃油喷射到进气门前方的进气歧管处。当喷油器喷油时间一定时,喷油器的喷油量与喷油器内的燃油压力和进气歧管内的进气压力有关。喷油器内的燃油压力与装在油箱内的电动燃油泵所产生的燃油压力相同,被称为燃油控制系统的系统油压,一般为300~400kPa。喷油器的头部深入进气歧管,进气歧管内的进气压力为喷油器喷射的环境压力。显然,当喷油器喷射的环境压力不变时,喷油器内的燃油压力增加,喷油量增加。当喷油器内的燃油压力不变时，喷油器喷射的环境压力增加，喷油量减少。如果不控制燃油控制系统的系统油压，即使施加给喷油器的通电时间相同，也会由于系统油压或环境压力的变化而导致喷油器喷油量的变化。

发动机工作时，进气歧管内的压力低于节气门前方的空气压力（接近于大气压）。另外，当节气门开度变化、发动机工况发生改变时，进气歧管内的压力会随着节气门的开度变化而变化。当节气门开度增大时，进气歧管内的压力增加；反之，进气歧管内的压力减小。因此，若保持燃油控制系统的系统油压不变，即喷油器内的压力不变，当节气门开度变化时，由于喷油器喷射的环境压力发生变化，即使在相同的喷油时间条件下，实际的喷油量也会发生变化，这为ECU精确控制喷油量带来了困难。因此，为了使喷油器的喷油量只和喷油时间有关，需要使燃油控制系统的系统油压随着进气歧管的压力变化而变化，即进气歧管压力升高，系统油压也升高；进气歧管的压力降低，系统油压也降低。若能保持系统油压和进气歧管压力之间的差值为恒定值，喷油器的喷油量便只和喷油时间有关，这样，便于发动机ECU对喷油量进行精确控制。

根据油压调节方式的不同，燃油控制系统可分为有回油管燃油控制系统和无回油管燃油控制系统。有回油管燃油控制系统中的油压调节器将系统油压与进气歧管内压力之差调节为恒定值，被称为恒压差式有回油管燃油控制系统。无回油管燃油控制系统又分为两种类型：一种是通过装在油箱中的油压调节器将系统油压调节成一个固定值，被称为恒压式无回油管燃油控制系统。另一种是ECU根据发动机当前工况计算出所需的燃油量，通过燃油泵控制模块动态控制燃油泵的输出油压以提供所需要的燃油量，其系统油压是动态变化的，被称为动态油压式按需供给燃油控制系统。由此可见，有回油管的恒压差式燃油控制系统和无回油管的恒压式燃油控制系统都安装有油压调节器，只是安装位置不同，结构原理也略有差异。

1. 恒压差式有回油管燃油控制系统

如图4-39所示，恒压差式有回油管燃油控制系统安装有回油管和油压调节器，通过油压调节器和回油管将喷油压力（系统油压）与进气歧管内的压力差调节为恒定值。

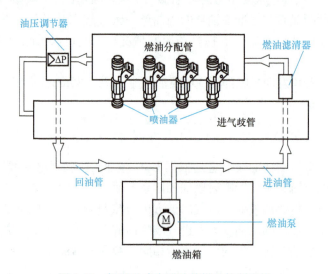

图4-39 恒压差式有回油管燃油控制系统

燃油分配管又称为供油总管或油架,用于固定喷油器和油压调节器,与喷油器连接处制有小孔以便将燃油分配给每只喷油器,一般用铝合金制成圆形管状或方形管状,用螺栓固定安装在发动机进气歧管上部。有的发动机在其燃油分配管上制作有连接油压表的接口(燃油压力塞),以便检测燃油压力。

油压调节器结构如图4-40所示,金属外壳的内部有一个膜片,将油压调节器分割为弹簧室和燃油室。弹簧室内装一个带预紧力的弹簧作用在膜片上,并通过一根真空软管与发动机进气歧管相通,因此,膜片上方弹簧室一侧受进气歧管真空负压与弹簧压力的合力作用。而燃油室直接与燃油分配管相通,其内部还安装有回油管,膜片下方燃油室一侧承受燃油分配管油压,即系统油压。

当发动机工作时,若减小节气门开度,则节气门后方进气歧管内的压力减小(进气歧管负压增大),使作用在膜片上方弹簧室一侧的压力减小,膜片下方的系统油压将膜片向上顶起,膜片上移将出油阀阀门打开,使多余部分的燃油从回油管流回油箱,系统油压随之相应降低。当增大节气门开度时,节气门后方进气歧管内的压力增大(进气歧管负压减小),使作用在膜片上方弹簧室一侧的压力增大,膜片下压将出油阀阀门关小,使从回油管流回油箱的燃油减少,系统油压升高,如图4-41所示。由此可见,油压调节器使得喷油器内的系统油压不随进气歧管压力(真空度)的变化而发生变化,即保持恒定,其大小主要取决于弹簧力。当发动机停止工作时,燃油泵停转,油压调节器在弹簧张力作用下使出油阀阀门关闭。因此,在燃油泵单向阀与油压调节器的共同作用下依然可使系统油压保持一定的残余压力。

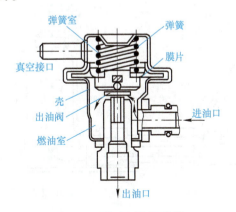

图4-40 燃油压力调节器

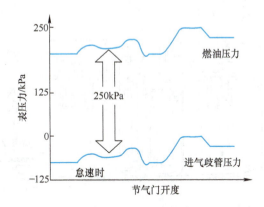

图4-41 系统油压与进气歧管压力的变化规律

桑塔纳2000GSi AJR发动机的燃油控制系统为恒压差式有回油管燃油控制系统,油压调节器安装在燃油分配管上,如图4-42所示。

2. 恒压式无回油管燃油控制系统

恒压差式有回油管燃油控制系统喷油器喷油量只和喷油时间有关系,使ECU控制起来比较方便。但是,恒压差式有回油管燃油控制系统燃油泵提供的燃油量远远大于系统所需要的燃油量,大量多余的燃油经过回油管返回到燃油箱,产生了不必要的电能消耗。更为重要的是,由于燃油分配管位于发动机舱上部,所处环境温度较高,返回燃油箱的燃油经过了发动机的加热,使燃油箱油温升高,产生大量的燃油蒸气。尽管现代汽车一般配置有燃油蒸气

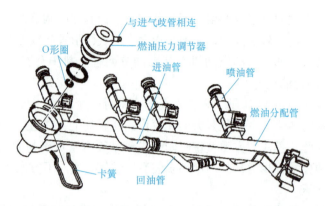

图 4-42　桑塔纳 2000GSi AJR 发动机燃油分配管及油压调节器

回收控制系统,可以有效防止燃油蒸气释放到大气中而引起环境污染。但是,当发动机温度过高时,发动机对回油管的加热作用明显,油箱内蒸气增多,燃油蒸气回收控制系统负担加重。当发动机热起动时,由于燃油温度较高容易产生气泡,使实际喷油量减少,从而容易引起发动机起动困难。

恒压式无回油管燃油控制系统将油压调节器安装于燃油箱中(图 4-43),多余的燃油经油压调节器后回到电动燃油泵入口处。因为取消了燃油箱外部的回油管,这样就防止了因发动机对燃油的加热而在燃油箱中产生大量蒸气的现象。

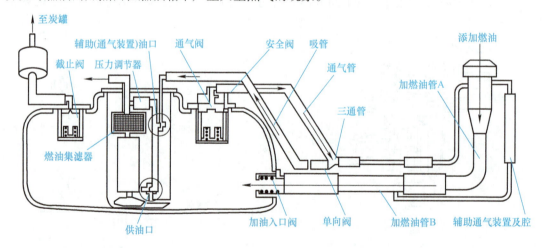

图 4-43　安装有燃油压力调节器的油箱

恒压式无回油管燃油控制系统油压调节器的结构如图 4-44 所示。当燃油泵的泵出的油压高于规定的压力值时,油压调节器膜片上方的油压大于膜片下腔的弹簧弹力,膜片下移,燃油经回油口回到燃油箱,燃油压力下降;当燃油泵的泵出的油压低于规定的压力值时,油压调节器膜片上方的油压小于膜片下腔的弹簧弹力,膜片上移,回油口关闭,燃油压力升高。经过油压调节器的调节,可将燃油泵的输出油压调节为一个恒定的压力值,不随发动机工况的变化而变化。

实际上,当系统油压恒定、喷油时间固定时,喷油器的实际喷油量会随着进气歧管压力的变化而变化。因此,恒压式无回油管燃油控制系统需要根据进气歧管压力对喷油量进行修正。对于安装有进气歧管压力传感器的发动机，ECU根据该传感器检测到的进气歧管压力对喷油量进行修正。对于没有安装进气歧管压力传感器的发动机，ECU根据空气流量传感器、发动机转速传感器、节气门位置传感器等信息估算出进气歧管压力，并对喷油量进行修正。

丰田1ZR-FE发动机燃油控制系统即为恒压式无回油管燃油控制系统。

3. 动态油压式按需供给燃油控制系统

如图4-45所示，相比前两种燃油控制系统，动态油压式按需供给燃油控制系统增加了燃油泵控制模块和燃油压力传感器。

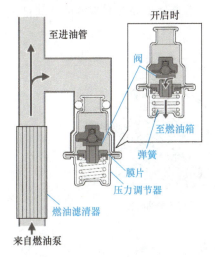

图4-44 恒压式无回油管燃油控制系统油压调节器

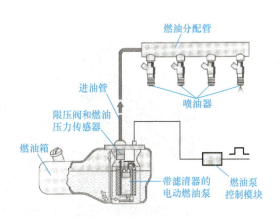

图4-45 动态油压式按需供给燃油控制系统

发动机工作时，ECU根据当前工况下发动机所需的燃油量计算出所需要的供油压力，向燃油泵控制模块发送油压控制信号，燃油泵控制模块通过脉宽调制信号（PWM）控制作用在电动燃油泵上的电压改变燃油泵的转速，从而改变燃油泵的供油压力。电动燃油泵出口处安装了油压传感器，燃油泵控制模块根据该油压传感器进行油压的闭环控制，提高了燃油控制的精确性。由于发动机不同工况时所需燃油量不同，燃油泵输出的油压也是随发动机工况动态变化的。发动机所需要的燃油量越大，燃油泵输出的油压越高。由于电动燃油泵只泵出发动机所需要的油量，所以降低了能量消耗。限压阀的作用是防止系统油压过高，如当发动机进行断油控制时。

对于配置了进气增压系统的发动机，动态油压式按需供给燃油控制系统可以根据增压压力的大小动态调整燃油控制系统的油压，如增压压力升高，则燃油压力也随之升高。

4. 系统油压的检测

检测发动机运转时燃油管路内的系统油压，可以判断电动燃油泵或油压调节器有无故障、燃油滤清器是否堵塞等。检测燃油压力时，应准备一个量程为1MPa左右的油压表及专用的油管接头，按下列步骤检测燃油压力。

（1）恒压差式有回油管燃油控制系统油压的检测 桑塔纳2000GSi AJR发动机的燃油控制系统为恒压差式有回油管燃油控制系统，急速时的燃油压力约为250kPa，缓慢增大节气门开度，燃油压力应在 280～300kPa 的范围内跳动。

1）系统卸压。起动发动机，在发动机运转中拔下电动燃油泵插头（或电动燃油泵继电器、继电器熔丝，具体情况根据燃油泵的控制电路而定），待发动机自行熄灭后，再转动起动开关，起动发动机 2～3 次，燃油压力即可完全释放，然后关闭点火开关，插上电动燃油泵插头（或电动燃油泵继电器、继电器熔丝）。

2）安装油压表。拆除蓄电池负极接地线，按图 4-46a 中箭头所指，松开燃油分配管进油管接头（拆开螺栓时，要用一块棉布包住油管接头，以防燃油喷溅），将油压表串接在进油管中，如图 4-46b 所示。擦干溅出的燃油，重新装上蓄电池负极接地线。油压表也可以安装在燃油滤清器油管接头处，或用三通接头接在燃油管道上便于安装和观察的任何部位，如图 4-47 所示。

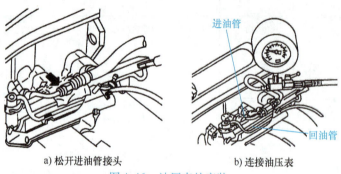

a) 松开进油管接头　　b) 连接油压表

图 4-46　油压表的安装

3）检测发动机运转时的燃油压力。打开燃油压力表开关，起动发动机并怠速运转，检测此时的燃油压力，桑塔纳 2000GSi AJR 发动机燃油压力正常值约为 250kPa。

踩下加速踏板，缓慢增大节气门开度，检测节气门不同开度时的燃油压力，桑塔纳 2000GSi AJR 发动机燃油压力应在 280～300kPa 的范围内跳动。

拔下燃油压力调节器上的真空软管，检测怠速时的燃油压力应和节气门全开时的燃油压力基本相等，桑塔纳 2000GSi AJR 发动机该压力正常值约为 300kPa。重新接上真空软管，燃油压力略有 50kPa 的下降。若测得油压过高，应检查油压调节器及其真空软管。若测得的油压过低，则应检查电动燃油泵、燃油滤清器及油压调节器。

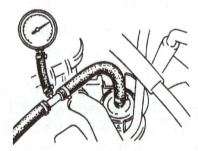

图 4-47　利用三通接头安装油压表

4）检测保持压力。关闭点火开关，10min 后，桑塔纳 2000GSi AJR 发动机燃油保持压力应大于 150kPa。如果保持压力小于 150kPa，起动发动机并怠速运转，当油压建立起来后关闭点火开关，同时关闭燃油压力表开关，继续观察压力表指针是否会下降。如果压力仍然下降，可能的原因有油压调节器阀门密封不严、喷油器滴油、管路有渗漏。如果压力变为正常，则说明压力表开关之前的油路密封存在问题，如管路渗漏、燃油泵出油止回阀关闭不严。

5）拆卸油压表。释放燃油控制系统的油压，拆下蓄电池负极接线，拆下油压表，重新装好油管接头。接好蓄电池负极接线，预置燃油控制系统的油压，最后检查油管各处有无漏油。

(2) 恒压式无回油管燃油控制系统油压的检测　丰田 1ZR – FE 发动机采用的恒压式无回油管燃油控制系统，怠速时燃油控制系统压力保持在 304 ~ 343kPa 之间，不会随发动机进气歧管压力的变化而变化。

1) 系统卸压。具体步骤同上，不再赘述。

2) 拆除蓄电池负极接地线，从燃油管上断开燃油软管，用专用工具（SST）安装油压表，如图 4-48 所示，重新装上蓄电池负极接地线。

3) 将故障诊断仪连接到诊断插座上，接通点火开关，启用故障诊断仪，选择主动测试模式控制燃油泵，读取燃油压力，标准值在 304 ~ 343kPa 的范围内。如果燃油压力高于标准值，则应修复或更换燃油压力调节器。如燃油压力低于标准值，则应检查燃油泵、燃油滤清器和燃油压力调节器、燃油软管及连接情况。

4) 起动发动机并怠速运转，检测怠速时的燃油压力，正常值应仍然在 304 ~ 343kPa 的范围内。关闭点火开关，将发动机熄火，检查并确认燃油压力在发动机停止运转后保持 147kPa 或更高的油压持续 5min。否则，应检查燃油泵和喷油器。

5) 拆卸油压表。释放燃油控制系统的油压，拆下蓄电池负极接线，拆下油压表，重新装好燃油管接头。接好蓄电池负极接线，检查油管各处有无漏油。

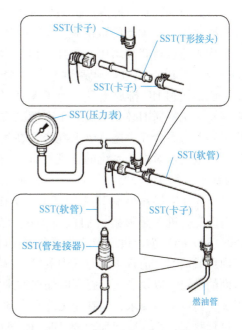

图 4-48　用专用工具 SST 安装油压表

4.2　缸内直接喷射燃油控制系统

随着石油资源越来越紧缺，人们对汽车燃油经济性的要求越来越高，为此，一种新型的汽油机燃烧方式应运而生，即发动机稀薄燃烧技术，而实现稀薄燃烧的理想方式是汽油缸内直接喷射（简称缸内直喷）。无论从提高汽油机动力性能的角度，还是从节省燃油和减少废气排放的角度来看，缸内直喷式汽油机在进气管喷射技术的基础上，又将汽油机技术向前推进了一大步，从而成为汽油机发展历史上又一个重要的里程碑。

◎ 4.2.1　缸内直喷基本理论

缸内直喷汽油发动机与柴油机相似，安装在燃烧室内的喷油器将汽油直接喷射在气缸燃烧室内，与通过进气门进入燃烧室的空气混合形成可燃混合气，如图 4-49 所示。汽油缸内直接喷射是实现稀薄燃烧的理想方式，缸内直喷发动机的关键技术是稀薄燃烧技术。

1. 稀薄燃烧技术

稀薄燃烧是一个范围很广的概念，只要空燃比大于 17∶1，就可以称为稀薄燃烧。在稀薄燃烧的条件下，爆燃不易发生，可以采用较高的压缩比，再加上汽油能在过量的空气里充分燃烧，能榨取每滴汽油的全部能量。稀薄燃烧技术是缸内直喷发动机的关键技术，缸内直喷发动机利用缸内气流运动、燃油喷射雾化、燃烧室表面引导形成可燃混合气后进行稀薄燃烧，充气效率和压缩比较高，燃烧充分、节省燃油，动力性、经济性好，排放（特别是HC）较低。

传统的进气管喷射汽油机为保证各缸不失火，混合气不能太稀，空燃比的范围是（12.6～17)∶1，其混合气是均质的。随着空燃比的增加，由于混合气过稀，均质混合气难以点燃且燃烧速度减慢，会造成燃烧不稳定，使油耗和HC排放上升。为了保证可靠点火，在点火瞬间火花塞周围必须形成易于点燃的空燃比为（12～13.5)∶1的混合气，这就要求混合气在气缸内非均匀分布。一般通过对进气系统的合理配置、依靠气流的运动

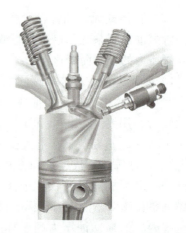

图4-49　汽油缸内直接喷射

（涡流分层和滚流分层），结合适时的喷油使混合气在气缸内分层实现混合气的非均匀分布，但是只能在空燃比小于25∶1的范围内工作，存在燃油经济性较差和排放较高的缺点。更为严重的是，进气道喷射汽油机在300～500kPa的压力下，将汽油以较大的油滴（直径为150～300mm）喷向进气门的背部和进气口附近的壁面上，只有少量的汽油能够在油滴到达壁面形成油膜之前直接在空气中蒸发，汽油的蒸发和与空气的混合主要依靠进气门和进气道壁面的高温，以及进气门打开时灼热的废气倒流和冲击。这种混合气形成方式在发动机稳定工况下尚可满足要求，但在变工况和发动机冷起动时汽油的蒸发和油气混合严重不足，不得不过量喷油，存在冷起动和暖机时HC排放较高的问题。

为了提高稀薄燃烧界限，缸内直喷汽油发动机依靠燃烧室形状、气流运动和喷雾形态的相互配合形成所需要的分层混合气，以保证在空燃比大于25∶1的条件下，在火花塞周围形成易于着火的较浓的可燃混合气［空燃比的范围是（12～13.5)∶1］，而在周边区域和燃烧室的大部分区域是较稀混合气或空气，即燃烧室中混合气浓度有组织地分成各种层次。分层燃烧模式是缸内直喷发动机实现稀薄燃烧的主要方式，也是最有特色、燃油经济性得以提高的主要工作状态之一。

对缸内直喷发动机而言，燃油控制系统如何有效而稳定可靠地实现部分负荷时缸内混合气的分层与稀薄燃烧，是缸内直喷式汽油机成功与否的关键技术，其重点是必须在不同的发动机负荷（喷油持续时间）和转速（柱塞速度）情况下，协调喷射油束、柱塞顶燃烧室凹坑几何形状和充量运动三者之间的关系，确保在火花塞附近及时、可靠和稳定地形成足够数量和良好品质的可燃混合气。另外，由于不仅要实现高负荷时在进气行程期间的喷射，而且还要满足部分负荷时在压缩行程后期即柱塞接近上止点时的喷射要求，汽油机的缸内直接喷射方式对燃油控制系统的要求要明显高于进气管喷射方式。

需要说明的是，缸内直喷式汽油机基于性价比和使用条件的考虑，有的机型已开始采用在所有运行工况下全部以均质混合气燃烧运行，这样一来发动机电子控制系统就要简单得多，发动机ECU和三元催化转化器基本上可与进气管喷射发动机通用，也无须应用吸附式降NO_x催化器以及低硫汽油，成本要明显低于以分层混合气燃烧运行的机型，只是其燃油经济性略为逊色，但油耗仍要比进气管喷射汽油机低5%～9%。

2. 共轨式高压燃油直接喷射系统

缸内直喷发动机采用稀薄燃烧技术，压缩比高、燃烧温度高、气缸压力大，与进气管喷射发动机相比，发动机的机械部分有较大的改进，与传统进气管喷射发动机有一定的区别。由于必须在部分负荷时形成分层混合气，而在高负荷和全负荷时形成均质混合气，并在这两种运行方式之间进行瞬态转换，而且必须做到响应快、转换平顺。因此，缸内直喷式汽油机对进排气系统、燃油控制系统、点火控制系统等发动机电子控制系统提出了很高的要求，其中，燃油控制系统与传统进气管喷射发动机有较大的区别，共轨式高压燃油直接喷射系统是目前缸内直喷式汽油机应用最为广泛的一种燃油控制系统。

共轨式高压燃油直接喷射系统可分为低压燃油系统和高压燃油系统两部分，如图 4-50 所示。低压燃油系统是指低压电动燃油泵至高压燃油泵之间的油路系统，包括低压电动燃油泵、燃油滤清器、低压油管、低压燃油压力传感器（部分发动机没有）等，其主要功用是将燃油从油箱中泵出，经滤清器滤清后输送给高压燃油泵，按需要向高压燃油泵供油，并使低压燃油系统产生足够的系统油压（一般为 400~700kPa，不同车型有所不同）。发动机 ECU 根据低压燃油压力传感器信号或其他信号，通过燃油泵 ECU 控制低压电动燃油泵工作，实现低压燃油压力的闭环控制。压力保持阀（部分发动机没有）可使发动机熄火后的低压系统保持一定的残余压力，压力限制阀可将低压燃油系统的压力限制在 700kPa 以下（不同车型有所不同），以防止低压管路内的燃油压力过高。

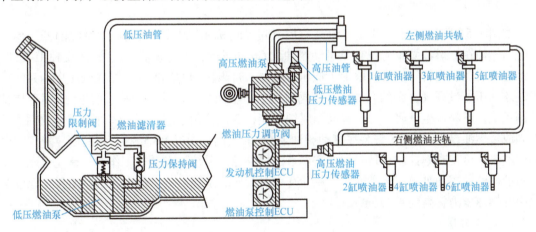

图 4-50　共轨式高压燃油直接喷射系统基本组成

高压燃油系统是指高压燃油泵至高压喷油器之间的油路系统，主要由高压燃油泵（机械式）、燃油压力调节阀、高压燃油压力传感器、燃油共轨和高压喷油器等组成，其功能是在发动机运转时，由高压燃油泵将低压电动燃油泵输送来的燃油加压至 4~20MPa（不同车型有所不同），通过高压油管和燃油共轨输送给高压喷油器，由高压喷油器按照发动机 ECU 的指令（喷油脉冲信号）将准确计量的燃油适时地喷入气缸内并雾化，使之与空气混合形成可燃混合气。高压燃油压力传感器安装在燃油共轨上，用来检测燃油共轨内的高压燃油系统燃油压力，并将信号反馈给发动机 ECU。燃油压力调节阀安装在高压燃油泵上，根据发动机 ECU 的控制指令调节高压燃油系统的燃油压力。

与进气管喷射燃油控制系统相比，共轨式高压燃油直接喷射系统增加了高压燃油系统的高压燃油泵、燃油压力调节阀、高压燃油压力传感器、燃油共轨和高压喷油器等元器件。由于发动机气缸内工作条件恶劣（高温、高压），高压燃油泵需要将供油压力提高到4～20MPa（不同车型有所不同）。同时，为了保证高压喷油器良好的喷雾品质，也要求高压喷油器具有较高的技术条件和加工精度。由此可见，高压燃油泵和高压喷油器是缸内直喷发动机的关键核心部件。

共轨式高压燃油直接喷射系统将燃油的高压产生与计量喷射两大基本功能完全分离，分别由高压燃油泵和高压喷油器承担，特别适合缸内直喷式汽油机需要根据负荷，在进气和压缩行程多次喷射，以实现分层混合气和均质混合气运行之间的转换，能够在任意一个时刻通过高压喷油器将存储在燃油共轨中达到运行工况所要求压力的燃油，经精确计量后直接喷入气缸燃烧室。

大众公司开发缸内直喷发动机较早，且推广应用较广，燃油分层喷射（FSI）、涡轮增压燃油分层喷射（T-FSI）和涡轮-机械增压燃油分层喷射（TSI）这三种类型的缸内直喷发动机分别设计有多种排量，以供各种级别轿车选配。大众第二代EA888系列CEA 1.8TSI发动机采用了缸内直喷稀薄燃烧技术，其配置的MED17.5燃油控制系统组成情况如图4-51所示。下面以大众CEA 1.8TSI缸内直喷发动机为例，介绍缸内直喷燃油控制系统的结构组成、工作原理及检修方法。

◎ **4.2.2　低压燃油系统**

如图4-51所示，大众CEA 1.8TSI缸内直喷发动机MED17.5燃油控制系统的低压燃油系统由燃油箱、燃油泵单元（包括电动燃油泵G6和燃油存量传感器G）、燃油泵ECU J538、燃油滤清器、燃油管等组成，取消了低压传感器，带限压阀的燃油滤清器在低压燃油系统内限制燃油压力过高（多余的燃油经限压阀回到电动燃油泵入口处），是无回油管式喷射燃油控制系统，不易产生气阻。为了提高耐腐蚀性能，燃油控制系统的所有零件都用不锈钢或黄铜制成。燃油泵ECU J538安装在电动燃油泵G6的上面，通过PWM脉宽调制信号来实现电动燃油泵的可变功率控制，是一种按需调节的燃油控制系统。发动机工作时，首先由燃油箱内的低压电动燃油泵向高压燃油泵提供550～650kPa的系统油压，再由高压燃油泵将燃油共轨中的燃油压力提高到4～15MPa。

1. 电路分析

大众CEA 1.8 TSI发动机低压燃油系统的燃油泵单元、燃油泵ECU J538、发动机ECU J623及车身ECU J519之间的连接电路如图4-52所示。

（1）燃油泵ECU　燃油泵ECU J538的两端各有一个线束插头（图4-53），有10个端子（其中有2个空的备用端子）的一端为主线束插头T10o，用于连接发动机ECU J623、车身ECU J519、组合仪表J285和蓄电池等。有5个端子的另一端为燃油泵单元线束插头T5k，用于电动燃油泵G6的运转控制和燃油存量传感器G燃油存量信号的输出。主线束插头T10o上10个端子的功用如下：

1）端子1为电源正极端子，通过熔丝SC27经30号线（常火线）与蓄电池相连接，为燃油泵ECU J538提供12V的电源电压。

2）端子2是控制信号端子，与发动机ECU J623相连接，为燃油泵ECU J538提供脉冲信号。发动机起动瞬间或起动后，燃油泵ECU J538以发动机ECU J623提供的脉冲信号控制

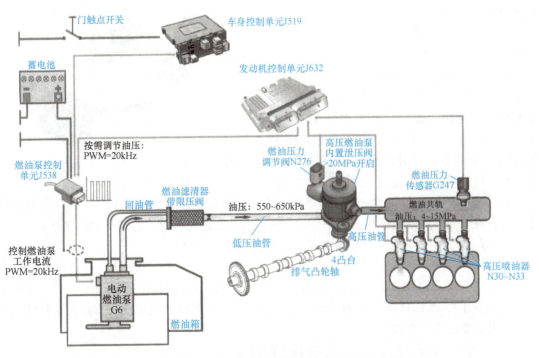

图 4-51 大众 CEA 1.8TSI 发动机 MED17.5 燃油控制系统

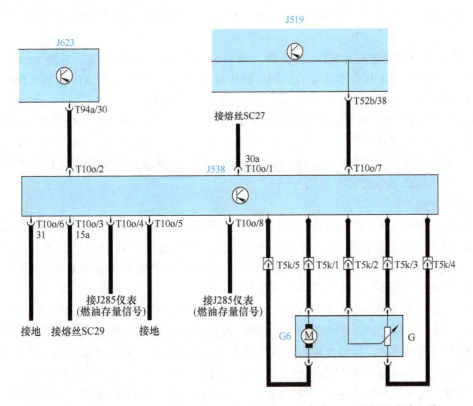

图 4-52 燃油泵单元、燃油泵 ECU、发动机 ECU 及车身 ECU 之间的连接电路

电动燃油泵的正常运转。

3）端子 3 为点火开关接通信号端子，通过熔丝 SC29 与总线端 15 供电继电器（俗称点火开关 ON 档继电器）J329 相连接。在点火开关接通时，由 15 号线（俗称小容量电器火线）提供给燃油泵 ECU J538 点火开关点火接通信号（即点火开关 ON 档工作电源）。当燃油泵 ECU J538 接收到总线端 15 供电继电器 J329 发送的点火开关接通信号时，控制电动燃油泵短暂运行几秒钟，实现低压燃油系统的预供油。

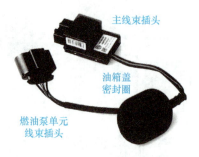

图 4-53 燃油泵 ECU 及线束插头

4）端子 4、端子 8 为燃油存量（燃油箱燃油液面高度）信号线端子，与组合仪表 J285 相连接，将燃油存量传感器 G 提供的燃油存量信号输送给组合仪表，以显示燃油存量。

5）端子 5、端子 6 与车身接地相连接，为接地端（负极）。

6）端子 7 为开门信号端子，与车身 ECU J519 相连接，为燃油泵 ECU J538 提供左前车门开门信号。发动机熄火并且车门关闭约半小时以后，当打开左前车门时，燃油泵 ECU J538 接收到车身 ECU J519 发送的左前车门开门信号，控制电动燃油泵短暂运行几秒钟，实现低压燃油系统的预供油。

7）端子 9、端子 10 未引出，为空的备用端子。

（2）燃油泵单元　燃油泵单元包括电动燃油泵 G6 和燃油存量传感器 G，通过燃油泵单元线束插头 T5k 与燃油泵 ECU J538 相连接。燃油泵单元线束插头 T5k 上 5 个端子的功用如下：

1）端子 1 为电动燃油泵 G6 电源正极，端子 5 为电动燃油泵接地端（电源负极），由此形成燃油泵供电电路。电动燃油泵的运转由燃油泵 ECU J538 通过脉冲宽度调制（PWM）信号进行控制并调节功率，这样可以减小电动燃油泵的功率消耗。

2）端子 2 为燃油存量传感器 G 的信号输出端，端子 3 为电源正极，端子 4 为电源负极（接地端）。燃油存量传感器 G 实质上是一个滑动变阻器，随着浮子位置的变化变阻器的电阻值发生变化，端子 2 与端子 4 之间的电压也随之改变，由端子 4 经燃油泵 ECU J538 的内部为组合仪表 J285 提供燃油存量信号。

2. 检修方法

低压燃油系统的检修包括燃油泵 ECU J538 的检测、燃油泵 G6 的检测和燃油存量传感器 G 的检测。因燃油易燃易爆，出于安全考虑，在检修之前（特别是需要拆卸相应部件时），务必进行系统卸压。低压燃油系统的卸压方法与进气管喷射燃油控制系统相同，拆卸时应使用抹布盖住燃油管接头，以防燃油流出。

（1）燃油泵 ECU 的检测　如上所述，燃油泵 ECU J538 通过脉冲宽度调制信号控制电动燃油泵的运转，如果燃油泵 ECU 或控制电路出现故障，电动燃油泵工作不良或不工作将会造成供油不足或不供油，导致发动机出现不能起动、起动困难、怠速不稳、易熄火、加速无力等故障现象。燃油泵 ECU 的主要故障原因涉及因素较多，既有可能是燃油泵 ECU 外部控制电路故障，也可能是燃油泵 ECU 自身故障，还可能是发动机 ECU 及车身 ECU 故障。

1）用故障诊断仪执行元件诊断。将故障诊断仪连接到诊断插座上，接通点火开关，用故障诊断仪执行元件驱动功能对燃油泵 ECU J538 执行元件诊断，如果观察到电动燃油泵开始运转且转速缓慢上升 10s 然后持续 5s，说明燃油泵 ECU 和电动燃油泵工作正常。否则，继续进行下一步检查。

2）检测电源电压。关闭点火开关，拔下主线束插头 T10o，用万用表检测插头 T10o 端子 1 与端子 6（接地）之间的电压，正常值应接近 12V，检测插头 T10o 端子 3 与端子 6（接地）之间的电压，正常值应为 0V。接通点火开关，用万用表再次分别检测主线束插头 T10o 插头端子 1 与端子 6（接地）、端子 3 与端子 6（接地）之间的电压，正常值均应接近 12V。如果没有达到此要求，则继续进行下一步检查。

3）检测左前车门开门信号。关闭点火开关，拔下主线束插头 T10o，将端子 7、端子 6 的线束刺破，插上主线束插头 T10o。接通点火开关，用万用表交流电压档检测插头端子 7 与端子 6（接地）之间的信号电压，在打开左前车门后的短时间内（5s）应为高电平接近 12V 的脉冲信号电压。当用发光二极管试灯进行检测时，试灯应短暂闪烁（5s）。否则，检查车身 ECU J519 及其与燃油泵 ECU J538 的连接电路。

4）检测发动机 ECU 的控制信号。关闭点火开关，拔下主线束插头 T10o，将端子 2、端子 6 的线束刺破，接好万用表表笔。插上主线束插头 T10o，起动发动机，用万用表交流电压档检测插头端子 2 与端子 6（接地）之间的信号电压，应为高电平接近 12V 的脉冲信号电压。当用发光二极管试灯进行检测时，试灯应不断闪烁。否则，继续进行下一步检查。

5）检测电路导通性。关闭点火开关，拔下主线束插头 T10o，用万用表检测插头各端子至发动机 ECU J623、车身 ECU J519 等线束插头对应各端子之间的电阻，均应小于 1.5Ω，见表 4-1。若电阻值较大，说明该段导线存在虚接或断路。然后检查导线相互之间是否短路（不相接的导线间电阻应为无穷大）。如果导线有断路、短路故障，则应修复或更换。

打开熔丝盒盖，拔下熔丝 SC27、SC29，用万用表检测其导通性。如果熔丝被烧断，则应修复或更换。

表 4-1 燃油泵 ECU 连接电路线束电阻值

检测端子	标准值
T10o/1 - 熔丝 SC27	<1.5Ω
T10o/2 - T94a/30（发动机 ECU J623）	<1.5Ω
T10o/3 - 熔丝 SC29	<1.5Ω
T10o/4 - 仪表 T32/1	<1.5Ω
T10o/5 - 接地	<1.5Ω
T10o/6 - 接地	<1.5Ω
T10o/7 - T52b/38（车身 ECU J519）	<1.5Ω
T10o/8 - 仪表 T32/2	<1.5Ω

(2) 电动燃油泵的检测 电动燃油泵 G6 在发动机运转时使低压燃油系统产生 550～650kPa 的系统油压，按需要向高压燃油泵供油。如果电动燃油泵或控制电路出现故障，电动燃油泵工作不良或不工作将会造成供油不足或不供油，导致发动机不能起动、起动困难、怠速不稳、易熄火、加速无力等故障。

1）测试运行状况。将故障诊断仪连接到诊断插座上，接通点火开关，用故障诊断仪执行元件驱动功能测试燃油泵的运行状况，如果观察到电动燃油泵开始运转且转速缓慢上升 10s 然后持续 5s，说明电动燃油泵工作正常。否则，继续进行下一步检查。

也可以用如下方法检查电动燃油泵的运行状况：关闭点火开关，拔下燃油泵单元线束插头 T5k，将燃油泵单元线束插座（图 4-54）端子 1 接蓄电池正极，端子 5 接蓄电池负极。如果能听到电动燃油泵运转和燃油在燃油箱中流动的声音，说明电动燃油泵工作正常。如果听不到声音，说明电动燃油泵不工作或工作不正常，应继续进行下一步检查。

2）检测输油量和低压燃油压力。关闭点火开关，从发动机上的进油管接头处脱开燃油管路,将带截止阀的油压表接到供油管路上,再将辅助软管(图4-55中的箭头所示)与油压表相连接,然后放入测量容器中。拔下燃油泵单元线束插头T5k,将端子1接蓄电池正极、端子5接蓄电池负极,在给电动燃油泵通电的同时慢慢关闭油压表的截止阀,使燃油系统内先产生略高于400kPa的预压。保持截止阀的关闭位置,检测通电15s电动燃油泵的输油量,与图4-56中所列的最小输油量进行对比,根据最少输油量确定电动燃油泵上的工作电压(输油量与电动燃油泵上的工作电压有关)。注意,当发动机处于静止状态而电动燃油泵运转时,电动燃油泵上的工作电压比蓄电池电压低约2V。

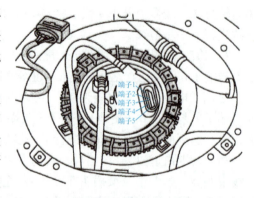

图4-54 燃油泵单元线束插座

起动发动机并怠速运转,燃油压力表指针在300~800kPa的范围内快速来回摆动,读取中间值即600kPa左右,表明低压燃油系统燃油压力正常(由于高压燃油泵为单柱塞式,高压燃油泵快速吸油与泄压会导致低压燃油系统燃油压力波动,油压表指针偏摆属于正常现象)。

图4-55 燃油泵输油量测量仪器的连接

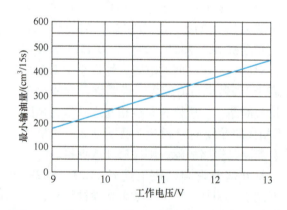

图4-56 燃油泵最小输油量与工作电压的对应关系

3)检测脉冲宽度调制信号。关闭点火开关,拔下燃油泵单元线束插头T5k(图4-57),将插头T5k端子1、端子5的线束刺破,接好万用表表笔。插上燃油泵单元线束插头T5k,用万用表交流电压档检测插头T5k端子1、端子5之间的信号电压,在开启左前车门、接通点火开关、起动发动机3种情况下,都应为高电平接近12V的脉冲信号电压。所不同的是,在开启左前车门和接通点火开关时12V的脉冲信号电压只显示约5s,而在起动发动机时12V的脉冲信号电压一直显示直至发动机熄火。

当用示波器检测其信号波形时,关闭点火开关,拔下燃油泵单元线束插头T5k,将插头T5k端子1、端子5的线束刺破,接好示波器。在开启左前车门、接通点火开关、起动发动机3种情况下,测得的波形应如图4-58所示。随着加速踏板踩下幅度的增大,脉冲宽度调制信号的占空比也随之增大。否则,检测燃油泵ECU J538。

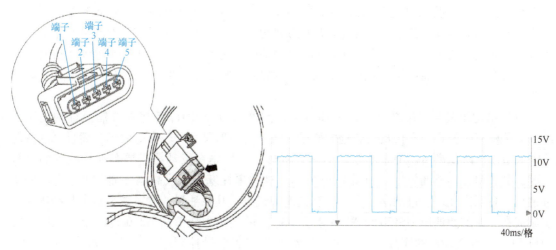

图4-57 燃油泵单元线束插头端子　　图4-58 电动燃油泵脉宽调制信号波形

4)检测电动燃油泵电阻。如图4-54所示,拔下燃油泵单元线束插头T5k,用万用表检测燃油泵单元线束插座上端子1、端子5之间的电动燃油泵电动机线圈电阻,正常值为1.5~2Ω。否则,更换电动燃油泵G6。

(3)燃油存量传感器的检测　燃油存量传感器G的结构与工作原理类似于可变电阻式节气门位置传感器,检测方法也比较相似,可以检测燃油存量传感器浮子在不同位置时其电阻的变化;也可以在接通电源的情况下检测燃油存量传感器浮子在不同位置时,其输出信号电压的变化。

拔下燃油泵单元线束插头T5k,将燃油存量传感器的浮子摆动到上下极限位置,用万用表检测燃油泵单元线束插座端子2和端子4之间的电阻。当传感器位于下部极限位置时,电阻值为900~975Ω;当传感器位于上部极限位置时,电阻值为50~104Ω。燃油存量传感器拆下后,由于浮子臂可以偏转更大的角度,可测出如下数值:当浮子位于下部极限位置时(油箱空),端子2和端子4之间的电阻值约为1004Ω;浮子位于上部极限位置时(油箱满),端子2和端子4之间的电阻值约为50Ω。

◎ 4.2.3 高压燃油系统

如图4-51所示,大众CEA 1.8TSI发动机MED17.5燃油控制系统的高压燃油系统由按需调节的单柱塞机械式高压燃油泵、燃油压力调节阀N276、燃油压力传感器G247、燃油共轨和高压喷油器N30~N33等组成,其中,燃油压力调节阀N276集成在高压燃油泵上。高压喷油器连接在燃油共轨上,由发动机ECU发出的控制信号(喷油脉宽)来确定喷油始点和喷油量。燃油共轨中的高压燃油系统燃油压力由燃油压力传感器G247采集,并由燃油压力调节阀N276根据发动机ECU发出的控制指令控制回油量,以将高压燃油系统燃油压力调节到喷油脉谱图所规定的压力值(4~15MPa)。燃油油轨内的燃油压力保持恒定对减少排放、降低噪声和提高功率具有重要作用。

1. 高压燃油泵与燃油压力调节阀

大众CEA 1.8TSI发动机MED17.5燃油控制系统的高压燃油泵与燃油压力调节阀N276

集成在一起，高压燃油泵的任务是将低压燃油系统 550～650kPa 的系统油压提高到 4～15MPa 供入燃油共轨，其平均供油量是高压喷油器的两倍左右，并要求泵油流量变化小，以减小燃油共轨中的压力波动。燃油压力调节阀 N276 的任务是在发动机整个运转范围内调节燃油共轨中的高压燃油系统燃油压力，使之与高压燃油泵的供油量和高压喷油器的喷油量无关。

（1）结构组成与工作原理　大众 CEA 1.8TSI 发动机 MED17.5 燃油控制系统的高压燃油泵为单柱塞机械式，不仅具有较轻的质量、较小的外形尺寸和较高的效率，而且泵油量能按需调节，可降低高压燃油泵的驱动功率约 40%，特别是在发动机需要燃油量较少的运转工况，具有明显的节油效果。如图 4-59 所示，这种单柱塞机械式高压燃油泵由外壳、低压进油口、高压出油口、进油阀、出油阀和柱塞等组成，其泵油量的按需调节是由与高压燃油泵集成在一起的燃油压力调节阀 N276 来实现的。燃油压力调节阀 N276 是一个电磁阀，发动机 ECU 根据发动机的实际工况，采用脉冲宽度调制信号控制进油阀打开和关闭的时间，以此控制高压燃油泵的进油量。高压燃油泵顶部低压进油腔内一个金属制成的大尺寸稳压器可以平抑低压油路中的压力波动，提高泵油量精度。

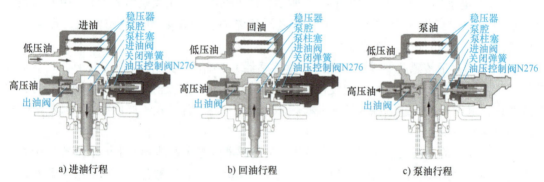

图 4-59　高压燃油泵与燃油压力调节阀的结构组成与工作原理

高压燃油泵由凸轮轴上的一个方形四角凸轮驱动（图 4-51）。由于凸轮轴旋转一周四角凸轮有四次供油行程，相比以前 2.0L TFSI 发动机采用的升程为 5mm 的三角凸轮，四角凸轮升程减小到了 3.5mm，供给燃油共轨的单次体积燃油量较少，供油频率提高了 33%，因此在高压范围内的压力波动也就较小，使发动机运转更平顺，燃油经济性更好。重新优化设计的电磁线圈磁回路，使得燃油压力调节阀 N276 的工作频率最高可达到 14800 次/min（2.0L TFSI 发动机该频率为 10000 次/min）。

1）进油行程。油泵柱塞随着凸轮轴的旋转向下运动，在行程的最后 1/3 段，此时燃油压力调节阀 N276 在发动机 ECU 的控制下通电，进油阀在电磁线圈的作用下克服关闭弹簧的弹力而打开。由于高压泵柱塞的向下运动使泵腔容积不断增大，低压油路的输油压力与油泵柱塞向下运动而造成的压力差使燃油经低压进油口被吸入燃油泵腔（图 4-59a）。此时，泵腔内的燃油压力近似于低压系统的燃油压力。

2）回油行程。随着凸轮轴的旋转，在四角凸轮的驱动下油泵柱塞向上运动。在油泵柱塞向上运动的初期，燃油压力调节阀 N276 仍然保持通电，进油阀仍然打开，由于泵腔容积不断减小，多余的燃油被挤回高压燃油泵顶部的燃油稳压室（图 4-59b），即部分燃油回流到低压油路，稳压室中的稳压器吸收在此过程中所产生的压力波动。

3）泵油行程。在油泵柱塞向上运动的中后期，一旦燃油压力传感器 G247 检测到燃油共轨中的高压燃油系统燃油压力达到所需的额定值，发动机 ECU 则立即控制燃油压力调节阀 N276 断电，在泵腔油压和关闭弹簧的共同作用下进油阀被关闭，停止回油。随着油泵柱塞继续向上运动，当泵腔内的燃油压力超过燃油共轨内的燃油压力时，出油阀被打开，燃油经高压出油口被泵入燃油共轨（图 4-59c），从而在燃油共轨内建立起稳定的高压燃油压力。

由此可见，回油行程使多余的燃油被泵回到高压燃油泵的低压进油油路中去，这样不仅节省了高压燃油泵的功率消耗，具有明显的节油效果，而且避免了油箱中燃油温度的升高，无须燃油冷却器。

（2）检修方法　高压燃油泵及其驱动凸轮损坏、燃油压力调节阀 N276 损坏，都有可能导致燃油共轨中的燃油压力无法提高到规定值，从而引起发动机不能起动、起动困难、急速不稳、易熄火、加速无力等故障。高压燃油泵及其驱动凸轮的损坏，其主要因素是油泵柱塞磨损或卡滞、出油阀阀座磨损及弹簧变形，以及驱动凸轮磨损和变形等。燃油压力调节阀 N276 损坏的主要原因涉及因素较多，既有可能是调节阀自身故障，也可能是外部控制电路故障，还可能是 ECU 故障。燃油压力调节阀是一种电磁阀，使用时间过长易老化或过热短路，属于易损件。电磁阀短路后会使产生的电磁力下降，导致在高压燃油泵的进油行程进油阀不能及时打开，泵腔油压增长不足，燃油共轨中的燃油压力达不到相应的要求。再有，控制电路或发动机 ECU 出现故障，致使燃油压力调节阀不能正常通电或断电，进油阀不能正常开启或关闭，也将导致高压燃油泵无法进油和泵油。最后，燃油压力调节阀也有可能出现进油阀阀芯卡滞、阀座磨损及弹簧变形等机械故障。燃油压力调节阀不工作时，发动机加速缓慢，即使节气门全开发动机转速也只有 3000r/min 左右。

高压燃油具有较高的压力，高压燃油系统喷溅出的高压燃油很有可能击伤皮肤和眼睛。因此，出于安全考虑，在检修之前（特别是需要拆卸高压燃油泵、燃油共轨、高压喷油器或燃油压力传感器等部件时），务必进行高压燃油系统的卸压，即将高压燃油系统内的燃油压力降至规定值（一般为低压燃油系统的燃油压力）。进行高压燃油系统卸压时，可以拔掉燃油泵 ECU 插头或熔丝，然后再多次起动发动机直到发动机无法起动为止。也可以多次使用故障诊断仪对高压喷油器进行执行元件测试来完成，或使用专用故障诊断仪的引导型功能，选择"卸除燃油高压"将燃油压力降至低压。拆卸部件时应使用抹布盖住燃油管接头，以防燃油流出。

1）检测高压燃油系统燃油压力。高压燃油系统的燃油压力无法直接用燃油压力表检测，可利用故障诊断仪读取相应的燃油压力数据。检测时，将故障诊断仪连接到诊断插座上，起动发动机并急速运转，读取 106 组第 1 区（目标油压）、第 2 区（实际油压）的数据，急速时均应为 4MPa。当加速至节气门全开时，最高可达 15MPa。

2）燃油压力调节阀 N276 的检修。燃油压力调节阀的连接电路如图 4-60 所示。燃油压力调节阀的线束插头 T2cg 有 2 个端子，端子 1 经供电继电器 J757、熔丝 SB7 与蓄电池相连接，端子 2 与发动机 ECU J623 的端子 19 相连接，用于接收发动机 ECU J623 发出的脉冲宽度调制控制信号。检测步骤如下：

首先，利用故障诊断仪执行元件自诊断。将故障诊断仪连接到诊断插座上，接通点火开关，启动故障检测仪，进入发动机控制单元 01，选择功能 03 - 执行元件测试，选择燃油压力调节阀，此时能听到燃油压力调节阀按固定频率吸合的"哒哒"的响声，用手触摸阀体有振动的感觉。注意：燃油压力调节阀是高频电磁阀，不能进行通电测试，否则会导致燃油压力调节阀烧坏。

其次，检测电磁阀线圈电阻。关闭点火开关，拔下燃油压力调节阀线束插头 T2cg，用万用表检测线束插座端子 1 与端子 2 之间的电阻，正常值为 0.8Ω 左右。

第三，检测电源电压。关闭点火开关，拔下燃油压力调节阀线束插头 T2cg，将线束插头 T2cg 端子 1 的线束刺破，接好万用表表笔。插上线束插头 T2cg，起动发动机，用万用表检测线束插头 T2cg 端子 1 与接地之间的电压，其值应为 12V 左右。如果显示值没有达到此要求，则说明燃油压力调节阀的供电电路出现了故障，应检查供电继电器 J757、熔丝 SB7 及其连接线束。

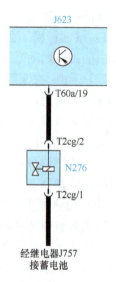

图 4-60　燃油压力调节阀连接电路

最后，检测脉冲宽度调制信号。关闭点火开关，拔下燃油压力调节阀线束插头 T2cg，将线束插头 T2cg 端子 2 的线束刺破，在端子 2 与接地之间接好万用表表笔。插上线束插头 T2cg，起动发动机，用万用表交流电压档检测插头端子 2 与接地之间的信号电压，应为高电平接近 12V 的脉冲信号电压。当用发光二极管试灯进行检测时，试灯应不断闪烁。

高压燃油泵与燃油压力调节阀 N276 集成在一起，为一个整体，无法拆检。因此，当出现以上故障时，只能整体更换高压燃油泵总成。

2. 燃油共轨

燃油共轨一般呈管状，具有与高压燃油泵、高压喷油器、燃油压力调节阀和燃油压力传感器连接的接头，其任务是将一定压力的燃油分配到高压喷油器，并且提供足够大的容积来补偿压力波动，燃油共轨是高压储存器，也是高压喷油器、燃油压力传感器等部件的安装支架以及高、低压系统的连接部分。

大众 CEA 1.8TSI 发动机 MED17.5 燃油控制系统的燃油共轨，与高压油管一样，也是焊接结构。由于采用方形四角凸轮驱动，使得燃油压力波动较小，燃油共轨的容积可以从之前 2.0L TFSI 发动机 130cm³ 减小至 80cm³，在发动机起动和从倒拖运转恢复到正常运转的情况下，燃油共轨中的油压建立得比较快。

3. 燃油压力传感器

燃油压力传感器 G247 安装在燃油共轨的侧面，作用是检测高压燃油系统内的燃油压力并输送给发动机 ECU，以控制燃油压力调节阀进行燃油压力的调节。

（1）结构原理　如图 4-61 所示，燃油压力传感器由印制电路板、传感器元件、间隔块（隔离块）和壳体等组成，其核心是一个镀有应变电阻的钢膜片，采用印制电路板技术制作而成，要测量的压力经压力接口作用在膜片的一侧。发动机 ECU 给燃油压力传感器提供 5V 的工作电压，当膜片一侧的压力变化时，膜片弯曲引起应变电阻的电阻值发生变化，通过传感器中的专用集成电路即可输出与燃油共轨中燃油压力相对应的信号电压的变化。输出信号电压与作用在钢膜片上的燃油压力成正此，即燃油压力越高则输出电压越高，其检测范围高达 20MPa。

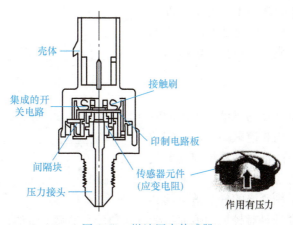

图4-61 燃油压力传感器

（2）检修方法　发动机ECU根据燃油压力传感器G247的油压信号控制燃油压力调节阀N276进行燃油共轨内燃油压力的调节。如果燃油压力传感器G247出现故障，发动机ECU将以固定值进行燃油压力调节阀的控制，使燃油压力调节阀在高压燃油泵的整个泵油行程中保持通电，致使进油阀处于常开状态。这时，燃油共轨内的燃油压力将会降低至低压燃油系统的550～650kPa，发动机的输出功率和转矩都将大幅下降。

燃油压力传感器G247的连接电路如图4-62所示。

1）检测电源电压。关闭点火开关，拔下燃油压力传感器线束插头T3z。接通点火开关，用万用表检测线束插头端子3（电源正极）与端子1（接地端，负极）之间的电压，其值应接近于5V。如果显示值没有达到此要求，则继续进行下一步检查。

2）检测电路导通性。关闭点火开关，拔下燃油压力传感器线束插头T3z、ECU线束插头T60a，用万用表检测线束插头T3z端子3与ECU线束插头T60a端子29之间的导线电阻，检测线束插头T3z端子2与ECU线束插头T60a端子40之间的导线电阻，正常值均应小于1.5Ω。若电阻值较大，说明该段导线存在虚接

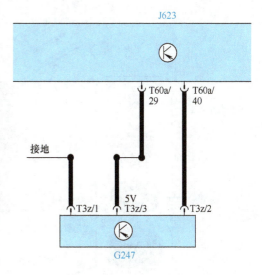

图4-62 燃油压力传感器的连接电路

或断路。然后，检查导线相互之间是否短路（不相接的导线间电阻应为无穷大）。如果导线有断路、短路故障，则应修复或更换。

3）检测信号电压。关闭点火开关，拔下燃油压力传感器线束插头T3z，将线束插头T3z端子2的线束刺破，接好万用表表笔。插上传感器线束插头T3z，用万用表检测传感器线束插头T3z端子2与搭铁之间的电压，接通点火开关而不起动发动机时，电压值约为2.6V。起动发动机并怠速运转，此时电压值在1.3～1.5V之间变化。随着节气门开度的增大，信号电压也随之增大。再将故障诊断仪连接到诊断插座上读取106组第2区（实际油压）的

数据。将检测到的传感器信号电压与实际油压进行对照，应与图 4-63 所示的燃油压力传感器特性曲线相符合。否则，应更换燃油压力传感器。

4. 高压喷油器

高压喷油器将正确计量的燃油在正确的时刻，准确地喷到燃烧室内相应区域并形成细油雾，是缸内直喷汽油机燃油控制系统结构最复杂、加工最精密的核心部件之一。一方面，高压喷油器必须满足在结构紧凑的气缸盖上的装配条件，另一方面必须满足对较短的喷油持续时间和较大的喷油量线性动态流量范围等方面特别高的要求，同时燃油喷束特性对于调节分层混合气燃烧过程又具有特别重要的作用。

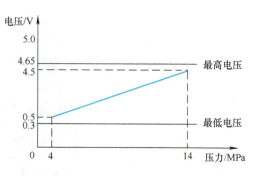

图 4-63　燃油压力传感器的特性曲线

（1）结构与工作原理　与进气管喷射发动机喷油器一样，缸内直喷式发动机通常采用电磁阀控制式喷油器，主要由电磁线圈、压力弹簧、阀针、阀座、供电插头等构成，其结构组成如图 4-64 所示。

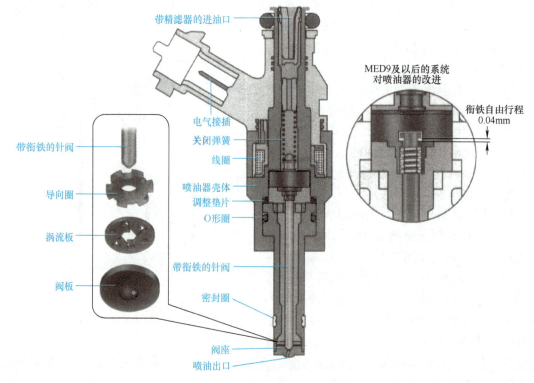

图 4-64　高压喷油器结构组成

高压喷油器的工作由发动机 ECU 进行控制，与进气管喷射发动机喷油器所不同的是，为了增大高压喷油器的开启速度，扩大高压喷油器的动态喷射量范围，更加精确地控制高压喷油器，大众 CEA 1.8TSI 发动机 ECU 内部的高压喷油器控制模块采用了电流驱动控制电路（图 4-65），在高压喷油器开启时，控制模块将 12V 蓄电池电压转换成 65V 的控制电压来驱动高压喷油器（进气管喷射发动机喷油器的工作电压只有12V），使刚刚接通的高压喷油器电磁线圈内的电流急剧增大至12A，以使高压喷油器内的针阀迅速打开至最大升程。在此之后，控制模块将利用12V蓄电池电压，采用脉宽调制信号对高压喷油器实施较小的电流（2.6A）控制，使针阀维持在最大开度状态，由此得到燃油喷射量随喷射时间的线性变化曲线。另外，高压喷油器的喷油持续时间（喷油脉宽）较短，通常在5ms以内，如图4-66所示。

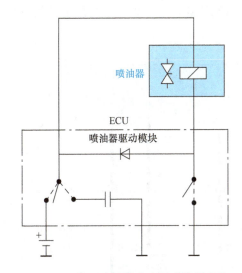

图4-65　高压喷油器电流驱动控制电路

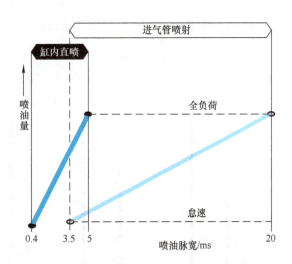

图4-66　高压喷油器与进气管喷射喷油器的喷油脉宽

为了避免高压燃油对缸体的损坏，大众公司的缸内直喷发动机普遍采用多孔高压喷油器技术，通过喷孔数目、单个喷孔几何形状、单个分支油束锥角和方位的选择，并与喷油压力相结合，多孔高压喷油器可以提供多种多样的匹配可能性。大众CEA 1.8TSI发动机MED17.5燃油控制系统采用的是六孔高压喷油器，布置在进气道与气缸盖密封平面之间的进气道一侧。这种六孔高压喷油器的单个油束几乎可以自由选择布置形式，能够形成不同于传统旋流式喷油器的燃油束结构形状，避免了进气行程早期喷油沾湿已打开的进气门，使喷入缸体的汽油瞬间雾化，有利于提高燃料的燃烧率，减少HC的排放。由于高压喷油器的制造精度较高，对燃油的品质要求也比较高。如果燃油中混有杂质，则容易导致喷油器堵塞，出现加速不良、怠速发抖等故障现象。高压喷油器与燃烧室之间由一个聚四氟乙烯密封圈来密封，每次拆卸后必须更换该密封圈。

（2）检修方法　与进气管喷射发动机喷油器一样，高压喷油器也是缸内直喷发动机燃油控制系统的一个关键的执行器。高压喷油器及其控制电路出现故障后，会引起高压喷油器不能喷油、喷油量不足或高压喷油器漏油，从而导致发动机不能起动或起动困难、怠速抖动、加速无力、排放超标等故障现象。高压喷油器及其控制电路的主要故障原因涉及因素较多，既有可能是高压喷油器外部电路故障，也可能是高压喷油器自身故障，还可能是ECU故障。外部电路故障主要有继电器故障及电路断路、短路或虚接等，高压喷油器自身故障既有如电磁线圈短路或断路等电气故障，也有高压喷油器脏污堵塞、卡滞、滴漏等机械方面的原因。由于发动机气缸内工作条件恶劣（高温、高压），高压喷油器因机械故障导致喷油器工作异常的可能性是比较大的。ECU 故障主要是 ECU 内部控制模块失效或者内部搭铁电路断路、短路。

大众 CEA 1.8TSI 发动机 MED17.5 燃油控制系统高压喷油器的电流驱动控制电路如图 4-67 所示，高压喷油器 N30~N33 采用双源控制，即发动机 ECU 通过一个端子给喷油器提供高压信号，通过另外一个端子给喷油器提供接地控制信号，两个信号同时作用决定了喷油器的喷油正时和喷油脉宽。与进气管喷射发动机喷油器相比较，由于高压喷油器驱动电压高、驱动电流大，其检修方法有一些不同之处，需要特别注意。下面以一缸高压喷油器 N30 为例介绍高压喷油器及其控制电路的检测方法与步骤。

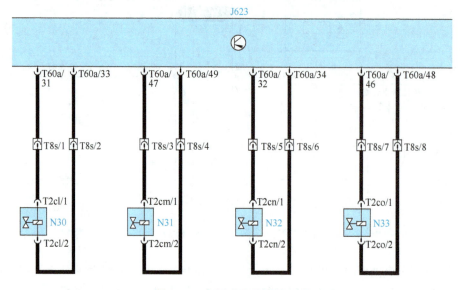

图 4-67　高压喷油器控制电路

1）检查喷油器工作状态。起动发动机并怠速运转，用旋具接触高压喷油器，耳听时应有"嗒嗒"的响声。

2）检测喷油器电阻。关闭点火开关，拔下高压喷油器 N30 线束插头 T2cl，用万用表检测各高压喷油器线束插座端子 1 与端子 2 之间的电阻值，正常值为 1.6~1.9Ω。如果电阻值与上述要求不符，则应更换喷油器。

3）检测电路导通性。关闭点火开关，拔下喷油器 N30 线束插头 T2cl、ECU 线束插头 T60a，用万用表检测喷油器线束插头 T2cl 端子 1 与 ECU 线束插头 T60a 端子 31 之间的电阻，检测喷油器线束插头 T2cl 端子 2 与 ECU 线束插头 T60a 端子 33 之间的电阻，均应小于 1.5Ω。若电阻值较大，说明该段导线存在虚接或断路。然后检查导线相互之间是否短路（不相接的导线间电阻应为无穷大）。如果导线有断路、短路故障，则应修复或更换。

4）利用故障诊断仪执行元件测试并读取喷油脉宽数据流。关闭点火开关，插上喷油器 N30 线束插头 T2cl、ECU 线束插头 T60a。将故障诊断仪连接到诊断插座上，接通点火开关，启动故障检测仪，进入发动机控制单元 01，选择功能 03（执行元件测试），选择喷油器 N30，此时能听到喷油器"嗒嗒"的响声，用手触摸喷油器阀体有振动的感觉。起动发动机并怠速运转到正常温度，读取 101 组第 3 区的喷油脉宽，缓慢踩下和松开加速踏板时，喷油脉宽在 0.51~4ms 的范围内变化。

5）检测工作波形。关闭点火开关，拔下喷油器 N30 线束插头 T2cl，将喷油器 N30 线束插头 T2cl 端子 1、端子 2 的线束刺破，在端子 1 与端子 2 之间接上示波器。起动发动机并怠速运转至发动机完全热机，怠速时的电压信号波形应如图 4-68a 所示，由一个 65V 的主脉冲信号和一连串 12V 的脉宽调制信号保持波组成，主脉冲信号的持续时间为初始喷油脉宽，脉宽调制信号的持续时间为保持喷油脉宽，初始喷油脉宽与保持喷油脉宽为喷油总脉宽，怠速时为 0.51~0.75ms。缓慢踩下加速踏板加速时，观察电压信号波形应如图 4-68b 所示，65V 的针阀提升主脉冲信号电压和持续时间（喷油脉宽）不变，12V 的脉宽调制信号保持波的个数（喷油脉宽）相应增加，喷油总脉宽在 0.75~4ms 的范围内变化。

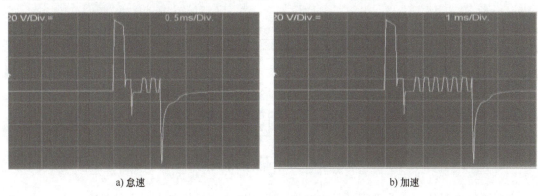

图 4-68　大众 CEA 1.8TSI 发动机高压喷油器工作波形

6）基本设定。高压喷油器在清洗过后必须进行基本设定，基本设定的方法为：起动发动机运转至正常工作温度，启用故障检测仪，进入发动机控制单元 01，选择功能 04（基本设定），选择通道 200，再点击确定。根据提示同时把加速踏板和制动踏板踩到底并保持住，等到第 1 区数据变为 0，基本设定完成。

4.3　燃油喷射控制过程

在电子控制燃油喷射系统工作过程中，电子控制单元（ECU）接收各种传感器输出的发动机工况信号，根据 ECU 内部预先编制的控制程序和存储的试验数据，确定适应发动机工况的喷油时间、喷油脉宽等参数，完成喷油器的喷油正时控制、喷油量控制和断油控制，从而使发动机保持最佳运行状态。

◎ 4.3.1　喷油正时的控制

喷油正时就是喷油器何时开始喷油，具体地说，是指喷油器开始喷油时活塞所处的行程和距上止点的曲轴转角。对于采用多点燃油喷射系统的发动机来说，按照喷油时刻与曲轴转角的关系，可分为同步喷射和异步喷射。同步喷射是指喷射与发动机曲轴转动同步，在固定的活塞行程和距上止点曲轴转角位置时进行喷射。异步喷射与曲轴转角位置无关，主要取决于发动机工况，如发动机冷起动和急加速时的临时性喷射。根据燃油喷射时序不同，同步喷射又可分为同时喷射、分组喷射和顺序喷射三种类型，它们对喷油正时的要求各不相同。同时喷射和分组喷射虽然控制电路简单、成本低,但控制精度不高、喷油时刻不是最佳,现已很少采用。顺序喷射控制精度高、喷油时刻最佳、各缸混合气雾化好,目前应用最广泛。

顺序喷射是指各缸喷油器按照发动机的点火顺序,依次在最合适的曲轴转角位置进行燃油喷射。各缸喷油器独立喷油,因此也叫独立喷射,控制电路如图4-69所示,各缸喷油器分别由ECU的一个功率放大电路控制,功率放大器回路的数量与喷油器的数目相等。当发动机转动时,ECU便按喷油器1-3-4-2(四缸机)或1-5-3-6-3-4(六缸机)的顺序控制功率管导通与截止,当功率管导通时,喷油器电磁线圈电路接通,喷油器针阀开启喷油。在顺序喷射系统中,发动机工作一个循环(曲轴转两圈720°),各缸喷油器轮流喷油一次。

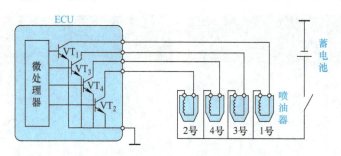

图4-69 顺序喷射控制电路

实现顺序喷射的一个关键问题是需要知道活塞即将到达排气上止点的是哪一个气缸。为此,在顺序喷射系统中,需要一个气缸判别信号(简称判缸信号),该信号多来自曲轴转速与位置传感器和凸轮轴位置传感器。ECU根据曲轴位置信号、判缸信号,确认该缸处于排气行程且活塞运动至上止点前某一位置时,便输出喷油控制指令,接通喷油器电磁线圈的接地电路,该缸喷油器即开始进行燃油喷射。

在顺序喷射系统中,喷油顺序与点火顺序同步,点火时刻在压缩上止点前开始,喷油时刻在排气上止点前开始。顺序喷射的优点是各缸喷油时刻均可设计在最佳时刻、喷油时间准确,各缸的燃料分配均匀、燃油雾化质量好,有利于提高燃油经济性和降低排放,因此,被现代汽车发动机普遍采用。

◎ 4.3.2 喷油量的控制

喷油器的喷油量取决于喷油器电磁阀打开的时间(喷油器喷射持续时间),也就取决于ECU提供的喷油脉冲信号宽度(简称为喷油脉宽)。喷油量的控制其实就是喷油器喷油持续时间亦即喷油脉宽的控制,喷油持续时间又是根据发动机在不同运转工况下传感器提供给ECU的各种信息来决定,目的是使可燃混合气的空燃比符合要求,使发动机具有良好的经济性和动力性,降低排放污染。喷油量控制是发动机电子控制系统控制的核心内容之一。

发动机工况不同,对混合气浓度的要求也不相同。特别是冷起动、怠速、急加减速等特殊工况,对混合气浓度都有特殊要求。因此,喷油量的控制大致可分为发动机起动时喷油量的控制和发动机起动后(运转过程中)喷油量的控制两种情况。

1. 起动时的喷油量控制

发动机起动时,其转速很低且波动较大,空气流量传感器(或进气歧管压力传感器)

不能精确地确定进气量,进而影响合适的喷油脉宽的确定。因此,在发动机起动时,ECU不是以空气流量信号或进气压力信号作为计算喷油量的依据,而是按照可编程只读存储器中预先编制的起动程序和预定空燃比控制喷油,如图4-70所示。

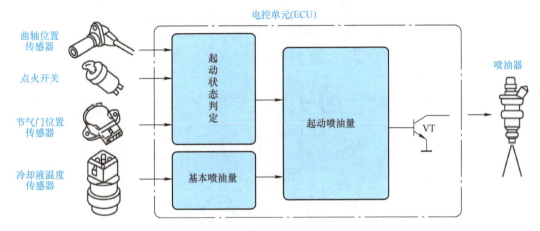

图4-70　发动机起动时的喷油量控制

当冷机起动时,由于发动机温度很低,喷入进气管的燃油不易蒸发。为了保证可燃混合气具有足够的浓度,ECU还要根据冷却液温度传感器信号控制喷油器的喷油量,温度越低喷油量越大、温度越高喷油量越小,以使发动机能够顺利起动。

在实际应用中,常采用两种不同的方式增加燃油喷射量:一种是ECU直接控制喷油器,通过延长喷油器的喷油时间来实现;另一种是通过冷起动喷油器,对所有气缸的进气总管喷入一部分附加燃油来实现。采用ECU直接控制喷油器的方式,由于不设冷起动喷油器,也不设温度时间开关,在结构设置上有一定简化,但必须对喷油持续时间进行精确地修正。同时,为了在进气管道与气缸内形成均匀的可燃混合气,要尽可能地避免燃油对火花塞的湿润,要求喷油器在发动机每转一转进行多次喷射(异步喷射)。因此,采用ECU直接控制喷油器的方式时,要通过ECU内部的控制电路与软件的功能来实现喷油器持续时间的控制,它取决于发动机冷却液温度以及自起动开始累积的转数、发动机转速、起动时间等,无疑增加了控制系统的复杂性。随着电子技术的发展,这已不成为问题,现代汽车发动机普遍采用这种控制方式。

2. 起动后的喷油量控制

在发动机起动后的运转过程中,为了提高控制精度,简化计算程序,通常将喷油器的喷油量分成基本喷油量、喷油修正量和喷油增量三部分,先分别计算结果,然后再将之叠加在一起,得到最佳喷油量并转化为控制喷油器开启时间的控制信号以控制喷油器工作,如图4-71所示。

基本喷油量由空气流量传感器或进气歧管压力传感器、曲轴转速与位置传感器信号和试验设定的目标空燃比计算确定;喷油修正量由与进气量有关的进气温度传感器、大气压力传感器、氧传感器等输出信号和蓄电池电压信号计算确定;喷油增量由反映发动机工况的点火开关信号、冷却液温度传感器和节气门位置传感器等输出信号计算确定。

(1) 基本喷油量　基本喷油量是在标准大气状态(温度为20℃,压力为101kPa)下,

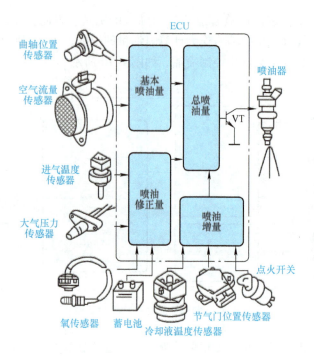

图 4-71 发动机起动后喷油量控制

根据发动机每个工作循环的进气量、发动机转速和试验设定的空燃比（即目标空燃比，一般是理论空燃比 14.7）确定的，即：

每循环基本喷油量 = 比例常数 × 空气流量/发动机转速

由上式可以看出，每循环基本喷油量与空气流量成正比，与发动机转速成反比。空气流量传感器或进气歧管压力传感器和曲轴转速与位置传感器是燃油喷射系统中最重要的两个传感器，特别是空气流量传感器或进气歧管压力传感器，其精度高低将直接影响喷油时间的计算精度，从而影响发动机的动力性和经济性。

（2）喷油修正量 当发动机实际运行条件改变时，应对基本喷油量进行适当的修正，以保证发动机正常运行。一般主要考虑进气温度、大气压力以及蓄电池电压三个方面的影响。

1）进气温度修正。温度会影响到空气密度，进气温度高时空气密度减少，进气温度低时空气密度增大。通常以 20℃ 为进气的标准温度，低于 20℃ 时，ECU 增加喷油量，使混合气不致过稀；高于 20℃ 时，ECU 使喷油量减少，以防止混合气偏浓。增加或减少的最大修正量约为 10%，修正范围为进气温度 -20~60℃。进气温度修正系数与喷油时间的关系如图 4-72 所示。

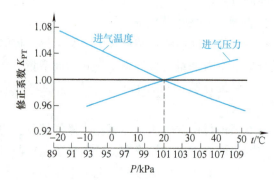

图 4-72 进气压力和进气温度修正系数与喷油时间的关系

2)大气压力修正。大气压力也会影响到进气密度。当汽车行驶到高原地区时,海拔高度增加,大气压力降低,空气密度降低,对于同样体积的空气流量,其质量就会降低。为避免混合气过浓以及油耗过高,应根据大气压力对喷油器的喷油时间进行修正。进气压力与喷油时间的关系如图4-72所示。

3)电源电压修正。喷油器的实际打开时刻晚于ECU控制其打开的时间,即存在一段滞后,蓄电池电压越低则滞后时间越长。因此,ECU要根据蓄电池电压延长喷油脉宽信号,修正喷油量,使实际喷油时间更接近于ECU计算值。

修正喷油器喷油时间时,ECU以14V电压为基准,当电源电压低于14V时,ECU将增加喷油脉冲的占空比,即增大修正系数,使喷油器通电(喷油)时间增长;反之,当电源电压升高时,ECU将减小喷油脉冲的占空比,便喷油时间缩短。修正喷油时间一般为 - 0.15ms,即电压每升高1V,喷油时间缩短 0.15ms。电源电压修正系数的确定如图 4-73 所示。

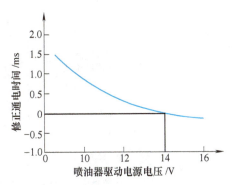

图 4-73　喷油器修正通电时间与电源电压的关系

4)理论空燃比反馈修正。为了获得以理论空燃比为中心的非常狭窄范围内的空燃比,必须十分精确地控制喷油量,这种情况下单凭空气流量传感器测得进气质量信号是达不到这么高的控制精度的,必须借助安装在排气管中的氧传感器送来的反馈信号对理论空燃比进行反馈控制。

根据氧传感器的输出特性,氧传感器输出电压信号在理论空燃比处发生跃变。当混合气较理论空燃比浓时,氧传感器输出高电位信号(约 0.8~1V);当混合气较理论空燃比稀时,氧传感器输出低电位信号(约 0.1V)。ECU 有效地利用这一空燃比反馈信号,将其信号电压值与内部设置的基准电压(一般为 0.45V)进行比较,从而判定混合气的浓稀程度并进行控制。如较理论空燃比浓,则减少反馈修正系数,缩短喷油时间;反之过稀,则增大反馈修正系数,增加喷油时间。以上过程在一定的周期内重复进行,逐渐使空燃比平均值达到理论空燃比,控制过程如图4-74所示。ECU根据氧传感器的输入信号对混合气空燃比进行控制需要经过一定的过程,即从进气管内形成混合气开始至氧传感器检测排气中的含氧浓度需要经过一段时间。由于氧传感器信号存在滞后的原因,要完全准确地使空燃比保持在理论空燃比 14.7 是不可能的,因此实际控制的混合气空燃比总是保持在理论空燃比 14.7 附近的一个狭窄范围内波动。

采用氧传感器进行反馈控制即闭环控制,在有些工况条件下是不适宜的。如发动机起动时以及刚起动未暖机时,由于发动机冷却液温度低,这时需要较浓的混合气,如此时按反馈控制供给的混合气在理论空燃比附近,发动机可能会熄火。又如发动机大负荷、高转速运转时,也需要较浓的混合气,如按反馈控制供给的混合气也在理论空燃比附近,则发动机会运转不良。所以,在有些情况下应停止反馈控制,即进入开环控制状态。

(3)喷油增量　当发动机运行工况发生变化时,需要在基本喷油量的基础上额外增加一部分喷油量,以加浓混合气。一般在发动机起动后、暖机过程、加速过程、大负荷等工况下,需要加浓混合气。

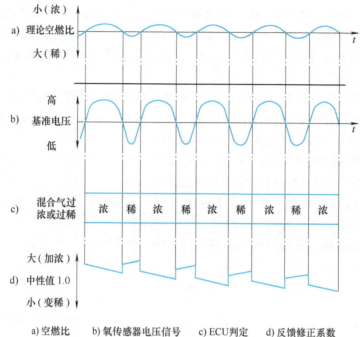

a) 空燃比　　b) 氧传感器电压信号　　c) ECU判定　　d) 反馈修正系数

图4-74　空燃比反馈修正控制过程

1）起动后喷油增量修正。发动机冷起动后，由于温度较低，混合气雾化不良，如果不进行燃油增量修正，会导致混合气过稀，使发动机运转不稳而熄火。为此，在起动后的数十秒内，必须增加喷油量，使混合气加浓，保证发动机稳定运转而不熄火。起动后喷油增量修正，是对此时燃油供给不足的一种补偿措施。

发动机ECU对起动后燃油加浓修正处理，是按以下程序进行的：当点火开关由"STA"位置转到"ON"位置或发动机转速已达到或超过预定值时，ECU根据起动时发动机冷却液的温度确定起动后加浓修正系数的初始值，然后随温度升高按某一固定速度进行衰减，逐步达到正常。即发动机起动后喷油增量的比例取决于起动时的发动机温度，并随起动后时间的增长而逐渐减小到1。起动后喷油增量修正系数与持续时间的关系如图4-75所示。

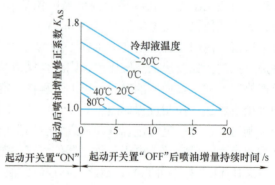

图4-75　起动后喷油增量修正系数与持续时间的关系

2）暖机过程增量修正。发动机低温起动后，转速逐渐升高并趋于稳定，进入以实现目标空燃比为最终目标的起动后喷油持续时间控制程序。

由于此时发动机的温度还比较低，仍存在燃油蒸发不良等问题，为了使发动机正常运转，仍需继续提供较浓的混合气。暖机过程基本喷油持续时间的修正量与冷却液温度有关，ECU根据冷却液温度确定初始修正量，以后随着冷却液温度的上升暖机修正量逐渐减小，当冷却液温度达到正常值后，暖机修正量等于零。如图4-76所示，冷却液温度在-40℃时加浓量约为正常喷油量的2倍。

与起动后燃油增量修正在数十秒内完成有所不同,暖机过程增量修正时间较长,应在冷却液温度达到规定值以前一直持续进行。可以说,暖机时燃油增量的修正,是与冷却液温度的整个上升过程伴随而行的。

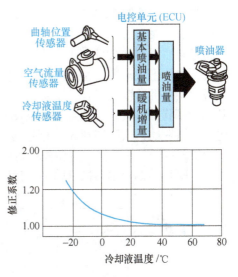

3)大负荷工况喷油增量修正。发动机在部分负荷下工作时,空燃比的控制目标是在保持一定排放性能的前提下,尽量提供经济混合气成分,以得到最低油耗。相对于部分负荷,发动机在大负荷工况下运转时(节气门开度大于70°),为了保证能够输出足够的转矩,改善加速性能,应将空燃比设定在与转矩峰值相对应的12.5附近,加浓量约为正常喷油量的10%~30%。有些发动机大负荷工况的喷油量修正还与冷却液温度信号相关。冷却液温度越低,喷油增量比例越大,加浓持续时间越长。

图4-76 暖机加浓修正曲线

4)加速增量修正。汽车在进行加速、减速等过渡工况时,仅仅使用燃油基本喷射量,则混合气的空燃比相对于目标值会产生一定偏移。一般情况下,偏移趋向是加速时混合气变稀、减速时混合气变浓。因此,要分别进行燃油增量和减量的修正。如果不进行加速、减速时的燃油量修正,发动机就会产生"喘振",排气中的有害成分也会增加。

当汽车加速时,为了保证发动机能够输出足够的转矩,改善加速性能,必须增加喷油量。在发动机运转过程中,ECU根据节气门位置传感器信号和空气流量传感器信号的变化速率辨别发动机是否处于加速工况。汽车急加速时,节气门开度突然加大,节气门位置传感器信号变化速率增大。与此同时,空气流量(进气歧管压力)突然增大,空气流量传感器输出信号电压突然升高。ECU根据这些信号,发出增加喷油量的指令,加浓混合气。燃油增量的比例大小与加浓时间取决于发动机冷却液的温度,冷却液温度越低,加速增量比越大,持续时间也越长,如图4-77所示。

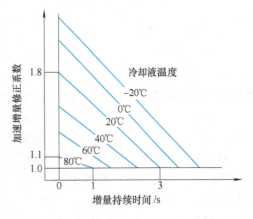

图4-77 加速增量修正系数与持续时间的关系

当节气门变化速率表明发动机处于急加速工况时,为了提高发动机的加速响应性,还需要进行临时性燃油增量喷射,这是在同步喷射基础上增加的与曲轴转动角度不同步的异步喷射,增量的大小只与节气门开度变化量有关。

◎ 4.3.3 断油控制

断油控制是发动机ECU在某些特殊工况下,暂时中断燃油喷射,以满足发动机运行时的特殊需要。断油控制包括发动机超速断油控制、减速断油控制和清除溢流控制、减转矩断油控制等,断油控制系统组成与控制过程如图 4-78 所示。

1. 超速断油控制

超速断油控制是指当发动机转速超过允许的极限转速时,ECU 立即控制喷油器中断燃油喷射,以防止发动机超速运转而损坏机件。

每台发动机的转速都有一个额定值,一般为 6000~7000r/min。在发动机运行过程中,ECU 随时都将曲轴转速与位置传感器测得的发动机实际转速与存储器中存储的极限转速进行比较。当发动机实际转速超过额定转速 80~100r/min 时,ECU 控制喷油器停止喷油,限制发动机转速进一步升高,避免发动机超速运行而损坏机件。当发动机转速下降至低于额定转速时,ECU 控制喷油器恢复喷油。极限转速控制曲线如图 4-79 所示。

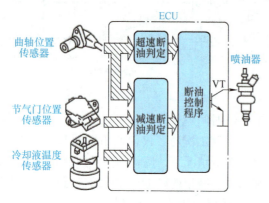

图 4-78 超速断油与减速断油控制

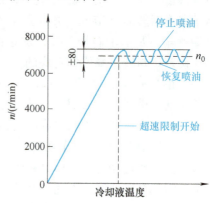

图 4-79 极限转速控制曲线

2. 减速断油控制

减速断油控制是当发动机在高转速运转过程中突然减速时,发动机 ECU 自动控制喷油器中断燃油喷射,直到发动机转速下降到设定的转速时,再恢复喷油。当高速行驶的汽车突然松开加速踏板减速时,发动机将在汽车惯性力的作用下高速旋转,此时,由于节气门已经关闭,进入气缸的空气很少,如不停止喷油,混合气将会很浓而导致燃烧不完全。同时,排气中的有害气体成分将急剧增加。减速断油控制的目的就是节约燃油,并减少有害气体的排放量。

减速断油控制时,发动机 ECU 根据节气门位置、发动机转速和冷却液温度等传感器信号,判断是否满足以下三个减速断油条件:节气门位置传感器信号表示节气门关闭,发动机冷却液温度达到正常工作温度,发动机转速高于燃油停供转速。当三个条件全部满足时,ECU 立即发出停止喷油指令,控制喷油器停止喷油。当喷油停止、发动机转速降低到燃油复供转速或节气门开启时,ECU 立即发出指令,控制喷油器恢复喷油。燃油停供转速和复供转速与冷却液温度和发动机负荷有关。冷却液温度越低,发动机负荷越大(如空调接通),燃油停供转速和复供转速就越高。反之,发动机冷却液温度越高,负荷越小,则停止与恢复供油的转速就越低,控制曲线如图 4-80 所示。

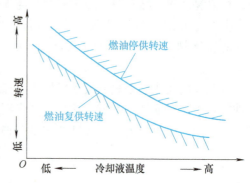

图 4-80 减速断油控制曲线

3. 清除溢流控制

起动发动机时，燃油喷射系统将向发动机供给较浓的混合气，以便顺利起动。若多次起动未能成功，则淤积在气缸内的浓混合气就会浸湿火花塞，使发动机起动更加困难。火花塞被混合气浸湿的现象称为"溢流"或"淹缸"。

"清除溢流"是指将加速踏板踩到底或节气门开度为80%～100%并起动发动机时，发动机ECU自动控制喷油器中断喷油，以便排除气缸内的燃油蒸气，使火花塞干燥，从而能够跳火起动发动机。断油控制系统"清除溢油"的条件如下：发动机转速低于300r/min、节气门开度大于80%、点火开关处于起动位置。只有在三个条件同时满足时，断油控制系统才能进入"清除溢流"状态进行工作，喷油器将停止喷油。

4. 减转矩断油控制

在配装电控自动变速器的汽车上，当行驶中变速器自动升档时，变速器ECU向发动机ECU发出一个减转矩信号。发动机ECU接收到该信号后立即发出控制指令，暂时中断个别气缸喷油，降低发动机转速，以便减轻换档冲击，该控制功能称为减转矩断油控制。

单元 5

发动机点火控制系统与检修

【学习目标】

1. 知识目标

(1) 了解对点火系统的基本要求。
(2) 掌握点火控制系统的组成与工作原理。
(3) 掌握曲轴转速与位置传感器的结构原理与检修技术要求。
(4) 掌握凸轮轴位置传感器的结构原理与检修技术要求。
(5) 了解爆燃控制的基本原理,掌握爆燃传感器的结构原理与检修技术要求。
(6) 掌握点火控制电路的结构原理与检修技术要求。
(7) 了解点火提前角与闭合角控制的基本原理。

2. 能力目标

(1) 掌握曲轴转速与位置传感器的检修方法和工作步骤。
(2) 掌握凸轮轴位置传感器的检修方法和工作步骤。
(3) 掌握爆燃传感器的检修方法和工作步骤。
(4) 掌握点火控制电路的检修方法和工作步骤。

通常,汽油发动机正常工作必须满足三个条件:适当浓度的可燃混合气,足够的气缸压力,准确而可靠的点火。因此,点火控制是发动机电子控制系统的重要控制功能之一。点火控制即在不同转速、不同负荷条件下,按发动机的点火顺序并以最佳时刻(点火提前角)进行点火,同时确保能够提供足够高的次级电压,使火花塞电极间产生具有足够能量的火花以点燃可燃混合气。

作为汽油发动机必不可少的组成部分,以传统机械式有触点点火系统为基础,点火系统的电子化经历了普通电子点火系统、微机控制电子点火系统两个发展阶段。微机控制电子点火系统能够完全满足汽油机对点火系统的基本要求,使发动机的动力性、经济性达到较高的水平,同时排放污染也得到了有效降低。

5.1 点火控制系统的组成与工作原理

◎ 5.1.1 对点火控制系统的基本要求

点火控制主要包括通电时间(闭合角)控制与恒流控制、点火提前角控制,以及爆燃控制等。为了保证在各种工况下发动机都能可靠而准确地点火,点火控制系统必须满足以下各项要求。

首先,能提供足够高的次级电压,使火花塞电极间点火。能够克服火花塞电极之间的间隙阻抗产生正常点火电火花的电压,通常被称为击穿电压。为了保证点火可靠,考虑各种因素的影响,点火击穿电压除必须满足不同工况的要求外还必须有一定的余量储备,一般要达到 15~20kV,而且电压上升要快。目前,大多数电控汽油机点火系统所能提供的击穿电压已超过 28kV。

第二,火花塞电极间产生的火花必须具有足够的能量。点火能量的大小直接影响发动机的着火情况,一般情况下,电火花的能量越大,混合气的着火性能越好。只有点火能量较高时,才可以点燃稀薄混合气,这对于提高发动机的经济性和改善排放具有重要的作用。目前,电控发动机的高能点火装置能提供的点火能量都超过了 80~100mJ。

第三,应按发动机的点火顺序并以最佳时刻(点火提前角)进行点火。混合气在发动机气缸内从开始点火到完全燃烧,是需要一定时间的。要想使发动机产生最大的功率,就不能在压缩行程完全终了、活塞行至上止点后才点火,而是需要适当提前点火时刻(从火花塞点火开始到活塞完全上行至压缩上止点时曲轴所转过的角度,称为点火提前角)。混合气通常在压缩行程后期,压缩上止点到达之前的某一时刻被点燃。这样,当活塞运动到上止点时,混合气已接近充分燃烧,发动机才能输出最大的功率。点火提前角若过大,将引起混合气的过早燃烧,气缸内压力升高过快,产生爆燃的可能性增大,使发动机工作变得粗暴、有效功率下降。反之,点火提前角若过小,燃烧将延长到膨胀过程,混合气燃烧将变得不充分,燃烧最高压力和温度降低,造成较大的热损失,尽管爆燃倾向减小,但发动机有效功率也会降低。理想的点火提前角调节特性,就是确保汽油机在所有的运转工况下,都具有最佳点火提前量即最佳点火提前角。实验证明,发动机的最佳点火提前角,应使发动机气缸内的最高压力出现在压缩行程上止点后 10°~15°。

对于以上三个要求,传统的机械式有触点点火系统只能基本满足,无触点普通电子点火系统只能在提高击穿电压方面有所改善,只有微机控制电子点火系统才有可能在以上三个方面都取得突破,它是继无触点普通电子点火系统之后点火系统的又一次飞跃。

◎ 5.1.2 点火控制系统的组成

与进气控制系统和燃油控制系统一样,微机控制电子点火系统主要由监测发动机运行状况的传感器、处理信号和发出点火指令的电子控制单元(ECU)、对点火指令做出响应的执行器等组成。按是否配有分电器,微机控制电子点火系统分为有分电器微机控制电子点火系统和无分电器微机控制电子点火系统两种。由于分电器机械装置本身的局限性(运动部件的磨损),驱动部件的松旷会影响点火提前角的稳定性和均匀性,有分电器微机控制电子点火系统无法保证点火提前角在各种工况下都能处于最佳状态。因此,目前有分电器微机控制电子点火系统已被淘汰。如图 5-1 所示,无分电器微机控制电子点火系统没有分电器,点火线圈次级绕组的两端直接

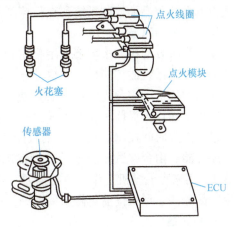

图 5-1 无分电器微机控制电子点火系统

与火花塞相连,发动机运转时,点火线圈产生的高压电直接提供给火花塞。目前,无分电器微机控制电子点火系统应用越来越广泛,是点火系统的主流。

1. 传感器

传感器用来检测与点火有关的发动机工况信息,并将检测结果输入发动机ECU,作为计算和控制点火时刻的依据。虽然各型发动机微机控制电子点火系统采用的传感器类型、数量、结构和安装位置不尽相同,但主要有曲轴转速与位置(转角)传感器、凸轮轴位置(上止点位置)传感器、空气流量传感器、节气门位置(负荷)传感器、冷却液温度传感器、进气温度传感器、车速传感器、爆燃传感器。这些传感器大多与空气控制系统、燃油控制系统等电子控制系统共用,而且都由一个ECU集中控制。

在传感器输入ECU的信号中,曲轴转速与位置信号和凸轮轴位置信号是保证ECU控制点火系统正常工作最基本的信号。曲轴转速与位置传感器向ECU提供发动机曲轴转速、曲轴转角信号,转速信号用于计算确定点火提前角,转角信号用于控制点火时刻(点火提前角)。凸轮轴位置传感器采集凸轮轴的位置信号输入ECU,以便ECU识别一缸压缩上止点,从而进行点火时刻控制和爆燃控制。由于凸轮轴位置传感器能够识别是哪一缸活塞即将到达上止点,所以又称其为判缸传感器。

爆燃传感器是微机控制电子点火系统专用的一个传感器,发动机ECU可根据爆燃传感器输出的信号来判断发动机是否发生爆燃,从而对点火提前角进行修正,实现点火提前角的闭环控制。

需要指出的是,由于微机控制电子点火系统是发动机电子控制系统的一个组成部分,除了专用的部件(爆燃传感器和点火线圈、火花塞等执行器)外,其他所有传感器都是共用的。如空气流量传感器检测的是发动机单位时间内吸入的空气流量,为确定每次循环符合最佳空燃比的喷油量,应求得每次循环吸入的空气量,即在已知单位时间空气流量的基础上,应检测发动机转速。另外,为了有效地提高发动机的性能,特定的喷油时刻、点火时刻都是相对曲轴位置(转角)而言的。对于凸轮轴位置传感器来说,现代汽车发动机广泛采用的可变气门控制技术,发动机ECU就是根据来自凸轮轴位置传感器的凸轮轴位置信号检测实际的气门正时,从而进行反馈控制以获得预定的气门正时的。因此,与空气流量传感器、节气门位置传感器、冷却液温度传感器等一样,曲轴转速与位置传感器和凸轮轴位置传感器是进气控制系统、燃油控制系统和点火控制系统及其他控制系统所共用的。

2. 电子控制单元

现代汽车发动机大多数都采用集中控制系统,电子控制单元(ECU)既是进气控制系统和燃油控制系统的控制核心,也是电子点火系统的控制核心,其作用是根据各种传感器和开关输入的信号,按预先编制的程序进行计算与分析,以判断当前发动机所处的工况与状态,输出最佳点火提前角和点火线圈初级电路导通时间的控制信号,通过执行机构实现发动机的最佳点火时间控制。在ECU的只读存储器(ROM)中,除存储有监控和自检等程序之外,还存储有由台架试验测定的该型发动机在各种工况下的最佳点火提前角。随机存储器(RAM)用来存储微机工作时暂时需要存储的数据,如输入/输出数据、单片机运算得出的结果、故障码、点火提前角修正数据等,这些数据根据需要可随时调用或被新的数据改写。

3. 执行器

执行器主要包括点火控制器、点火线圈以及火花塞等。

（1）点火控制器　点火控制器又称为点火电子控制单元、点火模块、点火电子组件或功率放大器，连接于发动机 ECU 与点火线圈之间，是微机控制电子点火系统的功率输出级，它接受发动机 ECU 输出的点火控制信号，控制点火线圈初级绕组接地端的通断并进行功率放大，以便驱动高压点火线圈工作，使火花塞点火。同时，它还具有恒电流控制、停车断电保护、点火时刻低速延迟和超压保护等功能。

点火控制器的电路、功能与结构根据车型的不同而不同，差别较大。在普通电子点火控制电路中，点火顺序和点火正时是由点火控制器直接控制的。即使在微机控制电子点火控制电路中，有的车型仍设有独立的（非集成在发动机 ECU 内部）、受发动机 ECU 控制的点火控制器（点火控制电路），作为发动机 ECU 的一个执行机构用线束与发动机 ECU 相连，如图 5-1 所示。

（2）点火线圈与火花塞　点火线圈由初级绕组、次级绕组和铁心等组成，通过电磁感应将电源的 12V 低电压转换成 15~30kV 的脉冲高电压。带分电器的微机控制电子点火系统其点火线圈的结构与普通电子点火系统的点火线圈并无差别，而无分电器的微机控制电子点火系统的点火线圈则有多种结构形式，因高压配电方式的不同可分为二极管分配方式的点火线圈、点火线圈分配方式的点火线圈和独立点火方式的点火线圈三种。

火花塞是点火系统的终端部件，它利用点火线圈产生的高压电击穿两极间隙获得电火花，从而点燃气缸内的可燃混合气。现代汽车越来越多采用的独立点火方式，每一个气缸都配有一个点火线圈，且直接安装在火花塞上方，无须高压分缸线，该组件通常被称为火花塞总成。

◎ 5.1.3　点火控制系统的工作原理

微机控制电子点火系统以发动机 ECU 为控制核心，将发动机在各种运行工况（转速和负荷）下最佳点火提前角值预先以点火提前角脉谱图形式储存在 ECU 的存储器中。在发动机运行时，ECU 将不断地采集发动机转速、负荷、冷却液温度、进气量等信号，并根据自身存储器中存储的控制程序与数据，确定发动机的运行工况，然后筛选出该工况的点火提前角大小和初级电路的导通时间、截止时间、通电电流大小等控制参数，并根据冷却液温度、节气门位置等信息对所选参数进行进一步修正，经综合计算分析后确定实际控制目标，然后发出控制指令进行全过程自动控制。在带有爆燃传感器反馈控制的闭环点火控制模式下，ECU 可将点火提前角控制在无爆燃或轻微爆燃的范围内，使发动机能获得较高的燃烧效率。由此可以看出，微机控制电子点火系统能够完全满足汽油机对点火系统的基本要求，使发动机的动力性、经济性达到较高水平，同时排放污染也得到了有效降低。

5.2　曲轴转速与位置传感器

曲轴转速与位置传感器用来检测发动机转速、曲轴位置（转角）信号，以及一缸和各缸压缩行程上止点信号，是控制喷油和点火时刻的主要信号。发动机 ECU 根据发动机转速信号和负荷信号就能计算出基本喷油提前角（喷油时刻）、基本点火提前角（点火时间）和点火导通角（点火线圈初级电流接通时间）三个基本控制参数。与空气流量传感器、节气门位置传感器一样，曲轴转速与位置传感器是发动机集中控制系统中最主要的传感器。

曲轴转速与位置传感器将发动机曲轴转过的角度变换为电信号输入 ECU，曲轴每转过一定角度就发出一个脉冲信号，ECU 通过不断地检测脉冲个数，即可计算出曲轴转过的角度。与此同时，ECU根据单位时间内接收到的脉冲个数，即可计算出曲轴的转速（发动机转速）。在微机控制电子点火系统中，发动机曲轴转速信号用来计算和读取基本点火提前角，曲轴转角信号用来计算具体的点火时刻。

曲轴转速与位置传感器所采用的结构随车型不同而不同，可分为磁感应式、霍尔式和光电式三大类（光电式较少采用），通常安装在曲轴前端或飞轮上。

◎ 5.2.1 磁感应式曲轴转速与位置传感器

磁感应式曲轴转速与位置传感器以及其他形式的磁感应式传感器，都是根据电磁感应产生相应的电压脉冲信号制成的传感器。

1. 结构组成与工作原理

（1）结构组成 磁感应式曲轴转速与位置传感器的基本结构如图5-2所示，主要由信号转子、感应线圈、永久磁铁等组成。

（2）工作原理 磁感应式曲轴转速与位置传感器利用电磁感应原理产生电信号。如图5-3所示，当信号转子旋转时，磁路中信号转子的凸齿与铁心磁头之间的空气隙就会周期性地发生变化，磁路的磁阻和穿过感应线圈磁头的磁通量随之发生周期性的变化。根据电磁感应原理，感应线圈中就会产生交变电动势。

图5-2 磁感应式曲轴转速与位置传感器的基本结构

当信号转子按顺时针方向旋转时，转子凸齿与磁头间的气隙减小，磁路磁阻减小，磁通量增多，磁通变化率增大，感应电动势 E 为正（$E>0$），如图5-4中曲线 abc 所示。

如图5-3a所示，当转子凸齿接近磁头边缘时，磁通量急剧增多，磁通变化率最大，感应电动势 E 最高（图5-4中曲线 b 点）。转子转过 b 点位置后，虽然磁通量仍在增多，但磁通变化率减小，因此感应电动势 E 降低。

如图5-3b所示，当转子旋转到凸齿的中心线与磁头的中心线对齐时，虽然转子凸齿与磁头间的气隙最小，磁路的磁阻最小，磁通量最大，但是，由于磁通量不可能继续增加，磁通变化率为零，所以感应电动势 E 为零（图5-4中曲线 c 点）。

如图5-3c所示，当转子沿顺时针方向继续旋转，凸齿离开磁头时，凸齿与磁头间的气隙增大，磁路磁阻增大，磁通量减少，所以感应电动势 E 为负值（图5-4中曲线 cda）。当凸齿即将离开磁头边缘时，磁通量急剧减少，磁通变化率达到负向最大值，感应电动势 E 也达到负向最大值（图5-4中曲线 d 点）。

由此可见，信号转子每转过一个凸齿，就会在感应线圈中产生一个周期的交变电动势，即电动势出现一次最大值和一次最小值，感应线圈输出端相应地输出一个交变电压信号。

磁感应式曲轴转速与位置传感器的突出优点是工作时不需要外加电源，永久磁铁起着将机械能变换为电能的作用，其磁能不会损失。当发动机转速变化时，转子凸齿转动的速度将发生变化，铁心中的磁通变化率也将随之变化。转速越高，磁通变化率就越大，感应线圈中的感应电动势也就越高，如图5-5所示。

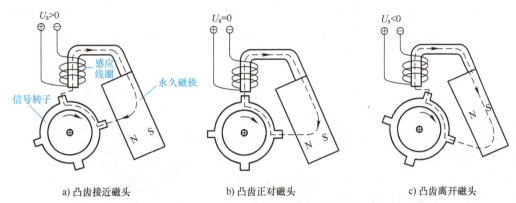

a) 凸齿接近磁头　　b) 凸齿正对磁头　　c) 凸齿离开磁头

图 5-3　磁感应式曲轴转速与位置传感器的基本结构与工作原理示意图

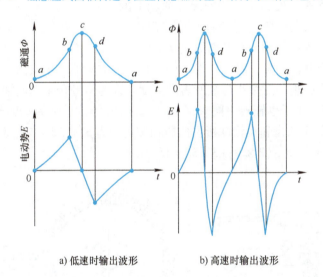

a) 低速时输出波形　　b) 高速时输出波形

图 5-4　感应线圈中的磁通和电动势 E 波形

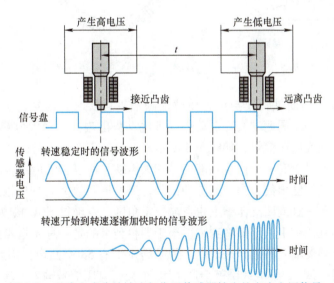

图 5-5　磁感应式曲轴转速与位置传感器输出的交变电压信号

由于转子凸齿与磁头间的间隙直接影响磁路的磁阻和感应线圈输出电压的高低,所以在使用中转子凸齿与磁头间的间隙不能随意变动。间隙如有变化,必须按规定进行调整。

2. 大众 CEA 1.8TSI 发动机磁感应式曲轴转速与位置传感器

(1) 结构特点　如图 5-6 所示,大众 CEA 1.8TSI 发动机在气缸体前部左侧靠近变速器处装配有磁感应式曲轴转速与位置传感器 G28,包括信号发生器和信号转子两个部分。

如图 5-7 所示,信号发生器用螺钉固定在发动机缸体上,由永久磁铁、感应线圈和线束插头组成,永久磁铁上带有一个磁头,磁头正对着安装在曲轴上的齿盘式信号转子,磁头与磁轭(导磁板)连接而构成

图 5-6　大众 CEA 发动机磁感应式曲轴转速与位置传感器安装位置

导磁回路。信号转子为齿盘式,在其圆周上间隔均匀地制出 58 个凸齿、57 个小齿缺和 1 个大齿缺。大齿缺输出基准信号,对应于发动机一缸或四缸压缩上止点前一定角度。大齿缺所占的弧度相当于两个凸齿和三个小齿缺所占的弧度。因为信号转子随曲轴一同旋转,曲轴旋转一圈(360°),信号转子也旋转一圈(360°),所以信号转子圆周上的凸齿和齿缺所占的曲轴转角为 360°,每个凸齿和小齿缺所占的曲轴转角均为 3°($58 \times 3° + 57 \times 3° = 345°$),大齿缺所占的曲轴转角为 15°($2 \times 3° + 3 \times 3° = 15°$)。

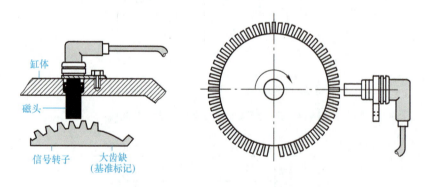

图 5-7　大众 CEA 发动机磁感应式曲轴转速与位置传感器

(2) 工作情况　当曲轴转速与位置传感器随曲轴旋转时,信号转子每转过一个凸齿,感应线圈中就会产生一个周期的交变电动势(即电动势出现一次最大值和一次最小值),线圈相应地输出一个交变电压信号,如图 5-8 所示。

因为信号转子上设置有一个产生基准信号的大齿缺,所以当大齿缺转过磁头时,信号电压所占的时间较长,即输出信号为一宽脉冲信号,经整形和放大处理后输出的波形如图 5-8 所示。该信号对应于一缸或四缸压缩上止点前一定角度。发动机 ECU 接收到宽脉冲信号时,便可知道一缸或四缸压缩上止点即将来,至于即将到来的是一缸还是四缸压缩上止点则需根据凸轮轴位置传感器输入的信号来确定。信号转子上有 58 个凸齿,因此信号转子每转一圈(发动机曲轴转一圈),感应线圈就会产生 58 个交变电压信号输入发动机 ECU。

每当信号转子随发动机曲轴转动一圈,感应线圈就会向电子控制单元(ECU)输入 58

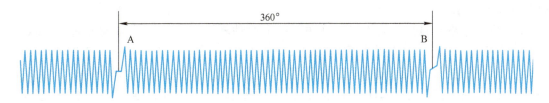

图 5-8 大众 CEA 1.8TSI 发动机曲轴转速与位置传感器输出信号波形

个脉冲信号。因此，ECU 每接收到曲轴转速与位置传感器 58 个信号，就可知道发动机曲轴旋转了一转。如果在 1min 内 ECU 接收到曲轴转速与位置传感器 116000 个信号，ECU 便可计算出曲轴转速为 2000r/min；如果 ECU 每分钟接收到曲轴转速与位置传感器 290000 个信号，ECU 便可计算出曲轴转速为 5000r/min。依此类推，ECU 根据每分钟接收曲轴转速与位置传感器脉冲信号的数量，便能计算出发动机曲轴旋转的转速。

大众 CEA 1.8TSI 发动机磁感应式曲轴转速与位置传感器 G28 信号转子上大齿缺产生的信号为基准信号，ECU 控制喷油时间和点火时间以大齿缺产生的信号为基准进行控制。当 ECU 接收到大齿缺产生的信号后，再根据小齿缺信号来控制喷油时间（喷油提前角）、点火时间（点火提前角）和点火线圈初级电流接通时间（即导通角）。为了保证系统的控制精度达到 1°，小齿缺产生的信号还须由 ECU 内部电路将其转换为 1° 信号。

（3）检修方法 曲轴转速与位置传感器信号是发动机 ECU 计算点火时刻和喷油量的基本信号，当曲轴转速与位置传感器出现故障而信号中断后，绝大多数发动机无法起动。因为程序中没有设计利用凸轮轴位置传感器信号替代的功能，ECU 无法驱动点火线圈和喷油器工作，火花塞不点火，喷油器不喷油，必然导致发动机无法起动。无论是传感器故障还是线路故障，都是如此。只有少部分汽车，当曲轴转速与位置传感器信号中断后，ECU 会以凸轮轴位置传感器信号替代，发动机可以起动和运行。但是凸轮轴位置传感器信号的精度太低，作为备用信号使用时，曲轴转动两周才刷新一次点火提前角，所以它只能暂时代替曲轴转速与位置信号，此时，发动机的各项性能也会下降。

发动机磁感应式曲轴转速与位置传感器出现故障有三种情况，自身损坏、外部电路故障和 ECU 故障。传感器自身故障如感应线圈断路或短路、磁铁性能衰退，外部线路故障有断路、短路和虚接，ECU 故障主要是 ECU 内部电路出现故障，不能正常接收传感器的输入信号。另外，传感器安装位置松动、凸齿与磁头间的气隙异常等，也将导致传感器无法向 ECU 提供准确的发动机转速与曲轴位置信号，从而引发发动机无法起动、起动困难等故障。

大众 CEA 1.8TSI 发动机曲轴转速与位置传感器 G28 与 ECU 的接线电路如图 5-9 所示，其中线束插头 T2cd 端子 1 为信号线正极，端子 2 为信号线负极。

1）检测传感器电阻。关闭点火开关，拔下曲轴转速与位置传感器线束插头 T2cd，用万用表检测传感器线束插座端子 1 与端子 2 之间电阻应为 450～1000Ω。否则，应更换发动机曲轴转

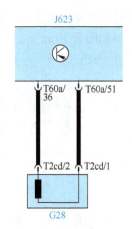

图 5-9 大众 CEA 发动机曲轴转速与位置传感器与 ECU 的连接电路

速与位置传感器。

2）检测电路导通性。关闭点火开关，拔下曲轴转速与位置传感器线束插头 T2cd 和 ECU 线束插头 T60a，用万用表检测传感器线束插头 T2cd 端子 1 与 ECU 线束插头 T60a 端子 51 之间的导线电阻，检测传感器线束插头 T2cd 端子 2 与 ECU 线束插头 T60a 端子 36 之间的导线电阻，正常值均应小于 1Ω。若电阻值较大，说明该段导线存在虚接或断路，应修复或更换。

3）检测输出信号电压。关闭点火开关，将曲轴转速与位置传感器线束插头 T2cd 端子 1、端子 2 的线束刺破，接好万用表表笔。插上传感器线束插头 T2cd 和 ECU 线束插头 T60a，起动发动机，用万用表交流电压档检测线束插头 T2cd 端子 1、端子 2 之间的电压，发动机怠速运行时，应在 6V 左右变化。随着发动机转速的增大，输出信号电压不断增大。

4）检测输出信号波形。关闭点火开关，拔下曲轴转速与位置传感器线束插头 T2cd，将线束插头 T2cd 端子 1、端子 2 的线束刺破，在端子 1 与端子 2 之间接上示波器。起动发动机，先怠速运转而后加速，获得输出信号波形应如图 5-8 所示。良好的波形在 0V 电平上、下的幅值应基本接近，幅值会随发动机转速增加而增大，频率会随发动机转速增加而加快，幅值、频率和形状在确定的条件（转速等）下是一致的、可重复的、有规律的和可预测的。

5）检测信号转子与磁头之间的间隙。曲轴转速与位置传感器信号转子凸齿与磁头之间的间隙应在 0.2~0.5mm 的范围内。如间隙超出此范围，则应进行调整。

3. 丰田 1ZR-FE 发动机磁感应式曲轴转速与位置传感器

（1）结构特点 丰田 1ZR-FE 发动机磁感应式曲轴转速与位置传感器安装在曲轴前端，信号转子上有 34 个凸齿、33 个小齿缺和 1 个大齿缺（相当于 2 个凸齿和 3 个小齿缺的弧度）。

（2）工作情况 丰田 1ZR-FE 发动机曲轴转速与位置传感器信号转子旋转一圈输出 34 个近似正弦波形的信号和 1 个齿缺信号。每个脉冲信号对应 10°曲轴转角，相邻两个齿缺信号之间对应 360°曲轴转角。发动机 ECU 内部电路将 10°信号再均分 10 份，从而获得 1°曲轴位置信号。发动机 ECU 根据单位时间内检测到的正弦波形数量来计算发动机的转速，并根据齿缺信号来判断 1、4 缸上止点位置。丰田 1ZR-FE 发动机磁感应式曲轴转速与位置传感器波形如图 5-10 所示。

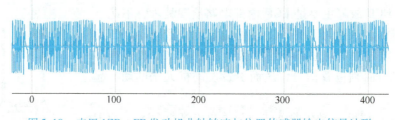

图 5-10　丰田 1ZR-FE 发动机曲轴转速与位置传感器输出信号波形

（3）检修方法 丰田 1ZR-FE 发动机磁感应式曲轴转速与位置传感器连接电路如图 5-11 所示。因为曲轴转速与位置信号比较敏感，容易受高压点火线、车载通信等电子设备的电磁干扰或射频干扰，曲轴转速与位置传感器与 ECU 之间的连接导线被包裹在屏蔽线中间，屏蔽线起到抗干扰的作用。

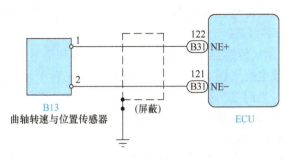

图5-11 丰田1ZR-FE发动机曲轴转速与位置传感器连接电路

1)检测传感器电阻。关闭点火开关,拔下曲轴转速与位置传感器线束插头B13,如图5-12所示,检测传感器线束插座端子1与端子2之间的电阻值,正常值为1850~2450Ω。否则更换曲轴转速与位置传感器。

2)检测电路导通性。关闭点火开关,拔下曲轴转速与位置传感器线束插头B13与ECU线束插头B31,如图5-13所示,用万用表检测传感器线束插头B13端子1与ECU线束插头B31端子122(NE+)之间的导线电阻,检测传感器线束插头B13端子2与ECU线束插头B31端子121(NE-)之间的导线电阻,正常值均应小于1Ω。若电阻值较大,说明该段导线存在虚接或断路,应修复或更换。

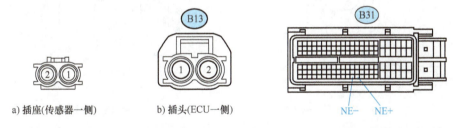

图5-12 曲轴转速与位置传感器插头与插座   图5-13 ECU插头B31插头

3)检测输出信号电压。关闭点火开关,将曲轴转速与位置传感器线束插头B13端子1的线束刺破,接好万用表表笔。插上传感器线束插头B13和ECU线束插头B31,起动发动机,用万用表的交流电压档检测传感器线束插头B13端子1与搭铁之间的电压,发动机怠速运行时,电压值应在5V左右变化。随着发动机转速的增大,输出信号电压不断增大。

4)检测输出信号波形。关闭点火开关,拔下曲轴转速与位置传感器线束插头B13,将线束插头B13端子1、端子2的线束刺破,在端子1与端子2之间接上示波器。插上传感器线束插头B13,起动发动机,观察传感器实测信号波形应与如图5-10所示的理论波形相吻合,怠速时,信号波形电压峰值为5V左右,波形稳定,周期性良好,在信号盘缺齿处位置信号明显不同。如果输出信号波形不正常,更换曲轴转速与位置传感器。

5.2.2 霍尔式曲轴转速与位置传感器

霍尔式曲轴转速与位置传感器以及其他形式的霍尔式传感器,都是利用霍尔效应产生相应的电压脉冲信号制成的传感器。霍尔效应参见单元3的相关内容,不再赘述。

霍尔式曲轴转速与位置传感器分为触发叶片式和触发轮齿式,两种传感器的结构组成与工作原理略有差异。霍尔式传感器与磁感应式传感器不同的是,需要外加电源。

1. 触发叶片霍尔式曲轴转速与位置传感器

如图5-14所示,霍尔式传感器主要由霍尔信号发生器和信号转子组成。霍尔信号发生器包括霍尔元件及其集成电路(图5-15)、永久磁铁、导磁钢片(磁轭),霍尔元件和永久磁铁固定在导磁钢片上,它们之间保持一定的间隙。信号转子又称为触发叶轮,安装在转子轴上,由导磁材料冲制成盘状或桶状,上制有叶片(隔板)和导磁窗。叶片和导磁窗的数量是否均布由传感器的功能决定。

当信号转子随转子轴一同转动时,叶片便从霍尔集成电路与永久磁铁之间的气隙中转过。当叶片离开气隙时,导磁窗正对永久磁铁,永久磁铁的磁通便经霍尔集成电路和导磁钢片构成回路,如图5-14a所示,此时霍尔元件产生电压($U_H = 1.9 \sim 2.0V$),霍尔集成电路输出级的晶体管导通,传感器输出的信号电压U_0为$0.1 \sim 0.3V$的低电平。当叶片进入气隙时,霍尔集成电路中的磁场被叶片旁路,如图5-14b所示,霍尔电压U_H为0,集成电路输出级的晶体管截止,传感器输出的信号电压U_0为9.8V(电源电压为14.4V)或4.8V的高电平(电源电压为5V)。

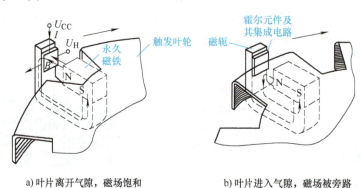

a) 叶片离开气隙,磁场饱和　　　　b) 叶片进入气隙,磁场被旁路

图5-14　触发叶片霍尔式曲轴转速与位置传感器

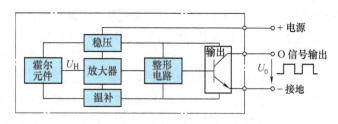

图5-15　霍尔元件及其集成电路组成框图

触发叶片霍尔式曲轴转速与位置传感器有两个突出优点:一是输出电压信号近似于方波信号;二是输出电压高低与被测物体的转速无关。

2. 触发轮齿霍尔式曲轴转速与位置传感器

触发轮齿霍尔式曲轴转速与位置传感器即差动霍尔式曲轴转速与位置传感器,也叫双霍尔式曲轴转速与位置传感器,其结构与磁感应式曲轴转速与位置传感器相似,由带凸齿的信号转子和霍尔信号发生器组成,如图5-16所示。霍尔信号发生器包括霍尔集成电路、永久磁铁、两个霍尔元件等,即霍尔集成电路、永久磁铁、霍尔元件封装在一个传感器壳体内。

信号转子上制有凸齿和齿缺，安装在发动机曲轴上（部分汽车以发动机的飞轮为信号转子）。

当发动机曲轴或飞轮转动时，触发轮齿式霍尔曲轴转速与位置传感器的信号转子随其一起转动，随着信号转子的齿缺与凸齿转过霍尔信号发生器的探头，齿缺或凸齿与探头之间的气隙就会随之变化，从而使作用于两个霍尔元件上的磁通量发生周期性的变化，即磁场强度发生周期性的变化。根据霍尔效应，在传感器的霍尔元件中就会产生交变电压信号，这个交变电压信号经霍尔集成电路处理后为方波脉冲信号，可直接为电子控制单元所采用，甚至可以向数据总线提供数字信号。如图 5-16 所示，触发轮齿式霍尔曲轴转速与位置传感器其输出电压由两个霍尔信号电压 U_{H1}、U_{H2} 叠加而成。因为输出信号为叠加信号，所以转子凸齿与信号发生器之间的气隙可以增大到（1.0±0.5）mm（普通霍尔式传感器仅为 0.2～0.4mm），从而便可将信号转子设置成与磁感应式传感器信号转子一样的齿盘式结构，便于安装。

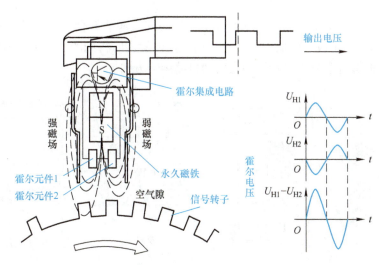

图 5-16 触发轮齿霍尔式曲轴转速与位置传感器

大众第二代 EA 888 系列发动机中的部分型号，采用的是触发轮齿霍尔式曲轴转速与位置传感器，其信号转子安装在曲轴上，封装在曲轴密封法兰中，霍尔元件和永久磁铁集成在传感器上，信号转子上制有 58 个凸齿、57 个小齿缺和 1 个大齿缺，安装位置、结构组成及工作情况如图 5-17 所示。

不同于 CEA 1.8TSI 等大众第二代 EA 888 系列发动机，大众第三代 EA 888 系列发动机（如 CUFA 1.8TSI、CUGA 2.0TSI 等）采用了混合喷射（缸内直喷+进气道喷射）和发动机起停技术，为了迅速再次快速起动，需要更精确地检测发动机曲轴转速与位置。为此，第三代 EA 888 系列发动机在曲轴后端安装的触发轮齿霍尔式曲轴转速与位置传感器的霍尔元件由 2 个增加到了 3 个，3 个霍尔元件非均匀分布，增加的一个霍尔元件负责识别信号转子上各个凸齿的齿根和齿顶，由于 3 个霍尔元件产生交变电压信号的时间差不同，由此传感器能识别发动机的旋转方向，发动机电子控制系统能够始终保证发动机迅速而平稳地起动。带旋转方向识别功能的触发轮齿霍尔式曲轴转速与位置传感器其内部结构、安装位置及工作情况

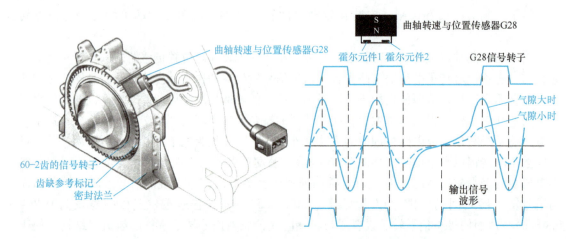

图 5-17 大众第二代 EA 888 系列发动机触发轮齿霍尔式曲轴转速与位置传感器结构组成及工作情况

如图 5-18 所示，从波形中可以清楚地看到正向旋转和反向旋转信号的变化。在发动机正向旋转时，得到的是一个较短的低电平信号，而在反向旋转时得到的低电平信号则较长，发动机 ECU 就可以根据这个变化准确识别出发动机的旋转方向。

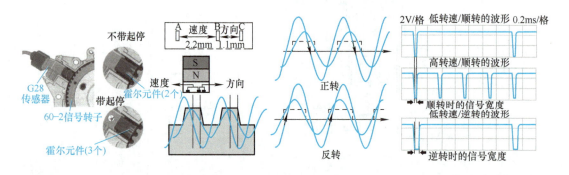

图 5-18 大众第三代 EA 888 系列发动机触发轮齿霍尔式曲轴转速与位置传感器安装位置及工作情况

带旋转方向识别的触发轮齿霍尔式曲轴转速与位置传感器，与普通的触发轮齿霍尔式曲轴转速与位置传感器外观上没有区别，为了防止误更换，它们本身设计得就是不能互相插入。因此，更换时一定注意它的特殊结构和不同的零件编号。在订购备件时，也需注意对应的车型。另外，无论是带旋转方向识别的触发轮齿霍尔式曲轴转速与位置传感器，还是不带旋转方向识别普通的触发轮齿霍尔式曲轴转速与位置传感器，信号转子和密封法兰都是一个整体，更换时需要一起更换，且必须保证信号转子在曲轴上位于正确的位置。

5.3 凸轮轴位置传感器

凸轮轴位置传感器又称为相位传感器，其功用是检测凸轮轴的转角位置信号，发动机 ECU 以此确定某缸（如一缸）活塞上止点位置，是控制喷油和点火时刻的重要信号。

在燃油控制系统中，当 ECU 控制喷油器喷油时，首先必须知道哪一个气缸的活塞即将到达排气上止点。当 ECU 控制火花塞点火时，首先必须知道哪一个气缸的活塞即将到达压缩上止点，然后再根据曲轴转角信号控制喷油与点火。曲轴转速与位置传感器只能判断一、四缸活塞到达上止点前位置，无法判断是压缩行程还是排气行程。凸轮轴位置传感器在曲轴旋转至某一特定的位置（如一缸上止点或上止点前某一确定的角度）时，向ECU输入一个凸轮轴的位置信号，判别此时开始向上止点运行的活塞是处于压缩行程还是排气行程，以便ECU识别一缸活塞压缩上止点，从而进行喷油控制、点火控制和爆燃控制。此外，凸轮轴位置信号还用于发动机起动时识别出第一次点火时刻。因为凸轮轴位置传感器能够识别哪一缸活塞即将到达上止点，所以又称其为判缸传感器。在某些车型上，如果没有凸轮轴位置传感器的输入信号发动机将不能正常起动。但是，在发动机正常起动之后，在下一个点火循环之前，就不再需要凸轮轴位置传感器的输入信号，发动机可以正常运转。这是因为ECU已经确定了第一缸的压缩上止点位置，可以利用曲轴转速与位置传感器的信号推算出其他各缸的工作情况。

随着可变气门正时技术的出现和发展，凸轮轴位置传感器除了在发动机起动时用于判断压缩上止点，发动机正常工作之后，还有监控可变气门正时的进气或排气凸轮是否达到预定位置的功用。

凸轮轴位置传感器所采用的结构随车型不同而不同，可分为磁感应式、霍尔式和磁阻式三大类，通常安装在凸轮轴前端。由于霍尔式传感器和磁阻式传感器的突出优点，霍尔式凸轮轴位置传感器和磁阻式凸轮轴位置传感器的应用越来越广泛。

◎ 5.3.1 霍尔式凸轮轴位置传感器

和霍尔式曲轴转速与位置传感器一样，霍尔式凸轮轴位置传感器也是根据霍尔效应产生相应的电压脉冲信号制成的传感器，霍尔式凸轮轴位置传感器通常是触发叶片式。

下面以大众CEA 1.8TSI发动机的霍尔式凸轮轴位置传感器为例讲解。

（1）结构特点　大众CEA 1.8TSI发动机在气缸盖罩顶部中间位置装配有霍尔式凸轮轴位置传感器G40。如图5-19所示，信号转子是一个制有一个180°缺口的半周环，套装在进气凸轮轴上。

（2）工作情况　当信号转子随进气凸轮轴一同转动时，叶片和缺口便从霍尔集成电路与永久磁铁之间的气隙中转过。由霍尔式传感器工作原理可知，当叶片进入气隙（即在气隙内）时，霍尔元件不产生电压，传感器输出高电平（5V）信号；当叶片离开气隙（即缺口进入气隙）时，霍尔元件产生电压，传感器输出低电平信号（0.1V）。如图5-20所示，

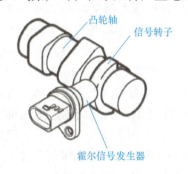

图5-19　霍尔式凸轮轴位置传感器安装位置

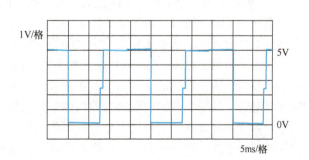

图5-20　霍尔式凸轮轴位置传感器信号波形

发动机曲轴每转两圈（720°），霍尔传感器信号转子就转一圈（360°），对应产生一个低电平信号和一个高电平信号，其中低电平信号下降沿对应于一缸压缩上止点前一定角度。

（3）检修方法 凸轮轴位置传感器出现故障后，发动机 ECU 不能识别一缸压缩上止点，不能正常进行喷油时刻、点火时刻的控制以及爆燃控制，发动机性能有所下降。

霍尔式凸轮轴位置传感器出现故障有三种情况，自身损坏、外部电路故障和 ECU 故障。传感器自身故障如霍尔元件损坏、磁铁性能衰退，外部线路故障有断路、短路和虚接，ECU 故障主要是 ECU 内部电源电路或者内部搭铁电路出现故障，不能为传感器提供电源或不能正常接收传感器的输入信号。

如图 5-21 所示，大众 CEA 1.8TSI 发动机霍尔式凸轮轴位置传感器 G40 的线束插头 T3m 上有 3 个引线端子，端子 1 为传感器电源正极，端子 2 为传感器信号电压输出端，端子 3 为传感器电源负极。

1）检测传感器电源电压。关闭点火开关，拔下凸轮轴位置传感器线束插头 T3m。接通点火开关，用万用表检测线束插头 T3m 端子 1 与端子 3 之间的电压，正常值应高于 4.5V。如电压为零，说明线束断路、短路或发动机 ECU 有故障，应进行下一步检测。

2）检测电路导通性。关闭点火开关，拔下凸轮轴位置传感器线束插头 T3m、ECU 线束插头 T60a，用万用表检测传感器线束插头 T3m 端子 1 与 ECU 线束插头 T60a 端子 29 之间的导线电阻，检测传感器线束插头 T3m 端子 2 与 ECU 线束插头 T60a 端子 53 之间的导线电阻，检测传感器线束插头 T3m 端子 3 与 ECU 线束插头 T60a 端子 8 之间的

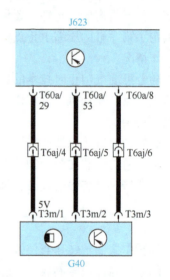

图 5-21 大众 CEA 发动机霍尔式凸轮轴位置传感器的连接电路

导线电阻，正常值均应小于 1Ω。若电阻值较大，说明该段导线存在虚接或断路。然后检查导线相互之间是否短路（不相接的导线间电阻应为无穷大）。如果导线有断路、短路故障，则应修复或更换。

3）检测传感器的工作情况。关闭点火开关，将凸轮轴位置传感器线束插头 T3m 端子 2、端子 3 的线束刺破，接好发光二极管试灯。插上传感器线束插头 T3m、ECU 线束插头 T60a，短时起动发动机，试灯应闪亮（发动机每转两圈试灯闪亮一次）。

4）检测输出信号波形。关闭点火开关，拔下凸轮轴位置传感器线束插头 T3m，将传感器线束插头 T3m 端子 2、端子 3 的线束刺破，接好示波器。插上传感器线束插头 T3m，起动发动机并怠速运转，端子 2 和端子 3 之间的信号电压波形应与图 5-20 中所示的波形一致。

大众公司第三代 EA 888 系列发动机采用了混合喷射（缸内直喷＋进气道喷射）和发动机起停技术，为了快速起动的需要，霍尔式凸轮轴位置传感器装备了两个宽板和两个窄板的快速起动信号转子，其结构组成与输出的信号波形如图 5-22 所示。而配置了进排气可变气门正时系统的发动机，则采用了差分式霍尔凸轮轴位置传感器（图 5-23），信号转子设计成相邻的双轨道式，互为反向布置。在信号转子的旋转过程中，霍尔元件 1 和霍尔元件 2 产生具有一定相位差的波形，两个波形经差分放大后输出，实现精度和灵敏度的提高。

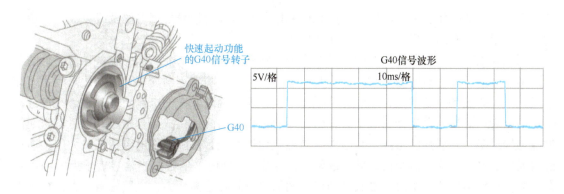

图 5-22 具有快速起动功能的霍尔式凸轮轴位置传感器

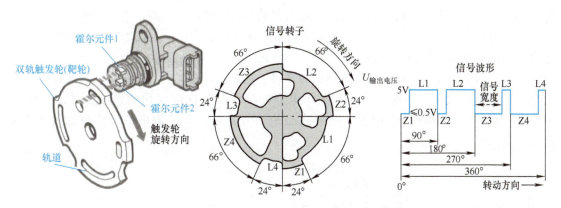

图 5-23 差分式霍尔凸轮轴位置传感器

◎ 5.3.2 磁阻式凸轮轴位置传感器

相比霍尔式传感器，利用磁阻元件制成的磁阻式传感器具有灵敏度高、故障率低、工作可靠、使用寿命长等优点，容易集成加工且体积可以做得更小，各方面的性能均优于霍尔式传感器。

1. 磁阻效应

半导体材料的电阻值随与电流方向垂直的外加磁场强弱变化而变化的现象称为磁阻效应（MRE）。如图 5-24 所示，将两端通以恒定电压 V_C 的长方形半导体元件置于磁场 B 中（磁场方向与电流方向垂直），由于半导体元件内的载流子在洛仑兹力的作用下产生一定方向的偏转，电流路径因磁场作用而加长，从而使电极间的电阻值增加（电阻的变化和电流方向与磁场方向之间的夹角成函数关系），电流 I_V 减小。实验表明，随着外加磁场的增强，半导体元件的电阻不断增大，即产生正的磁阻效应。利用磁阻效应，可以实现从电磁到电阻的转换。根据磁阻效应制作而成的元件称为磁敏电阻元件，简称磁阻元件或 MRE 元件。

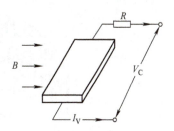

图 5-24 磁阻效应

2. 结构组成与工作原理

如图 5-25a 所示，磁阻式凸轮轴位置传感器主要由信号发生器和信号转子两部分组成，信号发生器包括壳体、永久磁铁、磁阻元件和用树脂封装的信号处理电路及线束插头，信号转子带若干不均布的凸齿，固定安装在凸轮轴上。

当凸轮轴转动时，凸轮轴上的信号转子随之转动。如图 5-25b 所示，当信号转子上的凸齿逐渐靠近信号发生器的磁头时，磁头与凸齿之间的空气间隙逐渐变小，磁路磁阻减小，穿过磁阻元件的磁场强度增大，磁阻元件阻值增大，通过磁阻元件的电流随之减小。在信号转子上的凸齿正对信号发生器的磁头时，磁力线通过正对的凸齿构成闭合磁路，通过磁阻元件的磁力线最多，磁场强度最强，且磁力线与磁阻元件垂直，磁阻元件电阻达到最大值，通过磁阻元件的电流下降到最小值，此时磁阻元件输出 0V 低电平信号。当信号转子上的凸齿逐渐远离信号发生器的磁头时，磁头与凸齿之间的空气间隙逐渐变大，磁路磁阻增大，穿过磁阻元件的磁场强度减小，磁阻元件阻值减小，通过磁阻元件的电流随之增大。在信号转子上的凹槽正对信号发生器的磁头时，磁力线向两侧的凸齿构成闭合磁路，通过磁阻元件的磁力线最少，磁场强度最弱，且磁力线与磁阻元件成一定角度，磁阻元件的电阻达到最小值，通过磁阻元件的电流上升到最大值，此时磁阻元件输出 5V 高电平信号。

因此，当信号转子随凸轮轴的旋转而转动时，磁阻元件电阻的不断变化引起电流的不断变化，由信号放大电路、滤波电路和整形电路处理后输出连续变化的方波信号，发动机 ECU 根据此信号判别凸轮轴位置。磁阻式凸轮轴位置传感器的输出信号波形如图 5-25c 所示。

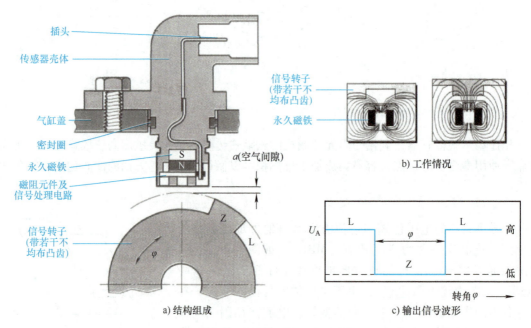

图 5-25 磁阻式凸轮轴位置传感器

3. 丰田 1ZR-FE 发动机磁阻式凸轮轴位置传感器

（1）结构特点　丰田 1ZR-FE 发动机采用进排气双 VVT-i 可变气门正时技术，在进气凸轮轴和排气凸轮轴的后端上各安装了一个磁阻式凸轮轴位置传感器，分别为进气凸轮轴位置传感器和排气凸轮轴位置传感器。信号转子位于凸轮轴的后端，其上有三个不均布的凸齿和凹槽，如图 5-26 所示。

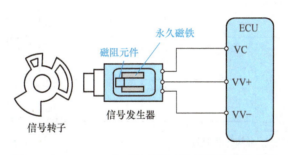

图 5-26　1ZR – FE 发动机磁阻式凸轮轴位置传感器

（2）工作情况　进排气凸轮轴上凸轮轴位置传感器信号转子的三个凸齿所对应的凸轮轴转角分别为 90°、60°、30°，即所对应的曲轴转角为 180°、120°、60°。曲轴每旋转两周，进、排气凸轮轴旋转一圈，产生 3 个大小不同的脉冲信号，输出信号波形如图 5-27 所示。

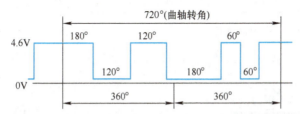

图 5-27　1ZR – FE 发动机磁阻式凸轮轴位置传感器输出信号波形

（3）检测方法　凸轮轴位置传感器出现故障后，发动机 ECU 不能识别一缸压缩上止点，不能正常进行喷油时刻、点火时刻的控制以及爆燃控制，发动机性能有所下降。另外，丰田 1ZR – FE 发动机采用了进排气双 VVT – i 可变气门正时技术，凸轮轴位置传感器出现故障还将导致可变气门正时系统不能正常工作，对发动机性能有较大的影响。

磁阻式凸轮轴位置传感器出现故障有三种情况，自身损坏、外部电路故障和 ECU 故障。传感器自身故障如磁阻元件损坏、磁铁性能衰退，外部线路故障有断路、短路和虚接，ECU 故障主要是 ECU 内部电源电路或者内部搭铁电路出现故障，不能为传感器提供电源或不能正常接收传感器的输入信号。

丰田 1ZR – FE 发动机磁阻式凸轮轴位置传感器与 ECU 的连接电路如图 5-28 所示。在此仅介绍进气凸轮轴位置传感器的检测方法，排气凸轮轴位置传感器的检测方法与之相同。

1）检测电源电压。关闭点火开关，拔下凸轮轴位置传感器线束插头 B21（图 5-29）。接通点火开关，用万用表检测线束插头 B21 端子 3（VC）与搭铁之间的电压，正常值应为 5V 左右。否则，检查传感器线束是否断路、短路和虚接，检查 ECU 是否损坏。

2）检测电路导通性。关闭点火开关，拔下凸轮轴位置传感器线束插头 B21、ECU 线束插头 B31（图 5-30），用万用表检测传感器线束插头 B21 端子 1（VVI +）与 ECU 线束插头 B31 端子 99（G2 +）之间的导线电阻，检测传感器线束插头 B21 端子 2（VVI –）与 ECU 线束插头 B31 端子 98（G2 –）之间的导线电阻，检测传感器线束插头 B21 端子 3（VC）与 ECU 线束插头 B31 端子 70（VCV1）之间的导线电阻，正常值均应小于 1Ω。若电阻值较大，说明该段导线存在虚接或断路。然后检查导线相互之间是否短路（不相接的导线间电阻应为无穷大）。如果导线有断路、短路故障，则应修复或更换。

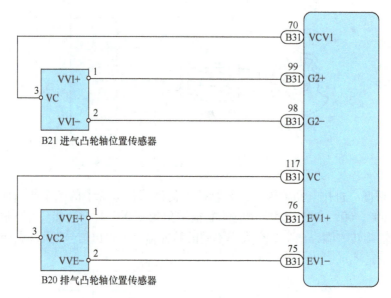

图 5-28　1ZR－FE 发动机磁阻式凸轮轴位置传感器与 ECU 的连接电路

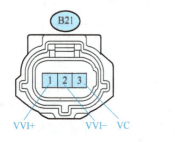

图 5-29　凸轮轴位置传感器线束插头 B21

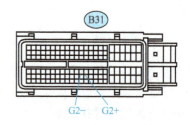

图 5-30　ECU 线束插头 B31

3）检测信号电压。关闭点火开关，将凸轮轴位置传感器线束插头 B21 端子 1（VVI＋）、端子 2（VVI－）的线束刺破，接好万用表表笔。插上传感器线束插头 B21 和 ECU 线束插头 B31，起动发动机，用万用表交流电压档检测传感器线束插头 B21 端子 1（VVI＋）与端子 2（VVI－）之间的电压，电压值应在 0～5V 的范围内变化。否则，应更换凸轮轴位置传感器。

4）检测输出信号波形。关闭点火开关，拔下凸轮轴位置传感器线束插头 B21，将传感器线束插头 B21 端子 1（VVI＋）、端子 2（VVI－）的线束刺破，接好示波器。插上传感器线束插头 B21，起动发动机并怠速运转，端子 1（VVI＋）和端子 2（VVI－）之间的信号电压波形应与图 5-27 中所示的波形一致，信号电压在 0～5V 的范围内变化，凸轮轴每旋转一周，凸轮轴位置传感器产生三个与大小不同的凸齿相匹配的电压信号，波形稳定，从凸齿旋转到凹槽瞬间电压信号响应迅速。

5.4　爆燃控制与爆燃传感器

发动机爆燃是指气缸内的可燃混合气在火焰前锋尚未到达之前自行燃烧，导致压力急剧上升而引起缸体振动的现象，爆燃不仅会导致发动机输出功率降低，而且会缩短发动机使用寿命甚至损坏发动机。当发动机在大负荷状态下工作时，这种可能性更大。因此，必须防止爆燃的发生。

◎ 5.4.1　爆燃控制

在发动机电子控制系统中，当点火时刻采用闭环控制时，就能有效地抑制爆燃，提高动力性。爆燃控制系统是在点火控制系统的基础上，增加了爆燃传感器和相应的控制电路等组成的点火提前角闭环控制系统。爆燃传感器用于检测发动机是否发生爆燃，每台发动机一般安装1~2只。

发动机爆燃的强度取决于爆燃传感器输出信号电压的振幅和持续时间。由于爆燃传感器输出电压的振幅随发动机转速高低不同而有很大的变化，判定发动机是否发生爆燃不能根据爆燃传感器输出信号电压的绝对值进行判别，而是根据爆燃传感器输出的信号电压值超过基准电压值的次数来判别，而判定爆燃的基准电压通常利用发动机即将爆燃时的爆燃传感器输出信号电压来确定。爆燃信号电压值超过基准电压值的次数越多，爆燃强度越大；反之，超过基准电压值的次数越少，说明爆燃强度越小。

爆燃控制系统是一个闭环控制系统，发动机工作时，ECU根据各传感器信号，从存储器中查寻出相应的点火提前角控制点火时刻，控制结果由爆燃传感器反馈给ECU，再由ECU对点火提前角进行修正。如图5-31所示，爆燃传感器的信号输入ECU后，ECU将爆燃信号电压与基准电压进行比较。当爆燃信号电压高于基准电压时，ECU立即发出指令，控制点火时刻推迟，点火提前角每次推迟0.5°~3°曲轴转角（大众车系设定为3°曲轴转角），直到爆燃消除。爆燃强度越大，点火时间推迟越多；爆燃强度越小，点火时间推迟越少。当积分值低于基准电压时，说明爆燃已经消除，此时，ECU会在一段时间内维持当前的点火时间角。如果没有爆燃发生，ECU又递增一定量的提前角（一般为0.35°、0.75°曲轴转角，不同发动机有所不同）控制点火，直到再次产生爆燃。当发动机再次出现爆燃时，ECU又使点火时间再次推迟，调整过程如此反复进行。

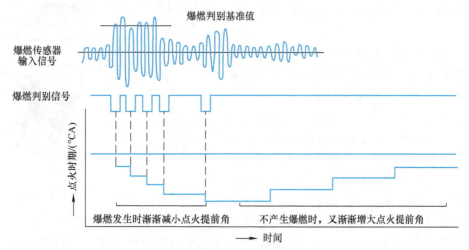

图5-31　爆燃的判别与实际点火提前角的闭环控制

发动机工作时，缸体振动频繁剧烈，为使监测得到的爆燃信号准确无误，并非随时都在进行监测，而是在发出点火信号后的一定范围内（此时产生爆燃的可能性最大）进行监测。

◎ 5.4.2 爆燃传感器

爆燃传感器安装在发动机的缸体上,其作用是对发动机的气缸压力或其他能对发动机爆燃做出判断的相关参数进行检测,并将其转换成电信号输入发动机 ECU,以便 ECU 判定有无爆燃以及爆燃强度的强弱,进而通过修正点火提前角来消除爆燃。

对发动机爆燃的检测可以采用气缸压力检测、燃烧噪声检测和发动机机体振动检测等方法。发动机机体振动检测法具有较高的检测精度,传感器安装方便灵活,耐久性也较好,是目前最常用的爆燃检测方法。

发动机机体振动检测方法所使用的爆燃传感器是一种振动加速度传感器,安装在发动机机体上,常见的爆燃传感器有两种,一种是磁致伸缩式爆燃传感器(现已经被淘汰),另一种是压电式爆燃传感器。

1. 压电式爆燃传感器

某些晶体(如石英)的薄片受到压力或机械振动之后会产生电荷,并且产生的电荷量与外力大小成正比,这一现象被称为压电效应。压电式爆燃传感器就是利用压电效应而工作的。如图 5-32 所示,该传感器的外壳内装有压电元件、配重块及导线等。其工作原理是:当发动机的气缸体出现振动且振动传递到传感器外壳上时,外壳与配重块之间产生相对运动,夹在这两者之间的压电元件所受的压力发生变化,从而产生电压。ECU 检测出该电压,并根据其值的大小判断爆燃强度。

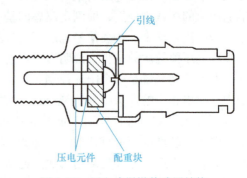

图 5-32 压电式爆燃传感器结构

2. 大众 CEA 1.8TSI 发动机爆燃传感器

大众 CEA 1.8TSI 发动机采用了一个压电式爆燃传感器 G61,安装在发动机前部气缸体中间。

(1)结构特点 如图 5-33 所示,压电式爆燃传感器 G61 主要由套筒、压电元件、惯性配重、塑料壳体和接线插座等组成。压电元件是爆燃传感器的主要部件,由压电材料制成垫圈形状,在其两个侧面上配有金属垫圈作为电极,并用导线引到接线插座上。惯性配重与压电元件及压电元件与传感器套筒之间安放有绝缘垫圈,套筒中心制有螺孔,传感器用螺栓安装固定在发动机缸体上,调整螺栓的拧紧力矩便可

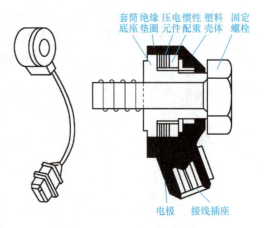

图 5-33 大众 CEA 1.8TSI 发动机压电式爆燃传感器

调整传感器的输出电压(注意:传感器的输出特性出厂时已经调好,标准拧紧力矩为 20N·m,使用中拧紧力矩不得随意调整)。惯性配重用来传递发动机振动产生的惯性力,惯性配重与塑料壳体之间安装有盘形弹簧,借弹簧张力将惯性配重、压电元件和垫圈等部件压紧在一起。

当发动机缸体产生振动时，传感器套筒底座及惯性配重随之产生振动，套筒底座和配重的振动作用在压电元件上，由压电效应可知，压电元件的信号输出端就会输出与振动频率和振动强度有关的交变电压信号。

（2）检测方法　爆燃传感器是很耐用的，最常见的失效形式是不产生信号，这通常是因为传感器的物理损坏（如传感器内部压电元件晶体薄片断裂）而造成的。当爆燃传感器本身或线路不良时，会由于点火正时不准确而导致发动机爆燃、动力不足。

大众 CEA 1.8TSI 发动机爆燃传感器 G61 线束插头 T3af 有三根引线（两根为信号线，一根为屏蔽线），连接电路如图 5-34 所示，端子 1 为信号线正极，端子 2 为信号线负极，端子 3 为屏蔽线。

1）检测传感器电阻。关闭点火开关，拔下爆燃传感器线束插头 T3af，检测插头端子 1 与端子 2、端子 1 与端子 3、端子 2 与端子 3 之间的电阻，均应大于 1MΩ。

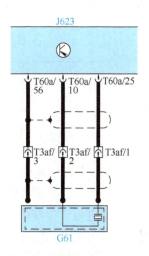

图 5-34　CEA 1.8TSI 发动机爆燃传感器连接电路

2）检测线束导通性。关闭点火开关，拔下爆燃传感器线束插头 T3af、ECU 线束插头 T60a，用万用表检测传感器线束插头 T3af 端子 1 与 ECU 线束插头 T60a 端子 25 之间的导线电阻，检测传感器线束插头 T3af 端子 2 与 ECU 线束插头 T60a 端子 10 之间的导线电阻，检测传感器线束插头 T3af 端子 3 与 ECU 线束插头 T60a 端子 56 之间的导线电阻，正常值均应小于 0.5Ω。若电阻值较大，说明该段导线存在虚接或断路。然后检查导线相互之间是否短路（不相接的导线间电阻应为无穷大）。如果导线有断路、短路故障，则应修复或更换。

3）检测信号电压。关闭点火开关，将爆燃传感器线束插头 T3af 端子 1、端子 2 的线束刺破，接好万用表表笔。插上传感器线束插头 T3af 和 ECU 线束插头 T60a，起动发动机并怠速运转，用万用表检测端子 1 与端子 2 之间的电压，正常值为 0.7~1.1V。

4）检测输出信号波形。关闭点火开关，拔下爆燃传感器线束插头 T3af，将传感器线束插头 T3af 端子 1、端子 2 的线束刺破，接好示波器。插上传感器线束插头 T3af，接通点火开关，不起动发动机，使用木锤敲击传感器附近的发动机缸体以使传感器产生信号。在敲击发动机体时，在示波器上应显示有一振动波形，敲击越重，波形振动幅度就越大，如图 5-35 所示。如果波形显示只是一条直线，说明爆燃传感器没有信号输出，应检查导线和爆燃传感器本身。

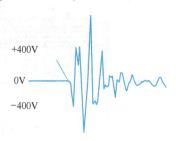

图 5-35　敲击缸体时产生的波形

3. 丰田 1ZR-FE 发动机爆燃传感器

丰田 1ZR-FE 发动机气缸体上装有一个压电式爆燃传感器，连接电路如图 5-36 所示。

1）检测传感器电阻。关闭点火开关，拔下传感器线束插头 D1（图 5-37），检测传感器线束插座端子 1 与端子 2 之间的电阻，正常值为 120~280kΩ。

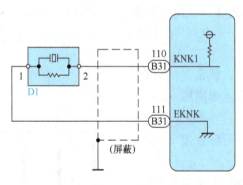

图 5-36 丰田 1ZR-FE 发动机爆燃传感器连接电路

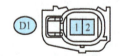

图 5-37 爆燃传感器线束插头

2）检测线束导通性。关闭点火开关，拔下传感器线束插头 D1、ECU 线束插头 B31（图 5-38）插头，检测传感器线束插头 D1 端子 2 与 ECU 线束插头 B31 端子 110（KNK1）之间的导线电阻，检测传感器线束插头 D1 端子 1 与 ECU 线束插头 B31 端子 111（EKNK）之间的导线电阻，均应小于 0.5Ω。若电阻值较大，说明该段导线存在虚接或断路。然后，检查导线相互之间是否短路（不相接的导线间电阻应为无穷大）。如果导线有断路、短路故障，则应修复或更换。

3）检测信号电压。关闭点火开关，将爆燃传感器线束插头 D1 端子 1、端子 2 的线束刺破，接好万用表表笔。插上传感器线束插头 D1 和 ECU 线束插头 B31，起动发动机并怠速运转，用万用表检测端子 1 与端子 2 之间的电压，正常值为 4.5~5.5V。

4）检测输出信号波形。关闭点火开关，拔下爆燃传感器线束插头 D1，将传感器线束插头 D1 端子 1、端子 2 的线束刺破，接好示波器。插上传感器线束插头 D1，接通点火开关，起动发动机并热机 3~5min。在发动机高速空转（4000r/min）时，端子 1、2 之间的输出信号波形应如图 5-39 所示。

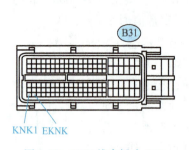

图 5-38 ECU 线束插头 B31

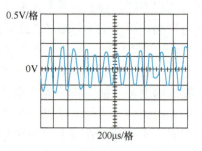

图 5-39 爆燃传感器信号波形

5.5 点火控制电路

如前所述，按是否配有分电器，微机控制电子点火系统分为有分电器微机控制电子点火系统和无分电器微机控制电子点火系统两种。

有分电器微机控制电子点火系统无法保证点火提前角在各种状况下都处于最佳状态，目前已被淘汰。无分电器微机控制电子点火系统主要特点是完全取消了传统的分电器总成

（包括分火头和分电器盖等），由发动机 ECU 中附加的点火控制电路和分电电路控制点火模块实现对点火的控制，点火线圈次级绕组与火花塞直接相连，即点火线圈产生的高压电直接送给火花塞进行点火。由于取消了分电器，没有机械传动，减少了分火头与侧电极这一中间点火间隙的能量损耗和干扰，在不增加电能消耗的情况下，进一步增大了点火能量，避免了与分电器有关的一些机械故障，还节省了安装空间。由于以上优点，无分电器微机控制电子点火系统应用越来越广泛，已成为当前主流的点火方式。

无分电器点火控制系统有两种点火方式，两个活塞位置同步缸共用一个点火线圈的分组同时点火方式，以及每缸一个点火线圈的各缸独立点火方式，如图 5-40、图 5-41 所示。

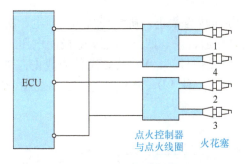

图 5-40　分组同时点火

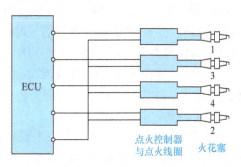

图 5-41　各缸独立点火

由于无分电器电子控制点火系统有两个或多个点火线圈或点火线圈初级绕组，所以点火控制器一般除了具有自动断电功能、导通角控制、恒流控制等电路外，还有气缸判别电路和多个大功率晶体管及相应的控制电路。由于大功率晶体管工作电流大、温度高，故障率相对较高，为了便于散热、检修，许多无分电器点火系统将点火控制器分为控制电路和大功率晶体管输出电路这两部分，控制电路直接合入发动机 ECU，大功率晶体管输出电路则自成一体，成为结构单一的点火控制器，或与点火线圈集成在一起。

◎ 5.5.1　分组同时点火

分组同时点火是指将所有气缸的火花塞两两分组，用一个点火线圈给两个火花塞提供电压，点火线圈每产生一次高压电，都使同组两个缸的火花塞同时点火，即双缸同时点火。

分组同时点火时，次级绕组产生的高压电将直接加在活塞同时到达上止点位置的同步气缸（四缸发动机的一、四缸或二、三缸，六缸发动机的一、六缸、二、五缸或三、四缸）的火花塞电极上而点火。处于压缩行程末期的气缸由于缸压较高，击穿火花塞电极之间间隙所需的电压较高，火花强，是有效点火。而处于排气行程末期的气缸，由于缸内温度较高而缸压较低，击穿火花塞电极之间间隙所需的电压较低，火花弱，是无效点火。由于无效点火击穿电压较低，火花弱，对有效点火气缸火花塞的击穿电压和火花放电能量影响很小。曲轴旋转一转后，两缸所处行程恰好相反。

分组同时点火高压电的分配控制电路有二极管分配和点火线圈分配两种形式。

1. 控制电路工作原理

（1）二极管分配式　四缸发动机利用二极管分配高压电的分组同时点火电路原理如图 5-42 所示，其特点是四个气缸共用一个由两个初级绕组和一个次级绕组构成的特制点火线圈，点火控制器中的两只功率晶体管根据气缸识别信号和点火定时信号输出点火脉冲，按点火顺序交替控制一个初级绕组的导通与截止，次级绕组的两端通过四只高压二极管与火花塞构成回路，利用四个二极管的单向导电性交替完成对一、四缸和二、三缸配电过程。

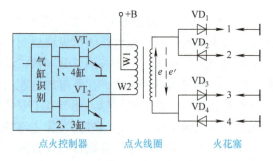

图 5-42　二极管分配式同时点火控制电路

对于点火顺序为 1-3-4-2 的发动机，一、四缸为一组，二、三缸为另一组。当气缸识别电路输出一、四缸点火触发信号时，VT_1 由导通转为截止，初级绕组 W_1 断电，次级绕组产生实线箭头方向电动势 e，使 VD_1、VD_4 正向导通，一、四缸火花塞电极间电压迅速升高直至点火。当气缸识别电路输出二、三缸点火触发信号时，VT_2 由导通转为截止，初级绕组 W_2 断电，次级绕组产生虚线箭头方向的电动势 e'，使 VD_2、VD_3 导通，二、三缸火花塞电极间电压迅速升高直至点火。

二极管分配式分组同时点火的主要特点是一个点火线圈为四个火花塞提供高压电，发动机的气缸数必须是数字4的整倍数，而且对点火线圈的要求较高，所以在应用上受到一定的限制。

（2）点火线圈分配式　四缸发动机点火线圈分配式分组同时点火控制电路如图 5-43 所示。四缸发动机点火线圈组件有两个独立的点火线圈（六缸发动机有三个），每个点火线圈供给成对的两个火花塞工作，即一、四缸和二、三缸分别共用一个点火线圈（六缸发动机一、六缸，二、五缸和三、四缸分别共用一个点火线圈）。点火控制器中配有与点火线圈数量相等的功率晶体管，分别控制一个点火线圈。

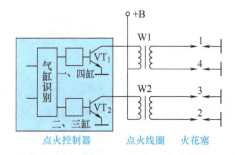

图 5-43　点火线圈分配式同时点火控制电路

点火控制器根据 ECU 送入的点火信号和气缸识别信号输出点火控制脉冲，按点火顺序轮流触发功率晶体管 VT_1、VT_2 导通和截止，从而控制 W_1、W_2 两个点火线圈轮流产生高压。当气缸识别电路输出一、四缸点火触发信号时，VT_1 由导通转为截止，点火线圈 W_1 产生高压，使一缸和四缸的火花塞同时点火；当气缸识别电路输出二、三缸点火触发信号时，VT_2 由导通转为截止，点火线圈 W_2 产生高压，二缸和三缸的火花塞同时点火。

点火线圈分配方式的点火线圈每个都有1个初级绕组和1个次级绕组，2个（四缸发动机）或3个（六缸发动机）点火线圈多采用组合安装的形式，适用于四缸发动机的组合式点火线圈如图 5-44 所示。

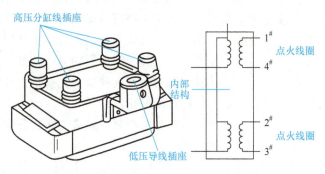

图 5-44　四缸发动机组合式点火线圈

2. 大众桑塔纳 2000 AJR 发动机分组同时点火控制电路

（1）电路分析　大众桑塔纳 2000 AJR 发动机分组同时点火控制电路采用了点火线圈直接分配高压的同时点火配电方式。如图 5-45a 所示，点火控制器 N122（大功率晶体管输出电路）和两个点火线圈（N 和 N128，N 为二、三缸点火线圈，N128 为一、四缸点火线圈）组成点火线圈总成 N520，固定在进气歧管内侧。点火线圈总成的高压分缸线插孔旁印有 A、B、C、D 标记，分别对应一、二、三、四缸的高压分线。点火线圈上各插头的含义见表 5-1。

表 5-1　点火线圈上各插头端子的含义

端子	含义	端子	含义
1	二、三缸点火控制端	A	接一缸火花塞
2	电源	B	接二缸火花塞
3	一、四缸点火控制端	C	接三缸火花塞
4	接地	D	接四缸火花塞

点火线圈总成的连接电路如图 5-45b 所示，其中端子 1 是一缸和四缸的点火控制端，端子 3 是二缸和三缸的点火控制端。点火线圈总成由继电器盒内 15 号线→继电器盒 D23 接柱→2.5 导线→N520 的 T4/2 端子向点火线圈及点火控制器供电，并通过 N520 的 T4/4 端子接地。双缸同时点火时，发动机一、四缸同时点火，由电子控制单元的 T80/71→0.5 导线→N520 的 T4/1 端子向点火控制器输入控制信号；发动机二、三缸同时点火，由电子控制单元的 T80/78→0.5 导线→N520 的 T4/3 端子向点火控制器输入控制信号。点火线圈初级和次级分为两组，分别为二、三缸和一、四缸提供高压电，高压电路中无分电器，点火线圈高压接线直接与火花塞相连。

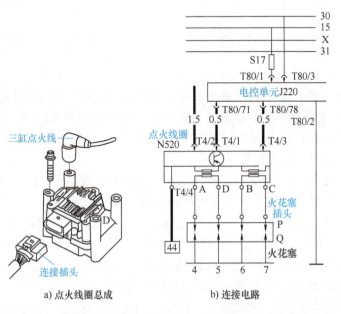

图 5-45　大众桑塔纳 2000 AJR 发动机点火线圈总成及连接电路

(2)检修方法 点火控制电路出现故障后,会导致火花塞不能点火或者点火能量不足,因此会出现发动机不能起动、起动困难、加速无力、排放超标等现象,若个别缸点火不良还会引起发动机抖动,点火控制器及其连接电路、点火线圈、高压分缸线、火花塞等,都是可能的故障点。

1)检测点火线圈电阻。关闭点火开关,拔下点火线圈总成 N520 线束插头,并从点火线圈总成上拔下高压分缸线。如图 5-46 所示,用万用表检测点火线圈的次级电阻,端子 A 与端子 D 之间的电阻表示一、四缸线圈次级电阻,端子 B 和端子 C 之间的电阻表示二、三缸线圈次级电阻,正常值均为 4~6kΩ。如果电阻值不符合规定,应更换点火线圈总成。

点火线圈和点火控制器是合成一体的零部件,不能单独更换。检测点火线圈的次级电阻时,可先将高压分缸线插到点火线圈上,通过相应气缸的火花塞插头来检测。检测时,也检测了高压分缸线的抗干扰电阻。

2)检查点火线圈与点火控制器的供电与接地情况。关闭点火开关,拔下点火线圈总成线束插头。接通点火开关,如图 5-47 所示,用万用表检测线束插头端子 2(电源端)和端子 4(接地端)之间的电压,电压值应大于或等于 11.5V。如果电压为 0,按照电路图检测点火线圈总成线束插头端子 2 与中央继电器盒 D 线束插头端子 23、点火线圈总成线束插头端子 4 与接地之间的电阻,正常值均应小于 1.5Ω。若电阻值较大,说明该段导线存在虚接或断路。如果有断路故障,则应修复或更换。

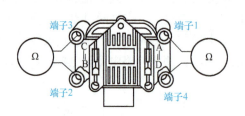

图 5-46 检查点火线圈次级电阻

图 5-47 点火线圈插头

3)检测电路导通性。关闭点火开关,拔下点火线圈总成线束插头。用万用表检测点火线圈总成线束插头端子 1 与 ECU 线束插头端子 71、点火线圈总成线束插头端子 3 与 ECU 线束插头端子 78 之间的导线电阻,正常值均应小于 1.5Ω。若电阻值较大,说明该段导线存在虚接或断路。然后,检查导线相互之间是否短路(不相接的导线间电阻应为无穷大)。如果导线有断路、短路故障,则应修复或更换。

4)检查点火控制器的工作情况。拔下所有喷油器的线束插头,拔下点火线圈总成线束插头,用发光二极管试灯分别连接于点火线圈总成线束插头端子 1(点火输出)和端子 4(接地端)、点火线圈总成线束插头端子 3(点火输出)和端子 4(接地端)之间,以检查发动机 ECU 一、四缸和二、三缸点火线圈的控制信号。短时起动发动机,发光二极管试灯应不断闪烁。如发光二极管试灯不闪烁,说明发动机 ECU 至点火线圈总成之间的线束存在断路或短路故障,或者发动机 ECU 存在故障,应修复或更换。

5)检测点火控制信号波形和次级点火波形。关闭点火开关,插好所有喷油器的线束插头,拔下点火线圈总成线束插头,将线束插头端子 1(一、四缸点火控制端)、端子 3(二、三缸点火控制端)的线束刺破,接好示波器。插上点火线圈总成线束插头,起动发动机,以双通道方式检测由 ECU 输出的点火控制信号波形，应如图 5-48 所示。

用另一个示波器以四通道方式分别连接一、二、三、四缸高压分缸线，检测各缸的次级点火波形，应如图 5-49 所示。

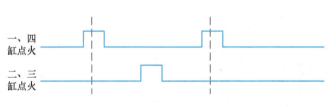

图 5-48　由 ECU 输出的点火控制信号波形

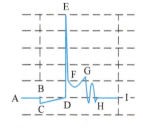

图 5-49　次级点火波形

6）检查火花塞的工作情况。拔下所有喷油器的线束插头，插好点火线圈总成线束插头。用火花塞套筒依次拆卸各缸火花塞，将取出的火花塞分别接好高压分缸线。如图 5-50 所示，用绝缘钳夹住火花塞，将火花塞外壳搭铁到发动机缸体上（不能有间隙），起动发动机 3~5s，检查火花塞的跳火情况。正常情况下火花呈淡蓝色，在电极间基本成一条直线。如果电极间隙处不跳火或火花呈红色，则必须更换。依次检查各缸火花塞，检查完毕再使用火花塞套筒安装好火花塞。

◎ 5.5.2　各缸独立点火

点火系统采用各缸独立点火方式时，每一个气缸都配有一个点火线圈，体积小巧的点火线圈直接安装在火花塞上方，独立向火花塞提供高压电，无需高压分缸线，点火能量损耗和点火系统的故障率进一步减少。由于省去了高压分缸线，所有高压部件都可安装在发动机气缸盖上的金属屏蔽罩内，点火系统对无线电的干扰可大幅度降低。另外，由于每缸都有各自独立的点火线圈，单位时间内通过的电流要小得多，点火线圈不易发热。即使发动机转速很高，点火线圈也有较长的通电时间（大的闭合角），可提供足够高的点火能量。和分组同时点火方式相比较，各缸独立点火方式具有更多的优点，使用越来越广泛。

图 5-50　检查火花塞的工作情况

1. 控制电路工作原理

各缸独立点火方式因车型的不同，其控制电路也存在一定的差异，有些采用一个点火控制器，有些则采用多个点火控制器。尽管如此，它们的控制原理基本相同。

如图 5-51 所示为采用一个点火控制器的各缸独立点火方式控制电路。发动机工作时，点火控制器根据发动机 ECU 送入的点火信号和气缸识别信号输出点火控制脉冲，按照发动机各缸的做功顺序轮流触发功率晶体管 VT_1、VT_2、VT_3、VT_4 导通和截止，分别控制各个点火线圈轮流产生高压电，并将高压电直接输送给与之连接的火花塞。发动机各缸的点火均单独控制，互不影响。

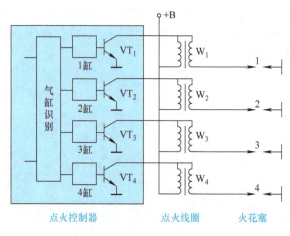

图 5-51 独立点火控制电路

2. 大众 CEA 1.8TSI 发动机各缸独立点火控制电路

大众 CEA 1.8TSI 发动机各缸独立点火控制系统的组成如图 5-52 所示，采用 4 个点火控制器（大功率晶体管输出电路），分别与一缸点火线圈 1（N70）、二缸点火线圈 2（N127）、三缸点火线圈 3（N291）、四缸点火线圈 4（N292）集成为一体，压装在各缸的火花塞上，如图 5-53 所示。

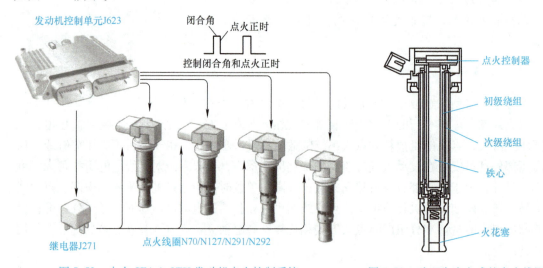

图 5-52 大众 CEA 1.8TSI 发动机点火控制系统　　图 5-53 独立点火方式的点火线圈

（1）电路分析　大众 CEA 1.8TSI 发动机各缸独立点火控制电路如图 5-54 所示。从图中可以看出，每个点火线圈插头都有 4 个端子与外部线路相连接。其中，4 个点火线圈的端子 1（T4t/1、T4u/1、T4v/1、T4w/1）连接在一起，均经过熔丝 SB4（30A）、继电器 J271 与蓄电池相连接，由蓄电池为点火线圈初级绕组提供电源；4 个点火线圈的端子 2（T4t/2、T4u/2、T4v/2、T4w/2）连接在一起，均作为与点火线圈集成为一体的点火控制器（晶体管）的接地端；每个端子 3（T4t/3、T4u/3、T4v/3、T4w/3）均与发动机 ECU J623 相连接，发动机 ECU J623 将按照发动机做功顺序适时地控制各缸点火控制器的触发信号，以此控制点火线圈初级绕组一次电流的通断；每个端子 4（T4t/4、T4u/4、T4v/4、T4w/4）均作为点火线圈次级绕组的接地端。点火线圈次级绕组中电流形成的回路为：次级绕组→搭铁（气缸盖搭铁点）→火花塞插头 P→火花塞 Q→次级绕组。

（2）检修方法　与双缸同时点火控制电路一样，当各缸独立点火控制电路出现故障后，会导致火花塞不能点火或者点火能量不足，因此会出现发动机不能起动、起动困难、加速无力、排放超标等现象，若个别缸点火不良还会引起发动机抖动。点火控制器及其连接电路、点火线圈、火花塞等，都是可能的故障点。与双缸同时点火方式有所不同的是，采用各缸独立点火方式的发动机各缸的点火是单独控制的，互不影响。检修时，可首先利用断缸法找出不点火或点火异常的气缸，再进行相应的检修。下面以一缸为例介绍各缸独立点火控制电路的检修方法与步骤。

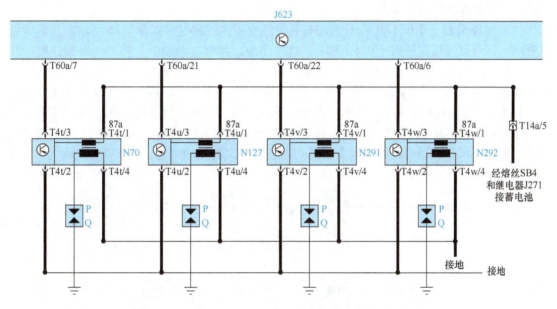

图 5-54　大众 CEA 1.8TSI 发动机各缸独立点火控制电路

1）检测电源电压。关闭点火开关，拔下点火线圈线束插头 T4t。接通点火开关，用万用表检测线束插头 T4t 端子 1 与端子 2 之间的电压，应为 12V 左右。检测线束插头 T4t 端子 1 与端子 4 之间的电压，应为 12V 左右。如果显示值没有达到此要求，则检查熔丝 SB4（30A）、继电器 J271 是否正常，检查相应的连接线束是否有虚接、断路或短路。

2）检测电路导通性。关闭点火开关，拔下点火线圈线束插头 T4t 和 ECU 线束插头 T60a，用万用表检测线束插头 T4t 端子 3 至 ECU 线束插头 T60a 端子 7 之间的电阻，应小于 1.5Ω。若电阻值较大，说明线束存在虚接或断路。如果有虚接或断路，则应修复或更换。

3）检测点火控制信号。关闭点火开关，拔下点火线圈线束插头 T4t，将线束插头 T4t 端子 3 和 ECU 线束插头 T60a 端子 7 之间的线束刺破，接好万用表表笔。插上点火线圈线束插头 T4t，起动发动机并怠速运行，用万用表交流电压档检测端子 3 与接地之间的发动机 ECU 点火控制信号电压，应为高电平接近 5V 的脉冲信号电压。如果显示值没有达到此要求，则继续进行下一步检查。

以上检测也可以用发光二极管试灯进行。检测时，将发光二极管试灯连接于点火线圈插头端子 3 与接地之间，起动发动机时，发光二极管试灯应不停地闪烁。

4）检测点火控制信号波形和次级点火波形。关闭点火开关，拔下点火线圈线束插头 T4t，将线束插头 T4t 端子 3 的线束刺破，在端子 3 和搭铁之间接好示波器。插上点火线圈线束插头 T4t，起动发动机，检测由 ECU 输出的点火控制信号波形，应如图 5-48 所示。

用另一个示波器以四通道方式分别检测各缸的次级点火波形，应如图 5-49 所示。

5）检查火花塞的工作情况。方法与大众桑塔纳 2000 AJR 发动机分组同时点火控制电路基本相同，不再赘述。

3. 丰田 1ZR–FE 发动机各缸独立点火控制电路

丰田 1ZR–FE 发动机各缸独立点火控制系统采用多个点火控制器（大功率晶体管输出电路），分别与一缸点火线圈 1、二缸点火线圈 2、三缸点火线圈 3、四缸点火线圈 4 集成为一体，压装在各缸的火花塞上。

（1）电路分析　丰田 1ZR–FE 发动机各缸独立点火控制电路如图 5-55 所示。从图中可以看出，每个点火线圈插头（B26、B27、B28、B29）都有 4 个端子与外部线路相连接。其中，4 个点火线圈的端子 1（+B）连接在一起，均与蓄电池正极相连接，由蓄电池为每个点火线圈提供电源；4 个点火线圈的端子 4（GND）连接在一起，均作为与点火线圈的接地端；每个端子 3（IGT1、IGT2、IGT3、IGT4）均与发动机 ECU 相连接，ECU 按照发动机做功顺序通过插头 B31 端子 85、84、83 和 82 分别向 4 个点火控制器发送点火控制信号 IGT1、IGT2、IGT3、IGT4，适时地控制点火线圈初级绕组一次电流的通断；4 个点火线圈的端子 2

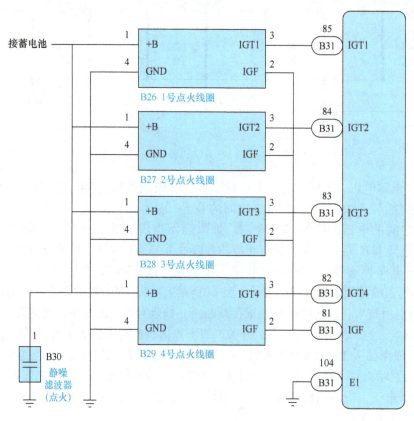

图 5-55　丰田 1ZR–FE 发动机点火系统控制电路

（IGF）连接在一起，均作为点火确认信号 IGF 的输入端与 ECU 端子 81（IGF）相连接，经端子 81 进入 ECU 进行点火确认。

（2）检修方法　检修时，可首先利用断缸法找出不点火或点火异常的气缸，再进行相应的检修。下面以一缸为例介绍其检修方法与步骤。

1）检测电源电压。关闭点火开关，拔下点火线圈线束插头 B26（图 5-56）。接通点火开关，用万用表检测线束插头 B26 端子 1（+B）与端子 4（GND）或搭铁之间的电压，应为 12V 左右。如果显示值没有达到此要求，则检查熔丝、IG2 继电器是否正常，检查相应的连接线束是否有虚接、断路或短路。

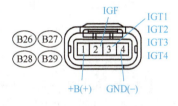

图 5-56　点火线圈插头

2）检测电路导通性。关闭点火开关，拔下点火线圈线束插头 B26 和 ECU 线束插头 B31（图 5-57），用万用表检测点火线圈线束插头 B26 端子 3（IGT1）与 ECU 线束插头 B31 端子 85（IGT1）之间的导线电阻，检测点火线圈线束插头 B26 端子 2（IGF）至 ECU 线束插头 B31 端子 81（IGF）之间的导线电阻，均应小于 1.5Ω。若某一线束电阻值较大，说明该段线束存在虚接或断路。然后，检查导线相互之间是否短路（不相接的导线间电阻应为无穷大）。如果导线有断路、短路故障，则应更换。

3）检测点火控制信号 IGT。关闭点火开关，拔下点火线圈线束插头 B26，将线束插头 B26 端子 3（IGT1）的线束刺破，连接发光二极管试灯于端子 3 和搭铁之间。插上点火线圈线束插头 B26，起动发动机并怠速运行，发光二极管试灯应不停地闪烁。如果发光二极管试灯不闪烁，则继续进行下一步检查。

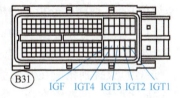

图 5-57　ECU 线束插头

当用示波器进行检测时，在端子 3 和搭铁之间接好示波器，起动发动机并怠速运行，正常的信号波形如图 5-58 所示。

4）检测点火确认信号 IGF。关闭点火开关，拔下点火线圈线束插头 B26，将线束插头 B26 端子 2（IGF）的线束刺破，连接发光二极管试灯于端子 2 和搭铁之间。插上点火线圈线束插头 B26，起动发动机并怠速运行，发光二极管试灯应不停地闪烁。如果发光二极管试灯不闪烁，则继续进行下一步检查。

当用示波器进行检测时，在端子 2 和搭铁之间接好示波器，起动发动机并怠速运行，正常的信号波形如图 5-59 所示。

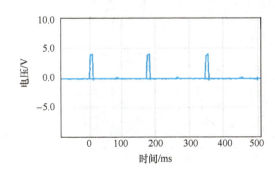

图 5-58　点火控制信号 IGT 波形

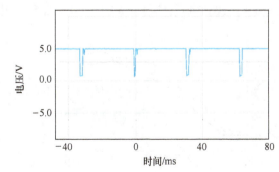

图 5-59　点火确认信号 IGF 波形

由于1ZR-FE发动机将4个点火控制器的IGF信号线连接在一起,所以检测到的是4个IGF信号叠加的信号波形。

5)检测次级点火波形。用示波器以四通道方式分别检测各缸的次级点火波形,应如图5-49所示。

6)检查火花塞的工作情况。方法同上,不再赘述。

5.6 点火提前角与闭合角控制

点火提前角和闭合角是与汽油机综合性能有关的两个重要控制参数。点火提前角与汽油机的经济性、动力性及排放性能紧密相关,较好的点火提前角可以使发动机的三个基本性能同时达到较佳。闭合角是影响击穿电压和点火能量的重要因素,合适的闭合角可以使点火系统在很大的发动机转速范围内都能可靠工作。

5.6.1 点火提前角控制

1. 点火提前角的影响因素

影响点火提前角的因素较多,其中最主要的是发动机的转速、负荷以及汽油的抗爆性(辛烷值),下面简要分析发动机转速、负荷对点火提前角的影响。

(1)转速的影响 在发动机负荷不变的条件下,随着转速的升高,相同时间内转过的曲轴转角增大,如果混合气的燃烧速率不变,为保证在上止点后10°左右燃烧压力达到最高,最佳点火提前角应在原来基础上适当增大。另一方面,随着转速的升高,气缸压力和温度提高,混合气的扰流增强,促使燃烧速度加快。在这两方面因素的综合作用下,虽然总体上最佳点火提前角随发动机转速的升高而增大,但理想的最佳点火提前角与转速的关系是非线性的,如图5-60中曲线1所示。

(2)负荷的影响 在转速不变的情况下,当发动机负荷增大时,进入气缸的混合气量增加,压缩终了气缸内的压力和温度都会提高,使混合气的燃烧速度加快,因此,最佳点火提前角应随负荷的增大而相应减小。然而,理想的最佳点火提前角与负荷的关系也是非线性的,如图5-61中曲线1所示。

大量的试验表明,随发动机转速与负荷的变化,临界爆燃点的点火提前角的变化是非线性变化的。而理论和实践已证明,发动机的最佳点火时间应能够使发动机的燃烧临近爆燃。显然,真空、离心点火提前调节装置的线性调节不可能在发动机转速、负荷变化的范围内将点火提前角调整到最佳值,如图5-60、图5-61中曲线3所示。

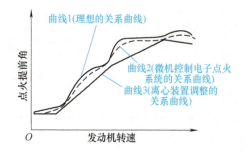

图5-60 发动机转速对最佳点火提前角的影响

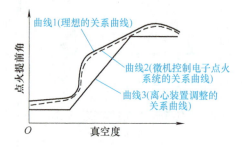

图5-61 发动机负荷对最佳点火提前角的影响

2. 点火提前角的组成

实际点火提前角包含初始点火提前角、基本点火提前角、修正点火提前角。

（1）初始点火提前角　初始点火提前角是由曲轴转速与位置传感器信号和曲轴转角的对应关系而确定的点火提前角，由曲轴转速与位置传感器的安装位置决定。初始点火提前角对最佳点火提前角的计算没有实质性影响，它的作用仅是确定点火提前角计算的初始基准位置，不同的发动机其初始点火提前角会有所不同。

（2）基本点火提前角　基本点火提前角是在发动机正常的工作温度、正常的转速范围内，由发动机 ECU 根据发动机的转速和负荷通过查找和计算确定的点火提前角。

（3）修正点火提前角　修正点火提前角是当发动机不在正常的工作温度，或不在正常的转速与负荷范围内时，由发动机 ECU 根据发动机转速信号和负荷信号以外的有关传感器及开关的信号，对点火提前角进行修正的点火提前角。

实际点火提前角包含初始点火提前角、基本点火提前角、修正点火提前角，由于不同的发动机其初始点火提前角有所不同，实际点火提前角的计算方法也有所不同。对于把压缩上止点作为点火提前角计算基准点的点火系统，实际最佳点火提前角 = 基本点火提前角 + 点火提前角修正值。

3. 点火提前角控制的基本内容

根据汽油机运行工况的特点，微机控制电子点火系统工作时发动机 ECU 对点火提前角的控制，分为起动时点火提前角控制和起动后点火提前角控制两种情况。

（1）起动时点火提前角控制　起动时发动机的转速很低，不能根据转速和负荷进行点火提前角控制，而是用适应起动工况的点火提前角控制方法，其控制目标是使发动机在各种情况下都有良好的起动性能。起动时点火提前角控制有起动初始点火提前角控制和起动非初始点火提前角控制两种方式，即点火提前角固定控制和点火提前角可调控制。

1）起动初始点火提前角控制。由于发动机的起动转速很低，此时的发动机负荷信号（进气歧管压力信号或进气流量信号）不稳定，为确保有适当而又稳定的点火提前角，将点火提前角固定在初始点火提前角。发动机 ECU 根据点火开关信号、曲轴转速与位置传感器信号，进行起动初始点火提前角控制，并直接由集成电路产生点火定时信号。

2）起动非初始点火提前角控制。为提高起动性能，有些发动机起动时的点火时间并非初始点火提前角，而是由发动机 ECU 根据发动机的温度和起动转速对点火提前角进行适当的控制。在正常起动转速（100r/min 以上）时，主要考虑的是发动机温度对燃烧的影响。在温度低于零度以下时，从点火到迅速燃烧需较长的时间，所以需适当增大点火提前角。低温起动点火提前角调整特性如图 5-62 所示。在低起动转速（100r/min 以下）时，若继续保持原

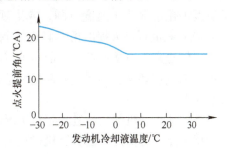

图 5-62　低温起动点火提前角调整特性

有的点火提前角，可能会出现活塞在上止点前混合气就已迅速燃烧起来，容易导致起动困难或造成回火、反转。为避免这种情况，ECU 根据起动转速的降低，同步而适当地减小初始点火提前角，并按自适应模式确定和记录其低速起动实际点火提前角，以备下一次低转速再起动时，正确控制实际点火提前角，使发动机顺利起动。

低速起动点火提前角 = 正常起动转速点火提前角 × 起动转速/100

（2）起动后点火提前角控制 当发动机起动后，点火开关提供的起动信号消失，发动机 ECU 根据这个变化随即转入起动后点火提前角控制。

1）基本点火提前角控制。基本点火提前角控制的目的是使发动机在各种负荷和转速下都有最佳的点火提前角，发动机怠速和非怠速工况下的基本点火提前角控制有所不同。

发动机处于怠速工况运行时，发动机 ECU 根据节气门位置传感器输入的信号确认发动机处于怠速工况，然后根据曲轴转速与位置传感器输入的转速信号和空调开关信号，从预先设定在只读存储器中的怠速工况基本点火提前角数据表或点火特性三维脉谱图（图 5-63）中选出相应的基本点火提前角，如图 5-64 所示。

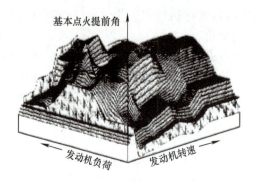
图 5-63 非怠速工况的基本点火提前角
（点火特性三维脉谱图）

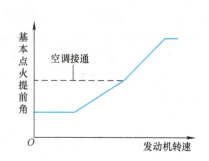
图 5-64 怠速工况的基本点火提前角

发动机处于非怠速工况运行时，发动机 ECU 根据发动机转速信号、空气流量（或进气歧管压力）信号，从在只读存储器中预先设定的非怠速工况基本点火提前角数据表中查出相应的基本点火提前角。

2）点火提前角修正控制。基本点火提前角是发动机 ECU 根据转速和负荷信号两个参数来确定的，它不是最佳点火提前角，只能满足发动机在某个工况下稳定工作的需要。除了转速和负荷以外，其他对点火提前角有重要影响的因素均归入到点火提前角修正值中。当发动机温度不在正常工作温度范围，或出现了其他需要对点火提前角进行适当调整的因素时，ECU 就立刻进行点火提前角的修正控制，使发动机保持在最佳的点火工作状态。点火提前角修正值通常是用基本点火提前角乘以适当的系数获得。不同型号的发动机，其修正系数和修正的项目均会有所不同，通常包括怠速暖机修正、怠速稳定性修正、空燃比反馈修正、爆燃修正等。

在发动机冷机起动后进入暖机工况，由于冷却液温度还很低，混合气燃烧速度较慢，需适当增大点火提前角。随着暖机过程的延续，冷却液温度逐渐升高，点火提前角修正值逐渐减小，如图 5-65 所示。暖机修正值大小与冷却液温度的对应关系随发动机不同而异，但变化规律基本相同。暖机工况修正的主要控制信号有冷却液温度信号、进气歧管压力信号或进气流量信号、节气门开度信号等。

发动机怠速运行时，发动机 ECU 连续不断地计算发动机的平均转速，当发动机的转速低于所设定的目标转速时，ECU 根据实际转速与目标转速的差值大小适当地增大点火提前角。当发动机的转速高于设定的目标转速时，则适当地减小点火提前角。怠速稳定性修正的控制信号主要有发动机转速信号、节气门开度信号、车速信号和空调开关信号等，修正特性如图5-66所示。

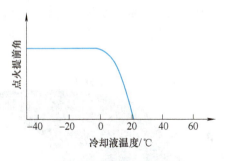

图5-65　怠速暖机修正

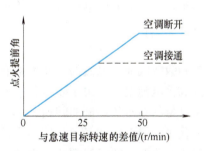

图5-66　怠速稳定性修正

混合气空燃比变化对混合气的燃烧速度有影响，因此发动机ECU需要根据氧传感器的空燃比反馈信号对点火提前角进行修正。ECU仅在空燃比大于14.7∶1的情况下，才进行空燃比反馈修正，且与喷油量修正呈负相关。当喷油量逐渐减少，空燃比从14.7∶1逐渐变大时，空燃比反馈修正值由零逐渐增大。当喷油量逐渐增加，空燃比由大于14.7∶1逐渐变小时，空燃比反馈修正值由大逐渐减小。当空燃比小于14.7∶1时，不进行空燃比反馈修正，如图5-67所示。采用这种修正方

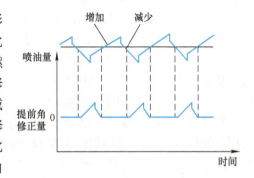

图5-67　空燃比反馈修正

法，不仅考虑到混合气的燃烧速度，而且兼顾到提高发动机怠速的稳定性。空燃比反馈修正的主要控制信号有氧传感器的空燃比反馈信号、节气门开度信号、冷却液温度信号、车速信号等。

当发动机发生爆燃时，发动机ECU对基本点火提前角进行适当的修正（减小点火提前角），以迅速消除爆燃。这是微机控制电子点火系统根据发动机的燃烧情况所进行的反馈修正控制，其控制原理见爆燃控制相关内容。

如果发动机的实际点火提前角超出一定范围时，发动机将不能正常运转。为防止出现这种情况，点火控制系统设定了一个实际点火提前角的数值范围，发动机ECU把计算得到的实际最佳点火提前角与预设限制值进行比较，如超出则以预设限值作为实际的最佳点火提前角。不同的发动机，其设定的点火提前角的最大和最小极限值不同，一般其最大点火提前角为35°~45°，最小点火提前角为-10°~0°。

◎ 5.6.2　闭合角控制

点火控制器控制初级绕组导通的时间换算成在该转速下的曲轴转角，称为闭合角。闭合角控制也称点火线圈通电时间控制。

对于电感储能式电控点火系统，当点火线圈的初级线圈被接通后，由于电感线圈的阻抗作用，在电压不变的情况下，通过初级线圈的电流是按指数规律由零开始逐渐增大的，只有通电时间达到一定值时初级电流才可能达到饱和。而次级线圈高压的最大值与初级断开电流

成正比，即点火次级线圈产生的击穿电压取决于初级线圈断开瞬间流过线圈的电流大小。为了满足汽油机对点火系统在击穿电压和点火能量上的要求，微机控制电子点火系统的闭合角控制以保证点火线圈初级电路有足够的通电时间、初级线圈在断开瞬间达到饱和电流为主要目标，这样不仅改善了点火系统的点火性能，同时也能避免初级线圈过热和电能的无效损耗。

影响初级线圈通过电流的主要因素有发动机转速和蓄电池电压。由于闭合角是以曲轴转角来度量的，对于不同的转速，单位曲轴转角所代表的绝对时间各不相同。当蓄电池电压发生变化时，初级线圈达到饱和电流所需的绝对时间也将发生变化。为了达到闭合角控制的主要目标，通过试验把不同的蓄电池电压和不同转速下使初级线圈流过电流达到饱和所需要的闭合角编制成闭合角数据表（也称闭合角脉谱图，如图 5-68 所示），存储在发动机 ECU 的只读存储器中。

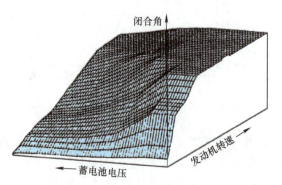

图 5-68　闭合角脉谱图

发动机工作时，ECU 根据输入的蓄电池电压和发动机转速信号，从闭合角数据表中查出相应的数值，通过点火线圈驱动电路对初级线圈通电时间（闭合角）进行控制。当发动机转速较高时，应适当增大闭合角，以防止初级线圈通过电流值减小、次级高压下降而造成点火困难。当蓄电池电压较高时，应减小通电时间，以限制点火线圈形成过大的初级电流，避免点火线圈温度过高而损坏；而当蓄电池电压较低时，则应适当增加点火线圈初级通电时间，以保证能形成足够大的初级电流。

单元 6

发动机辅助控制系统与检修

【学习目标】

1. 知识目标

(1) 掌握冷却风扇无级控制系统的结构组成、工作原理与检修技术要求。

(2) 了解创新温度管理系统的结构组成及工作原理。

(3) 掌握燃油蒸发排放控制系统的结构组成、工作原理与检修技术要求。

(4) 掌握三元催化转化器与空燃比反馈控制系统的结构组成、工作原理与检修技术要求。

2. 能力目标

(1) 掌握冷却风扇无级控制系统的检修方法和工作步骤。

(2) 掌握燃油蒸发排放控制系统的检修方法和工作步骤。

(3) 掌握三元催化转化器与空燃比反馈控制系统的检修方法和工作步骤。

发动机辅助控制系统包括温度控制系统(冷却风扇控制系统、热能管理系统等)、排放控制系统(燃油蒸发排放控制系统、三元催化转化器与空燃比反馈控制系统等)和故障自诊断系统等。其中,故障自诊断系统在单元2已做过介绍,在此不再赘述。

6.1 温度控制系统

冷却系统的功用是使发动机在所有工况下都保持在适当的温度范围内,既要防止夏季发动机过热,也要避免冬季发动机过冷。在发动机冷起动之后,冷却系统还要保证发动机迅速升温,尽快达到正常的工作温度。

随着汽车燃油经济性要求的逐渐提高和尾气排放法规的日益严格,在发动机所有工况下,要求冷却液温度都能满足燃烧过程的需要。因此,电控节温器技术、电控无级冷却风扇技术、双节温器技术、双循环冷却技术以及涡轮增压水冷技术等,实现冷却系统精准控制的新技术不断涌现。大众汽车公司推出的冷却风扇无级控制系统、温度管理系统等具有代表性。

6.1.1 冷却风扇无级控制系统

大众 CEA 1.8TSI 发动机冷却风扇无级控制系统的组成情况如图 6-1 所示,主要由两个冷却液温度传感器(发动机缸套出水口冷却液温度传感器 G62 和散热器出水口冷却液温度传感器 G83)、节温器和冷却液泵组件、冷却液循环泵 V51、冷却风扇控制单元 J293、两个电子冷却风扇(V7 电子冷却风扇 1 和 V177 电子冷却风扇 2),以及散热器等组成,由此组成为双冷却液温度传感器、双电子风扇冷却控制系统。两个冷却液温度传感器及两个电子冷却风扇在冷却管路中的安装位置,如图 6-2 所示,从图中可以看出,V7 是大风扇(主风扇),V177 是小风扇(辅助风扇),冷却风扇控制单元 J293 与 V7 大风扇集成为一体。

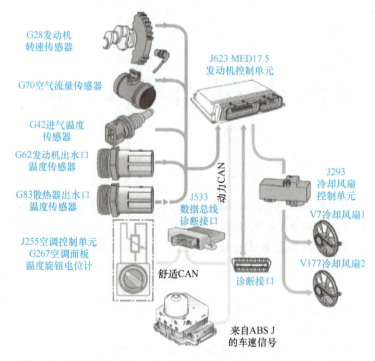

图 6-1 大众 CEA 1.8TSI 发动机冷却风扇无级控制系统的组成情况

对于类似于大众 CEA 1.8TSI 这种配置有废气涡轮增压系统的发动机，通常都在冷却系统中装备一个冷却液继续循环泵 V51（图 6-2）。在发动机停机之后，发动机电子控制单元（ECU）控制冷却液继续循环泵继续工作（不超过 15min），使得冷却液继续循环流动（泵入相反的方向，既从散热器到涡轮增压器），由此降低大负荷停机后涡轮增压器过高的温

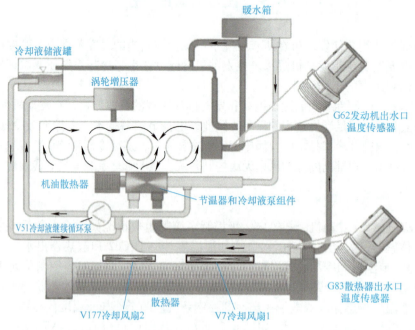

图 6-2 大众 CEA 1.8TSI 发动机冷却液温度传感器、电子冷却风扇在冷却管路中的安装位置

度,并减少涡轮增压器轴的积炭。

1. 控制策略

(1) 目标冷却液温度控制策略　在发动机电子控制单元(ECU)内部储存有两个目标冷却液温度特性曲线:反映目标冷却液温度与发动机负荷和转速之间关系的特性曲线、反映目标冷却液温度与车速和外界温度之间关系的特性曲线。

根据目标冷却液温度与发动机负荷和转速特性曲线,发动机负荷是影响目标冷却液温度的主要因素。部分负荷时,发动机温度高一些(95~105℃),有利于发动机提高性能,降低油耗和有害物质排放。全负荷时,发动机温度低一些(85~95℃),以减少对进气的加热作用,提高充气系数,从而增加动力输出,有利于发动机功率的提高。另外,发动机ECU在计算目标冷却液温度时,还要利用检测到的车速和外界温度,根据目标冷却液温度与车速和外界温度的关系曲线,对目标冷却液温度进行适当的修正。一般来说,车速越快和外界温度越低,目标冷却液温度要适当降低2~5℃。发动机ECU对比两个特性曲线,取最低值来控制冷却风扇的工作。当发动机的冷却液温度超过目标温度后,冷却风扇就开始工作。一般情况下,在正常工况时该目标冷却液温度约为93℃,即冷却液温度达到93℃后冷却风扇开始工作。

(2) 冷却风扇转速控制策略　冷却风扇转速控制的目的是使实际冷却液温度更加接近目标冷却液温度。与目标冷却液温度特性曲线一样,在发动机ECU内部也存储了两个冷却风扇转速特性曲线:反映冷却风扇转速与车速和目标冷却液温度之间关系的特性曲线、反映冷却风扇转速与两个冷却液温度传感器检测数据的差值和目标冷却液温度之间关系的特性曲线。

根据冷却风扇转速与车速和目标冷却液温度特性曲线,车速越低,自然风越小,冷却风扇转速相应就要高些;反之,车速越高,自然风的冷却效果就越好,冷却风扇转速相应就低些。一般当车速超过100km/h时,冷却风扇就不需要运转了。

根据冷却风扇转速与两个冷却液温度传感器检测数据的差值和目标冷却液温度特性曲线,当发动机出水口冷却液温度传感器检测到的冷却液温度数值在正常范围,但散热器出水口冷却液温度传感器检测到冷却液温度较低时,说明散热器温度不高,冷却风扇工作的作用不大,因此应降低冷却风扇转速;当发动机出水口冷却液温度传感器检测到的冷却液温度较高(已高出正常值范围),但散热器出水口冷却液温度传感器检测到冷却液温度还较低时,就说明节温器有故障,此时为保护发动机,需要控制冷却风扇高速运转。此外,冷却风扇的运转与否及转速高低,还要根据空调系统的需要进行控制。

2. 控制原理

在冷却风扇控制系统中,冷却风扇的具体运转情况是由发动机ECU J623通过冷却风扇ECU J293利用脉冲宽度调制信号进行精准控制的。

发动机缸套出水口冷却液温度传感器G62用于检测发动机的工作温度,散热器出水口冷却液温度传感器G83用于检测散热器的散热效果,这两个温度信号是控制冷却风扇转速的基础信息。发动机ECU根据各传感器提供的信息,利用内部存储的目标冷却液温度特性曲线和冷却风扇特性曲线,计算出最佳的冷却风扇转速,并将冷却风扇转速数据转换成占空比数据,然后向冷却风扇ECU发出脉冲宽度调制信号,冷却风扇ECU根据接收到的脉冲宽度调制信号控制冷却风扇以一定的转速运转。占空比信号越大,冷却风扇转速越快。为了防止此信号线短路，冷却风扇 ECU 有失效保护功能，即当脉冲宽度调制信号电压一直为 0V 或 12V 时，冷却风扇 ECU 启用紧急运行工况（图 6-3），控制冷却风扇高速常转。当断开点火开关后，发动机 ECU 根据冷却液温度传感器 G62 的输出信号判断出发动机温度过高需要降温时，向冷却风扇 ECU 发出脉冲宽度调制信号，冷却风扇 ECU 控制冷却风扇继续工作，直到发动机温度正常。

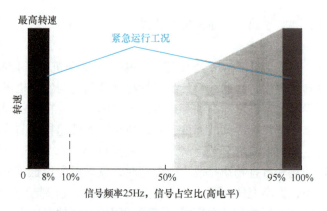

图 6-3　冷却风扇紧急运行工况

3. 检修方法

大众 CEA 1.8TSI 发动机冷却风扇无级控制系统的连接电路如图 6-4 所示，包括冷却风扇控制单元 J293 的检测和电子冷却风扇（V7 和 V177）的检测，散热器出水口冷却液温度传感器 G83 的检测方法与发动机缸套出水口冷却液温度传感器 G62 的检测方法相同，不再赘述。

（1）冷却风扇 ECU 的检测　如上所述，冷却风扇 ECU J293 通过 PWM 脉冲宽度调制信号控制电子冷却风扇的运转，如果冷却风扇 ECU 或控制电路出现故障，电子冷却风扇工作不良（转速过高、转速过低或常转）或不工作，将会造成发动机温度过高或过低。冷却风扇 ECU 的主要故障原因涉及因素较多，既有可能是冷却风扇 ECU 外部控制电路故障，也可能是冷却风扇 ECU 自身故障，还可能是发动机 ECU 故障。

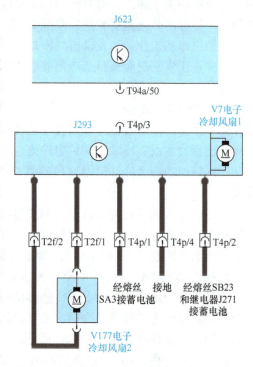

图 6-4　大众 CEA 1.8TSI 发动机冷却风扇无级控制系统连接电路

1）读取数据流。将故障诊断仪连接到诊断插座上，接通点火开关，起动发动机并怠速运转，用故障诊断仪读取 135 组第 1 区（散热器出水口冷却液温度）、第 2 区（V7 电子冷却风扇 1 占空比）、第 3 区（V177 电子冷却风扇 2 占空比）的数据，正常值分别为 45～85℃、40%～47.8%、40%～47.8%。否则，继续进行下一步检查。

2）检测电源电压。关闭点火开关，拔下冷却风扇 ECU J293 线束插头 T4p。用万用表检测插头端子 1 与端子 4（或接地）之间的电压，无论是接通还是关闭点火开关，均应接近 12V。起动发动机并怠速运转，用万用表检测端子 2 与端子 4（或接地）之间的电压，应接近 12V。关闭点火开关后 25s 到 30min 之内，再次检测端子 2 与端子 4（或接地）之间的电压，应仍然有 12V。如果没有达到此要求，则检查线束插头 T4p 端子 1、端子 2 与蓄电池的连接电路及熔丝和继电器。

3) 检测发动机 ECU 的控制信号。关闭点火开关，拔下冷却风扇 ECU J293 线束插头 T4p，将线束插头 T4p 端子 3、端子 4 的线束刺破，接好万用表表笔。起动发动机并怠速运转，用万用表交流电压档检测端子 3 与端子 4（或接地）之间的脉冲信号电压，应在 1.2 ~ 10.2V 范围内变化。当进行占空比检测时，占空比随发动机冷却液温度的升高而加大，在 10% ~ 90% 范围内变化。

当用示波器进行检测时，在线束插头 T4p 端子 3 和端子 4（或接地）之间接好示波器，起动发动机并怠速运转。正常的信号波形如图 6-5 所示。

冷却风扇的工作状态与发动机 ECU 控制信号之间的关系见表 6-1。否则，继续进行下一步检查。

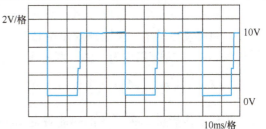

图 6-5 发动机电子控制单元的控制信号波形

表 6-1 冷却风扇的工作状态与发动机电子控制单元控制信号之间的关系

点火开关	冷却风扇 ECU J293 供电（T4p/2）	发动机控制单元 J623 控制信号（T4p/3）		冷却风扇工作状态
		电压/V	对应的占空比（%）	
接通	12V（蓄电池电压）	0	0	高速常转（J623 控制信号线断路、对地短路时紧急运行）
		1.2	10	停止转动
		1.2 ~ 10.2	10 ~ 90	低速高速调控（根据冷却液温度控制工作时间和转速）
断开	由发动机 ECU J623 控制供电 25s ~ 30min	10.2	90	高转速
		12	100	高速常转（J623 控制信号线对电源短路时紧急运行）

4) 检测电路导通性。关闭点火开关，拔下冷却风扇 ECU J293 线束插头 T4p 和发动机 ECU 线束插头 T94a。用万用表检测冷却风扇 ECU J293 线束插头端子 3 与发动机 ECU 线束插头端子 50 之间的导线电阻，检测冷却风扇 ECU J293 线束插头端子 4 与接地之间的导线电阻，均应小于 1.5Ω。若电阻值较大，说明该段导线存在虚接或断路。然后，检查导线相互之间是否短路（不相接的导线间电阻应为无穷大）。如果导线有断路、短路故障，则应更换。

(2) 电子冷却风扇的检修 如上所述，冷却风扇 ECU J293 通过脉冲宽度调制信号控制电子冷却风扇的运转，如果电子冷却风扇出现故障而不工作或工作不正常，将会造成发动机温度过高。冷却风扇的主要故障原因既有可能是冷却风扇外部控制电路故障，也可能是冷却风扇自身故障。

检修时，首先检测冷却风扇 ECU J293 的控制信号。关闭点火开关，拔下 V177 电子冷却风扇 2 线束插头 T2f。接通点火开关，起动发动机并怠速运转，用万用表交流电压档检测线束插头 T2f 端子 1 与端子 2（接地）之间的脉冲信号电压，应在 1.2 ~ 10.2V 范围内变化。当进行占空比检测时，占空比随发动机冷却液温度的升高而加大，在 10% ~ 90% 范围内变化。当用示波器进行检测时，正常的信号波形如图 6-5 所示。

经上述检查，如果冷却风扇 ECU J293 控制信号正常，电子冷却风扇仍然不能正常工作，则说明冷却风扇自身有故障，通常为风扇驱动电动机线圈断路或短路。冷却风扇 V7 和 V177 驱动电动机电磁线圈电阻正常值分别为 $0.6 \sim 1.5\Omega$ 和 $1.1 \sim 2.0\Omega$，若电阻检测值小于正常值，说明驱动电动机电磁线圈短路，若电阻检测值为无穷大，则说明驱动电动机电磁线圈断路。当风扇驱动电动机线圈断路或短路时，应更换冷却风扇。由于 V7 电子冷却风扇 1 与冷却风扇控制单元 J293 集成为一体，两者应一起更换。

◎ 6.1.2 创新热能管理系统

对于传统内燃机，有 33% 的热能被发动机冷却系统所吸收，只有 24% 转化为驱动曲轴旋转的机械能。为了有效利用被发动机冷却系统所吸收的这部分热能，大众公司在第三代 EA888 发动机上推出了创新热能管理（ITM）系统，通过对冷却液液流进行精确目标控制，使发动机在冷起动暖机时能够迅速地预热，在达到相应温度时能够及时冷却，确保发动机在任何情况下均可获得最佳的冷却效果。

创新热能管理系统的结构组成如图 6-6 所示，两个最主要的部件是集成在气缸盖内的排气歧管以及与冷却液泵集成为一体的旋转滑阀组件。

1. 集成在气缸盖内的排气歧管

集成在气缸盖内的排气歧管如图 6-7 所示。将排气歧管集成于气缸盖内，排气歧管内的热废气能够更好地与气缸盖水套进行热交换，相当于冷却系统多了一个热源，这样就能使发动机能够更快地实现暖机，从而达到降低排放、节省油耗的目的。另一方面，排气歧管与气缸盖水套的热交换也能够降低排气温度，降低涡轮增压发动机中涡轮增压器的进气温度，可以提高涡轮的增压值，从而提升发动机的动力水平。同时，缩短了排气歧管与涡轮增压器的气路长度，使涡轮增压器拥有更快的响应速度。最后，将排气歧管集成到气缸盖中，可使发动机重量减轻约 $3 \sim 5 kg$，并相应降低整车重心。

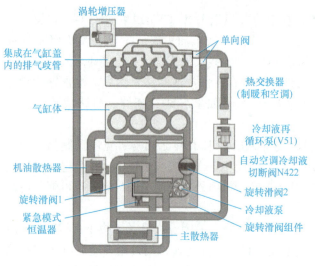

图 6-6 创新热能管理系统的结构组成

图 6-7 集成在气缸盖内的排气歧管

2. 旋转滑阀组件

旋转滑阀组件在发动机上的安装位置如图 6-8 所示，与冷却液泵集成为一体。旋转滑阀组件用于控制冷却液液流，其作用类似于传统发动机冷却系统中的节温器（配置有创新热能管理系统的发动机可以不再安装节温器）。

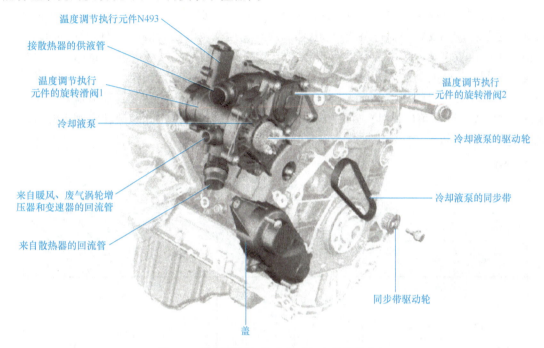

图 6-8　旋转滑阀组件在发动机上的安装位置

如图 6-9 所示，旋转滑阀组件内部有两个旋转滑阀。旋转滑阀 1 由发动机温度调节执行

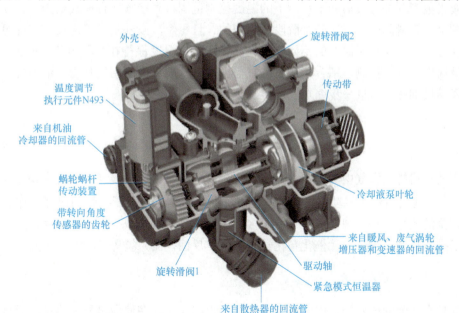

图 6-9　旋转滑阀组件内部结构

器 N493 电动机通过蜗轮蜗杆直接驱动，控制机油散热器、气缸盖和主散热器的冷却液液流的流向和流量。旋转滑阀 2 通过一根驱动轴以机械方式与旋转滑阀 1 联动，控制气缸体内的冷却液液流的流向和流量。

创新热能管理系统的控制逻辑将发动机的运行分为部分负荷和全负荷下的温度控制范围、暖机范围和接续运行模式范围，如图 6-10 所示。发动机 ECU 根据热能管理系统的控制逻辑，通过控制温度调节执行器 N493 电动机的旋转运动调节旋转滑阀 1 的开度。同时，旋转滑阀 1 的位置由转向角度传感器采集并发送至发动机 ECU。发动机温度越高，电动机驱动旋转滑阀 1 旋转的驱动力矩越大，旋转滑阀 1 的开度越大。当旋转滑阀 1 处于 145°角位置时，它会联动旋转滑阀 2，冷却液流向气缸体。随着旋转滑阀 2 的旋转，液流流量增加。当旋转滑阀 1 处于 85°角位置时，旋转滑阀 2 达到其最大旋转角度，此时旋转滑阀 1 和旋转滑阀 2 之间的联动断开，冷却液液流流向气缸体的通道完全打开。

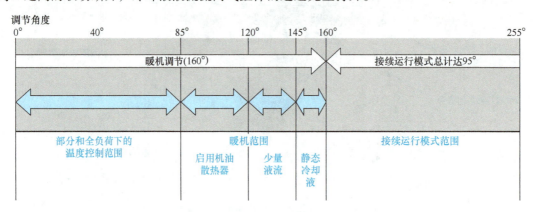

图 6-10　创新热能管理系统控制逻辑

从暖机范围到部分负荷和全负荷下的温度控制范围再到接续运行模式范围，创新热能管理系统两个旋转滑阀的位置在各个阶段是不同的，且每个阶段都是无缝连接，因此可以满足发动机在各个工况下对于温度的不同要求，并将发动机温度保持在 86～107℃ 的范围内，实现冷却液温度的智能控制。结合集成在气缸盖内的排气歧管，使用气缸内燃油燃烧产生的热量来给发动机加热，可进一步缩短发动机的预热时间。

6.2　排放控制系统

汽车发动机排入大气中的有害成分主要是一氧化碳（CO）、碳氢化合物（HC）、氮氧化合物（NO_x）等。对汽车发动机排放的控制和净化，各国都进行了大量的研究工作，除了对发动机本身的改进之外，现代汽车采取了多种排放控制系统来减少汽车的排气污染，主要有燃油蒸发排放控制系统、三元催化转化器与空燃比反馈控制系统等。

◎ 6.2.1　燃油蒸发排放控制系统

汽油具有较强的挥发性，由于温度及环境压力的变化，在使用过程中容易造成挥发和泄漏，从而引起环境污染和燃油的浪费。在汽车的排放污染中，由燃油蒸发造成的污染约占总量的15%~20%。燃油蒸发排放控制系统（EVAP）又称为燃油蒸气控制回收系统，其功能是收集并储存燃油箱内蒸发的燃油蒸气，并将其导入气缸参加燃烧，从而防止燃油蒸气直接排入大气而造成污染，避免浪费。在装有燃油蒸发排放控制系统的汽车上，燃油箱盖上只有空气阀，而不设蒸气放出阀。

1. 结构原理

燃油蒸发排放控制系统是为防止燃油箱内的燃油蒸气排入大气产生污染而设置的，主要由燃油箱、活性炭罐、活性炭罐电磁阀等组成。活性炭罐是系统中储存燃油蒸气的部件，如图6-11所示。活性炭罐的下部与大气相通，上部有接头与燃油箱和进气歧管相连，用于收集和清除燃油蒸气。中间是活性炭颗粒，它具有极强的吸附燃油分子作用。燃油箱内的燃油蒸气，经燃油箱管道进入活性炭罐后，蒸气中的燃油分子被吸附在活性炭颗粒表面。

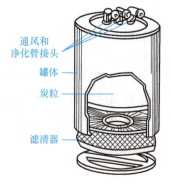

图6-11 活性炭罐

因为要将燃油箱内的燃油蒸气导入气缸参加燃烧，为了避免破坏发动机正常工作时的混合气成分，影响发动机正常工作，必须对燃油蒸气进入气缸的时机和进入量进行控制。早期的燃油蒸发排放控制系统多利用进气管真空进行控制，而现在多采用以发动机ECU为核心的电子控制，根据发动机转速、节气门开度、冷却液温度等来决定燃油蒸气进入气缸的时机和进入量，实现更加精确的控制。

由发动机ECU控制的燃油蒸发排放控制系统根据是否安装真空控制阀，分为真空控制阀控制式和电磁阀直接控制式。

（1）真空控制阀控制式 如图6-12所示，真空控制阀控制式燃油蒸发排放控制系统在活性炭罐与燃油箱之间的排气管设有止回阀，当燃油箱内的燃油蒸气超过一定压力时，燃油蒸气顶开止回阀进入活性炭罐。发动机工作时，发动机ECU根据发动机转速、温度、空气流量等信号，控制活性炭罐电磁阀的开闭来控制真空控制阀上部的真空度，从而控制真空控制阀的开度。

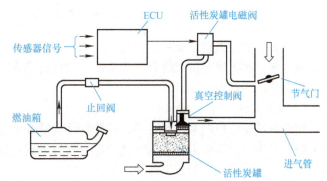

图6-12 真空控制阀控制式燃油蒸发排放控制系统

当真空控制阀打开时，燃油蒸气通过真空控制阀被吸入进气歧管。活性炭罐下方设有进气滤芯并与大气相通，使部分清洁空气与活性炭罐内的燃油蒸气一起被吸入进气管，从而防止混合气变浓。

（2）电磁阀直接控制式 在电磁阀直接控制式燃油蒸发排放控制系统中，活性炭罐上不设真空控制阀，而是在活性炭罐与进气总管之间用燃油蒸气进气管将两者相连接，将受发动机ECU控制的活性炭罐电磁阀直接串联在燃油蒸气进气管中，如图6-13所示。

当发动机工作时，发动机ECU根据发动机的不同工况，向活性炭罐电磁阀电磁线圈发出占空比不断变化的脉冲信号，使活性炭罐电磁阀周期性地开启和关闭（在发动机达到工作温度和一定转速时才打开）。当活性炭罐电磁阀开启时，在发动机进气总管与环境大气压力之间产生的负压作用下（Δp = 大气压力 p_e – 进气总管压力 p_i，如图 6-14 所示），储存在活性炭罐中的饱和燃油蒸气就会与新鲜空气形成再生气流，经过燃油蒸气进气管吸入燃烧室燃烧，从而避免燃油蒸气排入大气污染环境。由于发动机 ECU 能够精确地控制活性炭罐电磁阀开度的大小，从而能够实现对燃油蒸气进入气缸的时机和进入量更加精确的控制。

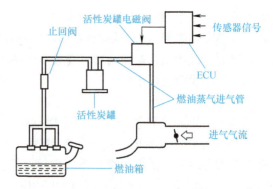

图 6-13 电磁阀直接控制式燃油蒸发排放控制系统

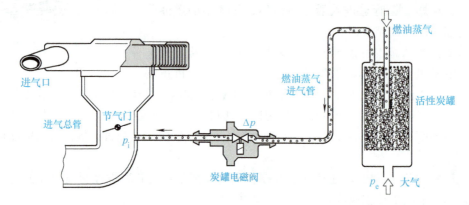

图 6-14 电磁阀直接控制式燃油蒸发排放控制系统工作原理

当发动机处于怠速工况和全负荷工况时，在发动机 ECU 的控制下，燃油蒸气不进入气缸，因为在怠速工况易造成混合气过浓而使发动机熄火，在全负荷工况又会引起混合气过稀而影响发动机的动力性。

2. 检修方法

燃油蒸发排放控制系统的主要部件是活性炭罐和活性炭罐电磁阀，当活性炭罐或活性炭罐电磁阀损坏时，将会引起进入气缸的混合气过浓或过稀，导致发动机出现起动困难、怠速不稳、功率不足、排气管冒黑烟等故障。

活性炭罐损坏的原因主要是滤清器堵塞、壳体出现裂纹。活性炭罐电磁阀损坏的原因涉及因素较多，既有可能是电磁阀外部电路故障，也可能是电磁阀自身故障，还可能是 ECU 故障。活性炭罐电磁阀外部电路故障主要有继电器故障及电路断路、短路或虚接等，自身故障既有如电磁阀电磁线圈短路或断路等电气故障，也有电磁阀脏污堵塞、卡滞等机械方面的原因。ECU 故障主要是 ECU 内部控制模块失效或者内部搭铁电路断路、短路。

当活性炭罐下端空气入口处的滤清器被灰尘和杂质堵塞时，活性炭吸附的燃油蒸气可达到饱和状态。若达到饱和状态的燃油蒸气进入气缸，将造成混合气过浓，从而引起发动机热起动困难、无怠速或怠速不稳、排气管冒黑烟等。

当活性炭罐电磁阀损坏而常开或管路漏气时，就会有空气没有经过空气流量传感器的检测直接通过活性炭罐及管路进入进气管，从而使混合气较稀，造成发动机功率不足、加速滞后和怠速抖动。而加大节气门开度后，没有经过空气流量传感器检测而进入进气管的空气占总进气量的比例较小，此时喷油器也加大了喷油量，因而发动机抖动现象减轻。活性炭罐电磁阀损坏而常开还有可能造成冷车起动正常、热车起动困难的故障现象。在发动机运转过程中，活性炭罐内的燃油蒸气虽然很少，但熄火一段时间，由于燃油箱内的燃油温度很高，就会有大量的燃油蒸气进入活性炭罐并吸附在活性炭上。如果这时热车起动发动机，大量的燃油蒸气就会进入气缸，使起动时的混合气浓度过浓，导致发动机起动困难。而冷车起动时，一方面由于发动机冷车起动时本来就需要较浓的混合气，另一方面由于一部分在热车熄火后产生的燃油蒸气会被在燃油箱内燃油温度降低时产生的负压吸回燃油箱，活性炭罐内的燃油蒸气量比较少，发动机可正常起动。

（1）大众 CEA 1.8TSI 发动机燃油蒸发排放控制系统的检修　　大众 CEA 1.8TSI 发动机燃油蒸发排放控制系统是电磁阀直接控制式，如图 6-15 所示，活性炭罐电磁阀的连接电路如图 6-16 所示。

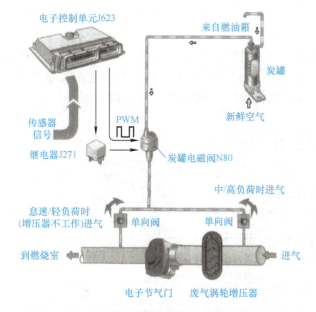

图 6-15　大众 CEA 发动机燃油蒸发排放控制系统　　图 6-16　炭罐电磁阀连接电路

检修前，首先检查管路有无破损或漏气，活性炭罐壳体有无裂纹，每行驶 20000km 应更换炭罐底部的进气滤芯。

活性炭罐电磁阀 N80 的检修按以下步骤进行。

1）读取数据流并进行动态测试。将故障诊断仪连接到诊断插座上，接通点火开关，起动发动机并怠速运转到正常温度，用故障诊断仪读取 70 组第 1 区（活性炭罐电磁阀工作占空比）的数据，正常值为 0~100%（占空比为 0 表示活性炭罐电磁阀完全关闭，占空比为 100% 表示电磁阀完全打开）。否则，继续进行下一步检查。

进行动态测试时，先拔下活性炭罐电磁阀线束插头 T2bv，拔下连接软管。将一辅助软管连接在电磁阀的进口上，插好电磁阀插头 T2bv。连接专用故障诊断仪，进入"执行元件诊断"功能，选择"活性炭罐电磁阀"。执行元件诊断过程中，对准电磁阀进气孔吹气，如果气流能够通过电磁阀，则说明电磁阀正常。否则，更换新的活性炭罐电磁阀。

2)检测内部电阻。关闭点火开关,拔下活性炭罐电磁阀线束插头 T2bv,检测电磁阀线束插座两端子之间的电阻,正常值为 23~30Ω。否则,应更换活性炭罐电磁阀。

3)检测电源电压。活性炭罐电磁阀由 Motronic 供电继电器 J271 供电。关闭点火开关,拔下活性炭罐电磁阀线束插头 T2bv。接通点火开关,起动发动机并怠速运转,用万用表检测线束插头 T2bv 端子 1 与接地之间的电压应接近 12V。否则检查活性炭罐电磁阀供电电路。

4)检测电路导通性。关闭点火开关,拔下活性炭罐电磁阀线束插头 T2bv 和发动机 ECU 线束插头 T60a。用万用表检测电磁阀线束插头 T2bv 端子 2 与发动机 ECU 线束插头 T60a 端子 3 之间的导线电阻,应小于 1.5Ω。若电阻值较大,说明该段导线存在虚接或断路,应修复或更换。

5)检测发动机 ECU 的控制信号。关闭点火开关,将炭罐电磁阀线束插头 T2bv 端子 2 的线束刺破,接好万用表表笔。插上活性炭罐电磁阀线束插头 T2bv 和发动机 ECU 线束插头 T60a,起动发动机并怠速运转,用万用表交流电压档检测线束插头 T2bv 端子 2 与接地之间的电压,应在 0.1~12V 的范围内变化。当用发光二极管试灯检测时,短时起动发动机,发光二极管试灯应不断闪烁。

(2)丰田 1ZR-FE 发动机燃油蒸发排放控制系统的检修 丰田 1ZR-FE 发动机燃油蒸发排放控制系统也是电磁阀直接控制式,如图 6-17 所示,其活性炭罐安装在油箱内部,这是与其他车型发动机的不同之处。活性炭罐电磁阀的连接电路如图 6-18 所示。

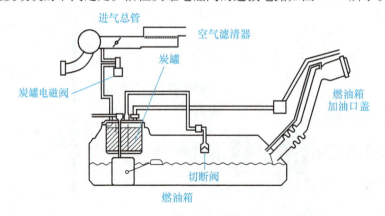

图 6-17 丰田 1ZR-FE 发动机燃油蒸发排放控制系统

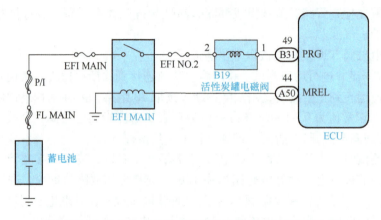

图 6-18 丰田 1ZR-FE 发动机活性炭罐电磁阀的连接电路

检修前,首先检查各连接管路有无破损或泄漏。若有破损或泄漏,应更换或修复。

活性炭罐的检修按以下步骤进行。

1) 检查壳体有无裂纹,有则更换活性炭罐。

2) 检查通风情况。如图6-19a所示,关闭接活性炭罐电磁阀的端口B,向接燃油箱的端口A施加压缩空气,检查并确认空气从通气端口C流出。否则,更换活性炭罐。

3) 检查双通阀的工作情况。如图6-19b所示,关闭端口C,向端口A施加压缩空气,检查并确认空气从端口B流出。关闭端口C,如图6-19c所示,用手持式真空泵向端口A施加真空,且真空度逐渐加大。刚开始时真空表应能保持真空(没有达到真空阀开启压力),当逐渐加大真空度至达到规定值(真空阀的开启压力)后真空度开始下降。若上述两项检查都不符合要求,则更换活性炭罐。

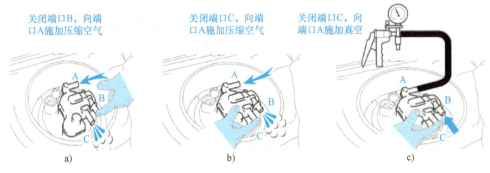

图6-19 活性炭罐的检查

活性炭罐电磁阀的检修按以下步骤进行。

1) 动态测试。将故障诊断仪连接到诊断插座上,接通点火开关,起动发动机并怠速运转,选择相应菜单,执行EVAP系统动态测试,检查断开的活性炭罐电磁阀连接软管是否对手指有吸力。若有吸力,表明活性炭罐电磁阀正常。若无吸力,说明活性炭罐电磁阀有故障,或者连接活性炭罐电磁阀与进气总管的燃油蒸气进气管有泄漏。

也可以对活性炭罐电磁阀进行通电测试,以检测其工作情况。如图6-20所示,用压缩空气从活性炭罐电磁阀的E口吹入,不通电时F口不应有空气流出;通电时,F口应有空气流出。否则,应更换活性炭罐电磁阀。

2) 检测内部电阻。关闭点火开关,如图6-21所示,拔下活性炭罐电磁阀线束插头B19(图6-22),检测电磁阀线束插头B19端子1与端子2之间的电阻,20℃时电阻值应为23~26Ω。否则,应更换活性炭罐电磁阀。

图6-20 检测活性炭罐电磁阀的工作情况   图6-21 检测活性炭罐电磁阀的电阻

3) 检测电源电压。关闭点火开关,拔下活性炭罐电磁阀线束插头B19。接通点火开关,起动发动机并怠速运转,用万用表检测线束插头B19端子2与接地之间的电压应接近12V。

否则检查活性炭罐电磁阀供电电路。

4）检测电路导通性。关闭点火开关，拔下活性炭罐电磁阀线束插头 B19 和发动机 ECU 线束插头 B31（图6-23）。用万用表检测电磁阀线束插头 B19 端子 1 与 ECU 线束插头 B31 端子 49（PRG）之间的导线电阻，应小于 1.5Ω。若电阻值较大，说明该段导线存在虚接或断路，应修复或更换。

5）检测发动机 ECU 的控制信号。关闭点火开关，将炭罐电磁阀线束插头 B19 端子 1 的线束刺破，接好万用表表笔。插上活性炭罐电磁阀线束插头 B19 和发动机 ECU 线束插头 B31，起动发动机并怠速运转，用万用表交流电压档检测端子 1 与接地之间的电压，应在 0.1~12V 的范围内变化。当用发光二极管试灯检测时，短时起动发动机，发光二极管试灯应不断闪烁。

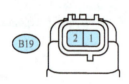

图 6-22　活性炭罐电磁阀线束插头 B19

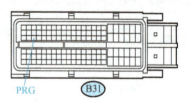

图 6-23　ECU 线束插头 B31

◎ 6.2.2　三元催化转化器与空燃比反馈控制系统

三元催化转化器（TWC）安装在排气管内，其功能是利用含有铂（Pt）、钯（Pd）、铑（Rh）等贵重金属的催化剂，在 300~900℃ 的温度下将发动机排出废气中的 NO_x、HC、CO 这些有害气体转化为无害气体，从而实现对废气的净化，其化学反应过程如图 6-24 所示。

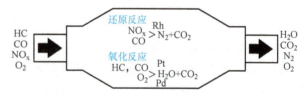

图 6-24　三元催化转化器化学反应过程

1. 三元催化转化器

（1）结构原理　如图 6-25 所示，三元催化转化器一般由金属外壳、隔热减振衬垫、催化剂载体和催化剂组成。载体一般由陶瓷制造（也有金属的）而成，可分为颗粒形和蜂巢形两种类型，三元催化剂（铂或钯和铑的混合物）就涂附在很薄的孔壁上。颗粒形将催化剂沉积在颗粒状氧化

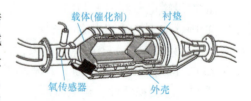

图 6-25　三元催化转化器内部结构

铝载体表面，蜂巢形将催化剂沉积在蜂巢状氧化铝载体表面。作为催化剂载体的氧化铝都有形状复杂的表面，以增大催化剂与废气的实际接触面积。废气通过时，三元催化转化器利用铂（或钯）作催化剂使尾气中的 CO、HC 氧化，同时又利用铑作催化剂使尾气中的 NO_x 还原，生成 CO_2、H_2O、N_2 等无害气体。

（2）转化效率的影响因素　三元催化转化器将有害气体转变成无害气体的效率受诸多因素的影响，其中影响最大的是排气温度和混合气的浓度。

1）排气温度的影响。催化剂的表面活性作用是利用排气本身的热量激发的，其使用温

度范围以活化开始温度为下限，因过热引起催化转化器故障的极限温度为上限。一般排气中有害成分开始转化温度需超过250℃，发动机起动预热5min后，才能达到此下限温度。一旦活化开始，催化床便因反应放热而自动地保持高温。保持催化转化器高净化率、高使用寿命的理想运行条件的使用温度约为400~800℃，使用温度的上限为1000℃。当发动机的排气温度达到815℃以上时，三元催化转化器的转化效率将明显下降。

2）混合气浓度的影响。三元催化转化器的转化效率与混合气浓度的关系曲线如图6-26所示，只有在理论空燃比附近很窄的范围内，对废气中三种有害气体（CO、HC、NO_x）的转化效率均比较高。超出这个范围，就会出现或者CO和HC排放正常，而NO_x排放大幅度上升，或者NO_x排放正常，而CO和HC排放大幅度上升的情况。为将实际空燃比精确控制在标准的理论空燃比附近，在装用三元催化转化器的汽车上一般都在三元催化转化器与发动机之间的排气管上装有氧传感器，氧传感器将检测到的废气中氧浓度信号输送给ECU后，ECU根据此信号对喷油器的喷油量进行修正，对空燃比进行反馈控制（即燃油喷射的闭环控制），使实际的空燃比更接近理论空燃比（图6-27）。

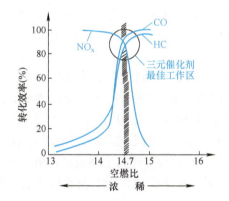

图6-26 TWC转换效率与混合气浓度的关系

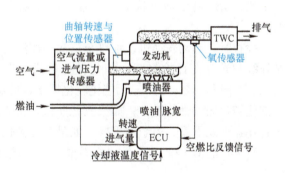

图6-27 燃油喷射的闭环控制

在装有氧传感器的发动机上，并不是在所有工况下都对空燃比进行闭环控制。在发动机起动、怠速、暖机、加速、全负荷等工况下，发动机不可能以理论空燃比工作，仍采用开环控制方式。此外，氧传感器温度在400℃以下、氧传感器或者其外部电路发生故障时，也只能采用开环控制。

（3）三元催化转化器的失效 在使用过程中，三元催化转化器的失效原因主要是化学中毒、过热老化和破损。

1）化学中毒。汽油中的铅和硫及润滑油中的磷和锌是造成三元催化转化器催化剂化学中毒的主要元素，其中燃料中的铅毒性最大，含铅汽油燃烧后，铅颗粒随废气排出经过三元催化转化器时，会覆盖在催化剂表面，使催化剂作用面积减少，从而大大降低催化器的转化效率，即铅中毒。同时铅还会使氧传感器中毒，从而破坏三元催化转化器的最佳工作条件，最终导致三元催化转化器的失效。

2）过热老化。虽然保持催化转化器高净化率、高使用寿命的使用温度约为400~800℃，使用温度的上限为1000℃，但是，如果三元催化转化器长期在800℃以上的高温下工作，其转化效率将明显下降，发生过热老化现象。

3）破损。三元催化转化器大多与排气管制成一体，其内部由陶瓷体和一些贵重金属催化剂组成。催化剂的陶瓷载体耐冲击能力较差，当车辆在路况较差的路面行驶时，极易造成底盘碰撞导致陶瓷体碎裂。破碎的陶瓷体不仅使三元催化转化器工作失效，还会随废气进入消声器中，轻者产生异响，严重时会堵塞排气管，导致发动机动力下降，甚至不能起动。

自从2000年我国开始禁止使用含铅汽油以来，三元催化转化器的铅中毒故障明显减少，在维修实践中，三元催化转化器堵塞是其最常见的损坏形式。

（4）三元催化转化器的检修　三元催化转化器检修的主要内容是对其使用性能进行检查。在检查之前，可对三元催化转化器进行初步的外观检查。观察催化转化器表面是否有凹陷，如有明显的凹痕和刮擦，说明催化转化器的载体可能受到损伤。用橡胶锤或拳头敲击并晃动催化转化器，如果听到有物体移动的声音，说明其内部催化剂载体破碎，需要更换催化转化器。观察催化转化器外壳上是否有严重的褪色斑点或略有呈青色和紫色的痕迹，如有，则说明催化转化器曾处于过热状态，需做进一步的检查。同时要检查催化转化器是否有裂纹，各连接是否牢固，各类导管是否有泄漏，如有则应及时加以处理。

三元催化转化器使用性能的检查主要有以下两种方法。

1）比较三元催化转化器进、出口温度。由于在三元催化转化器工作时氧化反应会产生大量热，所以可以通过检测三元催化转化器进、出口的温度差来检查三元催化转化器的性能。

检查时，起动发动机，预热至正常工作温度，将发动机转速维持在2500r/min左右。用红外线激光温度计检测三元催化转化器进、出口的温度（距离三元催化转化器50mm以内），并予以比较。如果三元催化转化器出口的温度比进口的温度高20%～25%，则说明三元催化转化器的性能正常；如果三元催化转化器出口的温度达不到上述范围，则说明三元催化转化器性能不良，应予以更换。如果三元催化转化器出口的温度超过上述范围，则说明尾气中有大量的CO和HC，发动机燃油供给系统或点火系统出了问题，需对发动机作进一步检查。

因为催化转化器过热时易导致烧结损坏，所以检测进出口温差的同时，要检测催化转化器本身的温度是否超过1000℃，若超过则必须检修。一些车辆安装有催化转化器过热故障报警器，当此灯闪烁或报警器鸣响时，表明有过热故障。

2）检测对比催化转化器前后尾气中有害成分的体积分数。在正常情况下，尾气在通过三元催化转化器之前，其CO的体积分数为13.2%～14.2%，在通过三元催化转化器之后，其CO_2的体积分数可能达到15%。怠速时，在通过三元催化转化器之后，CO的体积分数应小于1%，HC的体积分数应小于$200×10^{-6}$，NO_x的体积分数应小于$100×10^{-6}$。如果CO、HC和NO_x的体积分数都很高，说明三元催化转化器已经失效。

2. 氧传感器

氧传感器安装在发动机排气管上，如图6-28所示。它的作用是通过监测排气管废气中氧离子的含量来获得混合气的空燃比信号，并将该信号转变为电信号输入发动机ECU。发动机ECU根据氧传感器信号，对喷油时间进行修正，实现空燃比反馈控制（闭环控制），从而将空燃比控制在理论值14.7:1附近，使发动机得到最佳浓度的混合气，从而降低有害气体的排放和节约燃油。

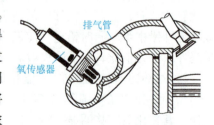

图6-28　氧传感器的安装位置

根据使用的测量材料的不同，氧传感器可分为氧化锆（ZrO_2）式和氧化钛（TiO_2）式两种类型，其中应用最多的是氧化锆式氧传感器。氧化锆式氧传感器又分为加热型与非加热型两种，氧化钛式氧传感器一般都为加热型。

（1）氧化锆式氧传感器

1）结构组成。氧化锆式氧传感器的结构如图6-29所示，主要由钢质护管、钢质壳体、锆管、加热元件、电极引线、防水护套和线束插头等组成。

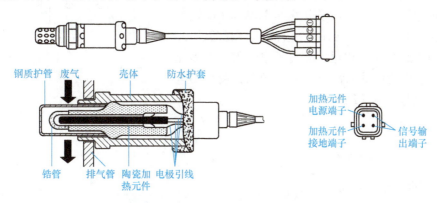

图6-29 氧化锆式氧传感器的结构

锆管是氧化锆式氧传感器的基本元件，它是在二氧化锆固体电解质粉末中添加少量的添加剂经压力成形后再烧结而成的陶瓷管，其加工工艺与火花塞绝缘体的成形工艺完全相同。锆管制成试管形状，以便氧离子能均匀扩散与渗透。锆管内表面通大气，外表面通排气。在锆管的内、外表面都涂覆有一层金属铂（Pt）作为电极，并用金属线与传感器信号输出端子连接。金属铂除了起到电极作用将信号电压引出之外，另一个更重要的作用是催化。在催化剂铂的作用下，当发动机排气中的CO与O_2接触时，就会生成CO_2。为了防止发动机排出的废气腐蚀外层铂电极，在外层铂电极表面还涂敷有多孔氧化铝陶瓷保护层。氧化锆陶瓷管的强度很低，而且安装在排气管上承受排气压力冲击。为了防止锆管受排气压力冲击而造成陶瓷管破碎，将锆管封装在钢质护管内。护管上制作有若干个小孔，以便于排气流通。

氧化锆式氧传感器在温度超过300℃后才能正常工作。早期使用的非加热型氧传感器靠排气加热，这种传感器必须在发动机起动运转数分钟后才能开始工作，它只有1个或2个接线端子与ECU相连接。现在，大部分汽车使用带加热器的氧传感器，这种传感器内部有一个电加热元件，它有3个或4个接线端子与发动机ECU相连接，可在发动机起动后的20～30s内迅速将氧传感器加热至工作温度。

2）工作原理。锆管的陶瓷体是多孔的，空气中的氧在二氧化锆固体电解质中容易通过。当锆管外表面与内部之间氧的浓度不同（即存在浓度差）时，氧原子就会从浓度高的一侧向浓度低的一侧扩散（内表面上的氧原子放下2个正电荷变成带2个负电荷的氧离子穿越锆管，将2个负电荷留在外表面重新成为氧原子），以求达到平衡状态。当固体电解质表面设置集中用多孔电极之后，两极之间的电位差便是氧传感器的信号电压（内表面为正极，外表面为负极）。因为锆管内侧与氧浓度高的大气相通，外侧与氧浓度低的废气相通，且锆管外侧的氧随可燃混合气浓度变化而变化，所以当氧原子穿越锆管向锆管外侧扩散时，锆管内外表面之间的电位差将随可燃混合气浓度变化而变化，即锆管相当于一个氧浓度差电池，传感器的信号源相当于一个可变电源,其工作原理如图 6-30 所示。

3) 输出特性。氧化锆式氧传感器的输出特性如图 6-31 所示。

当供给发动机的可燃混合气较浓时（空燃比小于 14.7），排气中氧离子含量较少、CO 浓度较大。在催化剂铂的催化作用下,氧离子几乎全部都与 CO 发生氧化反应生成 CO_2 气体,使外表面上氧离子浓度为 0。由于锆管内表面与大气相通,氧离子浓度很大,因此锆管内、外表面之间的氧离子浓度差较大,两个铂电极之间的电位差较高（约 0.9V）。

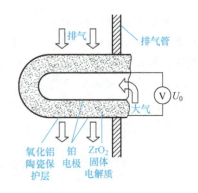

图 6-30 氧化锆式氧传感器工作原理

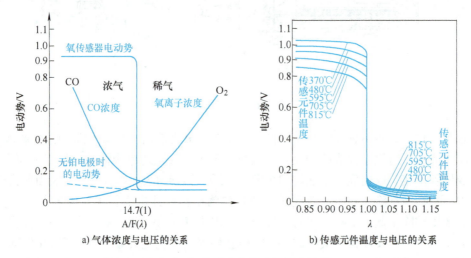

a) 气体浓度与电压的关系   b) 传感元件温度与电压的关系

图 6-31 氧化锆式氧传感器输出特性

当供给发动机的可燃混合气较稀时（空燃比大于 14.7），排气中氧离子含量较多、CO 浓度较小,即使 CO 全部都与氧离子产生化学反应,锆管外表面上还有多余的氧离子存在。因此,锆管内、外表面之间氧离子的浓度差较小,两个铂电极之间的电位差较低（约 0.1V）。

当空燃比接近于理论空燃比 14.7 时,排气中的氧离子和 CO 含量都很少。在催化剂铂的作用下,氧离子与 CO 的化学反应从缺氧状态（CO 过剩、氧离子浓度为 0）急剧变化为富氧状态（CO 为 0、氧离子过剩）。氧离子浓度差急剧变化,因此铂电极之间的电位差急剧变化,使传感器输出电压从 0.9V 急剧变化到 0.1V。

由氧化锆式氧传感器输出特性可知,当可燃混合气变浓时,如果没有催化剂铂的催化作用使氧离子浓度急剧减小到 0,在混合气由浓变稀时,固体电解质两侧氧离子的浓度差将连续变化,传感器的电动势将按图 6-31a 中的连续曲线所示连续变化,即电动势不会出现跃变现象。

要准确地保持混合气浓度为理论空燃比是不可能的。实际上的反馈控制只能使混合气在理论空燃比附近一个狭小的范围内波动,故氧化锆式氧传感器的输出电压在 0.1~0.9V 的范围内不断变化（通常每 10s 内变化 8 次以上）。如果氧传感器输出电压变化过缓（每 10s

少于 8 次）或电压保持不变（不论保持在高电位或低电位），则表明氧传感器有故障，需检修。

图 6-32 所示为正常与非正常工作状态下氧化锆式氧传感器信号电压。

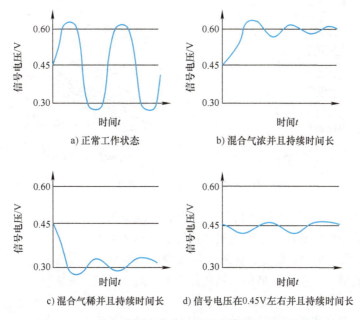

图 6-32　正常与非正常状态下氧化锆式氧传感器信号电压

（2）氧化钛式氧传感器　二氧化钛在常温下是一种高电阻的半导体，但表面一旦缺氧，其晶格便出现缺陷，电阻便随之减小。同时，其电阻也与环境温度有关。氧化钛式氧传感器就是利用二氧化钛材料的电阻值随排气中氧含量的变化而变化的特性制成的，故又被称为电阻型氧传感器。

1）结构组成。氧化钛式氧传感器的外形与氧化锆式氧传感器相似，结构如图 6-33 所示，主要由二氧化钛传感元件、钢质壳体、加热元件和电极引线等组成。钢质壳体上制有螺纹，以便于传感器安装。在电极引线与护套之间设置一个硅橡胶密封衬垫，可以防止水汽浸入传感器内部而腐蚀电极。

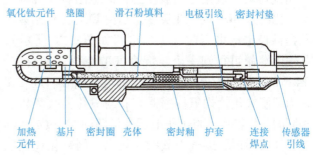

图 6-33　氧化钛式氧传感器结构

二氧化钛传感元件有芯片式和厚膜式两种，如图 6-34 所示。芯片式将铂金属线埋入二氧化钛芯片中，金属铂兼作催化剂用。厚膜式采用半导体封装工艺中的氧化铝层压板工艺制成，从而使成本降低、可靠性提高。

由于二氧化钛的电阻也随温度不同而变化，在氧化钛式氧传感器内部也有一个电加热器，以使传感元件二氧化钛温度保持恒定，从而使传感器的输出特性不受温度影响。加热元件一般用钨丝或陶瓷材料制成。因为二氧化钛是一种多孔性的陶瓷材料，利用热传导方式对氧化钛芯片或厚膜可以直接进行加热，所以加热效率高，达到激活温度（600℃）需要的时间很短，这对降低发动机刚刚起动后HC的排放量十分有利。

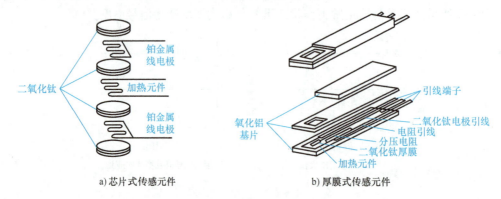

图6-34 氧化钛式氧传感器传感元件结构

2）工作原理。二氧化钛半导体材料的电阻具有随车外环境氧浓度的变化而变化的特性。当发动机的可燃混合气较浓时（空燃比小于14.7），排出的废气中氧的含量较少，二氧化钛呈低阻状态。与此同时，在催化剂铂的催化作用下，废气中的氧与CO产生化学反应生成CO_2而进一步消耗掉，氧的含量大大减少，从而有效提高了传感器的灵敏度。当发动机的可燃混合气较稀时（空燃比大于14.7），排出的废气中氧的含量较多，二氧化钛呈现高阻状态。因此，氧化钛式氧传感器的信号源相当于一个可变电阻，其电阻值与空燃比的关系如图6-35所示。

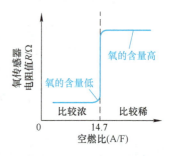

图6-35 氧化钛式氧传感器电阻值与空燃比间的关系

由此可见，氧化钛式氧传感器的电阻将在混合气的空燃比约为14.7时产生突变。当由ECU工作给氧传感器提供稳定的电压时（工作电路如图6-36所示），在其输出端便可得到一个与混合气的空燃比相对应、以14.7的空燃比为界限交替变化的电压信号。近几年来，为了使氧化钛式氧传感器有着与氧化锆式氧传感器相同的工作特性，将工作电压由早期的5V改成1V。当混合气较稀时，废气中氧的含量高，则氧化钛式氧传感器呈现高电阻的状态，此时1V电源电压经氧传感器电阻降压，返回ECU的输出信号电压低于0.45V。当混合气较浓时，废气中氧的含量少，则氧化钛式氧传感器因缺氧而形成低电阻的氧化半导体，此时1V电源电压经氧传感器电阻降压后返回ECU的信号电压高于0.45V。即当氧化钛式氧传感器输出端子上的电压高于0.45V时，ECU判定混合气过浓；当端子上的电压低于0.45V时，ECU判定混合气过稀。在实际的反馈控制过程中，氧化钛式氧传感器与ECU连接的端子上的电压也是在0.1~0.9V范围内不断变化，这一点与氧化锆式氧传感器是相似的。通过ECU的反馈控制，可保持混合气的浓度在理论空燃比附近。

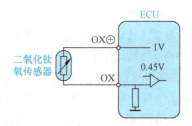

图6-36 氧化钛式氧传感器工作电路

氧化钛式氧传感器在汽车上的应用较少，其数量约为车用氧传感器的1%。

(3) 宽量程氧传感器 随着人们对汽车燃油经济性的要求越来越高,发动机稀薄燃烧技术应运而生。采用稀薄燃烧系统,要求氧传感器能够在一个较宽的空燃比范围内(15≤A/F≤23),对汽车排放的氧浓度进行连续检测,以控制空燃比在一个较宽的稀薄混合气范围内。广泛用于三元催化转化系统的氧浓差电池型传感器在整个稀薄燃烧区内(A/F＞17)只有很低的电压信号,且信号变化很小、曲线平滑,用于14.7这一理论空燃比附近很窄的范围内的反馈控制才具有较高的准确性(这必然会牺牲燃油经济性),不适于稀薄燃烧范围空燃比的控制。为此,目前采用稀薄燃烧技术的缸内直喷发动机普遍采用双电池极限电流型氧传感器。这种氧传感器同时利用了氧浓差电池原理和泵氧电池原理,融理论空燃比控制与稀薄空燃比控制为一体,实现了从过浓区域到理想空燃比,再到稀薄燃烧区域整个状态的全范围连续检测,是一种检测范围极宽的宽量程氧传感器。

1)泵氧电池与极限电流。如图6-37所示,在ZrO_2氧浓差电池型氧传感器的ZrO_2组件两端加上一定电压时,O_2会在内电极(阴极)上得到电子形成氧离子O^{2-},氧离子O^{2-}通过ZrO_2的传递作用,在外电极(阳极)上放电,O^{2-}又变成O_2,这样氧离子O^{2-}就通过固体电解质被从电极的阴极泵到阳极,并且由于氧离子O^{2-}的移动而产生电流,这种现象被称为泵氧电池,外加电压为泵电压,回路中产生的电流为泵电流。在泵氧过程中,泵电流与排放气体氧浓度成正比,但外加泵电压的增加所导致的泵电流的增加会逐渐减小,最终泵电流在一定的电压范围内不变或变化很小,这个电流被称为极限电流。极限电流的大小与继续增加的电压无关,而取决于氧的扩散速率,并与被测环境中的氧分压成正比,如图6-38所示。

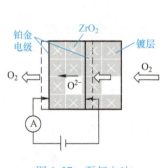

图6-37 泵氧电池

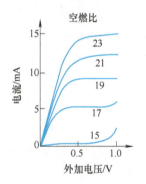

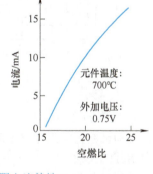

图6-38 极限电流特性

2)双电池极限电流型氧传感器。如图6-39所示,双电池极限电流型氧传感器由一个普通氧浓差电压型氧传感器(参考电池)、一个极限电流型氧传感器(泵氧电池),以及扩散小孔、扩散室构成,氧浓差参考电池和泵氧电池之间由带有20~50μm缝隙的多孔层隔开,需要一个专门设计的传感器控制器来控制其正常工作(图中传感器控制器用A和B表示)。

尾气通过扩散小孔进入扩散室,尾气可能是缺氧的浓混合气,也可能是富氧的稀混合气。ZrO_2参考电池感知尾气的浓度后,产生电压V_S。根据尾气浓度的不同,缺氧的浓混合气将产生高于参考电压V_{ref}的V_S,传感器控制器将产生一个方向的泵电流I_P,该泵电流I_P通过泵氧电池时将氧泵入扩散室内进行化学分解反应,使扩散室恢复到V_S电压为0.45V的尾气含氧浓度的平衡状态。相反,富氧的稀混合气将产生低于参考电压V_{ref}的V_S,传感器控制器将产生一个反方向的泵电流I_P,该泵电流I_P通过泵氧电池时将氧泵出扩散室。当混合气空燃比为 14.7 时，没有氧气需要泵出或者泵入，I_P 为 0。这样，就产生了或正或负的泵电流 I_P，其符号取决于尾气中氧的含量（在稀薄燃烧区域为正，在浓燃烧区域为负），且其大小与氧浓度具有一定的比例关系。在控制环路中有一块数字信号处理器电路，该电路有二路输出，一路将变化的泵电流 I_P 信号通过放大数模转换成线性电压 V_{out}（在 1~2V 范围内连续变化）输送给发动机 ECU 以进行空燃比的控制。另一路输出脉宽调制信号去控制加热器加热氧传感器，使其保持稳定的工作温度，具有快速激活特性。

双电池极限电流型氧传感器工作特性如图 6-40 所示，从图中可以看出这种宽量程氧传感器产生的不是阶跃函数性质的响应，而是连续递增的信号，工作曲线平滑，泵电流 I_P 正比于尾气中的氧浓度，能够连续检测 10~59 这一极宽的空燃比范围（相当于过量空气系数为 0.7~4.0），可以更好地保证发动机在整个空燃比内的平稳运行。目前，双电池极限电流型氧传感器在汽车上的应用越来越广泛。

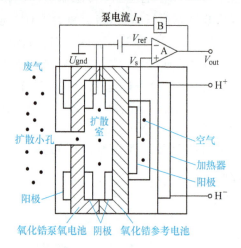

图 6-39　双电池极限电流型氧传感器

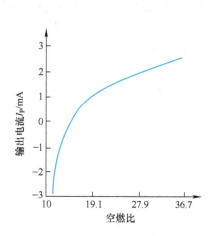

图 6-40　双电池极限电流型氧传感器工作特性

3. 氧传感器的检测

发动机在正常工作温度时，氧传感器如不能随混合气浓度的变化输出相应的电压信号，则说明其已失效。

氧传感器失效一般是由于炭烟、铅化物、硅胶、机油等颗粒物质附着在铂电极表面上，导致铂电极逐渐失去催化作用。为此，对氧传感器进行检修时，一般首先进行外观检查。检查氧传感器外壳上的通气孔有无堵塞，陶瓷体有无破损。氧传感器端部的正常颜色为淡灰色。氧传感器端部呈黑色，是积炭或油污等沉积物造成的。氧传感器端部呈红棕色，说明受到了铅的污染，这是由于使用了含铅汽油。氧传感器端部呈白色，说明受到了硅的污染（汽油和润滑油中含有硅的化合物燃烧后生成的二氧化硅，或者使用了不符合要求的硅橡胶密封垫圈或硅密封胶）。对于加热型氧传感器，如果加热器线路断路或短路，就很难使其达到正常的工作温度，也将会导致氧传感器失去作用。

氧传感器失效将导致发动机电子控制系统不能对空燃比进行反馈控制，引起混合气过浓或过稀，产生怠速不稳、喘振、油耗过大、排放超标等故障现象，此时自诊断系统将点亮汽车仪表板上的发动机故障指示灯，提示要立即检修。虽然大多数氧传感器没有建议的更换周期（即视情更换），但反应迟钝的氧传感器应立即更换。非加热型的 1 线或 2 线氧传感器一般5万~8万km更换一次，加热型的3线或4线氧传感器约每10万km更换一次，对于OBD-II车型，约每16万km更换一次。

（1）丰田1ZR-FE发动机氧传感器的检测　丰田1ZR-FE发动机在三元催化转化器前方安装有普通氧化锆式氧传感器S1（前氧传感器），用于对空燃比进行精确控制。在三元催化转化器后方安装有普通氧化锆式氧传感器S2（后氧传感器），用于与前氧传感器的输出信号进行对比以监控三元催化转化器的转化效率。前后两个氧传感器都设有加热器，由于氧传感器信号比较敏感，容易受干扰，两条信号线都被裹在屏蔽线中间，连接电路如图6-41所示。以下分析介绍前氧传感器S1的检修方法，后氧传感器S2检修方法与之相同。

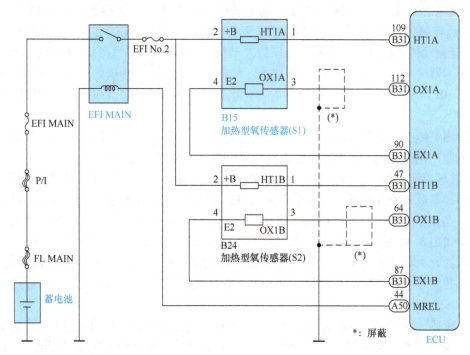

图6-41　丰田1ZR-FE发动机氧传感器连接电路

1）读取数据流。将故障诊断仪连接到诊断插座上，起动发动机运转至正常温度，用故障诊断仪读取数据流，氧传感器输出信号电压应在0.1~0.9V范围内变化。当电压值为0V、0.45V和0.9V的恒定值时，表明氧传感器本身或其线路有故障，应继续进行下一步检查。

2）检测加热器电阻和电源电压。关闭点火开关，拔下氧传感器线束插头B15（图6-42），用万用表检测氧传感器线束插座端子2（+B）和端子1（HT1A）之间的电阻，20℃时正常值应为5~10Ω，否则更换氧传感器。接通点火开关，起动发动机，用万用表检测氧传感器线束插头B15端子2（+B）和搭铁之间的电压，正常值应接近12V。否则，检查蓄电池、熔丝和EFI继电器等传感器供电部分电路。

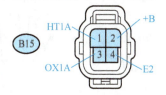

图6-42　氧传感器插头B15

3）检测线束导通性。关闭点火开关，拔下氧传感器线束插头B15和发动机ECU线束插头B31（图6-43）。用万用表检测氧传感器线束插头B15端子1（HT1A）与发动机ECU线束插头 B31 端子 109（HT1A）之间的导线电阻，检测氧传感器线束插头 B15 端子 3（OX1A）与发动机 ECU 线束插头 B31 端子 112（OX1A）之间的导线电阻，检测氧传感器线束插头 B15 端子 4（E2）与发动机 ECU 线束插头 B31 端子 90（EX1A）或搭铁之间的导线电阻，均应小于 1.5Ω。若电阻值较大，说明该段导线存在虚接或断路。然后检查导线相互之间是否短路（不相接的导线间电阻应为无穷大）。如果导线有断路、短路故障，则应修复或更换。

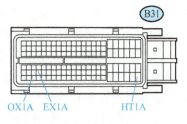

图 6-43　ECU 插头 B31

4）检测信号电压。关闭点火开关，将氧传感器线束插头 B15 端子 3（OX1A）、端子 4（E2）的线束刺破，接好万用表表笔。插上氧传感器线束插头 B15 和发动机 ECU 线束插头 B31，起动发动机，热机到正常温度后保持发动机以 2500r/min 左右的转速运转，用万用表检测氧传感器线束插头 B15 端子 3（OX1A）与端子 4（E2）或搭铁之间的电压值，正常值应在 0.1~0.9V 范围内上下波动，10s 内变化次数应不少于 8 次。否则说明氧传感器失效，应予更换。

在检测氧传感器的信号电压时，应使用低量程（通常为 2V）、高阻抗（阻抗太低会损坏氧传感器）的指针式万用表，以便直观地反映出信号电压的变化情况。

5）波形检测与分析。用示波器观察氧传感器的信号波形，可以很直观地确定氧传感器是否良好，是对氧传感器进行检查的有效方法。检测时，在氧传感器线束插头 B15 端子 3（OX1A）与端子 4（E2）或搭铁之间连接示波器，起动发动机，怠速运转至正常温度后获得波形应如图 6-44 所示。图 6-44a 是从开环控制到闭环控制的氧传感器正常的信号波形，输出电压达到 450mV 时开始进入浓稀转换的闭环控制状态。图 6-44b 是闭环控制状态氧传感器正常的信号波形，最高电压大于 850mV，最低电压在 75~175mV 范围内，响应时间应少于 100ms。

如上所述，后氧传感器的输出信号则用于与前氧传感器的输出信号进行对比，以测试催化转化的效率。当三元催化转化器正常工作时，后氧传感器电压信号比前氧传感器电压信号波动幅度小得多。当催化转化效率降低时，后氧传感器信号电压的幅值会增大，其输出信号波形会逐渐接近前氧传感器的输出信号。图 6-45 是正常和不正常的催化转化器前后氧传感器输出信号波形。

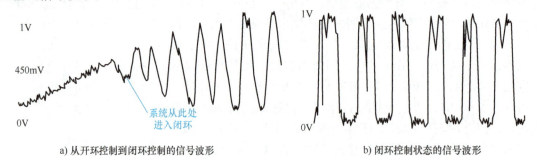

a）从开环控制到闭环控制的信号波形　　　　b）闭环控制状态的信号波形

图 6-44　前氧传感器波形

根据以上分析，对于安装有前后两个氧传感器的车型，也可以用示波器分别检测催化转化器前后两个氧传感器的信号电压波形来判断催化转化器的性能好坏。当测得催化转化器后方后氧传感器波形十分接近催化转化器前方前氧传感器波形时，可以判断催化剂活性已下降或催化转化器已失效。

需要指出的是，在检修实践中，出现氧传感器故障码的现象比较频繁。之所以如此，除了氧传感器本身失效或线路故障，氧传感器长时间处于氧含量过高（混合气过稀）或过低（混合气过浓）的外部环境，也会导致故障自诊断系统产生氧传感器故障码。诱发因素包括有可能引起发动机进气控制系统、燃油控制系统工作不正常而造成混合气过浓或过稀的各种原因，如空气滤清器脏堵、进气管漏气、空气流量传感器工作异常、燃油品质较差、燃油控制系统油压异常、喷油器工作异常等，点火系统工作异常（缺火、断火）、排气管堵塞或漏气也有可能。因此，对于氧传感器故障码需要做进一步的分析。

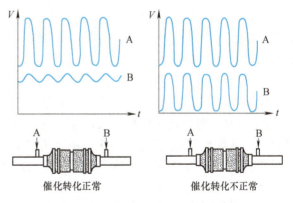

图6-45　前后氧传感器信号波形对比
A—前氧传感器　B—后氧传感器

（2）大众 CEA 1.8TSI 发动机氧传感器的检测　大众 CEA 1.8TSI 发动机在排气管三元催化转化器前方安装有宽量程氧传感器 G39（前氧传感器），用于对空燃比进行精确控制。在三元催化转化器后方安装有普通氧化锆式氧传感器 G130（后氧传感器），用于与前氧传感器的输出信号进行对比以监控三元催化转化器的转化效率。前氧传感器 G39 设有加热器 Z19，后氧传感器 G130 设有加热器 Z29，它们的连接电路如图6-46所示。

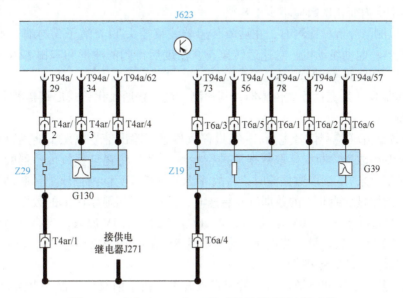

图6-46　大众 CEA 1.8TSI 发动机氧传感器连接电路

后氧传感器 G130 是普通氧化锆式氧传感器，检测方法如下：

1）读取数据流。将故障诊断仪连接到诊断插座上，起动发动机运转至正常温度，读取显示组031的数据流。急速时，031显示组显示区2的数据（后氧传感器 G130 信号电压）

应在 0.1～0.9V 范围内波动。电压值大于 0.45V 时表示混合气过浓,电压值小于 0.45V 时表示混合气过稀。当电压值为 0V、0.45V 和 0.9V 的恒定值时,表明氧传感器本身或其线路有故障,应继续进行下一步检查。

2)检测加热器电阻和电源电压。关闭点火开关,拔下后氧传感器线束插头 T4ar,用万用表检测后氧传感器线束插座端子 1 和端子 2 之间的电阻,20℃时正常值应为 6.4～47.5Ω(温度上升时电阻值显著增大)。如常温下电阻值为无穷大,说明加热器断路,应更换氧传感器。接通点火开关,起动发动机,用万用表检测后氧传感器线束插头 T4ar 端子 1 和搭铁之间的电压,正常值应接近 12V。否则,检查蓄电池、熔丝和继电器 J271 等传感器供电部分电路。

3)检测线束导通性。关闭点火开关,拔下后氧传感器线束插头 T4ar 和发动机 ECU 线束插头 T94a。用万用表检测后氧传感器线束插头 T4ar 端子 2 与 ECU 线束插头 T94a 端子 29 之间的导线电阻,检测后氧传感器线束插头 T4ar 端子 3 与 ECU 线束插头 T94a 端子 34 之间的导线电阻,检测后氧传感器线束插头 T4ar 端子 4 与 ECU 线束插头 T94a 端子 62(或搭铁)之间的电阻,均应小于 1.5Ω。若电阻值较大,说明该段导线存在虚接或断路。然后检查导线相互之间是否短路(不相接的导线间电阻应为无穷大)。如果导线有断路、短路故障,则应修复或更换。

4)检测信号电压。关闭点火开关,将后氧传感器线束插头 T4ar 端子 3、端子 4 的线束刺破,接好万用表表笔。插上后氧传感器线束插头 T4ar 和发动机 ECU 线束插头 T94a,起动发动机,热机到正常温度后保持发动机以 2500r/min 左右的转速运转,用万用表检测后氧传感器线束插头 T4ar 端子 3 与端子 4(或搭铁)之间的电压值,正常值应在 0.1～0.9V 范围内上下波动,10s 内变化次数应不少于 8 次。

5)波形检测与分析。检测时,在后氧传感器线束插头 T4ar 端子 3 与端子 4(或搭铁)之间连接示波器,起动发动机,怠速运转至正常温度后得到的波形和丰田 1ZR-FE 发动机氧传感器相同,如图 6-44 所示。

前氧传感器 G39 是宽量程氧传感器,其检测方法与普通氧化锆式后氧传感器 G130 略有不同,步骤如下:

1)读取数据流(检测信号电压)。宽量程氧传感器输出信号电压不能用万用表直接检测,而应通过专用故障诊断仪读取数据流进行检测(ECU 将宽量程氧传感器的电流信号转化为电压值显示出来)。读取数据流时,将故障诊断仪连接到诊断插座上,起动发动机运转至正常温度,读取显示组 031 的数据流。怠速时,031 显示组显示区 1 的数据(前氧传感器 G39 信号电压)应在 1.0～2.0V 范围内波动。电压值大于 1.5V 时表示混合气过浓,电压值小于 1.5V 时表示混合气过稀。当电压值为 0V、1.5V 和 4.9V 的恒定值时,表明氧传感器本身或其线路有故障,应继续进行下一步检查。

2)检测加热器电阻和电源电压。关闭点火开关,拔下前氧传感器线束插头 T6a,用万用表检测前氧传感器线束插座端子 3 和端子 4 之间的电阻,20℃时正常值应接近 10Ω(温度上升时电阻值显著增大)。如常温下电阻值为无穷大,说明加热器断路,应更换氧传感器。起动发动机,用万用表检测前氧传感器线束插头 T6a 端子 4 和搭铁之间的电压,正常值应接近 12V。否则,检查蓄电池、熔丝和继电器 J271 等传感器供电部分电路。

3)检测传感器参考电压。关闭点火开关,拔下前氧传感器线束插头 T6a。接通点火开关,用万用表检测前氧传感器线束插头 T6a 端子 1 和端子 5 之间的电压,正常值应为 0.45V。否则,检查 ECU 及连接电路。

4)检测线束导通性。关闭点火开关,拔下前氧传感器线束插头 T6a 和发动机 ECU 线束插头 T94a。用万用表检测前氧传感器线束插头 T6a 端子与发动机 ECU 线束插头 T94a 对应端子之间的电阻,均应小于 1.5Ω,见表 6-2。若阻值较大,说明该段导线存在虚接或断路。然后检查导线相互之间是否短路(不相接的导线间电阻应为无穷大)。如果导线有断路、短路故障,则应修复或更换。

表 6-2 前氧传感器 G39 连接电路线束电阻值

检测端子	标准值
T6a/1 – T94a/78	<1.5Ω
T6a/2 – T94a/79	<1.5Ω
T6a/3 – T94a/73	<1.5Ω
T6a/5 – T94a/56	<1.5Ω
T6a/6 – T94a/57	<1.5Ω

单元 7

发动机电子控制系统的故障诊断与排除

【学习目标】

1. 知识目标
(1) 了解发动机故障诊断的基本方法与注意事项。
(2) 掌握发动机常见故障的故障现象和故障原因。
2. 能力目标
(1) 掌握发动机起动不良的诊断与排除步骤。
(2) 掌握发动机怠速不良的诊断与排除步骤。
(3) 掌握发动机加速无力的诊断与排除步骤。
(4) 掌握发动机油耗过高的诊断与排除步骤。

发动机是汽车的心脏部件、动力之源，但同时也是故障率最高的总成（其故障约占汽车全部故障的40%以上）。发动机的常见故障有发动机起动不良、发动机怠速不良、发动机加速无力、发动机油耗过高等。

7.1 故障诊断的基本方法与注意事项

发动机的电子控制系统是一个精密而复杂的系统，造成发动机不工作或工作不正常的原因可能是电子控制系统，也有可能是电子控制系统外其他部分的问题，而每一种故障现象都可能有多种故障原因，由此给故障的检查与排除带来一定的困难。尽管现代发动机的电子控制系统都有故障自诊断功能，但是其自诊断功能仅仅局限于电子控制系统中的一般性故障，如线路短路或断路、信号超出正常范围等，而对于一些复杂故障则无能为力。因此，除了必须掌握发动机的结构及电子控制系统的工作原理，熟练地使用各种检测仪器外，检修技术人员还必须掌握故障诊断的一些基本步骤和方法，明确电子控制系统中的故障多发点、各部分可能产生的故障及对整个系统的影响，进行综合分析、判断，才能确定故障的性质和可能的原因，避免盲目性，收到事半功倍的效果。

◎ 7.1.1 故障诊断的基本步骤和方法

在进行故障诊断时，如果能够掌握一些基本步骤和方法，那么，就有可能准确而迅速地找出故障所在。

1. 故障诊断的基本步骤

发动机电子控制系统的故障诊断，应有步骤地进行。正确的检测程序是快速查找故障内容的向导，能有效地防止漏诊、误诊。故障诊断的一般程序如图 7-1 所示，应按六个步骤进行,即向用户询问相关情况、直观检查、基本检查、自诊断测试、疑难故障诊断和部件检修等。它适用于各种不同类型的发动机电子控制系统,仅基础检验内容各异。同时,在故障诊断的过程中还要把握好以下几个方面。

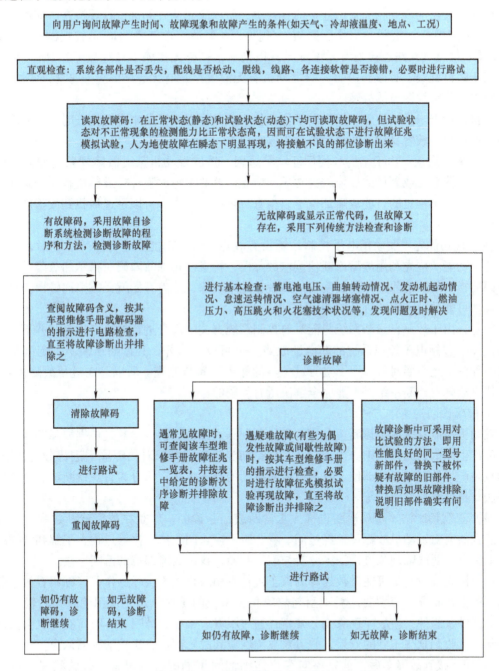

图 7-1　发动机电子控制系统故障诊断的基本步骤

（1）先思后行　对发动机的故障现象要先进行分析,要先搞清电子控制系统的结构组成及工作原理,确定可能的故障原因有哪些,做到胸有成竹再进行故障诊断。这样,可避免故障检查中的盲目性，既不会对与故障现象无关的部位作无效的检查，又可避免漏检一些相关部位，从而迅速排除故障。

（2）先简后繁　电子控制系统中多数故障源于传感器、执行器等部件线束的断路、短路，连接插头松动以及相关管路连接的异常等，所以应先从外部进行直观检查。如可以用看（观察线束连接有无松脱、损伤、断裂，油路是否漏油，进气管路有无破损漏气等）、摸（用手摸一摸可疑线路连接处有无温度异常以判断该处有无接触不良等故障）、听（用耳朵或借助于螺钉旋具、听诊器等听一听发动机有无漏气声、有无异响）等。直观检查可以迅速地找出一些较为明显的故障。

当直观检查未找出故障，需借助于仪器仪表或其他专用工具来进行检查时，也要对能就车检查的项目、较容易检查的故障部位先进行检查。

（3）先熟后生　由于结构和使用环境等原因，造成发动机某一故障现象的原因可能有多种，但某些总成或部件的故障较为常见，应先对这些常见故障部位进行检查，若未找出故障，再对其他不常见的可能故障部位予以检查，这样做，常常可以迅速地找到故障部位，事半功倍。

（4）代码优先　发动机电子控制系统设有故障自诊断功能，进行故障诊断时，要充分利用这一功能。应先利用故障诊断仪读取故障码，检查、排除故障码所指示的故障部位。待故障码所指的故障消除后如果发动机故障现象还未消除，或者开始就无故障码输出，再对发动机其他可能的故障部位进行检查。

但是，由于故障自诊断系统只能对与控制系统有关的部分进行故障自诊断，并不是对所有的故障（包括电子控制系统的非电性故障）都可以。另外，其诊断结果不一定就是真正的故障部位，还需要对故障原因进行进一步的深入诊断与检查。所以，在进行故障排除时，仅仅依靠故障自诊断系统是不能完全解决所有问题的。

2. 故障诊断的基本方法

发动机控制系统故障诊断可分为初步诊断和深入诊断。初步诊断是根据故障的现象，判断故障产生原因的大致范围。深入诊断是根据初步诊断的结果对故障原因进行分析、查找，直到找出产生故障的具体部位。发动机故障诊断的基本方法，可分为直观诊断法、仪器设备诊断法、部件互换诊断法等。

（1）直观诊断法　直观诊断也称人工诊断或经验诊断，就是在故障诊断过程中，通过人的感觉器官对发动机故障现象经过问、看、听、摸、闻、试、比等过程，了解和掌握故障现象的特点，对故障现象进行深入分析与准确判断，找出故障部位的诊断方法。

在条件允许时，尽可能对被送修的汽车进行发动或行驶等实际操作，仔细察看汽车各总成部件的工作状况，特别要注意观察与故障相关系统的工作状态，或用绝缘物轻轻拨弄线束、插接件及组件，使故障现象充分暴露，通过眼看、手摸、鼻嗅、耳听，有时也会发现故障的部位，收到意想不到的效果，并可对故障性质和故障部位有比较清晰的认识。

1）问。接到故障车后，首先要向客户详细询问车辆的行驶里程、行驶状况、行驶条件、维修情况、故障特点及表现、故障起因及是否已检修过等与故障有关的情况和信息。在倾听客户的初步意见之后，进行一次初步诊断，随后询问一些有关的问题来帮助确定或否定初步诊断的结论，同时认真填写客户调查表。客户调查表所含项目是故障现象的写真记录，与诊断测试结果一起构成查找故障源的依据。有经验的维修人员，在平时汽车故障诊断经验积累的基础上，对有些常见故障或某种车型的普遍故障，通过"问"即可准确地判断出来。

2）看。主要有两个方面，一是注意看故障车型是何公司、何年代生产的，采用了哪些控制子系统。因为不同公司不同年代生产的汽车，电子控制系统的型式不同，其故障诊断方法也不同。二是通过眼睛对发动机或相关部位的观察，发现较明显的异常现象。如有无漏油、漏水、漏气，发动机排气烟色是否正常。拆除空气滤清器，检查滤芯及其周围是否有杂质或其他污染物；检查真空软管是否老化、破裂或挤坏；检查真空软管经过的途径和接头是否恰当。检查电子控制系统线束的连接状况，如传感器或执行器的插接器是否良好，线束间的插接器是否松动或断开，电线是否有磨破或线间短路现象，插接器的插头和插座有无腐蚀现象等。检查每个传感器和执行器有无明显的损伤。如果可能，运转发动机并检查进、排气歧管及氧传感器处是否有泄漏。

3）听。一般是在发动机工作时听察有无敲缸、传动带打滑、机械撞击、异常摩擦、排气管放炮等杂声及异响。发动机及各总成、各系统在正常工作时，发出的声音一般都是有一定规律的，通过仔细辨别能大致判断出声音是否正常，根据异响特征甚至可直接判断出故障的部位及原因。

4）摸。用手触摸各接头处、插接口处、固定螺栓（钉）等是否有松脱现象，各总成部件的温度有无异常升高等。

5）闻。有些故障出现后，会产生比较特殊的气味，据此可较准确地判断故障部位所在。如：发动机烧机油时，会产生烧油味；混合气过浓时，排气中有生油味；传动带打滑后会产生烧焦味；导线过热则会发出胶皮味；橡胶及塑料件过热后会发出橡胶及塑料味等。

直观诊断方法由于受诊断者的经验和对诊断车辆的熟悉程度限制，诊断结果差别较大，诊断效率和准确性与诊断者的工作能力、工作经验有相当大的关系。因此，单纯的直观诊断方法，在现代汽车故障诊断中运用得越来越少。但是，直观诊断方法不需要任何仪器设备，只要求操作者掌握一定程度的方法和经验，直观诊断的范围随诊断者的经验而定，没有绝对的界限。经验丰富的诊断专家，可以利用直观诊断方法诊断出汽车及各总成可能出现的绝大多数故障。正因为如此，至今乃至未来，直观诊断都不会被仪器诊断所完全取代。

（2）仪器设备诊断法　仪器设备诊断法是指采用检测仪器设备来检测汽车的结构参数、技术状态等，从而对汽车故障进行诊断的方法。常用的检测仪器设备有汽车专用万用表、故障诊断仪和汽车专用示波器。

1）汽车专用万用表。汽车专用万用表除了具备测量电压、电流、电阻、二极管、晶体管和电路的通断等普通数字式万用表所有功能外，还可以测量温度、电容、传感器输出的电信号频率、闭合角、占空比、发动机转速等，并具有峰值保持、读数保持（数据锁定）等功能。

电子控制系统的各部件均有一定的电阻值范围，工作时有输出电压信号范围和输出脉冲波形。因此，用万用表测量元件的电阻或工作时的输出电压，检测元器件或连接线路的导通性等均可判断元器件或线路是否工作正常。利用万用表进行故障诊断简单易行，费用低廉，主要用于对电子控制系统和电气装置的故障进行深入诊断。

2）故障诊断仪。当自诊断系统发现某个传感器、控制开关或执行器发生故障时，电子控制单元（ECU）会将监测到的故障内容以故障码的形式存储在随机存储器中。维修人员可以使用故障诊断仪，通过故障诊断插座将存储器中的故障码读出，然后根据故障码表的故障提示，找出故障所在的部位，这是一种简便快捷的故障诊断方法。

根据发动机特定工况下（有故障）各种数据的变化，与正常工作时的数据或标准数据流对比，查找电子控制系统故障原因的过程，称为数据流分析，这是继故障码分析之后的另一个重要的故障分析方法。发动机电控系统传感器和执行器的工作参数具有一定的标准和范围，通过数据流分析，将特定工况下的传输数据与标准数据进行比较，就能找出确切的故障部位。即使对于有故障码输出的故障，读取和分析数据流也是至关重要的，也是寻找故障原因、判断故障部位的重要依据。数据流分析主要应用于偶发性故障、传感器特性变异产生的故障、没有故障码的隐形故障，对于提高故障诊断准确率具有重要意义。

3）汽车专用示波器。汽车专用示波器是为快速、准确地判断故障的部位与原因而产生的。示波器显示的波形是对所测信号的实时显示，可以把示波器看成一个二维的电压表。示波器通过在显示屏上同时提供电压和时间测量，解决了测量快速变化信号的难题。实际上，示波器所显示的是根据电压信号随时间的变化所描绘的曲线图，提供了信号电压变化趋势、幅度、频率、相关性等比普通数字电压表多得多的分析依据及方法。数字电压表通常只能用1、2个电参数来反映电信号的特征，而示波器则用电压随时间的变化图像反映一个电信号，它显示电信号比万用表更准确、更形象。因为取样的频率高，信号的每一重要细节都被显示出来，可在发动机运转时识别出任何可造成故障的信号。

现代汽车专用示波器多为双通道显示，甚至为4通道显示。示波器有多个通道接口，能够同时显示多个波形。把示波器连接到4个不同传感器与执行器，即可以把4种信号波形同时显示出来，便于分析判断，这样就可观察一个信号如何影响另一个信号。例如，可将氧传感器电压信号输入到通道1，将喷油器喷油脉宽信号输入到通道2，然后观察喷油脉宽信号是否响应氧传感器信号的变化。

利用汽车专用示波器，对发动机工作时电子控制系统各种信号进行检测和分析来判断故障，它弥补了其他仪器无法对脉冲电信号进行全面检测和分析的缺陷。充分利用示波器显示的波形能捕捉到故障波形细小、间断的变化这一特点，将其与正常的波形图相比较，若有异常之处，则表示该信号的控制线路或元器件本身出了问题。此外，由于示波器的反应速度极快，因而对于传感器或线路的瞬时故障也可以从其信号波形的瞬时异常上反映出来。

（3）部件互换诊断法　部件互换诊断是用同规格、功能正常的电子元器件来替代怀疑有故障的元器件，以判断故障原因。如果更换部件后故障消失，则证明判断正确，被替换的元器件已损坏。反之，若更换部件后故障仍存在，则证明故障不在此处，该部件正常，应查找其他故障原因。若故障有好转但未完全排除，可能除了此处故障外，还存在其他故障点，需进一步查找。对于一些传感器信号，也可用模拟信号发生器产生相应的信号来替代。

部件互换诊断法简单易行，效率较高，经常在缺少被修车型技术资料或检测工具的情况下使用。但这种方法要求准备较多原车零部件的备件，会使库存增加，加大维修成本。

◎ 7.1.2　故障诊断的注意事项

发动机电子控制系统装备有电子控制单元、各种传感器和执行器，对高电压、高温度、高湿度、强电磁干扰都很敏感，因此在使用维修中必须注意以下事项：

1）不论发动机是否运转，在点火开关接通的情况下，不可随意断开任何一个带有电磁线圈装置的电路，例如电磁喷油器、怠速控制阀、点火装置、二次空气喷射电磁阀，以及连接这些器件的蓄电池接线等。因为任何一线圈在断电的瞬间，由于自感作用，将会在线路上产生瞬时的高电压，有时可能超过7000V，这会使ECU及传感器严重受损。拆卸时要注意松开锁紧弹簧或按下锁扣，安装时应插到底并将其锁止。

2）现代汽车上还有车辆防盗系统和音响防盗系统，随意拆下蓄电池极桩线会使防盗系统起作用或使收放机锁死，带来不必要的损失。所以如不熟悉车辆情况，应在拆卸蓄电池前向车主询问有无车辆防盗和音响防盗，以及车主是否知道音响密码。如果车主不知道密码但又必须更换蓄电池，可先用另一只应急蓄电池临时提供电源，然后再拆下旧蓄电池。待安装新蓄电池后再拆下应急蓄电池。断开蓄电池后，存储于ECU内部的所有故障码也将会全部消失，因此，如有必要，应在断开蓄电池之前读取故障码。

3）进行燃油控制系统检修之前，应拆去蓄电池接地线以防损坏机件，作业时切记远离明火。需要拆开任何油路部分进行检修时，首先应释放燃油系统的压力（拔去燃油泵继电器或熔丝再起动发动机，直至发动机自动停转），以防止高压燃油喷洒出来引起事故。橡胶密封件千万不要沾上汽油。喷油器上的O形密封圈是一次性使用的零件，不能重复使用，拆卸喷油器后要换新的O形密封圈，以保证其密封性良好。高压油管接头与螺母或接头螺栓连接时也应使用新垫片。

4）故障码与故障部位之间并不是明确的一一对应关系，出现的故障码不一定是真实的故障原因。故障自诊断系统通常只能提供与电子控制系统有关的线路短路、断路或电气装置损坏所导致的无输出信号等故障码，并不能检测出控制系统中所有类型的故障，特别是无法检测大部分执行器及传感器精度误差等故障。由于有些故障现象相似，自诊断系统监测失误，可能显示错误的故障码。另外，由于发动机电子控制系统中各部件工作性能的好坏是相互影响的，自诊断系统往往也会显示虚假的故障码，给出错误的故障信息。例如，燃油泵损坏或喷油器堵塞、进气系统漏气都会导致混合气过稀，此时氧传感器电压始终处于低电位，自诊断系统就会判定为氧传感器故障，从而设置相应的故障码。因此，故障码所指示的不一定就是真正故障部位，故障码与故障并不是明确的一一对应关系。不应该将故障码当作故障诊断的唯一依据，应综合分析判断，以防出现诊断上的失误。当自诊断系统出现故障码后，还要根据相应的技术资料（包括电路图、元器件位置、技术标准值等），通过其他方法进行深入分析，以得到正确的诊断结论。

7.2 发动机常见故障的诊断与排除

发动机的常见故障有以下四种：发动机起动不良，发动机怠速不良，发动机加速无力，发动机油耗过高。下面以进气管喷射自然吸气式发动机为例，介绍以上常见故障的故障现象、故障原因及诊断与排除方法。

◎ 7.2.1 发动机起动不良的诊断与排除

发动机起动不良的故障现象主要可分为两种，一种是发动机不能起动，即起动机能带动发动机运转，但发动机无任何着车的征兆。另一种是发动机起动困难，即有着车的征兆，但发动机不能起动。

造成发动机起动不良的原因很多，涉及发动机机械系统、起动系统以及电子控制系统

（空气控制系统、燃油控制系统、点火控制系统、防盗控制系统）等。

1. 发动机不能起动

（1）故障现象　起动发动机时，起动机能带动发动机运转，但无着车征兆，发动机不能起动。

（2）故障原因　起动机能够带动发动机正常运转，说明起动系统工作正常，故障原因涉及燃油控制系统、点火控制系统、防盗控制系统，以及发动机机械系统。一般情况下，发动机喷油器不喷油、火花塞无高压火和点火正时严重失准等出现的概率较高，具体原因如下：

1）防盗控制系统。防盗控制系统损坏或进行了相应的防盗设置。

2）燃油控制系统。燃油箱无油或油量过少；燃油滤清器严重堵塞；燃油压力调节器损坏；燃油泵继电器、熔丝、燃油泵电动机烧损，导致燃油泵不工作；喷油器继电器、熔丝、喷油器线圈烧损，或喷油器控制电路断路、虚接，导致喷油器不喷油。

3）点火控制系统。火花塞间隙不当、烧损、漏电，点火线圈损坏，点火控制器损坏，导致火花塞不跳火或火花非常弱；曲轴转速与位置传感器或凸轮轴位置传感器无信号，导致火花塞不跳火，喷油器不喷油；曲轴转速与位置传感器或凸轮轴位置传感器信号不良，导致点火正时严重失准；点火控制电路断路、虚接，导致火花塞不跳火。

4）发动机 ECU 损坏、内部搭铁不良，丧失控制功能。

5）机械系统。点火正时调整不当，发动机正时带松产生跳齿、断裂；气缸压力不足。

注意：发动机在起动时不要踩加速踏板。在起动时将加速踏板完全踩下，非但不能增加供油量，还会使溢油消除功能起作用，从而导致喷油器不喷油，造成发动机不能起动。

（3）故障诊断与排除　故障诊断与排除步骤如图 7-2 所示。

2. 发动机起动困难

（1）故障现象　起动发动机时，起动机能带动发动机正常转动，有着车征兆，但发动机不能起动，或需要连续多次起动或长时间转动起动机才能起动。

（2）故障原因　发动机不能起动但有着车征兆，说明发动机空气控制系统、燃油控制系统、点火控制系统和机械系统虽有故障，但没有完全丧失功能，如混合气过稀或过浓、点火正时不正确、高压火花过弱、气缸压力过低等，具体原因如下：

1）空气控制系统。空气滤清器堵塞，导致进气量不足；空气流量传感器后面的进气管漏气，造成混合气过稀，严重时将导致发动机不能起动；空气流量传感器、冷却液温度传感器信号不良（或进气歧管压力传感器信号不良，或真空管脱落），导致喷油量控制失准。

2）燃油控制系统。喷油器漏油或堵塞，导致混合气过浓或过稀；燃油泵供油不足、燃油滤清器堵塞、燃油压力调节器损坏，导致燃油压力过低。

3）点火控制系统。火花塞间隙不当、烧损、漏电，点火线圈损坏，高压线漏电、性能不良，导致高压火花弱。

4）机械系统。正时带调整不当或跳齿，点火正时失准；气缸压力过低。

（3）故障诊断与排除　故障诊断与排除步骤如图 7-3 所示。

◎ 7.2.2　发动机怠速不良的诊断与排除

发动机怠速是汽车经常使用的工况，如起动发动机后的暖机过程、交通拥堵时的等待过

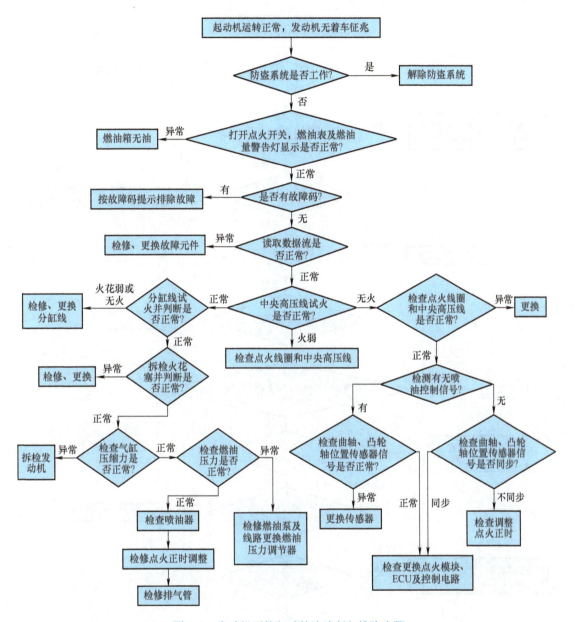

图 7-2 发动机不能起动故障诊断与排除步骤

程等。怠速时发动机输出的功率仅仅用来满足发动机自身运转及驱动发动机必要附件的需求，在满足排放要求下转速应尽可能低。因此，怠速工况是发动机最敏感和脆弱的工况，发动机的任何轻微的故障都可能对怠速产生较大的影响。

怠速时，发动机 ECU 根据多个传感器的输入信号和各种开关信号，使发动机的实际转速达到所确定的目标转速，发动机的实际转速偏离目标转速的现象就是发动机怠速不良。根据怠速转速的变化情况，常见的发动机怠速不良故障主要有两种表现形式，一是发动机怠速转速过低、抖动甚至熄火，二是发动机怠速转速过高。

造成发动机怠速不良的原因很多，涉及发动机机械系统、空气控制系统、燃油控制系

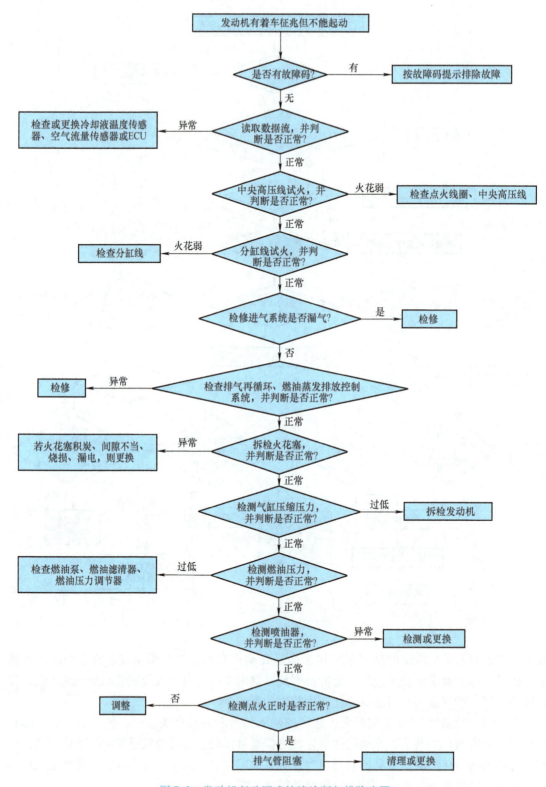

图 7-3　发动机起动困难故障诊断与排除步骤

统、点火控制系统等，常常是几种原因综合引起的。在故障诊断与排除过程中，要根据故障的具体表现来分析故障原因。

1. 发动机怠速转速过低、发抖甚至熄火

（1）故障现象　发动机起动后，怠速转速过低、发抖甚至熄火。

（2）故障原因

1）空气控制系统。空气滤清器、怠速控制阀堵塞，导致进气量不足；进气管漏气，导致混合气过稀；空气流量传感器或进气歧管压力传感器故障，不能准确检测进入气缸的空气量；冷却液温度传感器、进气温度传感器故障，检测温度比实际温度高，导致喷油量控制失准。

2）燃油控制系统。燃油泵供油不足；燃油压力调节器损坏，导致燃油压力过低；个别气缸喷油器堵塞，导致实际喷油量少或雾化不良；个别气缸喷油器控制电路故障或虚接，导致不喷油。

3）点火控制系统。个别气缸火花塞积炭、间隙不当、烧损、漏电，点火线圈损坏，点火控制器损坏，导致火花塞不跳火或火花非常弱；个别气缸点火控制电路断路、虚接，导致火花塞不跳火；个别气缸点火高压线漏电，导致点火能量不足。

4）排放控制系统。排气管堵塞，排气不畅；EGR排气再循环阀密封不严，怠速时仍然开启；EVAP活性炭罐电磁阀密封不严，怠速时仍然开启。

5）机械系统。个别气缸压力过低。

（3）故障诊断与排除　故障诊断与排除步骤如图7-4所示。

2. 发动机怠速转速过高

（1）故障现象　发动机起动后仍保持快怠速，导致怠速转速过高。

（2）故障原因

1）空气控制系统。怠速控制阀卡滞，旁通空气量偏多；节气门卡滞，关闭不严；清洗节气门后没有进行节气门匹配设定；空气流量传感器、进气歧管压力传感器故障，检测的进气量比实际进气量大；冷却液温度传感器、进气温度传感器故障，检测的温度比实际温度低，导致喷油量控制失准。

2）燃油控制系统。电动燃油泵、燃油压力调节器损坏，导致油压过高；喷油器卡滞、漏油，导致实际喷油量较多。

3）机械系统。气缸压力过高。

另外，空调系统、动力转向系统及换档开关故障，在不工作时仍将工作信号输出给发动机ECU，这也是可能的故障原因。

在上述影响发动机怠速不良的故障原因中，空气控制系统、燃油控制系统燃油压力会对发动机每个气缸的工作同时产生影响，会引起发动机怠速转速过高或过低。个别气缸点火控制系统工作不良、喷油器工作不良、气缸压力不正常会对发动机的个别气缸工作产生影响，更容易引起发动机怠速转速过低、抖动甚至熄火。

（3）故障诊断与排除　故障诊断与排除步骤如图7-5所示。

◎ 7.2.3　发动机加速无力的诊断与排除

发动机加速无力的主要表现是加速时发动机反应迟缓，转速不能马上升高，发动机动力

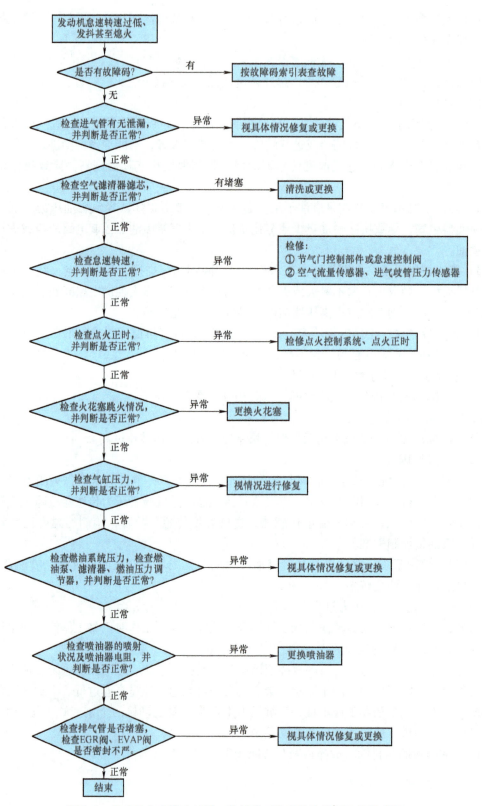

图 7-4　发动机怠速转速过低、发抖甚至熄火故障诊断与排除步骤

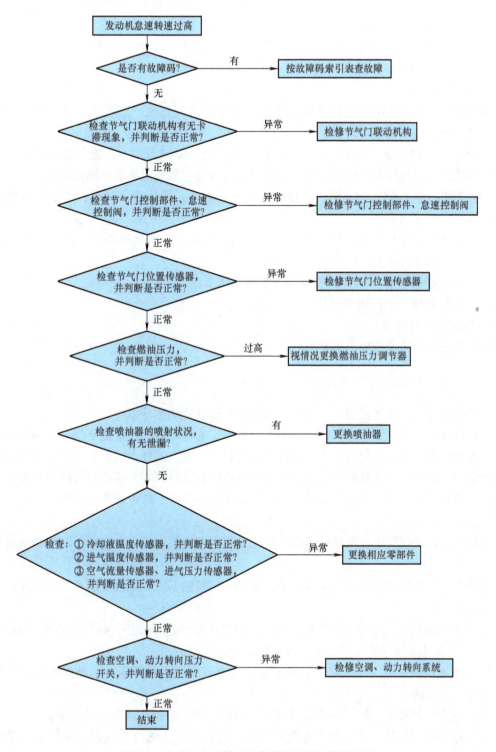

图 7-5　发动机怠速转速过高故障诊断与排除步骤

不足，上坡无力。发动机加速无力一般在汽车达到一定的行驶里程后才会出现，其故障原因往往比较复杂，涉及发动机的多个系统，要根据故障的具体情况分析故障原因。

1. 故障现象

踩下加速踏板后发动机转速不能马上升高，有迟滞现象，或在加速过程中发动机出现"回火""放炮"现象。发动机动力不足，汽车上坡无力。

2. 故障原因

发动机加速无力的本质原因主要是燃油与空气供给量不足、空燃比不良、点火性能不良、机械系统调整或装配不当等。

（1）空气控制系统　节气门卡滞，不能全开；空气滤清器堵塞，进气量不足；空气流量传感器或进气歧管压力传感器故障；节气门控制组件、节气门位置传感器故障。

（2）燃油控制系统　燃油泵、燃油压力调节器损坏，燃油压力过低；喷油器线路故障或喷油器堵塞、雾化不良。

（3）点火控制系统　火花塞间隙不当、烧损、漏电，点火线圈损坏，高压线漏电、性能不良，导致高压火花弱；点火正时不准确。

（4）排放控制系统　EGR排气再循环系统工作不良。

（5）机械系统　气缸压力过低；排气管堵塞。

3. 故障诊断与排除

故障诊断与排除步骤如图7-6所示。

◎ **7.2.4　发动机油耗过高的诊断与排除**

发动机油耗过高通常是指其百公里燃油消耗超过规定的标准值。

汽车行驶到一定的里程后，由于零部件的磨损、老化使其工作性能下降，从而导致油耗增加。发动机油耗过大不仅与发动机的技术状况有关，底盘的技术状况对发动机油耗也有非常大的影响。因此，在诊断和排除发动机油耗过高的故障时，首先应确定故障是在发动机还是在底盘或是其他部分。这里仅对发动机导致的油耗过高进行故障诊断与排除分析。

1. 故障现象

汽车正常行驶过程中，发动机的燃油消耗量超出正常使用量，有时也伴随有排放超标。

2. 故障原因

造成发动机油耗过高的原因主要涉及发动机空气控制系统、燃油控制系统、点火控制系统以及机械系统。

（1）空气控制系统　冷却液温度传感器、空气流量传感器或进气歧管压力传感器故障，不能向ECU提供准确的信号，无法进行有效的空燃比控制。

（2）燃油控制系统　燃油供给系统泄漏；喷油器漏油、雾化不良；燃油压力调节器损坏，燃油压力过高。

（3）点火控制系统　爆燃传感器故障，不能进行爆燃控制；点火正时不正确。

（4）排放控制系统　活性炭罐电磁阀卡死，使燃油箱始终与进气道相通；氧传感器故障，使得空燃比失调。

（5）机械系统　气缸压力过低。

单元7 发动机电子控制系统的故障诊断与排除

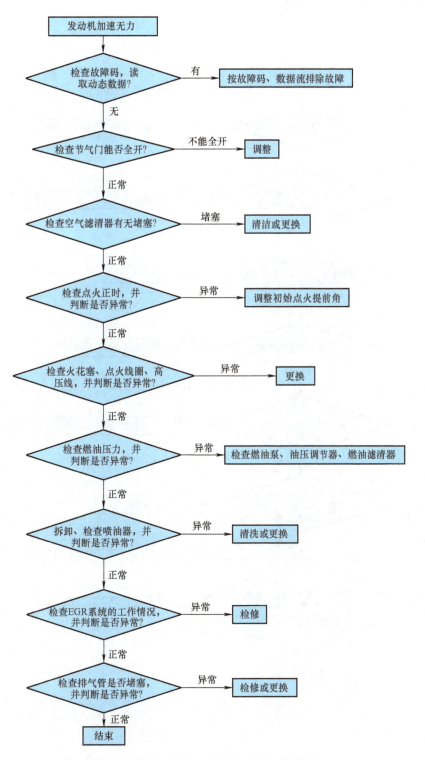

图 7-6 发动机加速无力故障诊断与排除步骤

3. 故障诊断与排除

故障诊断与排除步骤如图 7-7 所示。

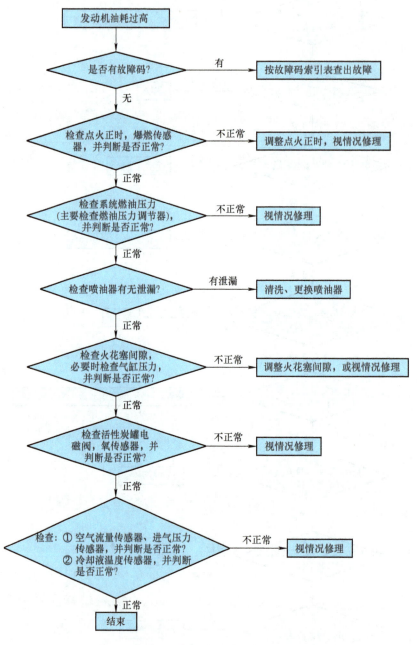

图 7-7 发动机油耗过高故障诊断与排除步骤

附 录

附录 A 大众 CEA 1.8TSI 发动机电子控制系统电路图

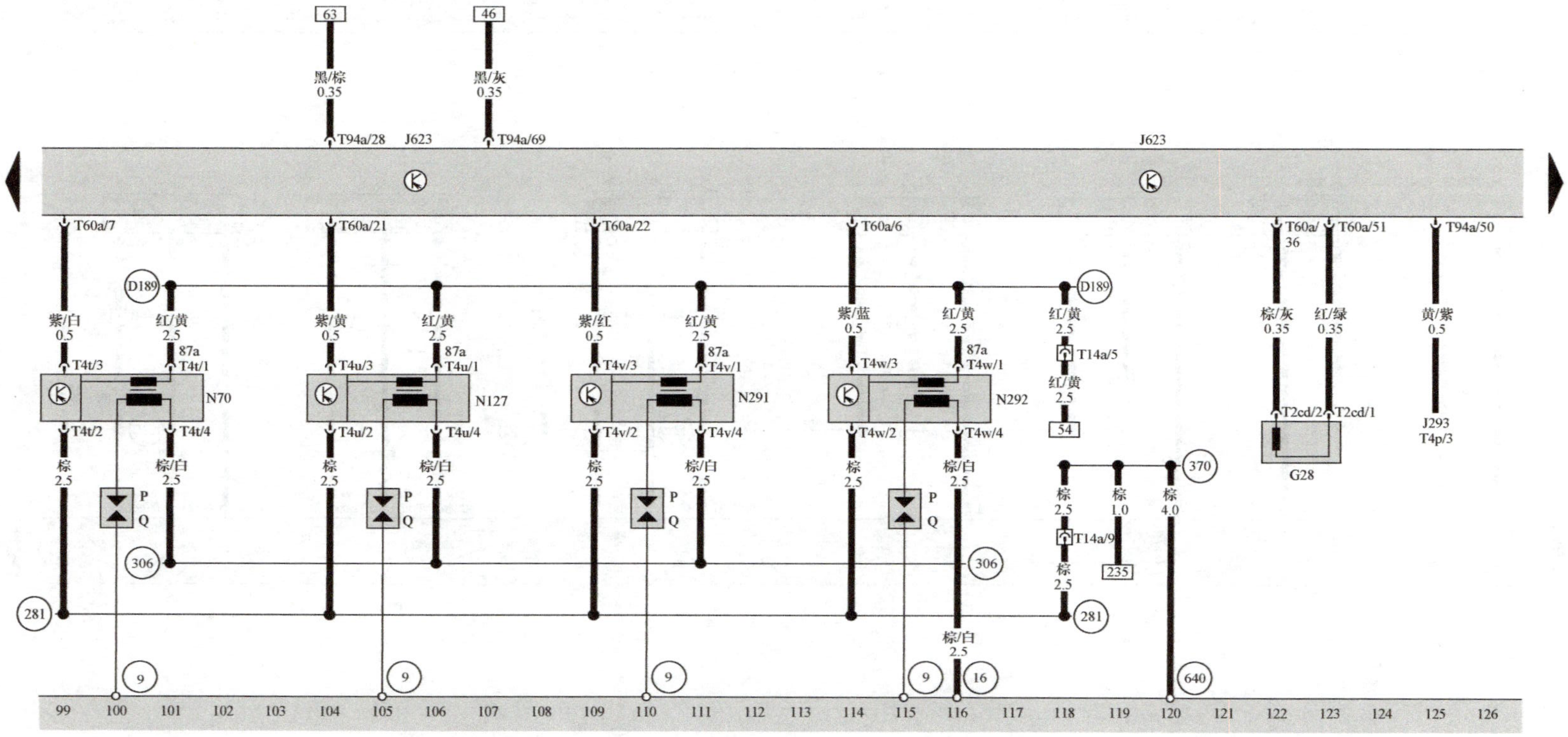

图 A-1

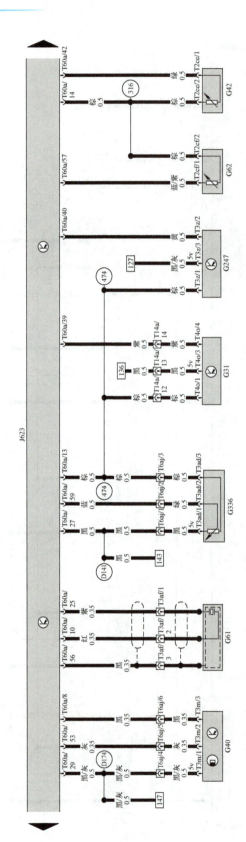

图 A-2

附　录

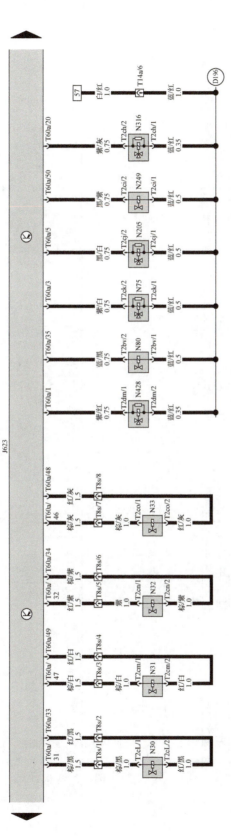

图 A-3

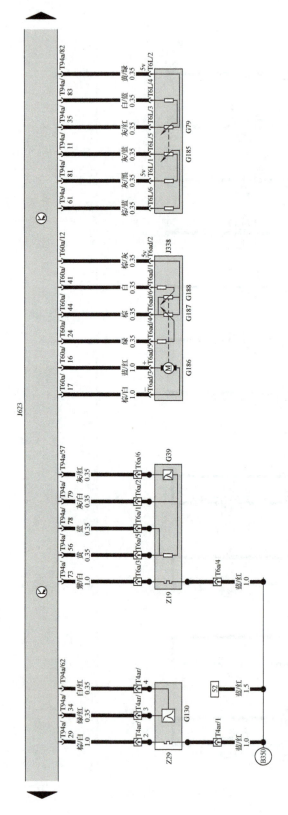

图 A-4

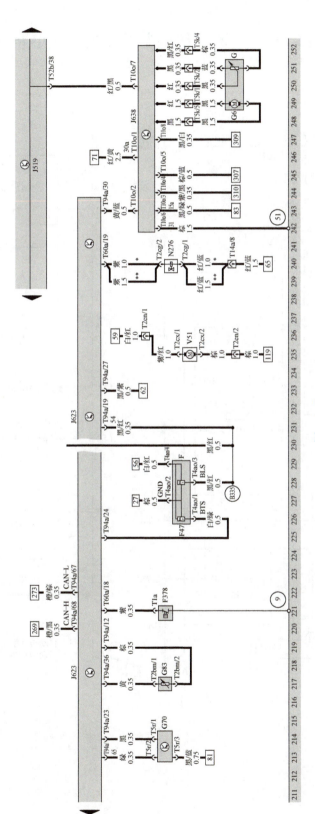

图 A-5

附录B　丰田1ZR-FE发动机电子控制系统电路图

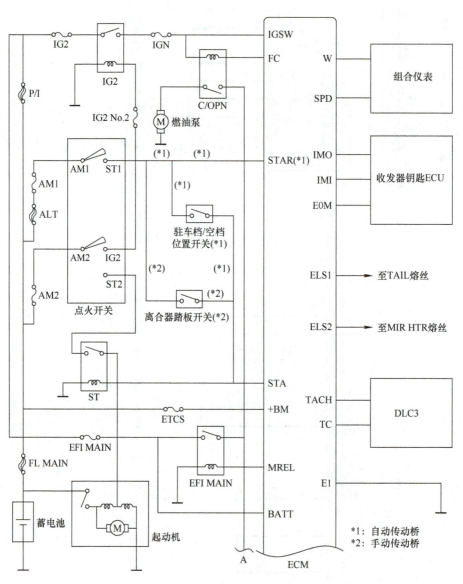

图　B-1

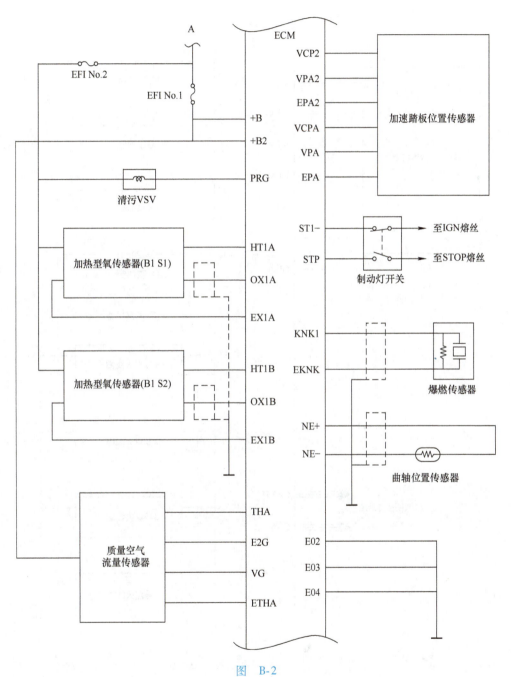

图 B-2

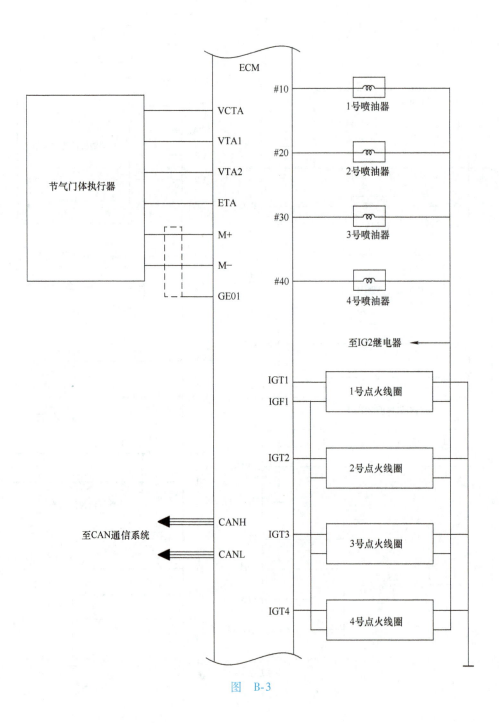

图 B-3

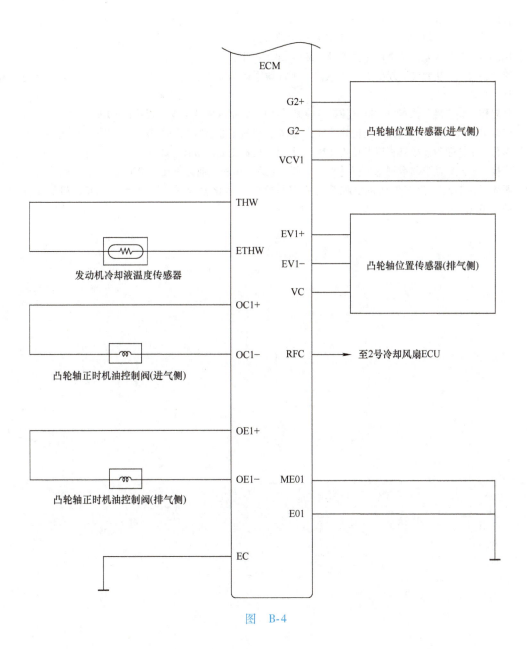

图 B-4

参 考 文 献

[1] 曹红兵. 汽车发动机电控技术与维修 [M]. 北京：机械工业出版社，2014.

[2] 郭俊辉，戴斌. 奥迪/大众车系数据流诊断宝典 [M]. 北京：机械工业出版社，2021.

[3] 瑞佩尔. 新款大众汽车维修完全手册 [M]. 北京：化学工业出版社，2021.

[4] 李伟，潘康，史雪飞. 新型汽车传感器、执行器原理与故障检测 [M]. 3版. 北京：机械工业出版社，2021.

[5] 张忠伟，吴良胜. 汽车发动机电控系统检修 [M]. 北京：机械工业出版社，2019.

[6] 申荣卫. 汽车发动机电控系统检修 [M]. 北京：机械工业出版社，2020.

[7] 李伟. 手把手教您学修直喷发动机 [M]. 北京：机械工业出版社，2021.

[8] 张捷辉. 汽车波形与数据流分析 [M]. 3版. 北京：机械工业出版社，2020.

[9] 明光星，李晗. 汽车发动机电控系统原理与检修一体化教程 [M]. 2版. 北京：机械工业出版社，2021.

目　录

项目 1　发动机电子控制系统的工作原理与基本组成 ··· 1
 1.1　理论测试 ·· 1
 1.2　实操考核 ·· 3
  任务工单 1　发动机电子控制系统总体结构认知 ·· 3

项目 2　发动机故障自诊断系统与测试 ·· 7
 2.1　理论测试 ·· 7
 2.2　实操考核 ·· 9
  任务工单 2　读取发动机故障码和数据流 ·· 9

项目 3　发动机进气控制系统与检修 ·· 13
 3.1　理论测试 ·· 13
 3.2　实操考核 ·· 21
  任务工单 3　热丝式空气流量传感器的检测 ·· 21
  任务工单 4　热膜式空气流量传感器的检测 ·· 23
  任务工单 5　进气歧管压力传感器的检测 ··· 25
  任务工单 6　温度传感器的检测 ·· 27
  任务工单 7　节气门位置传感器的检测 ·· 31
  任务工单 8　怠速控制阀的检测 ·· 33
  任务工单 9　电子节气门控制系统的检修 ··· 35
  任务工单 10　智能电子节气门控制系统的检修 ·· 39
  任务工单 11　可变进气歧管控制系统的检修 ··· 43
  任务工单 12　废气涡轮增压系统的检修 ··· 45
  任务工单 13　VVT-i 智能可变气门正时系统的检修 ·· 47
  任务工单 14　大众凸轮轴叶片调节器式可变气门正时系统的检修 ························· 49

项目 4　发动机燃油控制系统与检修 ·· 51
 4.1　理论测试 ·· 51
 4.2　实操考核 ·· 59
  任务工单 15　桑塔纳 2000GSi AJR 发动机燃油控制系统的检修 ·························· 59
  任务工单 16　丰田 1ZR-FE 发动机燃油控制系统的检修 ···································· 63
  任务工单 17　大众 CEA 1.8TSI 发动机低压燃油系统的检修 ······························ 67
  任务工单 18　大众 CEA 1.8TSI 发动机高压燃油系统的检修 ······························ 71

项目 5　发动机点火控制系统与检修 ·· 75
 5.1　理论测试 ·· 75
 5.2　实操考核 ·· 81

任务工单 19　大众 CEA 1.8TSI 发动机曲轴转速与位置传感器和凸轮轴位置
　　　　　　　　传感器的检测 ……………………………………………………………… 81
　　任务工单 20　丰田 1ZR-FE 发动机曲轴转速与位置传感器和凸轮轴
　　　　　　　　位置传感器的检测 ………………………………………………………… 83
　　任务工单 21　爆燃传感器的检测 …………………………………………………………… 85
　　任务工单 22　大众桑塔纳 2000 AJR 发动机点火控制电路的检修 ……………………… 87
　　任务工单 23　大众 CEA 1.8TSI 发动机点火控制电路的检修 …………………………… 89
　　任务工单 24　丰田 1ZR-FE 发动机点火控制电路的检修 ………………………………… 91

项目 6　发动机辅助控制系统与检修 ………………………………………………………… 93
　6.1　理论测试 ………………………………………………………………………………… 93
　6.2　实操考核 ………………………………………………………………………………… 97
　　任务工单 25　大众 CEA 1.8TSI 发动机冷却风扇无级控制系统的检修 ………………… 97
　　任务工单 26　燃油蒸发排放控制系统的检修 …………………………………………… 99
　　任务工单 27　丰田 1ZR-FE 发动机氧传感器的检测 …………………………………… 101
　　任务工单 28　大众 CEA 1.8TSI 发动机氧传感器的检测 ……………………………… 103

项目 7　发动机电子控制系统的故障诊断与排除 ………………………………………… 105
　7.1　理论测试 ……………………………………………………………………………… 105
　7.2　实操考核 ……………………………………………………………………………… 107
　　任务工单 29　发动机起动不良的故障诊断与排除 …………………………………… 107
　　任务工单 30　发动机怠速不良的故障诊断与排除 …………………………………… 109
　　任务工单 31　发动机加速不良的故障诊断与排除 …………………………………… 111
　　任务工单 32　发动机油耗过高的故障诊断与排除 …………………………………… 113

项目1　发动机电子控制系统的工作原理与基本组成

1.1　理论测试

一、填空题
1. 发动机电子控制系统的主要控制功能是_____、_____和_____。
2. 发动机进气控制包括_____、_____和_____。
3. 发动机燃油控制包括_____、_____、_____和_____。
4. 发动机点火控制包括_____、_____和_____。
5. 从控制原理来看，发动机电子控制系统有_____、_____和_____三大组成部分。
6. 发动机电子控制系统的控制方式主要有_____和_____。

二、判断题
1. 发动机电子控制系统又称为发动机管理系统。（　　）
2. 电子控制系统中的信号输入装置是各种传感器。（　　）
3. 电子控制单元（ECU）是发动机电子控制系统的核心。（　　）
4. 闭环控制实质上就是反馈控制。（　　）
5. 发动机在任何工况下均采用闭环控制。（　　）
6. 发动机集中控制系统将多种控制功能集中到一个电子控制单元上。（　　）
7. 在发动机集中控制系统中，一个传感器的输入信号不能重复使用。（　　）

三、选择题
1. 间接检测进气量的传感器是（　　）。
   A. 空气流量传感器　　　　　　B. 进气歧管压力传感器
   C. 节气门位置传感器　　　　　D. 进气温度传感器
2. 其信号用于ECU判定发动机运转工况的传感器是（　　）。
   A. 空气流量传感器　　　　　　B. 进气歧管压力传感器
   C. 节气门位置传感器　　　　　D. 进气温度传感器
3. 用以检测活塞上止点位置信号的传感器是（　　）。
   A. 曲轴转速与位置传感器　　　B. 凸轮轴位置传感器
   C. 节气门位置传感器　　　　　D. 氧传感器
4. 提供反馈信号，实现闭环控制的是（　　）。
   A. 空气流量传感器　　　　　　B. 曲轴转速与位置传感器
   C. 节气门位置传感器　　　　　D. 氧传感器

四、看图填空
1. 下图为传感器、ECU和执行器之间的工作关系，将正确答案填写在图中横线上。

传感器、ECU 和执行器之间的工作关系

2. 下图为大众 CEA 1.8TSI 发动机 MED17.5 电子控制系统结构组成，将正确答案填写在横线上。

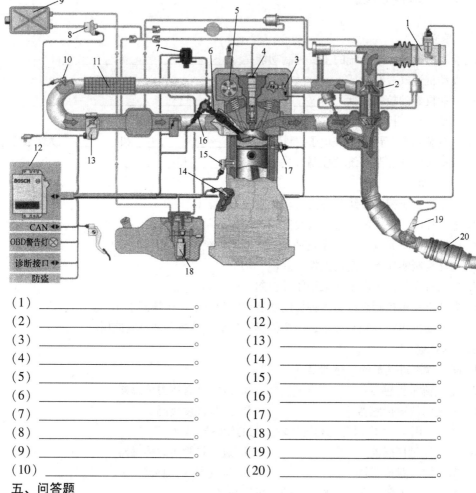

(1) _____。　　(11) _____。
(2) _____。　　(12) _____。
(3) _____。　　(13) _____。
(4) _____。　　(14) _____。
(5) _____。　　(15) _____。
(6) _____。　　(16) _____。
(7) _____。　　(17) _____。
(8) _____。　　(18) _____。
(9) _____。　　(19) _____。
(10) _____。　　(20) _____。

五、问答题

1. 简述发动机电子控制系统各传感器的作用。

2. 发动机电子控制系统主要的执行器有哪些？各自的作用是什么？

3. 发动机电子控制单元（ECU）的作用有哪些？它是如何工作的？

1.2 实操考核

任务工单1 发动机电子控制系统总体结构认知

一、任务实施

1. 结合轿车整车或发动机实验台,认知空气控制系统元器件

(1) 大众 CEA 1.8TSI 发动机

① 空气流量传感器 G70 安装在_____。

② 节气门控制单元 J338(节气门驱动电动机 G186、节气门位置传感器 G187 和 G188)安装在_____。

③ 加速踏板位置传感器 G79、G185 安装在_____。

④ 进气温度传感器 G42 安装在_____。

⑤ 冷却液温度传感器 G62 安装在_____。

⑥ 涡轮增压器 安装在_____。

⑦ 增压压力传感器 G31 安装在_____。

⑧ 废气旁通电磁阀 N75 安装在_____。

⑨ 进气凸轮轴调节器 安装在_____。

(2) 丰田 1ZR-FE 发动机

① 空气流量传感器 安装在_____。

② 节气门体(节气门驱动电动机、节气门位置传感器) 安装在_____。

③ 加速踏板位置传感器 安装在_____。

④ 冷却液温度传感器 安装在_____。

⑤ 进气温度传感器 安装在_____。

⑥ VVT-i 控制器 OCV 安装在_____。

2. 结合轿车整车或发动机实验台,认知燃油供给系统元器件

(1) 大众 CEA 1.8TSI 发动机

① 燃油泵单元(电动燃油泵 G6) 安装在_____。

② 燃油泵 ECU J538 安装在_____。

③ 高压燃油泵(燃油压力调节阀 N276) 安装在_____。

④ 燃油压力传感器 G247 安装在_____。

⑤ 1#、2#、3#、4#高压喷油器 N30~N33 安装在_____。

(2) 丰田 1ZR-FE 发动机

① 燃油泵 安装在_____。

② 油压调节器 安装在_____。

③ 1#、2#、3#、4#喷油器 安装在_____。

3. 结合轿车整车或发动机实验台，认知点火控制系统元器件
（1）大众 CEA 1.8TSI 发动机
① 曲轴转速与位置传感器 G28　安装在_____。
② 凸轮轴位置传感器 G40　安装在_____。
③ 爆燃传感器 G61　安装在_____。
④ 点火控制器分别与 1#、2#、3#、4#点火线圈 N70、N127、N291、N292 集成为一体安装在_____。
（2）丰田 1ZR-FE 发动机
① 曲轴转速与位置传感器　安装在_____。
② 凸轮轴位置传感器　安装在_____。
③ 爆燃传感器　安装在_____。
④ 点火控制器分别与 1#、2#、3#、4#点火线圈集成为一体　安装在_____。

4. 结合轿车整车或发动机实验台，认知排放控制系统元器件
（1）大众 CEA 1.8TSI 发动机
① 活性炭罐　安装在_____。
② 电磁阀 N80　安装在_____。
③ 前氧传感器 G39　安装在_____。
④ 后氧传感器 G130　安装在_____。
⑤ 三元催化转化器　安装在_____。
（2）丰田 1ZR-FE 发动机
① 活性炭罐　安装在_____。
② 电磁阀　安装在_____。
③ 前氧传感器 S1　安装在_____。
④ 后氧传感器 S2　安装在_____。
⑤ 三元催化转化器　安装在_____。

5. 结合轿车整车或发动机实验台，认知其他元器件
（1）大众 CEA 1.8TSI 发动机
① 诊断插座　安装在_____。
② 发动机 ECU J623　安装在_____。
③ 观察发动机 ECU 插座接线端子，查阅资料，填写下表。

端子	端子号
空气流量传感器 G70 信号输入端子	
节气门位置传感器 1（G187）、2（G188）信号输入端子	
加速踏板位置传感器 G79、G185 信号输入端子	
冷却液温度传感器 G62 信号输入端子	
增压压力传感器 G31 信号输入端子	
燃油压力传感器 G247 信号输入端子	
曲轴转速与位置传感器 G28 信号输入端子	
凸轮轴位置传感器 G40 信号输入端子	

④ 观察发动机 ECU 插座接线端子，查阅资料，填写下表。

端子号	另一连接端子	作用
T60a/16		
T60a/19		
T60a/31		
T94a/30		
T60a/6		
T94a/50		
T94a/73		
T94a/29		

（2）丰田 1ZR-FE 发动机

① 诊断插座　安装在_____。

② 发动机 ECU　安装在_____。

③ 观察发动机 ECU 插座接线端子，查阅资料，填写下表。

端子	端子号
空气流量传感器信号输入端子	
节气门位置传感器 VTA、VTA2 信号输入端子	
加速踏板位置传感器 VPA、VPA2 信号输入端子	
冷却液温度传感器信号输入端子	
曲轴转速与位置传感器信号输入端子	
凸轮轴位置传感器信号输入端子	

④ 观察发动机 ECU 插座接线端子，查阅资料，填写下表。

端子号	另一连接端子	作用
B31/42		
B31/100		
B31/60		
B31/105		
B31/85		
B31/47		
B31/109		

二、任务评价

1. 自我评价

_____

_____。

2. 教师评价

_____。

教师签名：_____

项目 2　发动机故障自诊断系统与测试

 2.1　理论测试

一、填空题

1. 自诊断系统的功能包括_____、_____、_____、_____。

2. 当失效保护程序起动时，ECU 以存储器预先设定的_____和_____维持发动机的运转。

3. 故障自诊断系统主要由_____、_____、_____、_____以及软件程序等组成。

4. 故障诊断通信接口通常称为_____，一般安装在_____。

5. 除传感器自身故障的原因外，传感器_____、_____也会导致故障信号的产生。

6. OBD–Ⅱ的诊断插座具有统一_____和_____个端子。

7. 故障自诊断测试的内容主要包括_____、_____、_____和_____等。

二、判断题

1. 故障排除后，存储在 ECU 存储器中的故障码能自动消除。（　　）

2. 当执行器出现故障时，都能被 ECU 检测出来。（　　）

3. 失效保护功能启用时能维持发动机的运转，不必尽快修复。（　　）

4. 所有传感器都是通过监测其输入的信号电压值是否在规定的范围内来确定是否有故障的。（　　）

5. 在对各种执行器进行故障自诊断时，大多数需在 ECU 的驱动电路中增设执行器专用监测回路以监测执行器的工作情况。（　　）

6. 利用监控执行器功能可以判定执行器及其控制电路的工作状况是否良好。（　　）

三、选择题

1. 监测其输入的信号电压值是否在规定的范围内来确定是否有故障的是（　　）。

　A. 冷却液温度传感器　　　　　　B. 曲轴转速与位置传感器

　C. 爆燃传感器　　　　　　　　　D. 氧传感器

2. 根据一段时间内输出信号的变化情况来确定是否有故障的是（　　）。

　A. 冷却液温度传感器　　　　　　B. 进气温度传感器

　C. 节气门位置传感器　　　　　　D. 氧传感器

四、问答题

1. 传感器的故障自诊断是如何进行的？

2. 第二代随车故障自诊断系统（OBD-Ⅱ）有何特点？

3. 什么叫数据流分析？进行数据流分析有什么作用？

2.2 实操考核

任务工单 2　读取发动机故障码和数据流

一、任务实施

1. 读取与清除故障码

故障诊断仪型号：_____

类型	故障码	故障内容
大众 CEA 1.8TSI 发动机		
丰田 1ZR-FE 发动机		

按屏幕提示操作进入"清除故障码"界面，清除故障码，观察故障码____（是、否）被清除。

2. 读取数据流

（1）大众 CEA 1.8TSI 发动机

故障诊断仪型号：_____

显示组号	数据	分析结论
基本功能 002	正常值：____、____、____、____ 实测值：____、____、____、____	正常的数据有____、____、____ 异常的数据有____、____、____
基本功能 003	正常值：____、____、____、____ 实测值：____、____、____、____	正常的数据有____、____、____ 异常的数据有____、____、____
点火控制 010	正常值：____、____、____、____ 实测值：____、____、____、____	正常的数据有____、____、____ 异常的数据有____、____、____

（续）

显示组号	数据	分析结论
点火控制011	正常值：___、___、___、___ 实测值：___、___、___、___	正常的数据有___、___、___ 异常的数据有___、___、___
电子节气门控制061	正常值：___、___、___、___ 实测值：___、___、___、___	正常的数据有___、___、___ 异常的数据有___、___、___
电子节气门控制062	正常值：___、___、___、___ 实测值：___、___、___、___	正常的数据有___、___、___ 异常的数据有___、___、___
可变正时机构091	正常值：___、___、___、___ 实测值：___、___、___、___	正常的数据有___、___、___ 异常的数据有___、___、___
可变正时机构092	正常值：___、___、___、___ 实测值：___、___、___、___	正常的数据有___、___、___ 异常的数据有___、___、___
燃油喷射101	正常值：___、___、___、___ 实测值：___、___、___、___	正常的数据有___、___、___ 异常的数据有___、___、___
燃油喷射106	正常值：___、___、___、___ 实测值：___、___、___、___	正常的数据有___、___、___ 异常的数据有___、___、___
涡轮增压115	正常值：___、___、___、___ 实测值：___、___、___、___	正常的数据有___、___、___ 异常的数据有___、___、___
涡轮增压118	正常值：___、___、___、___ 实测值：___、___、___、___	正常的数据有___、___、___ 异常的数据有___、___、___
涡轮增压119	正常值：___、___、___、___ 实测值：___、___、___、___	正常的数据有___、___、___ 异常的数据有___、___、___

（2）丰田1ZR-FE发动机

故障诊断仪型号：_____

项目	正常值	实测值	分析结论
1缸喷油时间			是□否□正常
1缸点火正时提前			是□否□正常
质量空气流量			是□否□正常
发动机转速			是□否□正常
发动机冷却液温度			是□否□正常
进气温度			是□否□正常

(续)

项目	正常值	实测值	分析结论
1号加速踏板绝对位置			是□ 否□ 正常
2号加速踏板绝对位置			是□ 否□ 正常
1号加速踏板位置传感器电压			是□ 否□ 正常
2号加速踏板位置传感器电压			是□ 否□ 正常
1号节气门位置传感器输出电压			是□ 否□ 正常
2号节气门位置传感器输出电压			是□ 否□ 正常
B1 S1 的加热型氧传感器输出电压			是□ 否□ 正常
B1 S2 的加热型氧传感器输出电压			是□ 否□ 正常
短期燃油修正			是□ 否□ 正常
长期燃油修正			是□ 否□ 正常
燃油蒸发排放电磁阀状态			是□ 否□ 正常
燃油泵状态			是□ 否□ 正常
VVT 控制（B1）状态			是□ 否□ 正常
VVT 变化角度（B1）			是□ 否□ 正常
VVT 机油控制阀工作占空比			是□ 否□ 正常

二、任务评价

1. 自我评价

_____

_____。

2. 教师评价

_____。

教师签名：_____

项目 3　发动机进气控制系统与检修

3.1　理论测试

一、填空题

1. L 型进气控制系统利用安装在_____的_____直接检测进入进气歧管的空气量。
2. D 型进气控制系统通过安装在_____的_____来检测_____，发动机 ECU 根据这个信号和发动机转速推算出吸入的空气量。
3. 热丝式空气流量传感器中的热丝是指感知空气流量的_____，而冷丝是指根据进气温度进行修正的_____。
4. 现代汽车普遍采用_____型热敏电阻式温度传感器。温度升高时，传感器阻值_____，输出信号电压_____。
5. 单端子式温度传感器插座上只有一个接线端子，_____为传感器的一个电极。
6. 冷却液温度传感器通常安装在_____或_____，与冷却液接触。
7. 读取丰田车系数据流时，若冷却液温度显示为 –40℃，表示电路中有_____故障；冷却液温度显示为 140℃，表示电路中有_____故障。
8. 读取大众车系数据流时，若冷却液温度显示为 –48℃，表示电路中有_____故障；冷却液温度显示为 105℃，表示电路中有_____故障。
9. 节气门位置传感器可以将_____转换成电信号输送给 ECU，ECU 以此判断发动机的_____。
10. 可变电阻式节气门位置传感器主要由_____、_____和壳体组成。
11. 怠速控制的实质是对怠速工况下的_____进行控制，实际上就是_____。
12. 电子节气门实现了节气门与加速踏板之间的_____，可以独立于_____而调节节气门的位置。
13. 加速踏板位置传感器产生反映加速踏板_____和_____的电压信号并输入 ECU。
14. 电子节气门控制系统冗余设计的加速踏板位置传感器和节气门位置传感器具有不同的_____、可_____。
15. 大众 CEA 1.8TSI 发动机的两个加速踏板位置传感器 G79 和 G185 都是_____式，传感器 G79 的输出信号电压是传感器 G185 输出信号电压的_____倍。
16. 大众 CEA 1.8TSI 发动机的两个节气门位置传感器 G187 和 G188 都是_____式，工作时一个电阻（电压）值增大时另一个_____，两个传感器输出信号电压之和始终等于____V。
17. 随着节气门开度的增大，丰田 1ZR – FE 发动机节气门位置传感器 VTA1 和 VTA2 信号电压都_____，但_____不同。

18. 随着加速踏板踩下角度的增大，丰田 1ZR – FE 发动机加速踏板位置传感器 VPA 主信号与 VCP2 次信号都_____，但电压输出特性不同，两者之间始终保持一定的_____。

19. 为了提高充气效率从而提高功率，发动机中低速运转时，进气歧管应_____；而在高速运转时，进气歧管应_____。

20. 提高充入气缸的空气密度常用的两种方法是_____增压和_____增压，现代汽车以_____增压为主。

21. 废气涡轮增压系统主要由_____、_____和中冷器等组成。

22. 废气涡轮增压器是废气涡轮增压系统最重要的部件，由_____、_____及中间体三部分组成。

23. 发动机工况不同，对气门正时和气门升程的要求不同。在发动机转速较高时，进气门应_____；在发动机转速较低时，进气门应_____。

24. VVT – i 智能可变气门正时系统的主要部件是调整凸轮轴转角的_____和对传送的机油压力进行控制的_____。

25. VVTL – i 与 VVT – i 的结构不同之处是采用了_____和_____，以及能实现两个不同升程量转换的_____。

26. 配置有 VVTL – i 系统的发动机，当低、中速运转时由_____凸轮提升气门，当发动机高速运转且冷却液温度高于60℃时由_____凸轮提升气门。

27. 大众凸轮轴正时链条驱动式可变气门正时系统在进排气凸轮轴之间设置一个_____，在内部液压缸的作用下可以_____，以调整发动机进气凸轮轴的位置。

二、判断题

1. 进气量信号是控制单元计算喷油时间和点火时间的主要依据。（　　）
2. 热丝式空气流量传感器中的铂金属丝（热丝）高于进气温度 100～120℃。（　　）
3. 热膜式空气流量传感器其结构和工作原理与热丝式基本相同。（　　）
4. 热膜式空气流量传感器其发热元件采用的是由铂金属薄膜制成的膜片电阻。（　　）
5. 与热丝式类似，热膜式空气流量传感器也要在控制电路中设计自洁电路。（　　）
6. 进气歧管压力传感器是一种间接检测发动机进气量的传感器。（　　）
7. 进气歧管压力传感器可安装在汽车上的任何部位，只需用导压管将节气门至进气歧管之间的进气压力引入传感器即可。（　　）
8. 当冷却液温度较高时，应增大喷油脉宽、供给浓混合气。（　　）
9. 冷却液温度对发动机的性能影响比进气温度的影响小。（　　）
10. 冷却液温度传感器工作环境比较恶劣，很容易老化、损坏。（　　）
11. 节气门位置传感器只能确定节气门的开度，不能反映节气门开闭的速度。（　　）
12. 当空气流量传感器发生故障时，节气门位置传感器代替空气流量传感器与发动机转速传感器相配合，提供 ECU 控制喷油量的信号参数。（　　）
13. 电子节气门使节气门的开度完全取决于驾驶人对加速踏板的操纵，节气门的实际开度不完全与驾驶人的操作意图一致。（　　）
14. 电子节气门所采用的永磁直流电动机输出转矩和脉宽调制信号的占空比成反比。占空比越大，通电时间越长。（　　）

15. 霍尔式加速踏板位置传感器和霍尔式节气门位置传感器无接触磨损，工作可靠，使用越来越广泛。（　　）
16. 在清洗了节气门体之后，可以不进行基本设定（匹配）。（　　）
17. 通过改变进气管的长度，可以适应不同转速惯性增压的需要。（　　）
18. 可变长度进气歧管发动机在中低转速区时的功率和转矩都有明显的提高。（　　）
19. 废气涡轮增压比机械增压具有更多的优点，被大多数轿车用汽油发动机所采用。（　　）
20. 废气驱动涡轮增压器中的动力涡轮和增压涡轮安装在同一根轴上。（　　）
21. 涡轮增压器中的增压涡轮高速运转并带动动力涡轮一起转动。（　　）
22. 涡轮增压器的转速很高，它的平衡和润滑非常重要。（　　）
23. 为了防止爆燃和限制热负荷，对涡轮增压系统的增压压力必须进行控制。（　　）
24. 设置废气旁通阀是调节增压压力最简单而又十分有效的方法。（　　）
25. 废气涡轮增压系统出现故障将导致发动机动力不足，加速无力。（　　）
26. 发动机高转速、大负荷时，应增大气门升程。（　　）
27. VVT－i智能可变气门正时系统的控制用机油与发动机润滑系统共用。（　　）
28. 当发动机停止工作时，凸轮轴正时机油控制阀多处在提前状态，以确保起动性能。（　　）
29. VVT－i智能可变气门正时系统采用单一凸轮，不能调节气门升程。（　　）

三、选择题

1. 热丝式空气流量传感器的输出信号电压是（　　）上的电压降。
A. 温度补偿电阻 R_K　　B. 热丝电阻 R_H　　C. 精密电阻 R_A　　D. 平衡电阻 R_1

2. 进气歧管压力传感器的压力转换元件是（　　）。
A. 真空室　　B. 硅膜片　　C. 混合集成电路　　D. 壳体

3. 发动机工作时，随着节气门开度的增大，进气歧管压力（　　），进气歧管压力传感器输出的信号电压随之（　　）。
A. 升高、升高　　B. 降低、升高　　C. 升高、降低　　D. 降低、降低

4. 温度传感器输入 ECU 的信号电压等于（　　）上的分压值。
A. 分压电阻
B. 热敏电阻
C. 分压电阻和热敏电阻
D. 不确定

5. 丰田 1ZR－FE 发动机进气温度传感器、冷却液温度传感器失效后，发动机 ECU 分别按照（　　）进行控制。
A. 20℃、20℃　　B. 20℃、80℃　　C. 80℃、20℃　　D. 80℃、80℃

6. 正常情况下，当拔下冷却液温度传感器插头时，发动机转速会（　　）。
A. 突然下降　　B. 突然上升　　C. 忽高忽低　　D. 没有变化

7. 电子节气门控制系统中，反相式冗余设计的双可变电阻式加速踏板位置传感器（节气门位置传感器）两两反接，以实现两个传感器电阻值和信号电压的＿＿＿＿变化，两个信号电压之和始终等于＿＿＿＿。
A. 反向变化、供电电压
B. 反向变化、0
C. 正向变化、供电电压
D. 正向变化、0

8. 电子节气门控制系统通常采用（　　）加速踏板位置传感器和（　　）节气门位置传感器。
   A. 单、双　　　　　　B. 双、双　　　　　　C. 双、单　　　　　　D. 单、单

9. 电子节气门永磁直流电动机的输出转矩是 ECU 通过脉宽调制信号的（　　）调节来控制的。
   A. 电压　　　　　　　B. 电流　　　　　　　C. 频率　　　　　　　D. 占空比

10. 装备有电子节气门的大众轿车，在（　　）之后，必须进行基本设定，即完成发动机 ECU 与节气门控制单元的匹配工作。
    A. 拆装或更换节气门控制单元　　　　　B. 更换发动机 ECU 或其供电中断
    C. 清洗了节气门体　　　　　　　　　　D. 以上都是

11. 丰田 1ZR-FE 发动机的智能电子节气门控制系统两个加速踏板位置传感器是（　　）式，两个节气门位置传感器是（　　）式。
    A. 霍尔、霍尔　　　　　　　　　　　　B. 可变电阻、霍尔
    C. 霍尔、可变电阻　　　　　　　　　　D. 可变电阻、可变电阻

12. 丰田 1ZR-FE 发动机智能电子节气门控制系统用来检测节气门开度的是（　　）。
    A. VPA　　　　　　　B. VPA2　　　　　　C. VTA1　　　　　　D. VTA2

13. 当发动机低速运转时，可变进气歧管长度增压系统转换阀（　　），空气经（　　）的进气歧管进入气缸。
    A. 开启、粗短　　　　　　　　　　　　B. 关闭、粗短
    C. 开启、弯曲而又细长　　　　　　　　D. 关闭、弯曲而又细长

14. 大众 CEA 1.8TSI 发动机废气涡轮增压系统接受 ECU 的指令控制增压压力的是（　　）。
    A. 增压压力传感器　　　　　　　　　　B. 废气旁通阀执行器
    C. 废气旁通电磁阀　　　　　　　　　　D. 进气旁通电磁阀

15. 在大众 CEA 1.8TSI 发动机废气涡轮增压系统中，在"倒拖"工况防止产生压力波动、增压过度和涡轮转速下降的是（　　）。
    A. 增压压力传感器　　　　　　　　　　B. 废气旁通电磁阀
    C. 废气旁通阀　　　　　　　　　　　　D. 进气旁通电磁阀

四、看图填空

1. 下图为热丝式空气流量传感器结构组成，将正确答案填写在横线上。

1. _____。
2. _____。
3. _____。
4. _____。
5. _____。
6. _____。
7. _____。

2. 下图为进气歧管压力传感器结构组成,将正确答案填写在横线上。

1. _____。
2. _____。
3. _____。
4. _____。
5. _____。

3. 下图为电子节气门控制系统结构组成,将正确答案填写在横线上。

1. _____。
2. _____。
3. _____。
4. _____。
5. _____。
6. _____。
7. _____。

4. 下图为丰田1ZR-FE发动机ETCS-i节气门体结构组成,将正确答案填写在横线上。

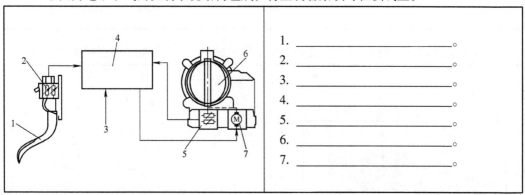

1. _____。 2. _____。
3. _____。 4. _____。
5. _____。 6. _____。
7. _____。

17

5. 下图为电子控制式废气涡轮增压系统结构组成，将正确答案填写在横线上。

1. _____
2. _____
3. _____
4. _____
5. _____
6. _____
7. _____

6. 下图为VVT-i智能可变气门正时系统结构组成，将正确答案填写在横线上。

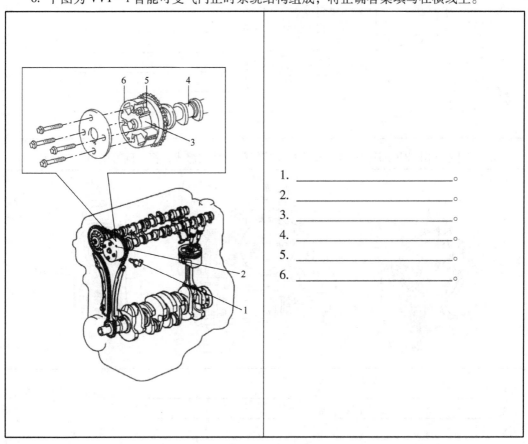

1. _____
2. _____
3. _____
4. _____
5. _____
6. _____

7. 下图为大众凸轮轴叶片调节器式可变气门正时系统结构组成，将正确答案填写在横线上。

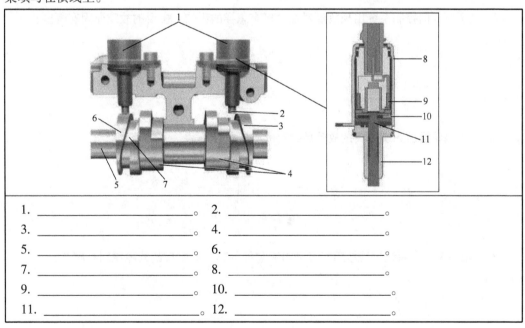

1. _____。 2. _____。
3. _____。 4. _____。
5. _____。 6. _____。
7. _____。 8. _____。

8. 下图为奥迪可变气门升程系统凸轮轴螺旋沟槽及电磁驱动器的结构组成，将正确答案填写在横线上。

1. _____。 2. _____。
3. _____。 4. _____。
5. _____。 6. _____。
7. _____。 8. _____。
9. _____。 10. _____。
11. _____。 12. _____。

五、问答题

1. 热丝式空气流量传感器的常见损坏有哪些？会引起发动机怎样的故障现象？

2. 进气歧管压力传感器的常见损坏有哪些？会引起发动机怎样的故障现象？

3. 冷却液温度传感器的常见损坏有哪些？会引起发动机怎样的故障现象？

4. 可变电阻式节气门位置传感器的常见损坏有哪些？会引起发动机怎样的故障现象？

5. 电子节气门控制系统出现故障对发动机有怎样的影响？主要的故障原因有哪些？

6. 废气涡轮增压系统主要的故障原因有哪些？

7. 丰田VVT－i系统出现故障对发动机有怎样的影响？主要的故障原因有哪些？

8. 奥迪可变气门升程系统（AVS）是如何工作的？

3.2 实操考核

任务工单3　热丝式空气流量传感器的检测

一、任务准备

在下面方框中画出丰田1ZR-FE发动机热丝式空气流量传感器的连接电路图。

由图可知，端子3（+B）连接_____，为_____；端子4（E2G）连接_____，为_____；端子5（VG）连接_____，为_____。

二、任务实施

按照检测技术要求，完成以下操作。

1. 检测电源电压

接通点火开关，用万用表检测线束插头B2端子3（+B）与搭铁之间的电压，正常值应为____V，实测值为____V。

2. 检测电路导通性

用万用表检测线束插头B2端子4（E2G）与搭铁之间的电阻，检测传感器线束插头B2端子4（E2G）与ECU线束插头B31端子116（E2G）、传感器线束插头B2端子5（VG）与ECU线束插头B31端子118（VG）之间的导线电阻，正常值均应小于____Ω，实测值分别为____Ω、____Ω、____Ω。

3. 检测信号电压

起动发动机，用万用表检测传感器线束插头B2端子5（VG）与搭铁之间的电压，电压值应随着节气门开度的增大而_____，正常值为____V，实测值为____V。

4. 读取数据流

起动发动机，用故障诊断仪进行数据流读取，怠速时空气流量正常值应为____g/s，实测值为____g/s；空载转速为2000r/min时空气流量正常值应为____g/s，实测值为____g/s。

通过以上检测，得出的结论是_____。

三、任务评价

1. 自我评价

_____

_____。

2. 教师评价

_____。

教师签名：_____

任务工单4 热膜式空气流量传感器的检测

一、任务准备

在下面方框中画出大众 CEA 1.8TSI 发动机热膜式空气流量传感器的连接电路图。

由图可知，端子 T5r/1 连接_____，为_____；端子 T5r/2 连接_____，为_____；端子 T5r/3 连接_____，为_____。

二、任务实施

按照检测技术要求，完成以下操作。

1. 检测电源电压

接通点火开关，用万用表检测传感器线束插头 T5r 端子 3 与接地之间的电压，正常值应为____ V，实测值为____ V。

2. 检测电路导通性

用万用表检测传感器线束插头 T5r 端子 1 与 ECU 线束插头 T94a 端子 23 之间的导线电阻，检测传感器线束插头 T5r 端子 2 与 ECU 线束插头 T94a 端子 65 之间的导线电阻，正常值均应小于____ Ω，实测值为____ Ω、____ Ω。

3. 检测信号电压

起动发动机，用万用表检测传感器线束插头 T5r 端子 1 与端子 2 之间的电压，急速时信号电压正常值应为____ V，实测值为____ V。急加速时，应上升至____ V 左右，实测值为____ V。

4. 读取数据流

用故障诊断仪进行数据流读取，急速时空气流量正常值应为____ g/s，实测值为____ g/s；当转速提高到 2500r/min 时，空气流量正常值应为____ g/s，实测值为____ g/s。

通过以上检测，得出的结论是_____。

三、任务评价

1. 自我评价

_____
_____。

2. 教师评价

_____。

教师签名：_____

任务工单5　进气歧管压力传感器的检测

一、任务准备

在下面方框中画出丰田8A-FE发动机进气歧管压力传感器的连接电路图。

由图可知，端子1连接_____，为_____；端子2连接_____，为_____；端子3连接_____，为_____。

二、任务实施

按照检测技术要求，完成以下操作。

1. 检测电源电压

接通点火开关，检测线束插头端子3（电源端VC）和端子1（接地端E2）之间的电压，正常值应为____V，实测值为____V。

2. 检测电路导通性

检测ECU线束插头E5端子1（VC）与传感器线束插头端子3（VC）、ECU线束插头E5端子2（PIM）与传感器线束插头端子2（PIM）、ECU线束插头E5端子9（E2）与传感器线束插头端子1（E2）之间的电阻，正常值均应小于____Ω，实测值为____Ω、____Ω、____Ω。

3. 检测信号电压

① 接通点火开关，用万用表检测传感器线束插头端子2（PIM）与端子1（E2）之间在大气压力状态下的输出信号电压，正常值应为____V，实测值为____V。

② 检测在不同真空度下进气歧管压力传感器线束插头端子2（PIM）与端子1（E2）之间的输出电压，将实测值填入下表。

真空度/kPa（mmHg）	1个大气压（760）	13.3（100）	26.7（200）	40.0（300）	53.5（400）	66.7（500）
PIM-E2端电压/V						
与1个大气压下电压值相比的下降值/V	/					

输出信号电压与进气歧管压力之间的关系是：_____
_____。

4. 读取数据流

① 接通点火开关，用故障诊断仪测得的进气歧管绝对压力____（是、否）与大气压力相同（101kPa左右）。

② 发动机怠速运转，进气歧管绝对压力正常值应为____kPa，实测值为____kPa。

通过以上检测，得出的结论是_____。

三、任务评价

1. 自我评价

_____
_____

2. 教师评价

_____

教师签名：_____

任务工单6 温度传感器的检测

一、任务准备

1. 在下面方框中画出进气温度传感器与ECU的连接电路图。

丰田1ZR-FE发动机	大众CEA 1.8TSI发动机

由图可知，丰田1ZR-FE发动机进气温度传感器端子1（THA）连接_____，为_____；端子2（E2）连接_____，为_____。大众CEA 1.8TSI发动机进气温度传感器端子T2ce/1连接_____，为_____；端子T2ce/2连接_____，为_____。

2. 在下面方框中画出冷却液温度传感器与ECU的连接电路图。

丰田1ZR-FE发动机	大众CEA 1.8TSI发动机

由图可知，丰田1ZR-FE发动机冷却液温度传感器端子1（E2）连接_____，为_____；端子2（TWH）连接_____，为_____。大众CEA 1.8TSI发动机冷却液温度传感器端子T2cf/1连接_____，为_____；端子T2cf/2连接_____，为_____。

二、任务实施

按照检测技术要求，完成以下操作。

1. 检测丰田1ZR-FE发动机温度传感器

（1）检测进气温度传感器

① 读取数据流。起动发动机并怠速运转，用故障诊断仪进行数据流读取，显示的进气温度值____（是、否）接近周围环境温度。

② 检测电源电压。接通点火开关,检测线束插头 B2 端子 1 (THA) 与搭铁之间的电压,正常值应为____V,实测值为____V。

③ 检测电路导通性。检测线束插头 B2 端子 2 (E2) 与搭铁之间的电阻,正常值应小于____Ω,实测值为____Ω。

检测传感器线束插头 B2 端子 2 (E2) 与 ECU 线束插头 B31 端子 88 (ETHA) 之间的导线电阻,检测传感器线束插头 B2 端子 1 (THA) 与 ECU 线束插头 B31 端子 65 (THA) 之间的导线电阻,正常值应小于____Ω,实测值为____Ω、____Ω。

④ 检测传感器电阻。检测在不同温度下传感器两端子之间的电阻值并填入下面表格中。

通过以上检测,得出的结论是_____。

(2) 检测冷却液温度传感器

① 读取数据流。起动发动机,用故障诊断仪进行数据流读取,显示的冷却液温度值____(是、否)随发动机工况的变化而变化,暖机后冷却液温度正常值应为____℃,实测值为____℃。

温度/℃	实测值/Ω	正常值/Ω
20		
40		
60		
80		

② 检测电源电压。接通点火开关,检测线束插头 B3 端子 2 (TWH) 与搭铁之间的电压,正常值应为____V,实测值为____V。

③ 检测电路导通性。检测传感器线束插头 B3 端子 1 (E2) 与 ECU 线束插头 B31 端子 96 (ETWH) 之间的导线电阻,检测传感器线束插头 B3 端子 2 (TWH) 与 ECU 线束插头 B31 端子 97 (TWH) 之间的导线电阻,正常值应小于____Ω,实测值为____Ω、____Ω。

④ 检测传感器电阻。检测在不同温度下传感器两端子之间的电阻值并填入右侧表格中。

⑤ 简易极值检测。起动发动机,拔下冷却液温度传感器线束插头,观察发动机转速____(是、否)突然上升。

温度/℃	实测值/Ω	正常值/Ω
20		
40		
60		
80		

通过以上检测,得出的结论是_____。

2. 检测大众 CEA 1.8TSI 发动机温度传感器

(1) 检测进气温度传感器

① 读取数据流。起动发动机并怠速运转,用故障诊断仪进行数据流读取,显示的进气温度值____(是、否)接近周围环境温度。

② 检测电源电压。接通点火开关,检测线束插头 T2ce 端子 1 与搭铁之间的电压,正常值应为____V,实测值为____V。

③ 检测电路导通性。检测线束插头端子 2 与搭铁之间的电阻,正常值应小于____Ω,实测值为____Ω。

检测传感器线束插头 T2ce 端子 2 与 ECU 线束插头 T60a 端子 14 之间的导线电阻，检测传感器线束插头 T2ce 端子 1 与 ECU 线束插头 T60a 端子 42 之间的导线电阻，正常值应小于____Ω，实测值为____Ω、____Ω。

④ 检测传感器电阻。检测在不同温度下两端子之间的电阻值并填入右侧表格中。

温度/℃	实测值/Ω	正常值/Ω
20		
40		
60		
80		

通过以上检测，得出的结论是_____。

（2）检测冷却液温度传感器

① 读取数据流。起动发动机，用故障诊断仪进行数据流读取，显示的冷却液温度值____（是、否）随发动机工况的变化而变化，暖机后冷却液温度正常值应为____℃，实测值为____℃。

② 检测电源电压。接通点火开关，用万用表检测线束插头 T2cf 端子 1 与搭铁之间的电压，正常值应为____V，实测值为____V。

③ 检测电路导通性。检测线束插头 T2cf 端子 2 与搭铁之间的电阻，正常值应小于____Ω，实测值为____Ω。

检查传感器线束插头 T2cf 端子 2 与 ECU 线束插头 T60a 端子 14 之间的导线电阻，检测传感器线束插头 T2cf 端子 1 与 ECU 线束插头 T60a 端子 57 之间的导线电阻，正常值应小于____Ω，实测值为____Ω、____Ω。

④ 检测传感器电阻。检测在不同温度下两端子间的电阻值并填入右侧表格中。

⑤ 简易极值检测。起动发动机，拔下冷却液温度传感器线束插头，观察发动机转速____（是、否）突然上升。

温度/℃	实测值/Ω	正常值/Ω
20		
40		
60		
80		

通过以上检测，得出的结论是_____。

三、任务评价

1. 自我评价

_____。

2. 教师评价

_____。

教师签名：_____

任务工单 7　节气门位置传感器的检测

一、任务准备

在下面方框中画出丰田 8A–FE 发动机节气门位置传感器的连接电路图。

由图可知，端子 1 连接_____，为_____；端子 2 连接_____，为_____；端子 3 连接_____，为_____。

二、任务实施

按照检测技术要求，完成以下操作。

1. 检测电源电压

接通点火开关，用万用表检测传感器线束插头端子 1 与搭铁之间的电压，正常值应为____ V，实测值为____ V。

2. 检测线束导通性

用万用表检测 ECU 线束插头 E5 端子 1（VC）与传感器线束插头端子 2 之间的导线电阻，检测 ECU 线束插头 E5 端子 11（VTA）与传感器线束插头端子 3 之间的导线电阻，检测 ECU 线束插头 E5 端子 9（E2）与传感器线束插头端子 1 之间的导线电阻，正常值应小于____ Ω，实测值为____ Ω、____ Ω、____ Ω。

3. 检查传感器电阻

① 检测传感器线束插头端子 1 和 2 之间的电阻，正常值应为____ Ω，实测值为____ Ω。

② 检测传感器线束插头端子 1 和 3 之间的电阻，节气门全关时，正常值应为____ Ω，实测值为____ Ω；节气门全开时，正常值应为____ Ω，实测值为____ Ω。端子 1 和 3（VTA–E2）之间的电阻与节气门开度之间的变化关系是_____。

4. 检查输出信号电压

接通点火开关，用万用表检测传感器线束插头端子 3、端子 1 之间的 VTA–E2 电压，节气门完全关闭时，正常值应为____ V，实测值为____ V；当节气门完全打开时，正常值应为____ V，实测值为____ V。

VAT–E2 之间的电压与节气门开度之间的变化关系是_____。

5. 用示波器检测信号波形

用示波器观察传感器输出信号波形，并将其画在右侧框图中。

通过以上检测，得出的结论是_____。

三、任务评价
1. 自我评价
  _____
  _____。
2. 教师评价
  _____。

教师签名：_____

任务工单 8　怠速控制阀的检测

一、任务准备

在下面方框中画出丰田 8A－FE 发动机怠速控制阀的连接电路图。

由图可知，端子 1 连接＿＿＿＿，为＿＿＿＿；端子 2 连接＿＿＿＿，为＿＿＿＿；端子 3 连接＿＿＿＿，为＿＿＿＿。

二、任务实施

按照检测技术要求，完成以下操作。

1. 检测怠速控制阀性能

① 将点火开关打开再关闭，在关闭点火开关的瞬间，用手触摸怠速控制阀＿＿＿＿（有、无）快速振动的感觉。

② 起动发动机并怠速运转，将故障诊断仪连接到诊断插座上，进行怠速控制阀的主动测试，发动机的转速＿＿＿＿（是、否）随着占空比的变化而变化。

2. 检测电源电压

接通点火开关，检测线束插头端子 2（VISC）和端子（3GND）之间的电压，正常值应为＿＿＿ V，实测值为＿＿＿ V。

3. 检测线束导通性

检测 ECU 线束插头 E6 端子 15（RSO）和怠速控制阀线束插头端子 1（DUTY）之间的导线电阻，检测 ECU 线束插头 E6 端子 14（E1）和怠速控制阀线束插头端子 3（GND）之间的导线电阻，检测怠速控制阀线束插头端子 3（GND）和接地之间的电阻，正常值应小于＿＿＿ Ω，实测值为＿＿＿ Ω、＿＿＿ Ω、＿＿＿ Ω。

4. 检测怠速控制阀电阻

用万用表检测线束插头端子 1（DUTY）与端子 3（GND）之间怠速控制阀线圈的电阻，正常值为＿＿＿ Ω，实测值为＿＿＿ Ω。

5. 检测占空比信号

在接通点火开关的瞬间（0.5s 之内），占空比信号正常值应从 0 逐渐上升至＿＿＿，实测值为＿＿＿。

通过以上检测，得出的结论是＿＿＿＿＿＿＿＿＿＿＿＿＿＿＿＿＿＿＿＿＿＿＿＿＿。

三、任务评价

1. 自我评价

＿＿。

2. 教师评价

＿＿。

教师签名：＿＿＿＿＿＿

任务工单 9　电子节气门控制系统的检修

一、任务准备

在下面方框中画出大众 CEA 1.8TSI 发动机电子节气门控制系统的连接电路图。

由图可知，加速踏板位置传感器 G79 和 G185 的端子 T6L/1 连接_____，为_____；端子 T6L/2 连接_____，为_____；端子 T6L/3 连接_____，为_____；端子 T6L/4 连接_____，为_____；端子 T6L/5 连接_____，为_____；端子 T6L/6 连接_____，为_____。

节气门位置传感器 G187 和 G188 的端子 T6ad/1 连接_____，为_____；端子 T6ad/2 连接_____，为_____；端子 T6ad/4 连接_____，为_____；端子 T6ad/6 连接_____，为_____。

节气门驱动电机 G186 的端子 T6ad/3 连接_____，为_____；端子 T6ad/5 连接_____，为_____。

二、任务实施

按照检修技术要求，完成以下操作。

1. 检测加速踏板位置传感器

（1）检测电源电压　接通点火开关，用万用表检测线束插头 T6L 端子 1 与接地之间、端子 1 与端子 5 之间、端子 2 与接地之间、端子 2 与端子 3 之间的电压，其值均应接近于____V，实测值为____V、____V、____V、____V。

（2）检测电路导通性　用万用表检测传感器 G79 和 G185 线束插头 T6L 各端子至 ECU 线束插头 T94a 对应各端子之间的电阻，并将检测结果填入右侧表中。

（3）利用故障诊断仪读取数据流

① 怠速时，062 显示组显示区 3（G79 信号电压）的百分比正常值为____，实测值为____；显示区 4（G185 信号电压）的百分比正常值为____，实测值为____。

检测端子	标准值	实测值
T6L/1 – T94a/81		
T6L/2 – T94a/82		
T6L/3 – T94a/35		
T6L/4 – T94a/83		
T6L/5 – T94a/11		
T6L/6 – T94a/61		

② 慢慢将加速踏板踩到底，注意观察 062 显示组显示区 3 和显示区 4 的百分比值____（是、否）均匀升高，显示区 3 中的值____（是、否）总是显示区 4 的两倍。

(4) 检测信号电压

① 接通点火开关,用万用表检测传感器线束插头 T6L 端子 4 与接地之间的传感器 G79 信号电压、传感器线束插头 T6L 端子 6 与接地之间的传感器 G185 信号电压,随着加速踏板从初始静止位置移动到安全行程位置,传感器 G79 信号电压变化范围正常值应为 ____ ~ ____ V,实测值为____ ~ ____ V;传感器 G185 信号电压变化范围正常值应为 ____ ~ ____ V,实测值为____ ~ ____ V,传感器 G79 信号电压 ____(是、否)约为传感器 G185 信号电压的两倍。

② 用示波器观察输出信号波形,并将其画在右侧框图中。

通过以上检测,得出的结论是_____。

2. 检测节气门位置传感器

(1) 检测电源电压　接通点火开关,用万用表检测 J338 线束插头 T6ad 端子 2 与接地之间、端子 2 与端子 6 之间的电压,正常值应为 ____ V,实测值为 ____ V。

(2) 检测电路导通性　用万用表检测 J338 线束插头 T6ad 各端子至 ECU 线束插头 T60a 对应各端子之间的电阻,并将检测结果填入右侧表中。

检测端子	标准值	实测值
T6ad/1 – T60a/41		
T6ad/2 – T60a/12		
T6ad/4 – T60a/24		
T6ad/6 – T60a/44		

(3) 利用故障诊断仪读取数据流

① 急速时,062 显示组显示区 1(G187 信号电压)、显示区 2(G188 信号电压)的百分比正常值为____,实测值为 ____。

② 慢慢将加速踏板踩到底,注意 062 显示组显示区 1 的百分比值 ____(是、否)均匀升高,而显示区 2 的百分比值 ____(是、否)均匀下降。

(4) 检测信号电压

① 接通点火开关,用万用表检测端子 1 与接地之间的传感器 G188 信号电压、端子 4 与接地之间的传感器 G187 信号电压,随着节气门开度的逐渐增大,传感器 G187 信号电压正常值应从____ V 逐渐增大至____ V,实测值从____ V 逐渐增大至____ V;传感器 G188 信号电压正常值应从____ V 逐渐增大至____ V,实测值从____ V 逐渐增大至____ V。

② 用示波器观察输出信号波形,并将其画在右侧框图中。

通过以上检测,得出的结论是_____。

3. 检测节气门驱动电动机

(1) 检测驱动电动机电阻　用万用表检测 J338 线束插座端子 3 和端子 5 之间的电阻(驱动电动机线圈电阻),正常值约为____ Ω,实测值为____ Ω。

（2）检测驱动电压

① 接通点火开关并怠速运转，用万用表交流电压档检测 J338 线束插头 T6ad 端子 5 与端子 3（或接地）之间的驱动电压，____（是、否）为高电平接近 15 V 的脉冲信号电压。

② 用示波器观察输出信号波形，并将其画在右侧框图中。

（3）检测电路导通性　用万用表检测 J338 线束插头 T6ad 端子 3 与 ECU 线束插头 T60a 端子 17 之间的导线电阻，检测 J338 线束插头 T6ad 端子 5 与 ECU 线束插头 T60a 端子 16 之间的导线电阻，正常值均应小于____ Ω，实测值分别为____ Ω、____ Ω。

4. 节气门的匹配

匹配时，注意观察节气门体，现象是_____。显示区 4 显示的内容是_____。

通过以上检测，得出的结论是_____。

三、任务评价

1. 自我评价

_____

_____。

2. 教师评价

_____。

教师签名：_____

任务工单 10　智能电子节气门控制系统的检修

一、任务准备

在下面方框中画出丰田 1ZR-FE 发动机智能电子节气门控制系统加速踏板位置传感器、节气门位置传感器和节气门驱动电动机的连接电路图。

加速踏板位置传感器	节气门位置传感器

由图可知，加速踏板位置传感器的端子 1 连接_____，为_____；端子 2 连接_____，为_____；端子 3 连接_____，为_____；端子 4 连接_____，为_____；端子 5 连接_____，为_____；端子 6 连接_____，为_____。

节气门位置传感器的端子 3 连接_____，为_____；端子 4 连接_____，为_____；端子 5 连接_____，为_____；端子 6 连接_____，为_____。

节气门驱动电动机

节气门驱动电动机的端子 1 连接_____，为_____；端子 2 连接_____，为_____。

二、任务实施

按照检修技术要求，完成以下操作。

1. 检测加速踏板位置传感器

（1）检测电源电压　接通点火开关，用万用表检测传感器线束插头 A3 端子 4（VCP）与接地之间、端子 1（VCP2）与接地之间的电压，正常值应接近于 _____ V，实测值为 _____ V、_____ V。

（2）检测电路导通性　用万用表检测传感器线束插头 A3 各端子至 ECU 线束插头 A50 对应各端子之间的电阻，并将检测结果填入右侧表中。

检测端子	标准值	实测值
VPA（A3-6）－VPA（A50-55）		
EPA（A3-5）－EPA（A50-59）		
VCP（A3-4）－VCP（A50-57）		
VPA2（A3-3）－VPA2（A50-56）		
EPA2（A3-2）－EPA2（A50-60）		
VCP2（A3-1）－VCP2（A50-58）		

(3) 利用故障诊断仪读取数据流　起动发动机，读取数据流 ACCEL POS#1（主信号 VPA 电压）、ACCEL POS#2（次信号 VPA2 电压）。当加速踏板完全松开时，正常值应分别为____V 和____V，实测值为____V、____V。在踩下加速踏板时正常值应分别为____V 和____V，实测值为____V、____V。

(4) 检测信号电压

① 接通点火开关，用万用表分别检测加速踏板位置传感器线束插头 A3 端子 6（VPA）与接地之间的主信号 VPA 电压、端子 3（VPA2）与搭铁之间的次信号 VPA2 电压。当加速踏板完全松开时，正常值应分别为____V 和____V，实测值为____V、____V。在踩下加速踏板时正常值应分别为____V 和____V，实测值为____V、____V。

② 用示波器观察输出信号波形，并将其画在右侧框图中。

通过以上检测，得出的结论是_____
_____。

2. 检测节气门位置传感器

(1) 检测电源电压　接通点火开关，用万用表检测传感器线束插头 B25 端子 5（VC）与接地之间、端子 5（VC）与端子 3（E2）之间的电压，正常值应接近于____V，实测值为____V、____V。

(2) 检测电路导通性　用万用表检测传感器线束插头 B25 各端子至 ECU 线束插头 B31 对应各端子之间的电阻，并将检测结果填入右侧表中。

检测端子	标准值	实测值
VC（B25/5）－VCTA（B31/67）		
VTA1（B25/6）－VTA1（B31/115）		
VTA2（B25/4）－VTA2（B31/114）		
E2（B25/3）－ETA（B31/91）		

(3) 利用故障诊断仪读取数据流

① 起动发动机，当加速踏板完全松开时，THROTTLE POS 显示 VTA1 信号正常值为____%，实测值为____%；THROTTLE POS#2 显示 VTA2 信号电压正常值为____V，实测值为____V。

② 当加速踏板完全踩下时，THROTTLE POS 显示 VTA1 信号正常值为____%，实测值为____%；THROTTLE POS#2 显示 VTA2 信号电压正常值为____V，实测值为____V。

(4) 检测信号电压

① 接通点火开关，用万用表分别检测节气门体线束插头 B25 端子 6（VTA1）与搭铁之间的 VTA1 电压、端子 4（VTA2）与搭铁之间的 VTA2 电压。当加速踏板完全松开时，正常值应分别为____V 和____V，实测值为____V、____V。在踩下加速踏板时正常值分别为____V 和____V，实测值为____V、____V。

② 用示波器观察输出信号波形，并将其画在右侧框图中。

通过以上检测，得出的结论是_____
_____。

3. 检测节气门驱动电动机

（1）检测驱动电动机电阻　检测节气门体线束插座端子 2（M+）与端子 1（M-）之间的电动机电阻值，正常值为____Ω，实测值为____Ω。

（2）检测电路导通性　检测线束插头 B31 端子 42（M+）与线束插头 B25 端子 2（M+）之间的电阻，检测线束插头 B31 端子 41（M-）与线束插头 B25 端子 1（M-）之间的电阻，正常值均应小于____Ω。实测值分别为____Ω、____Ω。

（3）检测电源电压　接通点火开关，用万用表检测 ECU 线束插头 A50 端子 3（BM+）与接地之间的电压，其值应接近于____V，实测值为____V。

（4）检测驱动电压

① 起动发动机并怠速运转，用万用表交流电压档检测节气门体线束插头 B25 端子 2（M+）、端子 1（M-）之间的驱动电压，____（是、否）在 0.5~12V 之间变化。

② 用示波器观察输出信号波形，并将其画在右侧框图中。

（5）利用故障诊断仪读取数据流　节气门驱动电动机占空比的变化规律是_____。

通过以上检测，得出的结论是_____
_____。

三、任务评价

1. 自我评价

_____
_____。

2. 教师评价

_____。

教师签名：_____

任务工单 11 可变进气歧管控制系统的检修

一、任务准备

在下面方框中画出大众 APS/ATX 2.4L V6 可变进气歧管控制系统进气歧管转换电磁阀连接电路图。

由图可知，进气歧管转换电磁阀 N156 的端子 1 连接_____，为_____；端子 2 连接_____，为_____。

二、任务实施

按照检修技术要求，完成以下操作。

1. 检查进气歧管转换系统的功能

起动发动机，选择显示组 95（怠速时进气歧管切换）读取数据流。怠速及小负荷时，显示区 4 的规定值应为____，实测值为____。将转速提高到约 4000r/min 时，注意观察显示区 4 的显示，进气歧管转换功能____（是、否）开始工作。

2. 检查真空系统的密封性

拔下真空驱动器上的真空管，将手动真空泵接到真空驱动器上，操纵手动真空泵，真空驱动器____（是、否）回到原位。

3. 检测进气歧管转换电磁阀

（1）检查工作情况 将进气歧管转换电磁阀连接电源，拔下真空管，向真空驱动器内吹气，进气歧管转换电磁阀____（是、否）导通。插好真空管，真空驱动器中的膜片____（是、否）处于拉紧状态。

（2）检测线圈电阻 用万用表检测进气歧管转换电磁阀插座上的端子 1 与端子 2 之间的电阻，其正常值应为____Ω，实测值为____Ω。

（3）检测电源电压 起动发动机，检测进气歧管转换电磁阀线束插头端子 1 与接地之间的电压，其正常值应为____V，实测值为____V。

（4）检查触发状况 用故障诊断仪进行执行元件诊断（或短时起动发动机）触发进气歧管转换电磁阀时，连接于电磁阀线束插头端子 2 和接地之间的发光二极管试灯____（是、否）闪烁。

通过以上检测，得出的结论是_____。

三、任务评价

1. 自我评价

_____
_____。

2. 教师评价

_____
_____。

教师签名：_____

任务工单 12　废气涡轮增压系统的检修

一、任务准备

在下面方框中画出大众 CEA 1.8TSI 发动机废气涡轮增压系统的连接电路图。

由图可知，增压压力传感器 G31 的端子 T4o/1 连接_____，为_____；端子 T4o/3 连接_____，为_____；端子 T4o/4 连接_____，为_____。

废气旁通电磁阀 N75 的端子 T2ck/1 连接_____，为_____；端子 T2ck/2 连接_____，为_____。

进气旁通电磁阀 N249 的端子 T2ci/1 连接_____，为_____；端子 T2ci/2 连接_____，为_____。

二、任务实施

按照检修技术要求，完成以下操作。

1. 基本检查

① 检查废气涡轮增压器的外壳，____（有、无）裂纹，检查废气涡轮增压装置的进油管和回油管，____（有、无）堵塞、压瘪、变形或其他损坏，检查所有的管路，____（有、无）泄漏、老化等。

② 起动发动机并怠速运转 5min，急踩加速踏板使发动机转速迅速升高到 5000r/min，废气旁通阀执行器的推杆____（是、否）正常移动，____（有、无）卡滞现象。

2. 用故障诊断仪检测增压压力

读取显示组 115 的数据流。怠速时，显示区 3 的目标增压压力正常值应为____kPa，显示区 4 的实际增压压力正常值应为____kPa，实测值分别为____kPa、____kPa。当发动机转速为 3000r/min 时，显示区 3 的目标增压压力正常值应为____kPa，显示区 4 的实际增压压力正常值应为____kPa，实测值分别为____kPa、____kPa。

通过以上检测，得出的结论是_____。

3. 检测增压压力传感器

（1）检查电源电压　起动发动机，用万用表检测传感器线束插头 T4o 端子 3（电源端）和端子 1（接地端）之间的电压，电压正常值为____V，实测值为____V。

（2）检测电路导通性　用万用表检测传感器线束插头 T4o 端子 1 与 ECU 线束插头 T60a 端子 13 之间的导线电阻，检测传感器线束插头 T4o 端子 3 与 ECU 线束插头 T60a 端子 27 之间的导线电阻，检测传感器线束插头 T4o 端子 4 与 ECU 线束插头 T60a 端子 39 之间的导线电阻，正常值为____Ω，实测值分别为____Ω、____Ω、____Ω。

（3）检测信号电压　起动发动机，用万用表检测线束插头 T4o 端子 4 与端子 1 之间的传感器信号电压。当发动机怠速运转时，电压正常值为____V，实测值为____V；发动机急加速时电压正常值为____V，实测值为____V。

通过以上检测，得出的结论是_____。

4. 检测废气旁通电磁阀

（1）检测内部电阻　用万用表检测电磁阀插座端子 1 与端子 2 之间的电阻，其正常值为____Ω，实测值为____Ω。

（2）检测电源电压　短时起动发动机，连接于端子 1 和发动机接地之间的发光二极管____（是、否）点亮。

（3）检测工作状态

① 将故障诊断仪连接到诊断插座上，接通点火开关，进行执行元件检测，____（是、否）听到废气旁通电磁阀 N75 "咔哒、咔哒"的响声。

② 向软管接头吹气，检查废气旁通电磁阀打开和关闭情况。直接给废气旁通电磁阀供给 12V 电源，不通电时 B 与 C ____（是、否）互通，通电时 A 与 B ____（是、否）导通。

（4）利用故障诊断仪读取数据流　读取显示组 118 的数据流。怠速时，显示区 3 的读数正常值为____，实测值为____。踩下加速踏板至节气门全开，显示区 3 的读数应上升到____，实测值为____。当增压压力增大到目标压力时，显示区 3 的读数将下降至____，实测值为____。当突然松开加速踏板将节气门完全关闭时，显示区 3 的读数应回到____，实测值为____。

通过以上检测，得出的结论是_____。

5. 检测进气旁通电磁阀

（1）检测内部电阻　用万用表检测电磁阀插座端子 1 与端子 2 之间的电阻，其正常值为____Ω，实测值为____Ω。

（2）检测电源电压　短时起动发动机，连接于端子 1 和发动机接地之间的发光二极管____（是、否）点亮。

（3）工作状态检测　将故障诊断仪连接到诊断插座上，接通点火开关，进行执行元件检测，____（是、否）听到进气旁通电磁阀 N249 "咔哒、咔哒"的响声。

（4）利用故障诊断仪读取数据流　读取显示组 114 的数据流。怠速时，显示区 4 的读数正常值为____，实测值为____。踩下加速踏板至发动机高速运转后再突然松开加速踏板至节气门完全关闭时，显示区 4 的读数应升高至____，实测值为____。

通过以上检测，得出的结论是_____。

三、任务评价

1. 自我评价

_____

_____。

2. 教师评价

_____。

教师签名：_____

任务工单 13　VVT-i 智能可变气门正时系统的检修

一、任务准备

在下面方框中画出丰田 1ZR-FE 发动机 VVT-i 智能可变气门正时系统进气侧凸轮轴正时机油控制电磁阀的连接电路图。

由图可知，进气侧凸轮轴正时机油控制电磁阀的端子 1 连接＿＿＿＿，为＿＿＿＿；端子 2 连接＿＿＿＿，为＿＿＿＿。

二、任务实施

按照检修技术要求，完成以下操作。

1. 检查系统工作状态

起动发动机，在冷却液温度为 50℃ 或者更低并开启空调时，用故障诊断仪进行凸轮轴正时机油控制电磁阀动态测试。机油控制阀关闭时，发动机＿＿＿（是、否）处于正常怠速状态。机油控制阀打开时，发动机＿＿＿（是、否）出现怠速不稳或者失速现象。

2. 检测凸轮轴正时机油控制电磁阀

（1）检测线圈电阻　用万用表检测插座端子 1、端子 2 之间的电阻，20℃ 时正常值为＿＿＿ Ω，实测值为＿＿＿ Ω。

（2）检查电路导通性　用万用表检测电磁阀线束插头 B23 端子 1 与 ECU 线束插头 B31 端子 100（OC1＋）之间的导线电阻，检测电磁阀线束插头 B23 端子 2 与 ECU 线束插头 B31 端子 123（OC1－）之间的导线电阻，正常值均应小于＿＿＿ Ω，实测值分别为＿＿＿ Ω、＿＿＿ Ω。

（3）检测信号电压　起动发动机并怠速运转，用万用表交流电压档检测电磁阀线束插头 B23 端子 1、端子 2 之间的电压，正常值为＿＿＿ V，实测值为＿＿＿ V。

用示波器观察输出信号波形，并将其画在右侧框图中。

（4）检查工作状况　将蓄电池正极接电磁阀插座端子 1，负极接电磁阀插座端子 2，控制阀阀门＿＿＿（是、否）自由移动且在所有位置不卡滞。

通过以上检修，得出的结论是＿＿＿＿＿＿＿＿＿＿＿＿＿＿＿＿＿＿＿＿＿＿＿＿。

3. 检修 VVT-i 控制器（OCV）

① 关闭点火开关，将凸轮轴包上厚布夹紧在台虎钳上，转动控制器壳，观察锁销＿＿＿（是、否）能锁紧正时齿轮和凸轮轴。

② 先给正时滞后油路减压，观察凸轮轴正时齿轮总成＿＿＿（是、否）向正时提前的反方向平滑转动，且无卡滞现象。

③再给正时滞后油路增压，给正时提前油路减压，观察凸轮轴正时齿轮总成_____（是、否）向正时滞后的反方向平滑转动，____（有、无）卡滞现象。

通过以上检修，得出的结论是_____。

三、任务评价

1. 自我评价

_____
_____。

2. 教师评价

_____。

教师签名：_____

任务工单 14 大众凸轮轴叶片调节器式可变气门正时系统的检修

一、任务准备

在下面方框中画出大众凸轮轴叶片调节器式可变气门正时系统进气凸轮轴调节电磁阀的连接电路图。

由图可知，进气凸轮轴调节电磁阀 N205 的端子 T2cj/1 连接_____，为_____；端子 T2cj/2 连接_____，为_____。

二、任务实施

按照检修技术要求，完成以下操作。

1. 检测进气凸轮轴调节电磁阀线圈电阻

用万用表检测电磁阀插座端子 1 与端子 2 之间的电阻，其正常值为 ____ Ω，实测值为 ____ Ω。

2. 检测进气凸轮轴调节电磁阀电源电压

起动发动机，用万用表检测线束插头 T2cj 端子 1 与接地之间的电压，其正常值为 ____ V，实测值为 ____ V。

3. 检测进气凸轮轴调节电磁阀脉冲宽度调制信号

① 起动发动机，用万用表交流电压档检测插头端子 2 与接地之间的信号电压，____（是、否）为高电平接近 12V 的脉冲信号电压。

② 当用发光二极管试灯进行检测时，试灯 ____（是、否）不断闪烁。

4. 利用故障诊断仪读取数据流

起动发动机，怠速时，读取显示组 91 的数据流，显示区 2 的读数正常值为 ____，实测值为 ____；显示区 3 的读数和显示区 4 的读数应一致，均为 ____°曲轴转角，实测值为 ____°曲轴转角。读取显示组 94 的数据流，显示区 3、显示区 4 应显示 ____，实测值为 ____、____。

5. 检测进气凸轮轴调节电磁阀工作状态

接通点火开关，进行执行元件检测，____（是、否）听到进气凸轮轴调节电磁阀"咔哒、咔哒"的响声。

通过以上检修，得出的结论是_____。

三、任务评价

1. 自我评价

_____
_____。

2. 教师评价

_____
_____。

教师签名：_____

项目 4　发动机燃油控制系统与检修

4.1　理论测试

一、填空题

1. 根据燃油喷射部位的不同，燃油控制系统可分为_____和_____两种类型。
2. 与进气管喷射相比较，缸内直接喷射燃油控制系统增加了由_____和_____等组成的高压燃油控制系统，以及监测燃油压力的_____。
3. 内置式电动燃油泵安装在油箱内部，浸泡在燃油里，可防止产生_____和_____。
4. 电动燃油泵的控制内容主要有燃油泵的_____控制和_____控制。
5. 喷油器是一种精密器件，要求其_____大、_____强、_____好。
6. 低电阻型喷油器的电阻值一般为_____Ω，高电阻型喷油器的电阻值为_____Ω。
7. 从理论上说，喷油量的大小由喷油器电磁线圈的_____即_____来决定。
8. 喷油器有_____、_____两种驱动方式。
9. 在用示波器检测喷油器喷油脉冲波形时，应注意_____、_____和_____这三个重要数据。
10. 除了超声波清洗外，喷油器清洗检测仪还可模拟发动机的各种工况，进行喷油器的_____、_____和_____等。
11. 对于进气管喷射燃油控制系统，当进气歧管内的进气压力不变时，喷油器内的燃油压力增加，喷油量_____。当喷油器内的燃油压力不变时，进气歧管内的进气压力增加，喷油量_____。
12. 恒压差式有回油管燃油控制系统通过_____和_____将喷油压力（系统油压）与进气歧管内的压力差调节为恒定值。
13. 恒压式无回油管燃油控制系统将油压调节器安装于_____中，多余的燃油经油压调节器后回到_____。
14. 缸内直喷式汽油机低压燃油系统是指_____至_____之间的油路系统，低压燃油系统的系统油压一般为_____kPa。
15. 缸内直喷式汽油机高压燃油系统是指_____至_____之间的油路系统，高压燃油系统的系统油压一般为_____MPa。
16. 大众公司缸内直喷发动机的英文缩写含义分别为，FSI：_____，T-FSI：_____，TSI：_____。
17. 大众 CEA 1.8TSI 发动机燃油泵 ECU 安装在电动燃油泵的上面，通过_____来实现电动燃油泵的_____控制，是一种_____的燃油控制系统。

18. 大众 CEA 1.8TSI 发动机的高压燃油泵与_____集成在一起,其平均供油量是高压喷油器的_____倍左右。

19. 在发动机起动时,ECU 按照可编程只读存储器中_____和_____控制喷油,冷机起动时还要根据_____信号控制喷油器的喷油量。

20. 发动机运转过程中,喷油器的喷油量分成_____、_____和_____三部分。

21. 基本喷油量由_____、_____信号和试验设定的目标空燃比计算确定。

22. 喷油修正量由与进气量有关的_____、_____、_____等输出信号和蓄电池电压信号计算确定。

23. 喷油增量由反映发动机工况的点火开关信号、_____和_____等输出信号计算确定。

二、判断题

1. 电动燃油泵一般由小型永磁式直流电动机驱动。( )
2. 在燃油泵出油口安装的止回阀可以防止燃油倒流。( )
3. 当发动机熄火时,在供油系统中仍有残余压力。( )
4. 电动燃油泵只有在发动机起动和运转时才工作。( )
5. 喷油器是发动机燃油控制系统的一个关键的执行器,其实质是一个电磁阀。( )
6. 发动机 ECU 通常通过控制喷油器的电源负极来实现对喷油器的控制。( )
7. 喷油器的实际喷油量与流经喷油器电磁线圈的电流大小有关。( )
8. 电流驱动方式既可用于低阻喷油器,又可用于高阻喷油器。( )
9. 在电压驱动方式中低阻喷油器能直接与蓄电池连接。( )
10. 为保证喷油器正常工作,应定期清洗喷油器。( )
11. 对于进气管喷射燃油控制系统,当喷油器喷油时间一定时,喷油器的喷油量与喷油器内的燃油压力有关,而与进气歧管内的进气压力无关。( )
12. 对于进气管喷射燃油控制系统,若能保持系统油压和进气歧管压力之间的差值为恒定值,喷油器的喷油量便只和喷油时间有关系。( )
13. 有回油管的和无回油管的恒压式燃油控制系统都安装有油压调节器。( )
14. 无回油管式燃油控制系统不易产生气阻。( )
15. 不能将燃油压力调节器安装在油箱内。( )
16. 在拆卸燃油系统内任何元件时,都必须首先释放燃油系统压力。( )
17. 随着节气门开度的增大,燃油系统的油压随之减小。( )
18. 实现稀薄燃烧的理想方式是汽油缸内直接喷射。( )
19. 分层燃烧模式是缸内直喷发动机实现稀薄燃烧的主要方式。( )
20. 高压燃油泵和高压喷油器是缸内直喷发动机的关键核心部件。( )
21. 燃油压力调节阀是一种电磁阀,属于易损件。( )
22. 用故障诊断仪对高压喷油器进行执行元件测试可完成高压燃油系统的卸压。( )
23. 高压喷油器的喷油持续时间(喷油脉宽)较短,通常在 5ms 以内。( )
24. 高压喷油器在清洗过后必须进行基本设定。( )
25. 发动机冷起动时和起动后的喷油量控制的控制模式完全相同。( )
26. 发动机每循环基本喷油量与空气流量、发动机转速成反比。( )

三、选择题

1. 在喷油器的驱动方式中，电压驱动（　　）。
A. 仅可用于低电阻喷油器
B. 仅可用于高电阻喷油器
C. 既可用于低电阻喷油器，又可用于高电阻喷油器
D. 无论是低电阻喷油器还是高电阻喷油器，都不可用

2. 对于电流驱动的喷油器，驱动电流的变化规律是（　　）。
A. 先小后大　　　B. 先大后小　　　C. 一直很大　　　D. 一直很小

3. 一般来说，喷油器迟滞时间（无效喷射）长短的排序依次为（　　）。
A. 电流驱动 > 电压驱动低电阻值型 > 电压驱动高电阻值型
B. 电流驱动 > 电压驱动高电阻值型 > 电压驱动低电阻值型
C. 电压驱动低电阻值型 > 电压驱动高电阻值型 > 电流驱动
D. 电压驱动高电阻值型 > 电压驱动低电阻值型 > 电流驱动

4. 当喷油器堵塞时，发动机不可能出现的是（　　）。
A. 起动困难　　　B. 加速缓慢　　　C. 喘振　　　D. 怠速过高

5. 恒压差式有回油管燃油控制系统的燃油油压与进气歧管压力之差由（　　）决定。
A. 进气歧管压力　　　　　　　B. 油压调节器的弹簧弹力
C. 大气压力　　　　　　　　　D. 燃油压力

6. 增加了燃油泵控制模块和燃油压力传感器的燃油控制系统是（　　）。
A. 恒压差式有回油管燃油控制系统
B. 恒压式无回油管燃油控制系统
C. 动态油压式按需供给燃油控制系统
D. 恒压差式有回油管燃油控制系统、恒压式无回油管燃油控制系统

7. 当（　　）时，大众 CEA 1.8TSI 发动机电动燃油泵短暂运行约 5s。
A. 开启左前车门　　　　　　　B. 接通点火开关
C. 起动发动机　　　　　　　　D. 开启左前车门和接通点火开关

8. 大众 CEA 1.8TSI 发动机，如果燃油压力传感器出现故障，发动机 ECU 将使燃油压力调节阀在高压燃油泵的整个泵油行程中保持（　　），致使进油阀处于（　　）状态。
A. 通电、常开　　　B. 通电、常关　　　C. 断电、常开　　　D. 断电、常关

9. 大众 CEA 1.8TSI 发动机，如果燃油压力传感器出现故障，燃油共轨内的燃油压力将会（　　），发动机的输出功率和转矩都将大幅（　　）。
A. 下降至 550~650kPa、下降　　　B. 下降至 550~650kPa、上升
C. 上升至 15MPa、下降　　　　　D. 上升至 15MPa、上升

10. 高压喷油器控制模块采用电流驱动控制电路，其控制电压的变化规律是（　　）。
A. 开启时和开启后都是 12V　　　B. 开启时 12V，开启后 65V
C. 开启时 65V，开启后 12V　　　D. 开启时和开启后都是 65V

11. 对喷油量起决定性作用的是（　　）。
A. 空气流量传感器　　　　　　B. 冷却液温度传感器
C. 氧传感器　　　　　　　　　D. 节气门位置传感器

12. 与空气流量传感器或进气歧管压力传感器输出信号有关的是（　　）。
A. 基本喷油量　　　　　　　　　　B. 喷油修正量
C. 喷油增量　　　　　　　　　　　D. 基本喷油量和喷油增量
13. 与氧传感器输出信号有关的是（　　）。
A. 基本喷油量　　　　　　　　　　B. 喷油修正量
C. 喷油增量　　　　　　　　　　　D. 基本喷油量和喷油增量
14. 与冷却液温度传感器输出信号有关的是（　　）。
A. 基本喷油量　　　　　　　　　　B. 喷油修正量
C. 喷油增量　　　　　　　　　　　D. 基本喷油量和喷油增量

四、看图填空

1. 下图为进气管喷射燃油控制系统在整车上的布置，将正确答案填写在横线上。

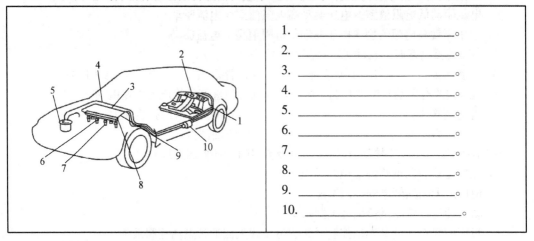

1. _____。
2. _____。
3. _____。
4. _____。
5. _____。
6. _____。
7. _____。
8. _____。
9. _____。
10. _____。

2. 下图为轴针式喷油器的结构组成，将正确答案填写在横线上。

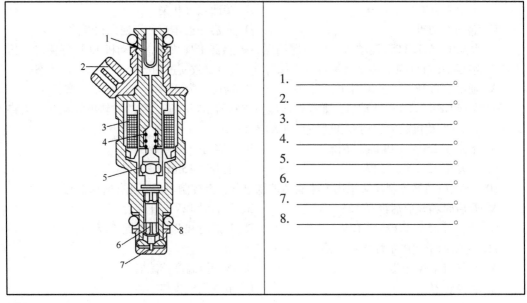

1. _____。
2. _____。
3. _____。
4. _____。
5. _____。
6. _____。
7. _____。
8. _____。

3. 下图为恒压差式有回油管燃油控制系统的结构组成,将正确答案填写在横线上。

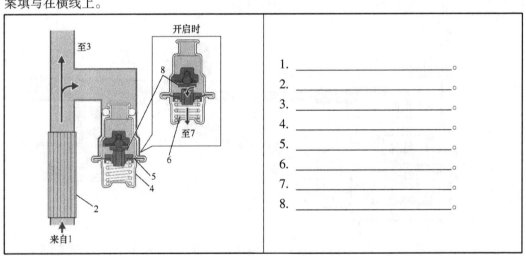

1. _____
2. _____
3. _____
4. _____
5. _____
6. _____
7. _____
8. _____

4. 下图为恒压式无回油管燃油控制系统油压调节器的结构组成及工作过程,将正确答案填写在横线上。

1. _____
2. _____
3. _____
4. _____
5. _____
6. _____
7. _____
8. _____

5. 下图为动态油压式按需供给燃油控制系统的结构组成,将正确答案填写在横线上。

1. _____
2. _____
3. _____
4. _____
5. _____
6. _____
7. _____

6. 下图为大众 CEA 1.8TSI 缸内直喷发动机 MED17.5 燃油控制系统的结构组成，将正确答案填写在横线上。

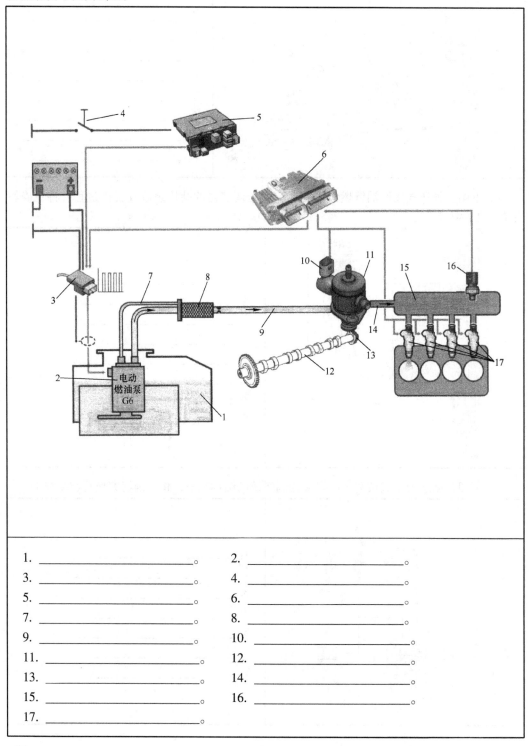

1. _____。 2. _____。
3. _____。 4. _____。
5. _____。 6. _____。
7. _____。 8. _____。
9. _____。 10. _____。
11. _____。 12. _____。
13. _____。 14. _____。
15. _____。 16. _____。
17. _____。

五、问答题

1. 发动机 ECU 控制式电动燃油泵转动控制电路是如何工作的？

2. 电动燃油泵及其控制电路出现故障对发动机有怎样的影响？主要的故障原因有哪些？

3. 喷油器及其控制电路出现故障对发动机有怎样的影响？主要的故障原因有哪些？

4. 简述大众 CEA 1.8TSI 发动机单柱塞机械式高压燃油泵的结构组成与工作原理。

5. 高压燃油泵和燃油压力调节阀的常见损坏有哪些？会引起发动机怎样的故障现象？

6. 缸内直喷发动机高压喷油器与进气管喷射发动机喷油器的结构组成和工作原理有何异同？

4.2 实操考核

任务工单 15　桑塔纳 2000GSi AJR 发动机燃油控制系统的检修

一、任务准备

在下面方框中画出电动燃油泵、喷油器的连接电路图。

电动燃油泵	喷油器

由图可知，燃油泵继电器受 ECU 的控制，其端子 85 连接_____，为_____；端子 87 连接_____，为_____。

各缸喷油器的端子 2 分别连接 _____、_____、_____、_____，为_____。

二、任务实施

按照检修技术要求，完成以下操作。

1. 检测电动燃油泵及其控制电路

（1）检测燃油泵电阻　关闭点火开关，用万用表检测燃油泵插座端子 1 和端子 3 之间的电阻，正常值为____Ω，实测值为____Ω。

（2）检测燃油泵控制电路

① 接通点火开关，检测继电器插座端子 2、端子 4 与接地之间的电压，正常值应为____V，实测值分别为____V、____V。

② 在油泵继电器插座端子 3 和蓄电池之间接入一个跳线开关，当接通跳线开关时，观察油泵____（是、否）运转。

③ 检查中央继电器盒 5 号位熔丝____（是、否）烧断，检测插头上端子 1 和端子 3 之间的电压，正常值为____V，实测值为____V。

④ 用发光二极管试灯将 5 号熔丝的一端搭铁，短时起动发动机，燃油泵继电器____（是、否）吸合，发光二极管试灯____（是、否）闪亮。

⑤ 检查燃油泵继电器插座端子 3 与 5 号熔丝之间____（有、无）断路故障，检查燃油泵继电器插座端子 3 与燃油泵插头端子之间____（有、无）断路故障。

（3）检测燃油泵的泵油量　燃油泵运转 30s 的泵油量正常值为____mL，实测值为____mL。

2. 检测喷油器及其控制电路

（1）检查喷油器工作状态

① 发动机运转时,用螺钉旋具接触各缸喷油器,能听到"嗒嗒"的响声的喷油器有____缸(填写喷油器所在的气缸号),不能听到"嗒嗒"的响声的喷油器有____缸(填写喷油器所在的气缸号)。

② 拆下喷油器,在各缸喷油器线束插座上端子1与端子2之间接通12V电压时,能听到接通和断开的声音的喷油器有____缸(填写喷油器所在的气缸号),不能听到接通和断开的声音的喷油器有____缸(填写喷油器所在的气缸号)。

(2) 检测喷油器电阻 关闭点火开关,用万用表检测喷油器线束插座上端子1与端子2之间的电阻值,室温条件下正常值为____Ω,1、2、3、4缸喷油器电阻实测值分别为____Ω、____Ω、____Ω、____Ω。

(3) 检测喷油器供电电压 起动发动机,用万用表检测喷油器线束插头端子1与接地之间的电压,正常值为____V,1、2、3、4缸喷油器供电电压实测值分别为____V、____V、____V、____V。

(4) 检测喷油器控制信号 起动发动机,能观察到连接于喷油器线束插头端子1、端子2之间二极管试灯闪烁的喷油器有____缸(填写喷油器所在的气缸号),不能观察到二极管试灯闪烁的喷油器有____缸(填写喷油器所在的气缸号)。

(5) 检测电路导通性 关闭点火开关,用万用表检测各缸喷油器线束插头端子1与ECU线束插头端子73、80、58、65之间的电阻,正常值应小于____Ω,实测值分别为____Ω、____Ω、____Ω、____Ω。

(6) 读取喷油脉宽数据流 用故障诊断仪读取喷油器喷油脉宽,急速时,喷油脉宽正常值为____ms,实测值为____ms。

(7) 检测喷油器工作波形

① 起动发动机,缓慢加速,用示波器观察1缸喷油器波形并将其画在右侧框图中(标出发动机转速、喷油脉宽、最低电压和峰值电压)。

② 用同样的方法检测2缸、3缸、4缸喷油器工作波形并将其用不同颜色画在右侧框图中。

通过以上检测,得出的结论是_____。

3. 检测燃油控制系统压力

(1) 检测发动机运转时的燃油压力

① 起动发动机并急速运转,此时燃油压力的正常值为____kPa,实测值为____kPa。缓慢踩下加速踏板,节气门不同开度时的燃油压力正常值为____~____kPa,实测值为____~____kPa。

② 拔下燃油压力调节器上的真空管,急速时燃油压力的正常值为____kPa,实测值为____kPa。重新接上真空管,此时燃油压力的正常值为____kPa,实测值为____kPa,相比拔下真空管时下降了____kPa。

(2) 检测系统保持压力 关闭点火开关,10min后,燃油保持压力的正常值应大于____kPa,

实测值为____ kPa。
  通过以上检测，得出的结论是_____。
  三、任务评价
  1. 自我评价
  _____
  _____。
  2. 教师评价
  _____。

  教师签名：_____

任务工单 16　丰田 1ZR – FE 发动机燃油控制系统的检修

一、任务准备

在下面方框中画出燃油泵、喷油器的连接电路图。

电动燃油泵	喷油器

由图可知，燃油泵继电器（C/OPN）受 ECU 的控制，其端子 2B – 10 连接_____，为_____；端子 2A – 8 连接_____，为_____。

各缸喷油器的端子 2 分别连接_____、_____、_____、_____，为_____。

二、任务实施

按照检修规范，完成以下操作。

1. 检测燃油泵及其控制电路

（1）检查燃油泵的基本工作情况　接通点火开关但不起动发动机。启动故障诊断仪，选择主动测试模式，_____（是、否）能听到燃油泵运转和燃油在燃油箱中流动的声音。

（2）检测燃油泵电阻　关闭点火开关，用万用表检测燃油泵插座上端子 4 和端子 5 之间的燃油泵电动机线圈电阻，正常值为_____Ω，实测值为_____Ω。

（3）检测燃油泵继电器电源　接通点火开关，用万用表检测仪表板接线盒上线束插头 2B 端子 11 和搭铁之间的电压，检测线束插头 2F 端子 4 和搭铁之间的电压，正常值均应为_____V，实测值为_____V。

（4）检测燃油泵继电器工作情况

① 关闭点火开关，用万用表检测仪表板接线盒插座 2A 端子 8 和插座 2B 端子 11 之间的电阻，正常值应为_____kΩ 以上，实测值为_____kΩ。

② 拔下仪表板接线盒上的线束插头 2F，在插座 2B 端子 10 与插座 2F 端子 4 上施加蓄电池电压，再次检测插座 2A 端子 8 和插座 2B 端子 11 之间的电阻值，正常值应小于_____Ω，实测值为_____Ω。

（5）检测燃油泵电源线束导通性

① 用万用表检测仪表板接线盒上的线束插头 2B 端子 10 与线束插头 A50 端子 7 之间的导线电阻，正常值应小于_____Ω，实测值为_____Ω。

② 用万用表检测仪表板接线盒上的线束插头 2A 端子 8 与燃油泵线束插头 L17 端子 4

之间的导线电阻，检测 L17 插头端子 5 与搭铁之间的电阻，正常值应小于_____Ω，实测值分别为_____Ω、_____Ω。

通过以上检测，得出的结论是_____。

2. 喷油器及其控制电路的检修

（1）检查喷油器工作状态

① 发动机运转时，用螺钉旋具接触各缸喷油器，能听到"嗒嗒"的响声的喷油器有____缸（填写喷油器所在的气缸号），不能听到"嗒嗒"的响声的喷油器有____缸（填写喷油器所在的气缸号）。

② 拆下喷油器，在各缸喷油器线束插座上端子 1 与端子 2 之间接通 12V 电压时，能听到接通和断开的声音的喷油器有____缸（填写喷油器所在的气缸号），不能听到接通和断开的声音的喷油器有____缸（填写喷油器所在的气缸号）。

（2）检测喷油器电阻　关闭点火开关，用万用表检测喷油器线束插座上端子 1 与端子 2 之间的电阻值，室温条件下正常值为____Ω，1、2、3、4 缸喷油器电阻实测值分别为____Ω、____Ω、____Ω、____Ω。

（3）检测喷油器供电电压　起动发动机，用万用表检测喷油器线束插头端子 1 与接地之间的电压，正常值为____V，1、2、3、4 缸喷油器供电电压实测值分别为____V、____V、____V、____V。

（4）检测喷油器控制信号　起动发动机，能观察到连接于喷油器线束插头端子 1、端子 2 之间二极管试灯闪烁的喷油器有____缸（填写喷油器所在的气缸号），不能观察到二极管试灯闪烁的喷油器有____缸（填写喷油器所在的气缸号）。

（5）检测电路导通性　关闭点火开关，用万用表检测喷油器线束插头 B9、B10、B11、B12 端子 2 与 ECU 线束插头 B31 端子 108（#10）、107（#20）、106（#30）、105（#40）之间的电阻，正常值应小于____Ω，实测值分别为____Ω、____Ω、____Ω、____Ω。

（6）读取喷油脉宽数据流　用故障诊断仪读取喷油器喷油脉宽，怠速时约为____ms，实测值为____ms；节气门全开时为____ms，实测值为____ms。

（7）检测喷油器工作波形

① 起动发动机，缓慢加速，用示波器观察 1 缸喷油器波形并将其画在右侧框图中（标出发动机转速、喷油脉宽、最低电压和峰值电压）。

② 用同样的方法检测 2 缸、3 缸、4 缸喷油器工作波形并将其用不同颜色画在右侧框图中。

通过以上检测，得出的结论是_____
_____。

3. 检测燃油控制系统压力

① 接通点火开关，启动故障诊断仪，选择主动测试模式控制燃油泵，读取燃油压力，标准值为____~____kPa，实测值为____kPa。

② 起动发动机并怠速运转，检测怠速时的燃油压力，正常值为____~____kPa，实测值为____~____kPa。

③ 关闭点火开关，将发动机熄火，检查并确认燃油压力在发动机停止运转后____（是、否）保持147kPa 或更高的油压持续5min。

通过以上检测，得出的结论是_____。

三、任务评价

1. 自我评价

_____

_____。

2. 教师评价

_____。

教师签名：_____

任务工单 17　大众 CEA 1.8TSI 发动机低压燃油系统的检修

一、任务准备

在下面方框中画出燃油泵单元、燃油泵 ECU、发动机 ECU 及车身 ECU 之间的连接电路图。

由图可知，燃油泵 ECU J538 主线束插头 T10o 上的端子 T10o/1 连接_____，为_____；端子 T10o/2 连接_____，为_____；端子 T10o/3 连接_____，为_____；端子 T10o/4、端子 T10o/8 连接_____，为_____；端子 T10o/5、端子 T10o/6 连接_____，为_____；端子 T10o/7 连接_____，为_____。

燃油泵单元线束插头 T5k 上的端子 T5k/1 为_____，端子 T5k/5 为_____；端子 T5k/2 为_____，端子 T5k/3 为_____，端子 T5k/4 为_____。

二、任务实施

按照检修规范，完成以下操作。

1. 燃油泵 ECU 的检测

（1）用故障诊断仪执行元件诊断　接通点火开关，用故障诊断仪执行元件驱动功能对燃油泵 ECU J538 执行元件诊断，____（是、否）观察到电动燃油泵开始运转且转速缓慢上升 10s 然后持续 5s。

（2）检测电源电压

① 关闭点火开关，用万用表检测插头 T10o 端子 1 与端子 6（接地）之间的电压，正常值应接近____V，实测值为____V；检测插头 T10o 端子 3 与端子 6（接地）之间的电压，正常值应为____V，实测值为____V。

② 接通点火开关，用万用表再次分别检测主线束插头 T10o 端子 1 与端子 6（接地）、端子 3 与端子 6（接地）之间的电压，正常值均应接近____V，实测值分别为____V、____V。

（3）检测左前车门开门信号　接通点火开关，用万用表交流电压档检测插头 T10o 端子 7 与端子 6（接地）之间的信号电压，在打开左前车门后的短时间内（5s）____（是、否）为高电平接近 12V 的脉冲信号电压。当用发光二极管试灯进行检测时，试灯____（是、否）短暂闪烁（5s）。

（4）检测发动机 ECU 的控制信号　起动发动机，用万用表交流电压档检测插头 T10o 端子 2 与端子 6（接地）之间的信号电压，____（是、否）为高电平接近 12V 的脉冲信号电压。当用发光二极管试灯进行检测时，试灯____（是、否）不断闪烁。

（5）检测电路导通性

① 关闭点火开关，用万用表检测插头 T10o 各端子至发动机 ECU J623、车身 ECU J519 等线束插头对应各端子之间的电阻，并将检测结果填入表中。

② 打开熔丝盒盖，拔下熔丝 SC27、SC29，用万用表检测其导通性。熔丝 SC27 ____（是、否）被烧断，熔丝 SC29 ____（是、否）被烧断。

通过以上检测，得出的结论是_____。

2. 电动燃油泵的检测

（1）测试运行状况

① 接通点火开关，用故障诊断仪执行元件驱动功能测试电动燃油泵的运行状况，____（是、否）观察到电动燃油泵开始运转且转速缓慢上升10s然后持续5s。

② 关闭点火开关，将燃油泵单元线束插座端子1接蓄电池正极，端子5接蓄电池负极，____（是、否）听到电动燃油泵运转和燃油在燃油箱中流动的声音。

检测端子	标准值	实测值
T10o/1 – 熔丝 SC27		
T10o/2 – T94a/30（发动机 ECU J623）		
T10o/3 – 熔丝 SC29		
T10o/4 – 仪表 T32/1		
T10o/5 – 接地		
T10o/6 – 接地		
T10o/7 – T52b/38（车身 ECU J519）		
T10o/8 – 仪表 T32/2		

（2）检测输油量和低压燃油压力

① 拔下燃油泵单元线束插头 T5k，将端子1接蓄电池正极、端子5接蓄电池负极，检测通电 15s 电动燃油泵的输油量为____ cm^3，对应的工作电压应为____ V，实测值为____ V。

② 起动发动机并怠速运转，观察燃油压力表指针____（是、否）在 300～800kPa 之间快速来回摆动，读取中间值正常为____ Pa 左右，实测值为____ Pa。

（3）检测脉冲宽度调制信号

① 用万用表交流电压档检测燃油泵单元线束插头 T5k 端子1、端子5之间的电压，将开启左前车门、接通点火开关、起动发动机 3 种情况下的检测结果填入右侧表中。

状态	信号电压		
	类型	幅值	持续时间
开启左前车门			
接通点火开关			
起动发动机			

② 观察在开启左前车门、接通点火开关、起动发动机 3 种情况下，燃油泵单元线束插头 T5k 端子1、端子5之间的输出信号波形，并用不同的颜色将其画在右侧框图中。

随着加速踏板踩下幅度的增大，脉冲宽度调制信号的占空比的变化规律是_____。

（4）检测电动燃油泵电阻 拔下燃油泵单元线束插头 T5k，用万用表检测燃油泵单元线束插座上端子1、端子5之间的电动燃油泵电动机线圈电阻，正常值为____ Ω，实测值为____ Ω。

通过以上检测，得出的结论是_____。

3. 燃油存量传感器的检测

① 拔下燃油泵单元线束插头 T5k，用万用表检测燃油泵单元线束插座端子 2 和端子 4 之间的电阻。当传感器位于下部极限位置时，电阻正常值为____Ω，实测值为____Ω；当传感器位于上部极限位置时，电阻正常值为____Ω，实测值为____Ω。

② 拆下燃油存量传感器，当浮子位于下部极限位置时（油箱空），端子 2 和端子 4 之间的电阻正常值为____Ω，实测值为____Ω；浮子位于上部极限位置时（油箱满），端子 2 和端子 4 之间的电阻正常值为____Ω，实测值为____Ω。

通过以上检测，得出的结论是_____。

三、任务评价

1. 自我评价

_____
_____。

2. 教师评价

_____。

教师签名：_____

任务工单 18　大众 CEA 1.8TSI 发动机高压燃油系统的检修

一、任务准备

在下面方框中画出燃油压力调节阀、燃油压力传感器、高压喷油器与发动机 ECU 之间的连接电路图。

燃油压力调节阀	燃油压力传感器	高压喷油器

由图可知，燃油压力调节阀 N276 线束插头 T2cg 端子 1/T2cg 连接_____，为_____；端子 2/T2cg 连接_____，为_____。燃油压力传感器 G247 线束插头 T3z 端子 1/T3z 连接_____，为_____；端子 2/T3z 连接_____，为_____；端子 3/T3z 连接_____，为_____。

二、任务实施

按照检修规范，完成以下操作。

1. 检测高压燃油系统燃油压力

起动发动机并怠速运转，读取 106 组第 1 区、第 2 区的数据，怠速时正常值均应为____ MPa，实测值为____ MPa。当加速至节气门全开时，最高可达____ MPa，实测值为____ MPa。

通过以上检测，得出的结论是_____。

2. 检测燃油压力调节阀

（1）利用故障诊断仪执行元件自诊断　诊断时____（是、否）听到燃油压力调节阀按固定频率吸合的"哒哒"的响声，用手触摸阀体____（是、否）有振动的感觉。

（2）检测电磁阀线圈电阻　关闭点火开关，用万用表检测线束插座端子 1 与端子 2 之间的电阻，正常值为____ Ω，实测值为____ Ω。

（3）检测电源电压　起动发动机，用万用表检测线束插头 T2cg 端子 1 与接地之间的电压，其正常值为____ V，实测值为____ V。

（4）检测脉冲宽度调制信号　起动发动机，用万用表交流电压档检测线束插头 T2cg 端子 2 与接地之间的信号电压，____（是、否）为高电平接近 12V 的脉冲信号电压。当用发光二极管试灯进行检测时，试灯____（是、否）不断闪烁。

通过以上检测，得出的结论是_____。

3. 检测燃油压力传感器

（1）检测电源电压　接通点火开关，用万用表检测线束插头端子 3 与端子 1 之间的电压，其正常值应接近于____ V，实测值为____ V。

（2）检测电路导通性　用万用表检测线束插头 T3z 端子 3 与 ECU 线束插头 T60a 端子 29 之间的导线电阻，检测线束插头 T3z 端子 2 与 ECU 线束插头 T60a 端子 40 之间的导线电阻，正常值均应小于____Ω，实测值分别为____Ω、____Ω、____Ω。

（3）检测信号电压

① 用万用表检测传感器线束插头 T3z 端子 2 与搭铁之间的电压，接通点火开关而不起动发动机时，电压正常值约为____V，实测值为____V。起动发动机并怠速运转，此时电压值应在____～____V 的范围内变化。随着节气门开度的增大，信号电压____（是、否）也随之增大。

② 用故障诊断仪读取 106 组第 2 区（实际油压）的数据，将检测到的传感器信号电压与实际油压进行对照，____（是、否）与燃油压力传感器特性曲线相符合。

通过以上检测，得出的结论是_____。

4. 检测高压喷油器

（1）检查喷油器工作状态　起动发动机并怠速运转，用螺钉旋具接触各缸高压喷油器，能听到"嗒嗒"的响声的高压喷油器有____缸（填写喷油器所在的气缸号），不能听到"嗒嗒"的响声的高压喷油器有____缸（填写喷油器所在的气缸号）。

（2）检测喷油器电阻　关闭点火开关，用万用表检测各高压喷油器线束插座端子 1 与端子 2 之间的电阻值，正常值为____Ω，1、2、3、4 缸喷油器电阻实测值分别为____Ω、____Ω、____Ω、____Ω。

（3）检测电路导通性　用万用表检测各缸喷油器线束插头端子与 ECU 线束插头对应端子之间的电阻，并将检测结果填入右侧表中。

（4）利用故障诊断仪执行元件测试并读取喷油脉宽数据流

① 测试时，能听到"嗒嗒"的响声的高压喷油器有____缸（填写喷油器所在的气缸号），不能听到"嗒嗒"的响声的高压喷油器有____缸（填写喷油器所在的气缸号）。用手触摸喷油器阀体，____缸（填写喷油器所在的气缸号）有振动的感觉，____缸（填写喷油器所在的气缸号）没有。

检测端子	标准值	实测值
T2cL/1 - T60a/31		
T2cL/2 - T60a/33		
T2cm/1 - T60a/47		
T2cm/2 - T60a/49		
T2cn/1 - T60a/32		
T2cn/2 - T60a/34		
T2co/1 - T60a/46		
T2co/2 - T60a/48		

② 起动发动机并怠速运转到正常温度，读取 101 组第 3 区的喷油脉宽，缓慢踩下和松开加速踏板时，喷油脉宽正常值应在____～____ms 的范围内变化，实测值的变化范围为____～____ms。

（5）检测工作波形

① 起动发动机并怠速运转至发动机完全热机，用示波器观察怠速时的电压信号波形并将其画在下面的框图中（标出发动机转速、主脉冲信号、初始喷油脉宽、保持喷油脉宽）。

② 缓慢踩下加速踏板加速时，观察电压信号波形，与怠速运转时的电压信号波形相比较，不变的是_____，变化的是_____。

③ 用同样的方法检测 2 缸、3 缸、4 缸喷油器工作波形并将其用不同颜色画在下面的框图中。

（6）基本设定　设定时，观察第 1 区数据____（是、否）变为 0，基本设定____（是、否）完成。

通过以上检测，得出的结论是_____。

三、任务评价

1. 自我评价

_____
_____。

2. 教师评价

_____。

教师签名：_____

项目5　发动机点火控制系统与检修

5.1　理论测试

一、填空题

1. 为了保证点火可靠，点火击穿电压一般要达到_____。
2. 混合气通常在_____后期，_____到达之前的某一时刻被点燃。
3. 点火控制器连接于发动机 ECU 与_____之间，是点火系统的_____。
4. 曲轴转速与位置传感器的曲轴转速信号用来计算和读取_____，曲轴位置（转角）信号用来计算。
5. 大众 CEA 1.8TSI 发动机磁感应式曲轴转速与位置传感器大齿缺输出_____，对应于发动机_____前一定角度。
6. 触发轮齿霍尔式曲轴转速与位置传感器内部的霍尔信号发生器有_____个霍尔元件，输出电压由_____个霍尔信号电压叠加而成。
7. 凸轮轴位置传感器能够识别哪一缸活塞即将到达上止点，又称其为_____传感器。
8. 压电式爆燃传感器用螺栓安装固定在发动机_____上，调整螺栓的拧紧力矩便可调整传感器的_____。
9. 无分电器点火控制系统可分为两个活塞位置同步缸共用一个点火线圈的_____和每缸一个点火线圈的_____。
10. 分组同时点火高压电的分配有_____和_____两种形式。
11. 采用独立点火方式的点火系统，每一个气缸都配有一个_____，且直接安装在_____上方，无须_____。
12. 影响点火提前角的三个主要因素是发动机的_____、_____及汽油的_____。
13. 为了最大限度地发挥汽油机的潜能，应把点火提前角控制在_____或_____。

二、判断题

1. 曲轴转速与位置传感器是微机控制电子点火系统专用的一个传感器。（　　）
2. 爆燃传感器是发动机电子控制系统各个子系统所共用的。（　　）
3. 点火控制器既可以独立设计，也可以集成在发动机 ECU 内部。（　　）
4. 曲轴转速与位置传感器的输出信号是控制喷油和点火时刻的主要信号。（　　）
5. 曲轴转速与位置传感器通常安装在曲轴前端或飞轮上。（　　）
6. 磁感应式曲轴转速与位置传感器转速越高则输出信号电压越大。（　　）
7. 磁感应式曲轴转速与位置传感器转子凸齿与磁头间的间隙可以随意变动。（　　）
8. 当曲轴转速与位置传感器出现故障而信号中断后，绝大多数发动机无法起动。（　　）

9. 凸轮轴位置传感器通常安装在凸轮轴前端。（　　）
10. 可以根据爆燃传感器输出电压的绝对值判定发动机是否发生爆燃。（　　）
11. 爆燃传感器输出信号电压值超过基准电压值的次数越多，爆燃强度越大。（　　）
12. 爆燃控制是一个减小点火提前角和增大点火提前角反复进行的过程。（　　）
13. 压电式爆燃传感器安装螺栓的拧紧力矩不得随意调整。（　　）
14. 在用示波器检测爆燃传感器输出信号时，必须起动发动机。（　　）
15. 双缸同时点火时，两个气缸都是有效点火。（　　）
16. 采用分组同时点火方式的点火控制电路，其点火线圈数量与气缸数量相等。（　　）
17. 二极管分配同时点火方式既可适用于四缸发动机，也可用于六缸发动机。（　　）
18. 独立点火方式使点火能量的损失和点火系统的故障率进一步降低。（　　）
19. 总体上，最佳点火提前角随发动机转速的升高而增大。（　　）
20. 在转速不变的情况下，最佳点火提前角应随负荷的增大而相应增大。（　　）
21. 随着暖机过程的延续，冷却液温度逐渐升高，点火提前角修正值逐渐增大。（　　）
22. 闭合角控制也称点火线圈通电时间控制。（　　）
23. 当发动机转速较高时，应适当增大闭合角。（　　）
24. 当蓄电池电压较高时，应减小通电时间，即减小闭合角。（　　）

三、选择题

1. 触发叶片霍尔式曲轴转速与位置传感器输出电压信号近似于（　　），输出电压高低与转速（　　）。
   A. 锯齿波、无关　　B. 锯齿波、有关　　C. 方波、无关　　D. 方波、有关
2. 带旋转方向识别功能的触发轮齿霍尔式曲轴转速与位置传感器有（　　）个霍尔元件，且（　　）分布。
   A. 1、均匀　　B. 2、均匀　　C. 1、非均匀　　D. 2、非均匀
3. 工作时，不需要外加电源的是（　　）。
   A. 磁感应式曲轴转速与位置传感器　　B. 霍尔式曲轴转速与位置传感器
   C. 霍尔式凸轮轴位置传感器　　D. 磁阻式凸轮轴位置传感器
4. 内部结构中没有永久磁铁的传感器是（　　）。
   A. 磁感应式曲轴转速与位置传感器　　B. 磁阻式凸轮轴位置传感器
   C. 霍尔式凸轮轴位置传感器　　D. 压电式爆燃传感器
5. 采用二极管分配同时点火方式的四缸发动机，其点火线圈有（　　）个初级绕组、（　　）个次级绕组。
   A. 一、一　　B. 一、两　　C. 两、一　　D. 两、两
6. 采用点火线圈分配同时点火方式的四缸发动机，有（　　）个点火线圈，点火线圈每产生一次高压电，都使（　　）个缸的火花塞同时点火。
   A. 一、两　　B. 两、两　　C. 两、四　　D. 四、四

四、看图填空

1. 下图为无分电器微机控制电子点火系统的结构组成，将正确答案填写在横线上。

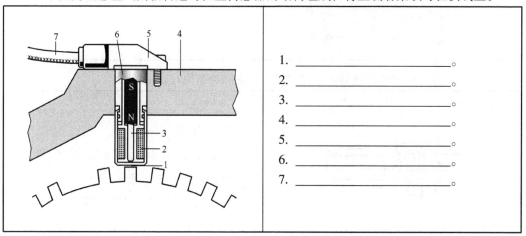

1. _____
2. _____
3. _____
4. _____
5. _____

2. 下图为磁感应式曲轴转速与位置传感器的结构组成，将正确答案填写在横线上。

1. _____
2. _____
3. _____
4. _____
5. _____
6. _____
7. _____

3. 下图为触发叶片霍尔式曲轴转速与位置传感器的结构组成，将正确答案填写在横线上。

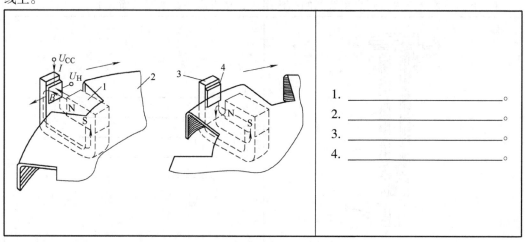

1. _____
2. _____
3. _____
4. _____

4. 下图为磁阻式凸轮轴位置传感器的结构组成，将正确答案填写在横线上。

1. _____
2. _____
3. _____
4. _____
5. _____
6. _____
7. _____

5. 下图为压电式爆燃传感器的结构组成，将正确答案填写在横线上。

1. _____
2. _____
3. _____

6. 下图为独立点火方式点火线圈的结构组成，将正确答案填写在横线上。

1. _____
2. _____
3. _____
4. _____
5. _____

五、问答题

1. 触发轮齿霍尔式曲轴转速与位置传感器和磁感应式曲轴转速与位置传感器在结构和工作原理上有什么异同？

2. 曲轴转速与位置传感器的常见损坏有哪些？会引起发动机怎样的故障现象？

3. 磁阻式凸轮轴位置传感器是如何工作的？有什么特点？

4. 凸轮轴位置传感器的常见损坏有哪些？会引起发动机怎样的故障现象？

5. 点火系统采用各缸独立点火方式有什么优点？

6. 起动时的点火提前角是如何控制的？

7. 起动后的点火提前角是如何控制的？

5.2 实操考核

任务工单 19　大众 CEA 1.8TSI 发动机曲轴转速与位置传感器和凸轮轴位置传感器的检测

一、任务准备

在下面方框中画出曲轴转速与位置传感器和凸轮轴位置传感器的连接电路图。

曲轴转速与位置传感器	凸轮轴位置传感器

由图可知，曲轴转速与位置传感器 G28 为_____式，____（是、否）需要外加电源；线束插头端子 1/T2cd 连接_____，为_____；端子 2/T2cd 连接_____，为_____。凸轮轴位置传感器 G40 为_____式，____（是、否）需要外加电源；线束插头端子 1/T3m 连接_____，为_____；端子 2/T3m 连接_____，为_____；端子 3/T3m 连接_____，为_____。

二、任务实施

按照检测规范，完成以下操作。

1. 检测曲轴转速与位置传感器

（1）检测传感器电阻　关闭点火开关，用万用表检测传感器线束插座端子 1 与端子 2 之间的电阻，正常值为____Ω，实测值为____Ω。

（2）检测电路导通性　用万用表检测传感器线束插头 T2cd 端子 1 与 ECU 线束插头 T60a 端子 51 之间的导线电阻，检测传感器线束插头 T2cd 端子 2 与 ECU 线束插头 T60a 端子 36 之间的导线电阻，正常值均应小于____Ω，实测值分别为____Ω、____Ω。

（3）检测输出信号电压　起动发动机，用万用表交流电压档检测线束插头 T2cd 端子 1、端子 2 之间的电压，发动机怠速运行时，正常值应为____V，实测值为____V。随着发动机转速的增大，观察输出信号电压____（是、否）不断增大。

（4）检测输出信号波形　起动发动机，先怠速运转而后加速，用示波器观察线束插头 T2cd 端子 1、端子 2 之间的输出信号波形并将其画在右侧框图中。

（5）检测信号转子与磁头之间的间隙　传感器信号转子凸齿与磁头间的间隙正常值应在____~____mm 范围内，实测值为____mm。

通过以上检测，得出的结论是_____。

2. 检测凸轮轴位置传感器

（1）检测传感器电源电压　接通点火开关，用万用表检测线束插头 T3m 端子 1 与端子 3 之间的电压，正常值应高于____V，实测值为____V。

（2）检测电路导通性　关闭点火开关，用万用表检测传感器线束插头 T3m 端子 1 与 ECU 线束插头 T60a 端子 29 之间的导线电阻，检测传感器线束插头 T3m 端子 2 与 ECU 线束插头 T60a 端子 53 之间的导线电阻，检测传感器线束插头 T3m 端子 3 与 ECU 线束插头 T60a 端子 8 之间的导线电阻，正常值均应小于____Ω，实测值分别为____Ω、____Ω、____Ω。

（3）检测传感器的工作情况　短时起动发动机，连接于传感器线束插头 T3m 端子 2、端子 3 之间的试灯____（是、否）闪亮。

（4）检测输出信号波形　起动发动机并怠速运转，用示波器观察线束插头 T3m 端子 2、端子 3 之间的输出信号波形并将其画在右侧框图中。

通过以上检测，得出的结论是_____

_____。

三、任务评价

1. 自我评价

_____

_____。

2. 教师评价

_____。

教师签名：_____

任务工单 20　丰田 1ZR-FE 发动机曲轴转速与位置传感器和凸轮轴位置传感器的检测

一、任务准备

在下面方框中画出曲轴转速与位置传感器和凸轮轴位置传感器的连接电路图。

曲轴转速与位置传感器	凸轮轴位置传感器

由图可知，曲轴转速与位置传感器为_____式，____（是、否）需要外加电源；线束插头 B13 端子 1 连接_____，为_____；端子 2 连接_____，为_____。

凸轮轴位置传感器为_____式，____（是、否）需要外加电源；进气凸轮轴位置传感器线束插头 B21 端子 1 连接_____，为_____；端子 2 连接_____，为_____；端子 3 连接_____，为_____。排气凸轮轴位置传感器线束插头 B20 端子 1 连接_____，为_____；端子 2 连接_____，为_____；端子 3 连接_____，为_____。

二、任务实施

按照检测规范，完成以下操作。

1. 检测曲轴转速与位置传感器

（1）检测传感器电阻　关闭点火开关，检测传感器线束插座端子 1 与端子 2 之间的电阻值，正常值为____Ω，实测值为____Ω。

（2）检测电路导通性　关闭点火开关，用万用表检测传感器线束插头 B13 端子 1 与 ECU 线束插头 B31 端子 122（NE+）之间的导线电阻，检测传感器线束插头 B13 端子 2 与 ECU 线束插头 B31 端子 121（NE-）之间的导线电阻，正常值均应小于____Ω，实测值分别为____Ω、____Ω。

（3）检测输出信号电压　起动发动机，用万用表的交流电压档检测传感器线束插头 B13 端子 1 与搭铁之间的电压，发动机怠速运行时，正常值应在____V 左右变化，实测值为____V。随着发动机转速的增大，输出信号电压____（是、否）不断增大。

（4）检测输出信号波形　起动发动机，用示波器观察传感器线束插头 B13 端子 1、端子 2 之间的信号波形并将其画在右侧框图中。

通过以上检测，得出的结论是_____。

2. 检测凸轮轴位置传感器

（1）检测电源电压　接通点火开关，用万用表检测进气凸轮轴位置传感器线束插头 B21 端子 3（VC）与搭铁之间的电压，正常值应为____V，实测值为____V。

检测排气凸轮轴位置传感器线束插头相应端子与搭铁之间的电压，实测值为____V。

（2）检测电路导通性　关闭点火开关，用万用表检测进气凸轮轴位置传感器线束插头 B21 端子 1（VVI+）与 ECU 线束插头 B31 端子 99（G2+）之间的导线电阻，检测传感器线束插头 B21 端子 2（VVI-）与 ECU 线束插头 B31 端子 98（G2-）之间的导线电阻，检测传感器线束插头 B21 端子 3（VC）与 ECU 线束插头 B31 端子 70（VCV1）之间的导线电阻，正常值均应小于____Ω，实测值分别为____Ω、____Ω、____Ω。

检测排气凸轮轴位置传感器线束插头相应端子之间的导线电阻，实测值分别为____Ω、____Ω、____Ω。

（3）检测信号电压　起动发动机，用万用表交流电压档检测进气凸轮轴位置传感器线束插头 B21 端子 1（VVI+）与端子 2（VVI-）之间的电压，正常值应在____~____V 范围内变化，实测值为____V。

检测排气凸轮轴位置传感器线束插头相应端子之间的电压，实测值为____V。

（4）检测输出信号波形　起动发动机并怠速运转，用示波器观察传感器线束插头 B21 端子 1（VVI+）、端子 2（VVI-）之间的输出信号波形并将其画在上方的框图中。

检测排气凸轮轴位置传感器线束插头相应端子之间的输出信号波形，用不同的颜色将其画在右侧框图中。

通过以上检测，得出的结论是_____。

三、任务评价

1. 自我评价

_____

_____。

2. 教师评价

_____

_____。

教师签名：_____

任务工单 21 爆燃传感器的检测

一、任务准备

在下面方框中画出爆燃传感器的连接电路图。

大众 CEA 1.8TSI 发动机	丰田 1ZR－FE 发动机

由图可知，大众 CEA 1.8TSI 发动机爆燃传感器端子 T3af/1 连接_____，为_____；端子 T3af/2 连接_____，为_____；端子 T3af/3 连接_____，为_____。丰田 1ZR－FE 发动机爆燃传感器端子 1 连接_____，为_____；端子 2 连接_____，为_____。

二、任务实施

按照检测规范，完成以下操作。

1. 检测大众 CEA 1.8TSI 发动机爆燃传感器

（1）检测传感器电阻　关闭点火开关，检测线束插头 T3af 端子 1 与端子 2、端子 1 与端子 3、端子 2 与端子 3 之间的电阻，正常值均应大于 1MΩ，实测值分别为___Ω、___Ω、___Ω。

（2）检测线束导通性　关闭点火开关，用万用表检测传感器线束插头 T3af 端子 1 与 ECU 线束插头 T60a 端子 25 之间的导线电阻，检测传感器线束插头 T3af 端子 2 与 ECU 线束插头 T60a 端子 10 之间的导线电阻，检测传感器线束插头 T3af 端子 3 与 ECU 线束插头 T60a 端子 56 之间的导线电阻，正常值均应小于____Ω，实测值分别为____Ω、____Ω、____Ω。

（3）检测信号电压　起动发动机并怠速运转，用万用表检测线束插头 T3af 端子 1 与端子 2 之间的电压，正常值为____～____V，实测值为____V。

（4）检测输出信号波形　接通点火开关，不起动发动机，在敲击发动机体时，用示波器观察线束插头 T3af 端子 1、端子 2 之间的输出信号波形并将其画在右侧框图中。

2. 检测丰田 1ZR－FE 发动机爆燃传感器

（1）检测传感器电阻　关闭点火开关，检测传感器线束插座端子 1 与端子 2 之间的电阻，正常值为____～____kΩ，实测值为____kΩ。

（2）检测线束导通性　关闭点火开关，检测传感器线束插头 D1 端子 2 与 ECU 线束插头 B31 端子 110（KNK1）之间的导线电阻，检测传感器线束插头 D1 端子 1 与 ECU 线束插头 B31 端子 111（EKNK）之间的导线电阻，正常值均应小于____Ω，实测值分别为____Ω、____Ω。

（3）检测信号电压　起动发动机并怠速运转，用万用表检测传感器线束插头 D1 端子 1 与端子 2 之间的电压，正常值为____~____V，实测值为____V。

（4）检测输出信号波形　在发动机高速空转（4000r/min）时，用示波器观察传感器线束插头 D1 端子 1、2 之间的输出信号波形并将其画在右侧框图中。

通过以上检测，得出的结论是_____
_____。

三、任务评价

1. 自我评价
_____
_____。

2. 教师评价
_____
_____。

教师签名：_____

任务工单 22　大众桑塔纳 2000 AJR 发动机点火控制电路的检修

一、任务准备

在右侧方框中画出点火线圈总成 N520 的连接电路图。

由图可知，桑塔纳 2000 AJR 发动机采用的点火方式为_____，由_____直接分配高压。点火线圈总成由两个点火线圈和点火控制器组成，____缸和____缸共用一个点火线圈，____缸和____缸共用另外一个点火线圈。

将点火线圈总成上各插头端子的含义填写在下方表格中。

二、任务实施

按照检修规范，完成以下操作。

1. 检查点火线圈电阻

关闭点火开关，用万用表检测点火线圈的次级电阻，端子 A 与端子 D 之间的电阻（一、四缸线圈次级电阻），正常值为____kΩ，实测值为____kΩ。端子 B 和端子 C 之间的电阻（二、三缸线圈次级电阻），正常值为____kΩ，实测值为____kΩ。

端子	含义	端子	含义
1		A	
2		B	
3		C	
4		D	

2. 检查点火线圈与点火控制器的供电与接地情况

① 接通点火开关，用万用表检测线束插头端子 2（电源端）和端子 4（接地端）之间的电压，正常值应大于或等于____V，实测值为____V。

② 检测点火线圈总成线束插头端子 2 与中央继电器盒 D 线束插头端子 23、点火线圈总成线束插头端子 4 与接地之间的电阻，正常值均应小于____Ω，实测值分别为____Ω、____Ω。

3. 检测电路导通性

关闭点火开关，用万用表检测点火线圈总成线束插头端子 1 与 ECU 线束插头端子 71、点火线圈总成线束插头端子 3 与 ECU 线束插头端子 78 之间的导线电阻，正常值均应小于____Ω，实测值为____Ω。

4. 检查点火控制器的工作情况

短时起动发动机，连接于点火线圈总成线束插头端子 1 和端子 4 之间的发光二极管试灯____（是、否）不断闪烁，连接于点火线圈总成线束插头端子 3 和端子 4 之间的发光二极管试灯____（是、否）不断闪烁。

5. 检测点火控制信号波形和次级点火波形

① 起动发动机，检测由 ECU 输出的点火控制信号波形并将其画在下面的框图中。

一、四缸波形	二、三缸波形
（接点火控制器端子1、4）	（接点火控制器端子3、4）

② 用另一个示波器以四通道方式分别连接一、二、三、四缸高压分缸线，检测各缸的次级点火波形并将其画在右侧框图中。

6. 检查火花塞的工作情况

起动发动机 3~5s，检查火花塞的跳火情况。火花呈淡蓝色，在电极间基本成一条直线的有____缸（填写气缸号），电极间隙处不跳火或火花呈红色的有____缸（填写气缸号）。

通过以上检测，得出的结论是_____。

三、任务评价

1. 自我评价

_____
_____。

2. 教师评价

_____。

教师签名：_____

任务工单 23　大众 CEA 1.8TSI 发动机点火控制电路的检修

一、任务准备

在下面方框中画出点火控制电路的连接电路图。

由图可知，大众 CEA 1.8TSI 发动机采用的点火方式为_____，采用_____个点火控制器，分别与各缸_____集成为一体，压装在各缸的火花塞上。

各缸点火线圈插头端子 1（T4t/1、T4u/1、T4v/1、T4w/1）连接在一起，连接____，为_____；端子 2（T4t/2、T4u/2、T4v/2、T4w/2）连接在一起，为_____；端子 3（T4t/3、T4u/3、T4v/3、T4w/3）连接_____，为_____；端子 4（T4t/4、T4u/4、T4v/4、T4w/4）连接_____，为_____。

二、任务实施

按照检修规范，完成以下操作。

1. 检测电源电压

接通点火开关，用万用表检测线束插头 T4t 端子 1 与端子 2 之间的电压，正常值应为____V，实测值为____V。检测线束插头 T4t 端子 1 与端子 4 之间的电压，正常值应为____V，实测值为____V。

用相同的方法检测二缸、三缸、四缸电源电压，检测结果为_____。

2. 检测电路导通性

关闭点火开关，用万用表检测点火线圈线束插头 T4t 端子 3 至 ECU 线束插头 T60a 端子 7 之间的电阻，正常值应小于____Ω，实测值为____Ω。

用相同的方法检测二缸、三缸、四缸电路导通性，检测结果为_____。

3. 检测点火控制信号

① 起动发动机并怠速运行，用万用表交流电压档检测点火线圈线束插头 T4t 端子 3 与接地之间的发动机 ECU 点火控制信号电压，____（是、否）为高电平接近 5V 的脉冲信号电压。

② 将发光二极管试灯连接于点火线圈插头端子 3 与接地之间，起动发动机时，发光二极管试灯____（是、否）不停地闪烁。

用相同的方法检测二缸、三缸、四缸点火控制信号，检测结果为_____。

4. 检测点火控制信号波形和次级点火波形

起动发动机，检测点火线圈线束插头 T4t 端子 3 和搭铁之间由 ECU 输出的点火控制信号波形并将其画在右侧框图中。

用相同的方法检测二缸、三缸、四缸点火控制信号波形，用不同的颜色将其画在右侧框图中。

用另一个示波器以四通道方式分别检测各缸的次级点火波形并将其画在右下方的框图中。

5. 检查火花塞的工作情况

起动发动机 3～5s，检查火花塞的跳火情况。火花呈淡蓝色，在电极间基本成一条直线的有____缸（填写气缸号），电极间隙处不跳火或火花呈红色的有____缸（填写气缸号）。

通过以上检测，得出的结论是_____
_____。

三、任务评价

1. 自我评价

_____
_____。

2. 教师评价

_____。

教师签名：_____

任务工单 24　丰田 1ZR–FE 发动机点火控制电路的检修

一、任务准备

在下面方框中画出点火控制电路的连接电路图。

　　　　　　　　　　　　　　　　　　　　　　　　　　　　

由图可知，丰田 1ZR–FE 发动机采用的点火方式为＿＿＿＿，采用＿＿＿＿个点火控制器，分别与各缸＿＿＿＿集成为一体，压装在各缸的火花塞上。各缸点火线圈插头端子 1（+B）连接在一起，连接＿＿＿＿，为＿＿＿＿；端子 4（GND）连接在一起，为＿＿＿＿；端子 3（IGT1、IGT2、IGT3、IGT4）连接＿＿＿＿，为＿＿＿＿；端子 2（IGF）连接在一起，连接＿＿＿＿，为＿＿＿＿。

二、任务实施

按照检修规范，完成以下操作。

1. 检测电源电压

接通点火开关，用万用表检测线束插头 B26 端子 1（+B）与端子 4（GND）或搭铁之间的电压，正常值应为＿＿V，实测值为＿＿V。

用相同的方法检测二缸、三缸、四缸电源电压，检测结果为＿＿。

2. 检测电路导通性

关闭点火开关，用万用表检测点火线圈线束插头 B26 端子 3（IGT1）与 ECU 线束插头 B31 端子 85（IGT1）之间的导线电阻，检测点火线圈线束插头 B26 端子 2（IGF）至 ECU 线束插头 B31 端子 81（IGF）之间的导线电阻，正常值应小于＿＿Ω，实测值为＿＿Ω。

用相同的方法检测二缸、三缸、四缸电路导通性，检测结果为＿＿。

3. 检测点火控制信号 IGT

① 起动发动机并怠速运行，连接于点火线圈线束插头 B26 端子 3（IGT1）和搭铁之间的发光二极管试灯＿＿（是、否）不停地闪烁。

用相同的方法检测二缸、三缸、四缸点火控制信号，检测结果为_____。

② 在端子 3 和搭铁之间接好示波器，起动发动机并怠速运行，观察点火确认信号波形并将其画在右侧框图中。

用相同的方法检测二缸、三缸、四缸点火控制信号波形，用不同的颜色将其画在右侧框图中。

4. 检测点火确认信号 IGF

① 起动发动机并怠速运行，连接于点火线圈线束插头 B26 端子 2（IGF）和搭铁之间的发光二极管试灯____（是、否）不停地闪烁。

② 在端子 2 和搭铁之间接好示波器，起动发动机并怠速运行，观察点火确认信号波形并将其画在右侧框图中。

5. 检测次级点火波形

用示波器以四通道方式分别检测各缸的次级点火波形，将其画在右侧框图中。

6. 检查火花塞的工作情况

起动发动机 3～5s，检查火花塞的跳火情况。火花呈淡蓝色，在电极间基本成一条直线的有____缸（填写气缸号），电极间隙处不跳火或火花呈红色的有____缸（填写气缸号）。

通过以上检测，得出的结论是_____。

三、任务评价

1. 自我评价

_____
_____。

2. 教师评价

_____
_____。

教师签名：_____

项目 6　发动机辅助控制系统与检修

6.1　理论测试

一、填空题

1. 创新热能管理系统的两个最主要的部件是集成在气缸盖内的 _____ 以及与冷却液泵集成为一体的 _____。
2. 汽车发动机排入大气中的有害成分主要是 _____、_____ 和 _____ 等。
3. 活性炭罐的上部有接头与 _____ 和 _____ 相连，用于收集和清除燃油蒸气。
4. 燃油蒸发排放控制系统必须对燃油蒸气进入气缸的 _____ 和 _____ 进行控制。
5. 当发动机处于 _____ 工况和 _____ 工况时，在发动机 ECU 的控制下，燃油蒸气不进入气缸。
6. 当活性炭罐下端空气入口处的滤清器被灰尘和杂质堵塞时，将造成混合气 _____。
7. 三元催化转化器安装在 _____ 内，利用含有 _____、_____、_____ 等贵重金属的催化剂，将废气中的有害气体转化为无害气体。
8. 影响三元催化转化器转化效率的最大因素是 _____ 和 _____。
9. 在使用过程中，三元催化转化器的失效原因主要是 _____、_____ 和 _____。
10. 氧传感器安装在 _____ 上，通过监测排气管废气中 _____ 的含量来获得混合气的空燃比信号。
11. 在氧化锆式氧传感器锆管的内、外表面都涂覆有一层 _____ 作为电极，它的另一个更重要的作用是 _____。
12. 氧化锆式氧传感器的锆管相当于一个 _____，信号源相当于一个 _____。
13. 氧化锆式氧传感器的输出信号电压，当可燃混合气较浓时约为 _____V，当可燃混合气较稀时约为 _____V，通常每 10s 内变化 _____ 以上。
14. 二氧化钛的 _____ 随排气中氧含量的变化而变化，氧化钛式氧传感器的信号源相当于一个 _____。
15. 氧化钛式氧传感器的输出信号电压，当可燃混合气较浓时为 _____V，当可燃混合气较稀时为 _____V。
16. 双电池极限电流型氧传感器同时利用了 _____ 和 _____，是一种宽量程氧传感器。
17. 氧传感器端部的正常颜色为 _____。若端部呈黑色，则是 _____ 造成的。

二、判断题

1. 冷却风扇无级控制系统冷却风扇的运转与车速无关。（　　）
2. 活性炭罐的中间是活性炭颗粒，它具有极强的吸附燃油分子的作用。（　　）
3. 当活性炭罐下端空气入口处的滤清器被堵塞时，有可能造成混合气过稀。（　　）
4. 旋转滑阀组件用于控制冷却液液流，其作用类似于节温器。（　　）

5. 在燃油蒸发排放控制系统中，活性炭罐是储存燃油蒸气的部件。（　　）
6. 当排气温度低于815℃时，三元催化转化器的转化效率将明显下降。（　　）
7. 在理论空燃比附近很窄的范围内，三元催化转化器的转化效率比较高。（　　）
8. 如果三元催化转化器出口的温度比进口的温度低20%～25%，则说明三元催化转化器的性能正常。（　　）
9. 锆管是氧化锆式氧传感器的基本元件。（　　）
10. 氧化锆式氧传感器的锆管内表面通排气，外表面通大气。（　　）
11. 氧化锆式氧传感器在温度超过300℃后，才能正常工作。（　　）
12. 没有催化剂铂的催化作用，氧化锆式氧传感器的电动势也会出现跃变现象。（　　）
13. 氧化锆式氧传感器内部有一个电加热元件，而氧化钛式氧传感器内部没有。（　　）
14. 氧化钛式氧传感器具有与氧化锆式氧传感器完全不同的信号输出特性。（　　）
15. 缸内直喷发动机普遍采用双电池极限电流型氧传感器。（　　）
16. 双电池极限电流型氧传感器能够连续检测的空燃比范围达10～59。（　　）
17. 氧传感器失效一般是由于铂电极失去催化作用而造成的。（　　）
18. 反应迟钝的氧传感器应立即更换。（　　）
19. 在对氧传感器的反馈电压进行检测时，最好使用指针型的电压表。（　　）

三、选择题

1. 大众CEA 1.8TSI发动机冷却风扇无级控制系统有（　　）个冷却液温度传感器、（　　）个电子风扇。
   A. 一、一　　　　B. 一、两　　　　C. 两、一　　　　D. 两、两
2. 在冷却风扇无级控制系统中，冷却风扇的运转是由发动机ECU通过（　　）利用（　　）信号进行精准控制的。
   A. 冷却风扇ECU、脉冲宽度调制　　　B. 冷却风扇ECU、调制解调
   C. 电子节温器、脉冲宽度调制　　　　D. 电子节温器、调制解调
3. 当冷却风扇无级控制系统启用紧急运行工况时，控制冷却风扇（　　）。
   A. 停止转动　　B. 低速常转　　C. 中速常转　　D. 高速常转
4. 活性炭罐的下部与（　　）相通。
   A. 燃油箱　　　B. 进气歧管　　C. 大气　　　　D. 真空罐
5. 加热型氧传感器有（　　）接线端子。
   A. 4个或5个　　B. 3个或4个　　C. 2个或3个　　D. 1个或2个

四、看图填空

1. 下图为大众CEA 1.8TSI发动机冷却风扇无级控制系统的结构组成，将正确答案填写在横线上。

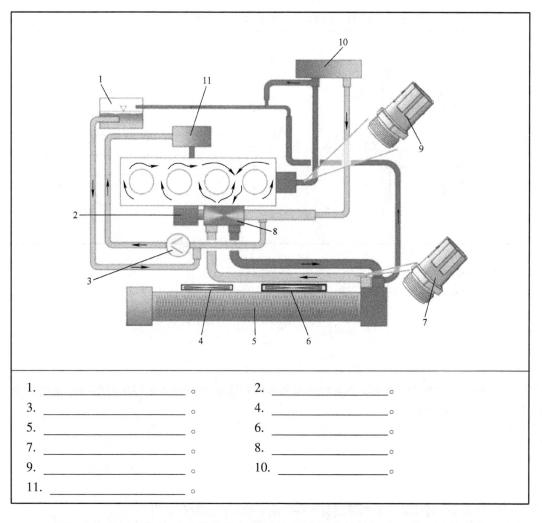

2. 下图为电磁阀直接控制式燃油蒸发排放控制系统的结构组成，将正确答案填写在横线上。

3. 下图为氧化锆式氧传感器工作原理，将正确答案填写在横线上。

1. _____。
2. _____。
3. _____。
4. _____。
5. _____。
6. _____。

五、问答题

1. 冷却风扇无级控制系统采用了怎样的控制策略？

2. 燃油蒸发排放控制系统的活性炭罐和活性炭罐电磁阀的常见损坏有哪些？会引起发动机怎样的故障现象？

3. 三元催化转化器失效的原因有哪些？应采取怎样的防范措施？

4. 如何检查三元催化转化器的使用性能？

5. 氧传感器的常见损坏有哪些？会引起发动机怎样的故障现象？

6.2 实操考核

任务工单 25　大众 CEA 1.8TSI 发动机冷却风扇无级控制系统的检修

一、任务准备
在右下方方框中画出冷却风扇无级控制系统的连接电路图。
由图可知，大众 CEA 1.8TSI 发动机冷却风扇无级控制系统是双电子风扇冷却控制系统，_____是大风扇（主风扇），_____是小风扇（辅助风扇），冷却风扇控制单元 J293 与_____集成为一体。
冷却风扇控制单元 J293 线束插头 T4p 端子 3 连接_____，为_____。

二、任务实施
按照检修规范，完成以下操作。
1. 检测冷却风扇 ECU
（1）读取数据流　接通点火开关，起动发动机并怠速运转，用故障诊断仪读取 135 组第 1 区、第 2 区、第 3 区的数据，正常值分别为____、____、____，实测值分别为____、____、____。
（2）检测电源电压
① 关闭点火开关，用万用表检测冷却风扇 ECU J293 线束插头 T4p 端子 1 与端子 4（或接地）之间的电压，无论是接通还是关闭点火开关，正常值均应接近____V，实测值为____V。
② 起动发动机并怠速运转，用万用表检测端子 2 与端子 4（或接地）之间的电压，正常值应接近____V，实测值为____V。
③ 关闭点火开关后 25s～30min 之内，再次检测端子 2 与端子 4（或接地）之间的电压，正常值应仍然有____V，实测值为____V。
（3）检测发动机 ECU 的控制信号
① 起动发动机并怠速运转，用万用表交流电压档检测冷却风扇 ECU J293 线束插头 T4p 端子 3 与端子 4（或接地）之间的脉冲信号电压，正常值应在____～____V 范围内变化，实测值为____～____V。检测占空比，观察占空比____（是、否）随发动机冷却液温度的升高而加大，在____%～____%范围内变化。
② 起动发动机并怠速运转，将线束插头 T4p 端子 3 和端子 4（或接地）之间的输出信号波形画在右侧框图中。
（4）检测电路导通性　关闭点火开关，用万用表检测冷却风扇 ECU J293 线束插头 T4p 端子 3 与发动机 ECU 线束插头 T94a 端子 50 之间的导线电阻，检测冷却风扇 ECU J293

线束插头 T4p 端子 4 与接地之间的导线电阻，正常值均应小于____Ω，实测值分别为____Ω、____Ω。

通过以上检测，得出的结论是_____。

2. 检修电子冷却风扇

（1）检测冷却风扇 ECU J293 的控制信号　接通点火开关，起动发动机并怠速运转，用万用表交流电压档检测 V177 电子冷却风扇 2 线束插头 T2f 端子 1 与端子 2（接地）之间的脉冲信号电压，正常值应在____~____V 范围内变化，实测值为____~____V。检测占空比，观察占空比____（是、否）随发动机冷却液温度的升高而加大，在____% ~ ____% 范围内变化。

当用示波器进行检测时，将获得的输出信号波形画在右下方框图中。

（2）检测冷却风扇驱动电动机的电磁线圈电阻　冷却风扇 V7 和 V177 驱动电动机的电磁线圈电阻正常值分别为____Ω、____Ω，实测值分别为____Ω、____Ω。

通过以上检测，得出的结论是_____。

三、任务评价

1. 自我评价

_____。

2. 教师评价

_____。

教师签名：_____

任务工单 26 燃油蒸发排放控制系统的检修

一、任务准备
在下面方框中画出燃油蒸发排放控制系统活性炭罐电磁阀的连接电路图。

大众 CEA 1.8TSI 发动机	丰田 1ZR - FE 发动机

由图可知，大众 CEA 1.8TSI 发动机燃油蒸发排放控制系统活性炭罐电磁阀线束插头端子 1/T2bv 连接_____，为_____；端子 2/T2bv 连接_____，为_____。
丰田 1ZR - FE 发动机燃油蒸发排放控制系统活性炭罐电磁阀线束插头端子 1 连接_____，为_____；端子 2 连接_____，为_____。

二、任务实施
按照检修规范，完成以下操作。
1. 检修大众 CEA 1.8TSI 发动机燃油蒸发排放控制系统
（1）检查管路和活性炭罐　检查管路____（有、无）破损或漏气，活性炭罐壳体____（有、无）裂纹。
（2）检修活性炭罐电磁阀 N80
① 读取数据流并进行动态测试。起动发动机并怠速运转到正常温度，用故障诊断仪读取 70 组第 1 区的数据，正常值为____%～____%，实测值为____%。执行元件诊断过程中，对准电磁阀进气孔吹气，气流____（是、否）能够通过电磁阀。
② 检测内部电阻。关闭点火开关，检测电磁阀线束插座两端子之间的电阻，正常值为____Ω，实测值为____Ω。
③ 检测电源电压。起动发动机并怠速运转，用万用表检测电磁阀线束插头 T2bv 端子 1 与接地之间的电压，正常值应接近____V，实测值为____V。
④ 检测电路导通性。关闭点火开关，用万用表检测电磁阀线束插头 T2bv 端子 2 与发动机 ECU 线束插头 T60a 端子 3 之间的导线电阻，正常值应小于____Ω，实测值为____Ω。
⑤ 检测发动机 ECU 的控制信号。起动发动机并怠速运转，用万用表交流电压档检测电磁阀线束插头 T2bv 端子 2 与接地之间的电压，正常值应在____～____V 的范围内变化，实测值为____。当用发光二极管试灯检测时，短时起动发动机，发光二极管试灯____（是、否）不断闪烁。

通过以上检测，得出的结论是_____。

2. 检修丰田 1ZR-FE 发动机燃油蒸发排放控制系统

（1）检查管路　检查管路____（有、无）破损或漏气。

（2）检修活性炭罐

① 检查壳体____（有、无）裂纹。

② 检查通风情况。关闭接活性炭罐电磁阀的端口 B，向接燃油箱的端口 A 施加压缩空气，检查并确认空气____（是、否）从通气端口 C 流出。

③ 检查双通阀的工作情况。关闭端口 C，向端口 A 施加压缩空气，检查并确认空气____（是、否）从端口 B 流出。关闭端口 C，向端口 A 施加真空，且真空度逐渐加大。刚开始时真空表____（是、否）能保持真空，当逐渐加大真空度至达到规定值后真空度_____（是、否）开始下降。

（3）检修活性炭罐电磁阀

① 动态测试。接通点火开关，起动发动机并怠速运转，选择故障诊断仪相应菜单，执行 EVAP 系统动态测试，检查断开的活性炭罐电磁阀连接软管____（是、否）对手指有吸力。

对活性炭罐电磁阀进行通电测试。用压缩空气从活性炭罐电磁阀的 E 口吹入，不通电时 F 口____（是、否）有空气流出；通电时，F 口____（是、否）有空气流出。

② 检测内部电阻。关闭点火开关，检测电磁阀线束插头 B19 端子 1 与端子 2 之间的电阻，20℃时电阻正常值应为____Ω，实测值为____Ω。

③ 检测电源电压。接通点火开关，起动发动机并怠速运转，用万用表检测电磁阀线束插头 B19 端子 2 与接地之间的电压，正常值应接近____V，实测值为____V。

④ 检测电路导通性。关闭点火开关，用万用表检测电磁阀线束插头 B19 端子 1 与 ECU 线束插头 B31 端子 49（PRG）之间的导线电阻，正常值应小于____Ω，实测值为____Ω。

⑤ 检测发动机 ECU 的控制信号。起动发动机并怠速运转，用万用表交流电压档检测电磁阀线束插头 B19 端子 1 与接地之间的电压，正常值应在____~____V 的范围内变化，实测值为____V。当用发光二极管试灯检测时，短时起动发动机，发光二极管试灯____（是、否）不断闪烁。

通过以上检测，得出的结论是_____。

三、任务评价

1. 自我评价

_____

_____。

2. 教师评价

_____。

教师签名：_____

任务工单 27　丰田 1ZR – FE 发动机氧传感器的检测

一、任务准备

在下面方框中画出氧传感器的连接电路图。

由图可知，前氧传感器 S1 线束插头端子 2（+B）连接_____，为_____；端子 1（HT1A）连接_____，为_____；端子 3（OX1A）连接_____，为_____；端子 4（E2）连接_____，为_____。

后氧传感器 S2 线束插头端子 2（+B）连接_____，为_____；端子 1（HT1B）连接_____，为_____；端子 3（OX1B）连接_____，为_____；端子 4（E2）连接_____，为_____。

二、任务实施

按照检测规范，完成以下操作。

1. 读取数据流

起动发动机运转至正常温度，用故障诊断仪读取氧传感器输出信号电压____（是、否）在 0.1～0.9V 范围内变化，实测值为____V。

2. 检测加热器电阻和电源电压

关闭点火开关，用万用表检测氧传感器线束插座端子 2（+B）和端子 1（HT1A）之间的电阻，20℃时正常值应为____Ω，实测值为____Ω。起动发动机，用万用表检测氧传感器线束插头 B15 端子 2（+B）和搭铁之间的电压，正常值应接近____V，实测值为____V。

用相同的方法检测后氧传感器 S2，加热器电阻实测值为____Ω，电源电压实测值为____V。

3. 检测线束导通性

关闭点火开关，用万用表检测氧传感器线束插头 B15 端子 1（HT1A）与发动机 ECU 线束插头 B31 端子 109（HT1A）之间的导线电阻，检测氧传感器线束插头 B15 端子 3（OX1A）与发动机 ECU 线束插头 B31 端子 112（OX1A）之间的导线电阻，检测氧传感器线束插头 B15 端子 4（E2）与发动机 ECU 线束插头 B31 端子 90（EX1A）或搭铁之间的导线电阻，正常值均应小于____Ω，实测值分别为____Ω、____Ω、____Ω。

用相同的方法检测后氧传感器 S2，实测值分别为____Ω、____Ω、____Ω。

4. 检测信号电压

起动发动机，热机到正常温度后保持发动机以 2500r/min 左右的转速运转，用万用表检测氧传感器线束插头 B15 端子 3（OX1A）与端子 4（E2）或搭铁之间的电压，____（是、否）在 0.1～0.9V 的范围内上下波动，10s 内变化次数____（是、否）不少于 8 次。

用相同的方法检测后氧传感器 S2，信号电压____（是、否）在 0.1～0.9V 的范围内上下波动，10s 内变化次数____（是、否）不少于 8 次。

5. 波形检测与分析

连接示波器，起动发动机，将氧传感器线束插头 B15 端子 3（OX1A）与端子 4（E2）或搭铁之间的输出信号波形画在右侧框图中。

用相同的方法检测后氧传感器 S2，将获得的输出信号波形用不同的颜色画在右侧框图中。

通过以上检测，得出的结论是_____
_____。

三、任务评价

1. 自我评价

_____
_____。

2. 教师评价

_____。

教师签名：_____

任务工单 28　大众 CEA 1.8TSI 发动机氧传感器的检测

一、任务准备

在下面方框中画出氧传感器的连接电路图。

　　由图可知，前氧传感器 G39 是 _____氧传感器，端子 1 连接_____，为_____；端子 3 连接_____，为_____；端子 4 连接_____，为_____；端子 5 连接_____，为_____。

　　后氧传感器 G130 是 _____氧传感器，端子 1 连接_____，为_____；端子 2 连接_____，为_____；端子 3 连接_____，为_____。

二、任务实施

按照检测规范，完成以下操作。

1. 检测后氧传感器 G130

（1）读取数据流　起动发动机运转至正常温度，读取显示组 031 的数据流。急速时，031 显示组显示区 2 的数据____（是、否）在 0.1~0.9V 的范围内变化，实测值为____V。

（2）检测加热器电阻和电源电压　关闭点火开关，用万用表检测后氧传感器线束插座端子 1 和端子 2 之间的电阻，20℃时正常值应为____Ω，实测值为____Ω。

起动发动机，用万用表检测后氧传感器线束插头 T4ar 端子 1 和搭铁之间的电压，正常值应接近____V，实测值为____V。

（3）检测线束导通性　关闭点火开关，用万用表检测后氧传感器线束插头 T4ar 端子 2 与 ECU 线束插头 T94a 端子 29 之间的导线电阻，检测后氧传感器线束插头 T4ar 端子 3 与 ECU 线束插头 T94a 端子 34 之间的导线电阻，检测后氧传感器线束插头 T4ar 端子 4 与 ECU 线束插头 T94a 端子 62（或搭铁）之间的电阻，正常值均应小于____Ω，实测值分别为____Ω、____Ω、____Ω。

（4）检测信号电压　起动发动机，热机到正常温度后保持发动机以 2500r/min 左右的转速运转，用万用表检测后氧传感器线束插头 T4ar 端子 3 与端子 4（或搭铁）之间的电压，____（是、否）在 0.1~0.9V 的范围内上下波动，10s 内变化次数____（是、否）不少于 8 次。

（5）波形检测与分析　起动发动机，将后氧传感器线束插头 T4ar 端子 3 与端子 4（或搭铁）之间的输出信号波形画在下面的框图中。

通过以上检测，得出的结论是_____。

2. 检测前氧传感器

（1）读取数据流（检测信号电压）　起动发动机运转至正常温度，读取显示组 031 的数据流。怠速时，显示组 031 显示区 1 的数据____（是、否）在 1.0~2.0V 的范围内变化，实测值为____V。

（2）检测加热器电阻和电源电压　关闭点火开关，用万用表检测前氧传感器线束插座端子 3 和端子 4 之间的电阻，20℃时正常值接近____Ω，实测值为____Ω。

起动发动机，用万用表检测前氧传感器线束插头 T6a 端子 4 和搭铁之间的电压，正常值应接近____V，实测值为____V。

（3）检测传感器参考电压　接通点火开关，用万用表检测前氧传感器线束插头 T6a 端子 1 和端子 5 之间的电压，正常值应为____V，实测值为____V。

（4）检测线束导通性　关闭点火开关，用万用表检测前氧传感器线束插头 T6a 端子与发动机 ECU 线束插头 T94a 对应端子之间的电阻，并将检测结果填入右侧表中。

检测端子	标准值	实测值
T6a/1 – T94a/78		
T6a/2 – T94a/79		
T6a/3 – T94a/73		
T6a/5 – T94a/56		
T6a/6 – T94a/57		

通过以上检测，得出的结论是_____
_____。

三、任务评价

1. 自我评价

_____
_____。

2. 教师评价

_____
_____。

教师签名：_____

项目7　发动机电子控制系统的故障诊断与排除

7.1　理论测试

一、填空题

1. 发动机故障诊断的基本方法，可分为 _____ 、 _____ 、 _____ 等。
2. 数据流分析主要应用于 _____ 、 _____ 、 _____ ，对于提高故障诊断准确率具有重要意义。
3. 部件互换诊断是用 _____ 、 _____ 的电子元器件来替代怀疑有故障的元器件，以判断故障原因。
4. 发动机的常见故障有 _____ 、 _____ 、 _____ 和 _____ 。
5. 一般情况下，发动机不能起动时，发动机 _____ 、 _____ 和 _____ 等出现的概率较高。
6. 发动机不能起动但有着车征兆，说明发动机各子系统虽有故障，但没有完全丧失功能，如混合气 _____ 、点火正时 _____ 、高压火花 _____ 、气缸压力过低等。
7. 发动机加速无力的本质原因主要是 _____ 、 _____ 、 _____ 、机械系统调整或装配不当等。

二、判断题

1. 直观检查可以迅速地找出一些较为明显的故障。（　　）
2. 进行发动机故障诊断时，要充分利用故障自诊断功能。（　　）
3. 在进行故障排除时，仅仅依靠故障自诊断系统是不能完全解决所有问题的。（　　）
4. 故障码分析法是一种简便快捷的故障诊断方法。（　　）
5. 示波器显示的波形是对所测信号的实时显示，可以把示波器看成一个二维的电压表。（　　）
6. 自诊断系统不可能显示虚假的故障码，不会给出错误的故障信息。（　　）
7. 自诊断系统无故障码显示，发动机就一定没有故障。（　　）

三、选择题

1. 汽车专用万用表除了具备普通数字式万用表所有功能外，还可以测量（　　）。
A. 波长、频率、转速　　　　　　　　B. 温度、闭合角、占空比
C. 压力、频率、占空比　　　　　　　D. 浓度、闭合角、喷油脉宽
2. 故障码与故障部位之间（　　）明确的一一对应关系，出现的故障码（　　）是真实的故障原因。
A. 是、一定　　B. 是、不一定　　C. 不是、一定　　D. 不是、不一定
3. 最有可能导致发动机不能起动的故障原因是（　　）。
A. 空气流量传感器故障　　　　　　　B. 喷油器堵塞

C. 燃油泵不工作 　　　　　　　　D. 点火正时不正确
4. 最有可能导致发动机加速无力的故障原因是（　　）。
　A. 空气滤清器堵塞，进气量不足　　B. 空气流量传感器故障
　C. 曲轴转速与位置传感器故障　　　D. 点火正时不正确
5. 最有可能导致发动机油耗过高的故障原因是（　　）。
　A. 节气门位置传感器故障　　　　　B. 燃油压力过高
　C. 曲轴转速与位置传感器故障　　　D. 个别气缸火花塞不跳火

四、问答题

1. 发动机不能起动的故障原因有哪些？如何进行故障诊断与排除？

2. 发动机起动困难的故障原因有哪些？如何进行故障诊断与排除？

3. 发动机怠速转速过低、抖动甚至熄火的故障原因有哪些？如何进行故障诊断与排除？

4. 发动机怠速转速过高的故障原因有哪些？如何进行故障诊断与排除？

5. 发动机加速无力的故障原因有哪些？如何进行故障诊断与排除？

6. 发动机油耗过高的故障原因有哪些？如何进行故障诊断与排除？

7.2 实操考核

任务工单29 发动机起动不良的故障诊断与排除

一、任务实施

1. 故障现象描述及原因分析

_____

_____。

2. 故障诊断过程

操作步骤	检测诊断结果	
目测直观诊断		
读取故障信息		
检查空气供给系统	检测1：	
	检测2：	
	检测3：	
检查燃油供给系统	检测1：	
	检测2：	
	检测3：	
检查点火系统	检测1：	
	检测2：	
	检测3：	
其他系统		
最终结论：		

二、任务评价

1. 自我评价

_____

_____。

2. 教师评价

_____

_____。

教师签名：_____

任务工单 30　发动机怠速不良的故障诊断与排除

一、任务实施

1. 故障现象描述及原因分析

_____

_____。

2. 故障诊断过程

操作步骤	检测诊断结果	
目测直观诊断		
读取故障信息		
检查空气供给系统	检测1：	
	检测2：	
	检测3：	
检查燃油供给系统	检测1：	
	检测2：	
	检测3：	
检查点火系统	检测1：	
	检测2：	
	检测3：	
其他系统		
最终结论：		

二、任务评价

1. 自我评价

_____

_____。

2. 教师评价

_____

_____。

教师签名：_____

任务工单 31　发动机加速不良的故障诊断与排除

一、任务实施

1. 故障现象描述及原因分析

_____

_____。

2. 故障诊断过程

操作步骤	检测诊断结果	
目测直观诊断		
读取故障信息		
检查空气供给系统	检测1：	
	检测2：	
	检测3：	
检查燃油供给系统	检测1：	
	检测2：	
	检测3：	
检查点火系统	检测1：	
	检测2：	
	检测3：	
其他系统		
最终结论：		

二、任务评价

1. 自我评价

_____

_____。

2. 教师评价

_____

_____。

教师签名：_____

任务工单 32　发动机油耗过高的故障诊断与排除

一、任务实施

1. 故障现象描述及原因分析

_____

_____。

2. 故障诊断过程

操作步骤	检测诊断结果
目测直观诊断	
读取故障信息	
检查空气供给系统	检测1:
	检测2:
	检测3:
检查燃油供给系统	检测1:
	检测2:
	检测3:
检查点火系统	检测1:
	检测2:
	检测3:
其他系统	
最终结论:	

二、任务评价

1. 自我评价

_____

_____。

2. 教师评价

_____

_____。

教师签名：_____